UTB

UTB 3352

Eine Arbeitsgemeinschaft der Verlage

Böhlau Verlag · Köln · Weimar · Wien
Verlag Barbara Budrich · Opladen · Farmington Hills
facultas.wuv · Wien
Wilhelm Fink · München
A. Francke Verlag · Tübingen und Basel
Haupt Verlag Bern · Stuttgart · Wien
Julius Klinkhardt Verlagsbuchhandlung · Bad Heilbrunn
Lucius & Lucius Verlagsgesellschaft · Stuttgart
Mohr Siebeck · Tübingen
C. F. Müller Verlag · Heidelberg
Orell Füssli Verlag · Zürich
Verlag Recht und Wirtschaft · Frankfurt am Main
Ernst Reinhardt Verlag · München · Basel
Ferdinand Schöningh · Paderborn · München · Wien · Zürich
Eugen Ulmer Verlag · Stuttgart
UVK Verlagsgesellschaft · Konstanz
Vandenhoeck & Ruprecht · Göttingen
vdf Hochschulverlag AG an der ETH Zürich

Anhang

Inhaltsverzeichnis

Michael Braun ist Leiter des Referats Literatur der Konrad-Adenauer-Stiftung und apl. Professor an der Universität zu Köln.

Bibliografische Information der Deutschen Bibliothek:
Die Deutsche Nationalbibliothek verzeichnet diese Publikation in der Deutschen Nationalbibliografie; detaillierte bibliografische Daten sind im Internet über http://dnb.ddb.de abrufbar.

ISBN 978-3-8252-3352-5 (UTB)
ISBN 978-3-412-20479-2 (Böhlau)

Umschlagabbildung:
Die wichtigsten Werkzeuge des Schriftstellers der Gegenwart.

Einbandgestaltung: Atelier Reichert, Stuttgart
Satz: Satzpunkt Bayreuth GmbH, Bayreuth
Druck und Bindung: AALEXX Buchproduktion GmbH, Großburgwedel
Gedruckt auf chlor- und säurefreiem Papier. Das eingesetzte Papier stammt aus nachhaltig bewirtschafteten Wäldern.
Printed in Germany

ISBN 978-3-8252-3352-5

Michael Braun

Die deutsche Gegenwartsliteratur

Eine Einführung

BÖHLAU VERLAG KÖLN WEIMAR WIEN · 2010

Einführung

„Bücher, Bücher, aber nichts zu lesen!" Der Stoßseufzer klingt berechtigt. 94.000 Titel erscheinen jährlich auf dem deutschen Buchmarkt, jedes sechste Buch zählt zur Belletristik, darunter Jahr für Jahr etwa 7.000 deutschsprachige Romane. Diese Vielfalt birgt Risiko und Reichtum. Die Risiken liegen in dem begrenzten Horizont des Zeitgenossen und in unserer begrenzten Lesezeit. Der Reichtum liegt im Gegenstand selbst. Kein europäisches Land, ja kaum ein Land weltweit hat ein so florierendes, ein so buntes, ein so dichtes literarisches Leben wie Deutschland, eine zeitgenössische Literatur, die zugleich weltoffen ist und gar nicht auf die Bundesrepublik begrenzt.

Angesichts dieser Vielfalt einen Überblick, geschweige denn eine auch nur annähernd vollständige Darstellung der deutschen Gegenwartsliteratur zu bieten, kann daher nicht das Ziel dieses Buches sein. Gezeigt werden soll, was gemeint ist, wenn wir von Gegenwartsliteratur sprechen, wie Gegenwartsliteratur im Kulturbetrieb funktioniert, wie man sie exemplarisch analysieren und interpretieren kann. Die Einführung will Wege zur Gegenwartsliteratur bahnen und Orientierungsmarken aufstellen. Sie will eine informierende Grundlage aufbauen, zum Kontakt mit dem literarischen Leben und zum kritischen Umgang mit belletristischen Neuerscheinungen ermuntern. Das Lesen der Gegenwartsliteratur kann und soll durch diese Einführung nicht ersetzt werden.

Nach den Eingangskapiteln über den Begriff und die zeitlich-räumlichen Eingrenzungsversuche der Gegenwartsliteratur (1) und ihre Funktion im Kulturbetrieb (2) sowie einem Kapitel über ihr erstaunlich konstantes Skandalpotenzial (3) kommen im Spektrum der Gattungen die Prosa (4) und die Lyrik (5) zu Wort. Dabei sind mit der Erinnerungsliteratur (und dem *heritage film*), mit dem politischen Gedicht, der Liebeslyrik und der Lyrik im Dialog mit den Naturwissenschaften paradigmatische Felder ausgewählt, die zunehmende Aufmerksamkeit in Forschung und Lehre beanspruchen. Das Gegenwartsdrama, das auf Inszenierung hin geschrieben (und als gedrucktes Buch häufig schwer zu haben) ist, wird hier nicht eigens berücksichtigt. Wohl aber kommt der Film in den Blick (6); Intermedialität, Medientransfer, Adaption spielen eine wachsende Rolle für die Literatur der Gegenwart. Worauf man beim Studium der Gegenwartsliteratur zu achten hat, fasst das Schlusskapitel (7) zusammen.

Jedem Kapitel ist eine kurze Skizzierung des Themas vorangestellt, jeweils am Ende wird der Inhalt zusammengefasst. Arbeitsfragen dienen der Rekapitulation und Vertiefung des Wissens, unter Umständen auch als Klausurvorlagen. Zudem gibt es zu jedem Kapitel eine kommentierte Auswahlbibliographie. Weiterführende Literaturangaben finden sich in den einzelnen Anmerkungen am Ende des Bandes.

In Goethes *Materialien zur Geschichte der Farbenlehre* heißt es:

„Daß die Weltgeschichte von Zeit zu Zeit umgeschrieben werden müsse, darüber ist in unseren Tagen wohl kein Zweifel übrig geblieben. Eine solche Notwendigkeit entsteht aber nicht etwa daher, weil viel Geschehenes nachentdeckt worden, sondern weil neue Ansichten gegeben werden, weil der Genosse einer fortschreitenden Zeit auf Standpunkte geführt wird, von welchen sich das Vergangene auf neue Weise überschauen und beurteilen läßt."[1]

Ein Gleiches gilt, so heißt es weiter, für die „abwechselnden vorschreitenden Gesinnungen und Meinungen" in der Wissenschaft. Insofern ist ein Buch über die Gegenwartsliteratur vor allem ein Buch für die Mitwelt. Die unvermeidlichen Begrenztheiten der Darstellung wird spätestens die Nachwelt zu korrigieren haben. Jetzt schon für hilfreiche Anmerkungen, Verbesserungen, kritische Vorablektüren und kollegiale Gespräche zu danken ist Wolfgang Braungart, Holger Helbig, Oliver Jahraus, Werner Kamp, Michaela Kopp-Marx, Gerhard Lauer, Paul Michael Lützeler, Stefan Neuhaus, Michael Speier, Lotte Weinrich und besonders Harald S. Liehr vom Böhlau Verlag. Teile des Buches wurden als Vorträge an den Universitäten Bamberg, Bielefeld, Gießen, Göttingen, Innsbruck, Jena, in der Konrad-Adenauer-Stiftung und im Deutschen Literaturarchiv Marbach vorgestellt und diskutiert. Dankbar bin ich den Studierenden, die mir über etliche Semester an der Universität zu Köln Gelegenheit gaben, die Überlegungen dieses Buches zu erproben und zu präzisieren. Zu danken habe ich schließlich meiner Frau und meinen Kindern für ihr Verständnis, dass die Gegenwart des Verfassers so oft auf die Literatur begrenzt ist.

1 Was ist Gegenwartsliteratur?

In diesem Kapitel geht es um einen Definitionsversuch von „Gegenwartsliteratur“. Zunächst wird der Gebrauch des Begriffs in der Literaturwissenschaft und in der Literatur unter die Lupe genommen. Sodann werden Versuche vorgestellt, die deutschsprachige Gegenwartsliteratur zeitlich und räumlich einzugrenzen. Dabei ist es wichtig, sich die methodischen Schwierigkeiten beim Umgang mit der Gegenwartsliteratur vor Augen zu halten. Das Fehlen eines historischen Abstandes macht die Beschreibung dessen, was Gegenwartsliteratur ist, stets zu etwas Vorläufigem.

1.1 Probleme der Wertung

Zwei extreme Urteile

Der Schriftsteller Maxim Biller, geboren 1960 in Prag, behauptet am 25.7.1991 in der *Weltwoche*, die deutschsprachige Gegenwartsliteratur habe „ebensoviel Sinnlichkeit“ wie der „Stadtplan von Kiel“.[1] Der 1962 geborene Literaturwissenschaftler Moritz Baßler schreibt in seinem Buch über den deutschen Pop-Roman (2002), die deutsche Gegenwartsliteratur sei zum ersten Mal seit dem Zweiten Weltkrieg „besser als die deutsche Fußball-Nationalmannschaft“.[2]

Auf den ersten Blick ist an beiden Vergleichen etwas dran. Stadtpläne haben im Grunde nichts Sinnliches, und mit Kiel verbindet man, im Gegensatz zu Berlin, nicht gerade eine florierende Gegenwartsliteraturszene. Die deutsche Fußballnationalmannschaft schied bei den Weltmeisterschaften 1994 und 1998 frühzeitig aus dem Turnier aus, während mit Günter Grass (1999), Elfriede Jelinek (2004) und Herta Müller (2009) gleich drei deutschsprachige Schriftsteller mit dem Literaturnobelpreis ausgezeichnet wurden.

Der zweite Blick ist normalerweise genauer. So literaturfremd ist Kiel gar nicht. Hier ist 1978 das erste Literaturtelefon ins Leben gerufen worden („Bei Anruf Wort“). Unter der Telefonnummer 0431/9011156 kann man zum Ortstarif alle 14 Tage wechselnde Audioblogs von literarischen Lesungen hören (www.literaturtelefon-online.de). Und auch der Fußball-Vergleich hinkt. Zum einen waren die deutschen Frauennationalspieler 2003 (und 2007) Weltmeister. Zum anderen gibt es eine Fußballnationalmannschaft aus Autoren, darunter der Dramatiker Moritz Rinke und, im Tor, der Lyriker Albert Ostermaier, der eine *Ode an Kahn* (2006) geschrieben hat.

1 Herta Müller
© Maik Schuck, 2004

Gegenwartsliteratur am Scheideweg

Die Urteile in beiden Zitaten werden mit Vergleichen untermalt, die aus außerliterarischen Zusammenhängen stammen. Die Begründungen der Urteile berufen sich auf eine innerliterarische Norm, auf das Realismusprinzip. Was Biller den zeitgenössischen Autoren ankreidet, Effekthascherei, Tempo, Trivialisierungen, kurzum: zuwenig Realismus, davon hat Baßler zufolge die Literatur der Gegenwart zu viel: „Realismus als Einheitsgröße" und leicht entschlüsselbare „Genrekunst".[3]

Ob man wie hier von der Sache ausgeht und dafür einen Namen sucht (Realdefinition), oder ob man von Namen bzw. Vergleichen ausgeht und daran die Sache misst (Nominaldefinition):[4] Die Gegenwartsliteratur hat verschiedene Stimmen, Stile, Schreibweisen. Und der eine Name „Gegenwartsliteratur" wird für verschiedene Subgenres gebraucht (deutscher Gegenwartsroman, Familienroman, Erinnerungsliteratur, Migrantenliteratur, junge deutsche Lyrik). In beiden Fällen ergibt die Summe der Einzelteile kein Ganzes. Kurzum: Der Begriff „Gegenwartsliteratur" wird auf zwar meist selbstverständliche, aber auch auf durchgehend uneinheitliche, definitorisch unpräzise und teilweise sogar widersprüchliche Weise verwendet.

Gegenwartsliteratur als Wertungsbegriff

Das spricht dafür, dass es sich bei der „Gegenwartsliteratur" um einen ästhetischen Wertungsbegriff handelt. Urteile wie die von Baßler und Biller sind daher, mit einem anderen Vergleich von Gustav Seibt, Geschmacksurteile von qualifizierten Vorkostern, die einen unterschiedlichen Geschmack haben. Es kommt auf die Perspektive an, nach welcher man die deutschsprachige Gegenwartsliteratur beurteilt.

Die Dimension der Wertung ist jedoch auch eine Chance. Wir können mit der Kategorie „Gegenwartsliteratur“ die klassischen Ordnungsgrößen von Autor und Werk, von Raum und Zeit, von Wertung, Ästhetik, Sprache, Kanon und Vermittlung überprüfen. Das geschieht, wenn wir zunächst nicht nach einer überzeitlichen Realdefinition fragen, sondern danach, wie der Begriff in der Wissenschaft und in der Literatur gebraucht wird.

Nominaldefinition von Gegenwartsliteratur

- Autor: Ernst Jünger (1895–1998) war in den 1990er Jahren ein vieldiskutierter Autor der Gegenwartsliteratur, seine Werke aus der Weimarer Republik und der „Inneren Emigration“ bis 1945 gehören jedoch mit Gewissheit nicht zur Gegenwartsliteratur.
- Werk: 1959 erschien *Die Blechtrommel* von Günter Grass (*1927). Was ist das Gegenwärtige dieses Romans, der sozusagen die Lokomotive war, „die nach dem Krieg die deutsche Literatur an die Welt wieder herangeführt hat“?[5]
- Raum: Die deutsche Gegenwartsliteratur ist nicht auf Deutschland beschränkt. Paul Celan (1920–1970) wurde in Czernowitz geboren, lebte zeitweise in Wien, am längsten in Paris, aber nie in Deutschland, W.G. Sebald (1944–2001) lebte fast ausschließlich in England, Patrick Roth lebt und schreibt seit 1976 in Los Angeles.
- Zeit: Die kniffligste Frage ist, wann die Gegenwart beginnt, wie lange sie dauert, und welche „Epoche“ vor der Gegenwartsliteratur war.[6]
- Wertung: Viele würden sich schwer tun, die Autobiographie des Unterhaltungsstars Dieter Bohlen zur Gegenwartsliteratur zu zählen.[7]
- Definition von Literatur: Ein erweiterter Begriff von „Literatur als Medium“ (Oliver Jahraus) umfasst auch den Film, z.B. Tom Tykwers Adaption von Patrick Süskinds Roman *Das Parfum* (2005).
- Sprache: Auch die siebenbändige Harry-Potter-Reihe der britischen Autorin Joanne K. Rowling, die in der deutschen Übersetzung (1998–2007) einen außerordentlichen Erfolg nicht nur bei Jugendlichen hatte, gehört zur Gegenwartsliteratur in Deutschland.[8]
- Kanon: Niemand kann genau sagen, welche zeitgenössischen Autoren und welche ihrer aktuellen Werke im nächsten Buchjahr von Bedeutung sein werden. Wirkung und Einfluss eines aktuellen Buches lassen sich kaum allein mit Kritikerlob, Bestsellerliste und Verkaufserfolg bemessen.
- Literaturvermittlung: Wer bestimmt, mit welchen Kriterien der Einfluss der Literatur auf die Jetztzeit gemessen werden kann, das ist

ebenfalls unklar. Sogar die Literaturkritik, die doch wissen müsste, wozu ein Buch gut ist, ist gespalten.[9]

1.2 Begriffliche Grundlagen

Keine Realdefinitionen in den Lexika

In einer Situation wie dieser ist man mit einem Fachlexikon gut beraten. Doch weder im *Sachwörterbuch der Literatur* ([7]1989) noch im *Reallexikon der deutschen Literaturwissenschaft* ([3]1997) kommt der Begriff „Gegenwartsliteratur" vor; er taucht lediglich in Verweisen anderer Artikel (über „literarisches Leben", über den „Kulturbetrieb") auf. Die Lexika sind sich ihrer Sache nicht sicher und scheuen in diesem Falle offenbar Realdefinitionen. Nur im *Metzler Lexikon Literatur* ([3]2007) heißt es:

> „Gegenwartsliteratur, auch: zeitgenössische Lit. G. ist ein relationaler Begriff, der eine Teilmenge des Gesamtbereichs ‚Belletristik' bezeichnet. Seine Bestimmung ist abhängig davon, was der Betrachter als eine Gegenwart erfährt und wie er ‚Gegenwart' definiert".[10]

Aber auch hier wird die klare Zuordnung und Unterscheidung des Gegenstands auf einen größeren Gegenstandsbereich, die Belletristik, abgeschoben. Belletristisch sind – im Unterschied zu den schulwissenschaftlichen Werken (den *lettres humaines*) – die Werke der sogenannten schöngeistigen Literatur, also Romane, Erzählungen, Gedichte, Dramen, Essays.

Was ist „Literatur"?

Fangen wir von vorne an und untersuchen die Komponenten des Begriffs „deutsche Gegenwartsliteratur" in ihrer Gebrauchsfunktion. Was „Literatur" ist, darüber denkt man wenig nach, wenn man Literatur liest. Zu dem, was wir heute unter Literatur verstehen, gehören nicht-fiktionale Texte, Gebrauchstexte, handschriftlich und mündlich Überliefertes, ebenso digitale und filmsprachliche Produktionen. „Gegenstand heutiger Literaturwissenschaft ist prinzipiell jede Form der sprachlichen Äußerung in schriftlicher oder mündlicher Gestalt".[11]

Der Begriff „Literatur" lässt sich mit notwendigen, wenn auch nicht hinreichenden Merkmalen bestimmen:[12]

1. die Fixierung, d. h. die (Text-)Speicherung, klassischerweise im Buch, aber auch im Internet oder auf einem audiovisuellen Speichermedium;
2. die Fiktionalität, also der Grad des ‚Erfundenseins', der bei einem Text, der Roman genannt wird, höher ist, als bei einem Autobiographie betitelten Text;
3. die Poetizität, also der Grad der künstlerischen Sprachverwendung, der in sprachkritischen Gedichten natürlich höher ist als in literarischen Reportagen.

Diese Merkmale können einzeln oder in Verbindung auftreten. Was wir Literatur nennen, ist da am stärksten ausgeprägt, wo alle drei Merkmale auftreten, etwa im Prolog des Romans *Der Turm* (2008) von Uwe Tellkamp. Das Internet-Tagebuch *Abfall für alle* (1999) von Rainald Goetz ist demgegenüber weder fiktional noch sonderlich poetisch, aber es ist fixiert in einem digitalen (Internet) wie auch in einem schriftsprachlichen Medium (Buch). Der Film auf der Grundlage eines Romans gehört insofern – als Literaturverfilmung – auch zu einem erweiterten Literaturbegriff.

Was ist „deutsch" an der deutschen Gegenwartsliteratur?

Dass die deutsche Literatur erst spät eine deutschsprachige Literatur geworden ist, gehört zum Grundwissen der Literaturgeschichte. Die Gelehrten bedienten sich lange des Lateinischen, die tonangebenden Schichten an den Höfen sprachen Französisch, auf den Bühnen wurde Italienisch gesungen, ästhetische Ideen kamen aus England, im Sturm und Drang war Shakespeare der größte deutsche Dichter, Wandertheater machten Aufführungen, die keiner genauen nationalliterarischen Tradition zuzuordnen sind. Umgekehrt gilt, dass die Etablierung einer deutschen Literatur als Nationalliteratur nicht möglich gewesen wäre ohne den Rückgriff auf die nicht-deutsche Literatur. Griechische Poetiken, lateinische Gedichte, französische Dramen, englische, spanische, später auch russische Romane haben der deutschen Literatur den Weg bis in die Gegenwart gewiesen. Es ist also mit Gerhard Lauer zu unterscheiden zwischen deutscher Literatur und Literatur in Deutschland.[13] Deutsche Gegenwartsliteratur – das ist die Gebrauchsdefinition dieses Buches – ist Literatur der Gegenwart in deutscher Sprache.

„Gegenwart" als Raum-Zeit-Begriff

Kompliziert ist die Frage danach, was die Gegenwart ist. Das Substantiv hat eine raumzeitliche Doppelbedeutung, abgeleitet von dem Adjektiv „gegenwärtig".[14] Gegen-wärtig ist zunächst etwas, das uns erkennbar gegenübersteht. Zu dieser körperlichen Präsenz tritt die geistige Gegenwart, eine Vergegenwärtigung von etwas Abwesendem. Diesen Beleg liefern schon die ersten hochdeutschen Wörterbücher.[15] Damit gibt die Gegenwart eine Vorstellung von Zeit, die auch Vergangenheit und Zukunft umfasst. Augustinus ist mit diesem Verständnis von Gegenwart soweit gegangen, dass es nur Gegenwart gebe, die Vergangenheit sei die erinnerte, die Zukunft die erhoffte Gegenwart.

Interessant ist hier die Verbindung der „Gegenwart" mit der Kunst. Die Kunst vergegenwärtigt auch etwas, das uns nicht mit voller physischer Präsenz vor Augen steht, sondern in bildlicher oder zeichenhafter Repräsentation. Literatur imaginiert Gegenwart.[16] „In den Katakomben verlangte man von einem Dichter nicht viel mehr, als daß er in seinen Schriften gegenwärtig sei und nicht in den Salons", heißt es in Christoph Ransmayrs Roman *Die letzte Welt*.[17]

Gegenwart als Wandel der Zeit

Diese Gegenwart der Literatur wandelt sich beständig, mit jedem neuen Buch gewissermaßen. Wer von „Gegenwart" spricht, hat davon eine induktiv – d.h. am Einzeltext – gewonnene „sinnliche Gewissheit", kein deduktiv abgeleitetes wissenschaftliches Wissen. Das hat Hegel im Wahrnehmungskapitel seiner *Phänomenologie des Geistes* (1807) an einem schlagenden Beispiel erklärt.[18] Er schreibt den Satz „Jetzt ist die Nacht" in der Nacht auf. Die Wahrheit des Satzes kann durchs Aufschreiben nicht schwinden und verliert auch durch das Aufbewahren nicht. Am nächsten Mittag angesehen, wirkt der Satz jedoch schal. Das „Jetzt" bleibt erhalten, aber als etwas, das ‚jetzt' nicht „Nacht" ist.

Kriterien der Gegenwartsliteratur: Wandelbarkeit, Zeitgenossenschaft, Zukunftsorientierung

Die Gegenwart ist also ein mit der Zeit wandelbarer Begriff, bestimmt durch die Differenz zu dem, was nicht mehr Gegenwart ist. Diese Wandelbarkeit der Gegenwartsliteratur ist das erste Kriterium einer Realdefinition.

Die Differenz zwischen Gegenwart und Vergangenheit kann man besser einschätzen, wenn man die Gegenwartsliteratur auf jene Lebenszeitabschnitte einschränkt, in denen man bewusst die neue Literatur als Ausdruck seiner Zeit erfährt. Dann ist Gegenwartsliteratur die Literatur, die Autor und Leser als Zeitgenossen eint.[19] Ihr gemeinsamer Gegenstand ist die literarisch gestaltete Gegenwart. Die Zeitgenossenschaft von Autor, Kritiker und Leser ist das zweite Kriterium der Gegenwartsliteratur.

Die Zeitgenossenschaft markiert aber auch eine Grenze des Wahrnehmungshorizonts. Schon der immerhin auf über 100 Leseseiten pro Tag kommende Goethe seufzte 1827 über die Unzahl neuer Bücher, die es ihm unmöglich machte, „ins Einzelne zu gehen".[20] Niemand kann alles überblicken, geschweige denn lesen, was jährlich auf dem deutschen Buchmarkt erscheint: 94.000 Erst- und Neuerscheinungen im Jahr 2008 (1997 waren es 80.000), davon 14.800 belletristische Titel, was knapp 18 Prozent der Gesamtproduktion ausmacht, und etwa 7.000 Romane deutscher Autoren. Das „Anlesen" von drei Neuerscheinungen täglich ist das Äußerste, das dem bücherbegeisterten Hanns-Josef Ortheil heute gelingt.[21] Und Arno Schmidt, der für den passionierten Leser mit durchschnittlich 15.000 Leselebenstagen (ca. drei Lektüretagen pro Buch) eine Lebensleseleistung von höchstens 5.000 Büchern errechnet hat, hat zu strengster Auswahl geraten: „Sie haben einfach keine Zeit, Kitsch oder auch nur Durchschnittliches zu lesen: Sie schaffen in Ihrem Leben nicht einmal sämtliche Bände der Hochliteratur!"[22] Auch der Fachgelehrte wird sich schwerlich mit allen Autoren auskennen, die das *Kritische Lexikon zur deutschsprachigen Gegen-*

wartsliteratur (92. Lieferung, 2009) und das *Lexikon der deutschsprachigen Gegenwartsliteratur seit 1945* (2003) vorstellen: 730 bzw. 818.

Wir nehmen also immer nur einen kleinen Ausschnitt der Gegenwartsliteratur wahr, gesteuert durch die Medien und Veranstaltungen, in denen sie uns vermittelt wird. Selbst Kenner haben lange Zeit an den Werken von Reinhard Jirgl vorbeigesehen, der zuzeiten der DDR seine Manuskripte nicht publizieren konnte, nicht öffentlich lesen durfte und erst nach 1989/90 mit seinen Romanen bekannt wurde. Niemand weiß, wie viele unentdeckte Genies derzeit schreiben und wie viele ungedruckte Manuskripte in den Schubladen liegen. Man kann es der Gegenwartsliteratur manchmal erst später ansehen, dass sie sozusagen eine Literatur der Gegenwart gewesen ist. Diese Zukunftsorientierung der Gegenwartsliteratur ist – neben der Wandelbarkeit und der Zeitgenossenschaft – das dritte Kriterium einer Realdefinition.

Literatur der Gegenwart – Literatur über die Gegenwart

Wenn wir im Sinne einer Nominaldefinition vom Gebrauch des Begriffs ausgehen, können wir „Gegenwartsliteratur" in einer doppelten Bedeutung verstehen. Der Nominalgenitiv „Gegenwart" lässt sich als Subjekt und als Objekt bestimmen:

(1) Die Gegenwart ist Objekt der Literatur: die Zeit, in der die Gegenwartsliteratur entsteht, in der ihre Autoren schreiben, egal, ob sie sich mit dieser Gegenwart befassen oder in einer vergangenen Zeit spielen (z.B. in historischen Romanen). So gesehen, ist Gegenwartsliteratur **Literatur in der Gegenwart.**

(2) Die Gegenwart ist Subjekt der Literatur: als Impuls, als Motiv und als Thema, manchmal sogar als Akteur der Gegenwartsliteratur. So verstanden, ist Gegenwartsliteratur **Literatur über die Gegenwart**.

Ein Beispiel dafür ist der Literaturbetriebsroman, in dem das literarische Leben der Gegenwart, Autoren, Lesepublikum und Markt – meist mit satirischer Absicht – beschrieben werden:

- Martin Walser: *Tod eines Kritikers. Roman* (2002)
- Bodo Kirchhoff: *Schundroman* (2002)
- Klaus Modick: *Bestseller. Roman* (2006)
- Thomas Glavinic: *Das bin doch ich. Roman* (2007)
- Wolfgang Hegewald: *„Fegefeuernachmittag". Mein Leben. Von ihm selbst erzählt. Kolportageroman* (2009)

Literaturbetriebsroman als Gegenwartsliteratur

In Glavinics Roman *Das bin doch ich* heißt es:

„Daniel hat gerade ein Buch veröffentlicht, das *Die Vermessung der Welt* heißt. Ich habe ihm prophezeit, er werde davon 80.000 Exemplare oder mehr verkaufen. Er sagt, ich spinne. Ich spinne nicht, das heißt, ich spinne schon manchmal, aber hier nicht. Und den Deutschen Buchpreis, den Preis für den besten Roman des Jahres, wird er wohl auch gewinnen. Erst gab es die Longlist: die besten 20 Titel, von einer Jury gewählt. Jetzt sind es noch sechs, die Shortlist. Bei der Buchmesse in Frankfurt wird der Gewinner bekanntgegeben werden. Ich kann mir nicht vorstellen, daß es jemand anderer sein wird als er. Es ist ein bißchen seltsam für mich, zuzusehen, wie Ruhm und Erfolg meines Freundes von Woche zu Woche größer werden. Vor einigen Jahren war ich für kurze Zeit der etwas weniger Unbekannte und Erfolglose. Jetzt hat er schon 25.000 Exemplare seines neuen Buches verkauft, und ich stehe ohne Verlag da."[23]

Der Autor des erfolgreichen Buches ist Daniel Kehlmann. Er hat mit seinem Kollegen Thomas Glavinic per SMS über den Erfolg seines Romans kommuniziert, offenbar auch in Wirklichkeit. Hier beginnt die Sache interessant zu werden. Glavinics Buch ist eine Literaturbetriebssatire und zugleich ein pseudodokumentarischer Erfahrungsbericht: die fiktionale Darstellung des realen Neids auf den Bestseller-Roman eines anderen Autors. Der Literaturbetrieb ist das Medium, in dem sich diese Neidgeschichte bricht. Anschaulich und so spannend kann man in Glavinics Buch studieren, wie die Literatur nicht nur von der Gegenwart beherrscht wird, sondern wie die Literatur auch selbst über die Gegenwart herrschen kann.

Zwischenbilanz: Gegenwartsliteratur als relationaler Begriff

Gegenwartsliteratur ist ein relationaler Begriff, für den es äußere Kriterien der Temporalität und innere Kriterien der Thematik gibt. Wie wichtig es ist, präzise mit diesem Begriff umzugehen, sieht man am Beispiel des Epochenbegriffs „Jahrhundertwende", der lange Zeit für die Zeit um 1900 gültig war, aber mit der Millenniumswende 1999/2000 eine zweite Bedeutung bekommt.

Spezieller Begriffsgebrauch: Die Geschichte der Gegenwartsliteratur

Zu den ersten Bausteinen einer Gegenwartsliteraturgeschichte zählen die Streitbeiträge der *Querelle des Anciens et des Modernes* um 1700, Lessings *Briefe die Neueste Litteratur betreffend* (1759–1765), Schillers Rezension der Gedichte von Bürger (1791), Heines *Romantische Schule* (1835) und Eichendorffs *Geschichte der poetischen Literatur Deutschlands* (1857). In der *Querelle des Anciens et des Modernes* ging es um das Vorbild der Antike in der Gegenwart. Für Schiller war die Popularität der Balladen von Bürger der falsche Weg in die Gegenwart, für Heine war der Rückweg der Romantiker in das Mittelalter eine Flucht aus der Gegenwart. Eichendorff hat in seiner Darstellung der „neueste[n] Poesie" vor der Mannigfaltigkeit unvereinbarer Werke und Tendenzen schlicht kapituliert:

„[In] unsere[r] neueste[n] Poesie [...] laufen alle Elemente und Richtungen gleichzeitig zusammen und prallen oft hart aneinander: der Humanitätskultus, die Sentimentalität, Pietismus, Kantsche, Schellingsche und Hegelsche Philosophie und politisches Bardengebrüll. Sie haben die Romantik überwunden, aber noch nichts Neues an deren Stelle gesetzt, indem sie das Alte, weil es sich modern kostümiert, für etwas Neues halten. Es ist eine bloße Übergangsperiode, alles noch im Kreisen und Gären begriffen, und wir müßten eigentlich hier schließen; denn es ist ganz unmöglich, ein Chaos zu umschreiben, die Geschichte einer Literatur auch nur anzudeuten, die sich noch keine bestimmte Physiognomie herausgebildet hat und in jedem Meßkatalog eine andere Miene macht."[24]

Quantitative und qualitative Probleme

Eichendorff macht hier ein qualitatives Argument für die Schwierigkeiten geltend, mit der Gegenwartsliteratur umzugehen. Die literarische Gegenwart ist noch keine Literaturgeschichte, zwischen Altem und Neuem kann noch nicht trennscharf unterschieden werden; deshalb fehlt es an den historischen und methodischen Maßstäben für die Beobachtung und Bewertung des Neuen. Der Gegenwartsliteratur fehlt die Perspektive, um „die Epoche ihres Entstehens zu überdauern".[25]

Germanistik und Gegenwartsliteratur

Erste Annäherungen an das Begriffskompositum erfolgen in der Gründungsphase der Germanistik. Einer der Begründer des Fachs, Jacob Grimm, führte in den Jahren 1811–1813 eine Kontroverse mit Achim von Arnim. Es ging um die 1808 von Arnim und Clemens Brentano unter Mitwirkung der Brüder Grimm veröffentlichte Volksliedsammlung *Des Knaben Wunderhorn*. Man wurde sich nicht einig, ob die Volkslieder als Naturpoesie oder als Kunstpoesie einzustufen seien.

Hinter der Kontroverse stehen unterschiedliche Auffassungen von Literatur. Während die Brüder Grimm den historischen Charakter der Literatur betonten und ihren philologischen Wert erforschten, ging es den Romantikern um die zeitgenössische Wirkung der Literatur und um ihren aktuellen künstlerischen Wert. Die Romantik kann somit als erster Impuls zur Gegenwartsliteraturforschung verstanden werden.

Walter Benjamin, der 1919 über den Begriff der Kunstkritik in der Romantik promovierte, hat diesen Grundsatzstreit 1931 aufgegriffen. In seinem Aufsatz *Literaturgeschichte und Literaturwissenschaft* unterscheidet er den falschen Ehrgeiz der Gegenwartsliteraturwissenschaft, „an Informiertheit es mit jedem hauptstädtischen Mitteilungsblatt aufnehmen zu können", von den „asketische[n]" Forschernaturen, „die ihrer Epoche unmittelbar in der ihr adäquaten Erforschung des Gewesenen dienen." Es geht Benjamin aber nicht darum, „die Werke des Schrifttums im Zusammenhang ihrer Zeit darzustellen, sondern in der Zeit, da sie entstanden, die Zeit, die sie erkennt – das ist die unsere – zur Darstellung zu bringen".[26] Als geeignete Mittel der Gegenwartsliteraturforschung empfahl Benjamin die Literaturkritik und das Literaturgespräch: die „Aussprache über Bücherpreise, Zeitungsaufsätze, Schmähschriften, Neuerscheinungen".[27]

Wer hat Angst vor der Gegenwartsliteratur?

Doch damit war er im ersten Drittel des 20. Jahrhunderts einer unter wenigen seiner Zunft.[28] Die ersten Literarhistoriker der Germanistik (Gervinus u. a.) haben die literarischen Werke der Zeitgenossen großzügig ausgeklammert. Der Berliner Germanistikprofessor Erich Schmidt pflegte immerhin Kontakte zu zeitgenössischen Autoren und zählte im ersten Band seiner *Charakteristiken* (1888) Theodor Fontane, Gustav Freytag, Gottfried Keller und Theodor Storm zu den namhaften Autoren der Gegenwart. Diese Einschätzung hat sich im Kanon des literarischen Realismus bis heute gehalten. Hingegen sind von den 17 Prosa-Autoren, die das Gegenwartskapitel von Alfred Soergels Literaturgeschichte *Dichtung und Dichter der Zeit* (1912) aufführt, nur ein Drittel im Kanon geblieben (Heinrich und Thomas Mann, Hermann Hesse, Ricarda Huch).

Gegenwartsliteraturforschung im 20. Jahrhundert

Dieser Unsicherheitsfaktor beim Beschreiben der literarischen Gegenwart betrifft auch die erfolgreiche Literaturgeschichte *Deutsche Dichtung der Gegenwart* von Adolf Bartels, die 1897 erschien und bis 1921 zehn Auflagen erlebte. Hier reicht der Bereich der Gegenwartsliteratur etwa fünfzig Jahre zurück. Viele Namen, die Bartels aus der Literatur um 1900 nennt, sind heute vergessen. Und neben zutreffenden Urteilen etwa über Fontane finden sich in der 8. Auflage von 1910 auch verkürzende Aussagen – Gerhart Hauptmann sei als Naturalist „kein großer Poet" (298) – und latent antisemitische Fehlurteile; so wird Thomas Mann der ‚jüdischen Dekadenz' zugeschlagen (307f.)

In Gefolge solcher Gegenwartsliteraturforschung hat sich die Germanistik unter dem Hakenkreuz mit dem Versuch, von der germanischen Heldenepik bis zur völkischen Dichtung der Gegenwart eine Kontinuität herzustellen, blamiert. Eine der letzten Dissertationen während der NS-Zeit war dem in Hitlers „Gottbegnadetenliste" aufgenommenen provölkischen Dichter Eugen Kolbenheyer gewidmet. Sie wurde am 20.4.1945 an der Berliner Universität verteidigt. Die Doktorandin war Ingeborg Neubert, die später unter ihrem Familiennamen Drewitz eine erfolgreiche Autorin der deutschen Nachkriegsliteratur werden sollte.

Gegenwartsliteraturwissenschaft heute

Roland Barthes hat die akademische Konzentration auf einen Club der toten Dichter in den 1960er Jahren kritisiert: „man verlangt von uns zu warten, bis der Schriftsteller tot sei, um ihm mit ‚Objektivität' begegnen zu können".[29] Das hat sich inzwischen geändert. Heute, vierzig Jahre später, kann sich wohl keine Universitätsgermanistik ohne Lehrveranstaltungen über Gegenwartsliteratur, ohne Poetikdozenturen oder Autorenlesungen sehen lassen. Namhafte Literaturwissenschaftler besprechen zeitgenössische Literatur in Tages- und Wochenzeitungen und widerlegen Heideggers Ansicht, dass, wer über seine Gegenwart schreibt, „begabter für den Journalismus als für das Denken ist".[30] Das Jahrbuch *Gegenwartsliteratur*, die bei weitem umsichtigste Orientierungshilfe, die das Fach (seit 2002) anzubieten hat,[31] widmet sich Beiträgen über Autoren, Werke und Themen der deutschen Literatur seit 1968.

Freilich: An wissenschaftlichen Monographien über die Gegenwartsliteratur herrscht nach wie vor Mangel. Die jüngsten Bücher über die Gegenwartsliteratur stammen von Kritikern: Helmut Böttigers *Nach den Utopien* (2004), Volker Hages *Letzte Tänze, erste Schritte* (2007) und *Kritik für Leser* (2009), Hubert Winkels' *Gute Zeichen* (2005), Volker Weidermanns *Lichtjahre* (2006). Die Literaturkritik markiert die typisch deutsche Trennlinie zwischen Literaturwissenschaft und Gegenwartsliteratur,[32] die es in den angelsächsischen Ländern, in denen *literary criticism* auch eine wissenschaftliche Profession ist, so nicht gibt.

Gegenwartsliteratur in neueren Literaturgeschichten

Die Literaturgeschichten der letzten Jahrzehnte enthalten allesamt ein Kapitel über die Literatur der Gegenwart. Schon ihre Titel bringen zum Ausdruck, dass es heute selbstverständlich ist, die Darstellung der deutschen Literaturgeschichte mit der „Gegenwart" enden zu lassen – wie auch immer diese zeitlich eingegrenzt wird:

- Wolfgang Beutin: *Deutsche Literaturgeschichte. Von den Anfängen bis zur Gegenwart.* Stuttgart, Weimar ⁷2008;
- Wilfried Barner u. a.: *Geschichte der deutschen Literatur seit 1945 bis zur Gegenwart.* München 1994, ²2006;
- Peter J. Brenner: *Neue deutsche Literaturgeschichte. Vom „Ackermann" bis Günter Grass.* Tübingen 1995, ²2004.

1.3 Eingrenzungsversuche

Im bereits zitierten *Metzler Lexikon Literatur* (³2007) wird ein dreifacher Gebrauch des Begriffs Gegenwartsliteratur unterschieden:

(1) Im engsten Sinne umfasst die Gegenwartsliteratur die „Neuerscheinungen der letzten Jahre". Dieses feuilletonistische Gedächtnis von Gegenwartsliteratur ist kurzlebig. Das kann man in den ‚Aufmachern' der Buchbesprechungen in den Literaturbeilagen der überregionalen Zeitungen, die zur Leipziger und zur Frankfurter Buchmesse sowie vor Weihnachten erscheinen, gut beobachten. Jedes Mal werden ein besonderes Buch und dessen Autor als Neuigkeit hervorgehoben. Wiederholungen sind extrem selten. Das Gesetz der Buchsaison verlangt einen ständigen Wechsel der Aufmerksamkeit.

(2) In einem weiteren Sinne wird der Begriff Gegenwartsliteratur „rezeptions- und produktionsbezogen entweder a) auf die Werke noch lebender oder jüngst verstorbener Autoren bezogen oder b) auf den Katalog von Neuerscheinungen innerhalb der Lebensspanne eines

gegenwärtigen Publikums". Von wem also zu Lebzeiten ein Buch publiziert wird, der ist ein Autor der Gegenwartsliteratur; wer ein Buch liest, das innerhalb der Spanne des eigenen Leselebens erscheint, liest ein Werk der Gegenwartsliteratur.

(3) Am tauglichsten erscheint die literaturwissenschaftliche Bestimmung der Gegenwartsliteratur als „jüngste[r] Epoche der Lit.produktion". Hier werden abermals die Relativität und die Temporalität des Begriffs deutlich. Die Gegenwartsliteratur unterscheidet sich von der ‚Vergangenheitsliteratur' durch eine temporale Zäsur. Man kann einen Zeitpunkt dingfest machen, an dem sie beginnt.

Epochenbestimmung mit Daten

Diese Zäsur lässt sich mit Hilfe von Daten bestimmen. Allerdings sind diese Daten nur selten der Geschichte der Literatur entnommen – so dass man sagen kann: mit Goethes *Götz von Berlichingen* (1771/1773) beginnt der Sturm und Drang. In der Moderne stammen diese Daten meist aus außerliterarischen Zusammenhängen. Die Literatur der Weimarer Republik, Exilliteratur und Nachkriegsliteratur: Das sind literaturgeschichtliche Epochenbezeichnungen, die aus politischen Ereignissen gewonnen werden.

Diese ereignisgeschichtliche Epochenbestimmung kann man auch auf die Gegenwartsliteratur anwenden. Die Gegenwart ist die Epoche, in der wir leben. Insofern ist die Literatur der Gegenwart ein kulturelles Modell von Zeitgenossenschaft: „Gegenwartsliteratur [meint] die Literatur einer Zeit, die für einen Großteil des heute lebenden Lesepublikums ‚gegenwärtig' war und bewußt miterlebt werden konnte."[33]

Beschreibungsmodelle: Systemtheorie und Feldtheorie

Die Gleichzeitigkeit politischer und literarischer Ereignisse macht es schwer, eine literaturgeschichtliche Epoche einzugrenzen. Aber aus dieser Gleichzeitigkeit lassen sich theoretische Beschreibungsmodelle für die Gegenwartsliteratur ableiten. Sie ermöglichen es, zwischen äußeren Bezügen (politischen, kulturellen, wirtschaftlichen) und inneren Bezügen der Literatur (ästhetischen, stilistischen, literarhistorischen) zu unterscheiden.

(1) Gemäß der Systemtheorie von Niklas Luhmann ist die Literatur eines der funktional ausdifferenzierten Teilsysteme der modernen Gesellschaft. Jedes dieser Teilsysteme ist auf das übergeordnete System der modernen Gesellschaft bezogen, auf andere gleichgeordnete Teilgebiete und auf sich selbst. Auf den ersten beiden Ebenen lässt sich das literarische Teilsystem als **Sozialsystem**, auf der letzten Ebene als **Symbolsystem** beschreiben. Hier konstituiert es sich durch seine Symbole, durch Selbstbeobachtung und Selbstbeschreibung.
Wenn man die Gegenwartsliteratur als literarisches Teilsystem versteht, kann man sie auf andere Teilsysteme (Kultur, Politik, Wirtschaft)

beziehen und ihre Funktionen, Leistungen und Selbstreflexionen untersuchen. Systemtheoretische Gegenwartsliteraturanalyse beobachtet also die Literatur der Gegenwart, die ihrerseits die Gegenwart beobachtet: Gegenwartsliteraturwissenschaft ist eine „Beobachtung zweiter Ordnung".[34]

(2) Gemäß der Feldtheorie von Pierre Bourdieu konstituiert sich die Literatur in einem Feld, das durch die relativen, d. h. wandelbaren Positionen der Akteure (der Autoren, der Verleger, der Kritiker, der Leser, der Wissenschaftler etc.) konstituiert ist. Entscheidend für die Stellung dieser Akteure im Feld sind die Formen des „Kapitals", also der von ihnen geltend gemachten Ansprüche auf Aufmerksamkeit und kulturellen ‚Besitz'. Interessant sind vor allem das **ökonomische Kapital** (das Buch als Marktgut, Auflagenhöhe, materieller Reichtum des Autors, Buchhonorar), das **soziale Kapital** (Beziehung zu anderen Autoren oder Autorengruppen, Medienpräsenz, Publikumsinteresse z. B. bei Lesungen) und das **symbolische Kapital** als Summe der vorgenannten Kapitalien (das Buch als Kulturgut, Prestige und Renommee des Autors).
Wenn man die Gegenwartsliteratur als literarisches Feld versteht, kann man die Positionierungen und Selbstpositionierungen der Akteure in diesem Feld untersuchen. Analysen des literarischen Feldes der Gegenwartsliteratur beschreiben deren Gesamtfeld ebenso wie die einzelnen Werke und Autoren, die sich in diesem Feld positionieren. Enzensberger und Grass verdienen insofern nicht nur als stilbildende und themensetzende Trendsetter unsere Aufmerksamkeit, sondern auch als Monopolisten, die auf diese Weise Deutungsmacht im literarischen Feld anstreben. Die Literaturskandale in den Jahrzehnten vor und nach 2000 lassen sich als Auseinandersetzungen im literarischen Feld verstehen. (→ Kap. 3) Es geht um die Vormachtstellung von Autoren, um das Monopol von Werken und um die Deutungshegemonie in der Literaturkritik.

Wann beginnt die deutschsprachige Gegenwartsliteratur?

Im Gegensatz zu früheren (abgeschlossenen) Epochen hat die Gegenwartsliteratur einen wandelbaren Anfang und ein unabsehbares Ende. Aufgrund dieser Mobilität der Eckdaten ist Gegenwartsliteratur auf der Zeitachse keine in sich abgeschlossene Epoche. Hier bietet sich das Bild von der „gleitenden Zeit" an (Paul Michael Lützeler). Mit dem Fortschreiten der Gegenwart, d. h. mit dem permanenten Verwandeln von Zukunft in Gegenwart, verschieben sich Anfang und Ende der Gegenwartsliteratur.

Epoche bedeutet dem griechischen Wortursprung nach „Zäsur". Da die Benennung einer Epoche mindestens zwei weiterer Epochen bedarf, von denen sie sich zeitlich abgrenzt, muss man für die Epoche der Gegenwartsliteratur ein Ereignis oder ein Datum festmachen, an dem diese ‚Epoche' beginnt, und ebenso einen Punkt, an dem sie endet. Der Epochenbegriff „Nachkriegsliteratur" macht es uns in dieser Hinsicht einerseits einfach, weil er sagt, was vorher war.

Doch andererseits ist das auch ein Problem. Denn es gibt keine literarische Zäsur am 8./9. Mai 1945 (dem Tag der bedingungslosen Kapitulation Deutschlands), nach der anders und Anderes geschrieben worden wäre als zuvor. Wir wissen nicht, wann die Nachkriegsliteratur endete.[35] Der Begriff Postmoderne, der bis in die 1990er Jahre häufig als Alternativbegriff zur Gegenwartsliteratur verwendet wurde, ist noch unschärfer, weil er das Ende der Moderne nur aufschiebt, nicht deklariert (deshalb spricht Wolfgang Welsch schon 1987 von *Unserer postmodernen Moderne*). Die Gegenwart trägt das Erbe der Vergangenheit auch epochengeschichtlich mit sich. Die Außensicht, die man zur Selbstbeschreibung der Gegenwart als Epoche benötigt, ist heute allenfalls aus Sicht der Nachkriegszeit möglich.

Diskussion um den „Anfang" der Gegenwartsliteratur

Drei Daten bieten sich an, wenn man einen *terminus post quem* für die Gegenwartsliteratur sucht: 1945 bzw. 1947, 1968 und 1989/90. Diese Daten markieren epochale Zeitpunkte in der politischen Ereignisgeschichte Deutschlands, die mit Veränderungen des literarischen Systems einhergehen. Zugleich bezeichnen diese Daten Generationserfahrungen. Fast nie sind Schriftsteller in ihrer Zeit für länger als eine Generation prägend, was natürlich nicht bedeutet, dass man sie nicht auch weiterhin wahrnimmt. Aber die Zeit der „Gruppe 47" war 1968 vorbei, und die Ausstrahlung der 68er Generation reichte bis zur Wende. Die Postmoderne rührte sich schon in den 1960er Jahren, hatte aber 30 Jahre später ihren Höhepunkt schon wieder überschritten.

(1) Das Datum 1945 bezeichnet das Ende der nationalsozialistischen Diktatur, nicht aber den Anfang der DDR-Literatur und der Literatur der (alten) Bundesrepublik Deutschland, weil vor der Gründung der beiden deutschen Staaten (1949) noch die Zeit der Besatzungszonen liegt. Genau zwischen Kriegsende und Gründung der beiden deutschen Staaten schlägt die Geburtsstunde der „Gruppe 47". Sie war keine Gruppe mit Satzung und Präsident, aber eine Vorlesewerkstatt mit Wettbewerbscharakter und großer öffentlicher Ausstrahlung, eine „Clique" zur „Verhinderung literarischen Unfugs"[36] im literarischen Feld.

(2) Das Datum 1968 bezeichnet das Jahr der studentischen Revolution, die allerdings eine Vorgeschichte (Zerfall der „Gruppe 47“, Auschwitzprozesse) und eine Nachgeschichte hat (Rote-Armee-Fraktion, Deutscher Herbst 1976). Die sogenannte 68er Generation verkörpert einen kulturellen Wertewandel: „Sie hat die traditionalistischen Drapierungen der Bundesrepublik und ihrer Gesellschaft, Talare und Uniformen, Konventionen und Reglements, moralische Gebote und strafgesetzliche Verbote, so weit wie möglich abgeschafft und hat dadurch deutlich werden lassen, was zwischen 1945 und 1949 auf den Weg gebracht worden war: ein demokratischer Staat mit einer autonomen und pluralistischen Zivil- oder Bürgergesellschaft“.[37]
(3) Das Datum 1989/90 bezeichnet den Fall der Berliner Mauer (9.11.1989), die Vereinigung Deutschlands (3.10.1990), das Ende des „Kalten Krieges“ und den Anfang des gesamteuropäischen Einigungsprozesses. Aus der Perspektive dieser „Generation 89“, die das „Fräuleinwunder“ und die Popliteratur hervorgebracht hat,[38] ist die 68er-Erfahrung wiederum ein Stück Geschichte.

Diese Daten sind einschneidende Zäsuren in der Literaturgeschichte des 20. Jahrhunderts. Mit der totalen Kapitulation Hitler-Deutschlands, dem Wiederaufbau einer demokratischen Kultur in den westlichen Besatzungszonen und einer sozialistischen Kultur in der sowjetischen Besatzungszone änderten sich im Jahr 1945 das Sozialsystem und das Feld der Literatur. Es begann die Entwicklung von zwei bzw. vier deutschen Literaturen (BRD, DDR, Schweiz, Österreich). Man sprach von einem „Nullpunkt“ und meinte damit einen politischen und kulturellen Neuanfang. Doch auf der anderen Seite gab es literarische Kontinuitäten, die in die Zeit der NS-Diktatur zurückreichten. Günter Eich, der erste Preisträger der „Gruppe 47“, hatte im „Dritten Reich“ Hörspiele geschrieben, Gottfried Benn, der 1933 ein kurzzeitiges, alsbald widerrufenes Bekenntnis zum NS-Regime abgegeben hatte, feierte als Nachkriegslyriker ein großes Comeback.

Abschied von der „Gegenwartsliteratur nach 1945“

Die Schriftsteller, die 1945 als Zeitzeugen erlebt und beschrieben haben, sind am Anfang des 21. Jahrhunderts 80 Jahre und älter oder leben nicht mehr. Je weiter jenes Datum zurückliegt, umso schwieriger wird es, den Bezug der Nachkriegszeit zur Gegenwart herzustellen. Niemand würde heute noch auf den Gedanken kommen, den 1949 verstorbenen Wolfgang Borchert, der nach 1945 die Kurzgeschichte in die deutsche Literatur eingeführt hat, als Gegenwartsautor zu bezeichnen. Die Werke der Nobelpreisträger Heinrich Böll (1917–1985) und Nelly Sachs (1891–1970) stehen epochengeschichtlich gesehen am äußeren Rand der Gegenwartsliteratur.

Es gibt aber neuere autobiographische Werke von Autoren, die 1944/45 als KZ-Häftling in deutschen Lagern (Ruth Klüger), als Flakhelfer, Soldat oder Evakuierter erlebt haben (Günter de Bruyn, Dieter Forte, Günter Grass, Martin Walser). Diese Werke gehören zur Gegenwartsliteratur.

Zudem hat sich die Bedeutung der Nachkriegsautoren für die Germanistik verschoben. Böll, Wolfgang Koeppen, Arno Schmidt sind im literarischen Gedächtnis nach wie vor präsent. Hingegen sind Wolfdietrich Schnurre, Wolfgang Weyrauch und Hans Erich Nossack, die um 1950 als bedeutende Erzähler galten, sichtlich in die zweite Reihe der Literaturgeschichte gerückt. Es gibt also Indizien, sich von 1945 als Beginndatum der Gegenwartsliteratur zu verabschieden.[39] Zumindest die Literatur der ersten beiden Nachkriegsjahrzehnte ist von einem großen Teil der heutigen Leserschaft nicht als zeitgenössische Literatur aufgenommen worden.

Epochenzäsur 1968

Mit der zweiten Zäsur 1968 stellt sich nicht nur die Frage nach dem Beginn der Gegenwartsliteratur neu, sondern auch die Frage nach dem Ende der Nachkriegsliteratur. Die Auschwitz-Prozesse in Frankfurt und die Studentenunruhen in Berlin sind Daten eines politischen Wandels, der mit einem kulturellen Wandel einhergeht. Es war die studentisch bewegte Autorengeneration von 1968, die im Westen Deutschlands für eine offene und offensive Auseinandersetzung mit der NS-Vergangenheit der Deutschen eingetreten ist. Hans Christoph Buch, Friedrich Christian Delius, Uwe Johnson, Peter Schneider, Uwe Timm, Peter Weiss, letztlich auch der nie einzugemeindende Hans Magnus Enzensberger haben mit ihren Werken für die Überlieferungskontinuität des deutschen Täter- und Opfergedächtnisses gesorgt.

Gegenwartsliteratur seit 1968?

Das Jahr 1968 ist nicht nur eine Chiffre für den politischen Protest einer Generation, sondern auch ein Impuls der Postmoderne, die älter ist als die postmoderne Literatur der 1980er Jahre. Im Jahr 1968 hielt der amerikanische Kritiker Leslie Fiedler auf einer Freiburger Konferenz den Vortrag „Cross the Border – Close the Gap".[40] Der Vortrag, ein Schlüsseltext der Postmoderne, wurde zuerst in der Zeitschrift *Christ und Welt* (15.9.1968), dann in dem Magazin *Playboy* (Heft 12, 1969) abgedruckt. Berühmtheit erlangte er, weil darin eine alte Epoche, die Moderne, zur Geschichte erklärt und das Programm einer neuen Epoche verkündet wurde, eben der Postmoderne: „Wir leben jetzt in einer sehr anderen Zeit – apokalyptisch, antirational, offen romantisch und sentimental; einer Zeit freudloser Misologie und prophetischer Verantwortungslosigkeit, misstrauisch gegen Ironie als Selbstschutz und allzu große Bewusstheit von sich selbst" (15).

Die Postmoderne verbindet das, was in der Moderne getrennt war:

Postmoderne als Beginn der Gegenwartsliteratur

- Kunst und Kritik: der Kritiker „benutzt ein Kunstwerk als Gelegenheit, ein anderes zu schaffen“ (17);
- Kritiker und Publikum: postmoderne Kunst spricht ein „junges Massenpublikum“ (32) an, kein alterndes Elitepublikum;
- Künstler und Publikum: „Professionalismus und Amateurtum“ (32) sind in einer Person möglich, z. B. bei John Lennon als Beatle, als Prosaschreiber und Filmemacher;
- „hohe Kunst und Pop-Kunst“ (38): elitäre Schreibweisen der sog. E-Literatur und Unterhaltungsbedürfnisse der U-Literatur gehören zusammen. Diese Doppelkodierung der Kultur wird in Quentin Tarantinos Film *Pulp Fiction* (1994) reflektiert, der eine triviale Gangster- und Erotikgeschichte (pulp fiction) in gegenläufiger Chronologie erzählt, so dass der in der Filmmitte erschossene Killer (John Travolta) am Ende des Films wieder auftaucht.

Fiedlers Vortrag hat Entwicklungen der Gegenwartsliteratur beschrieben, die sich in den Folgejahrzehnten beobachten ließen. Dazu gehört die Einigkeit mit Zielen der 68–Bewegung: Kritik der traditionellen bürgerlichen Normen, Wertewandel, Aufwertung der Minderheiten, Aufwertung der Positionen des Feminismus, Ästhetisierung des Alltags. All das spricht für 1968 als *terminus post quem* der Gegenwartsliteratur.

Wandel der Gegenwartsliteraturwissenschaft seit 1968

Schließlich hat sich mit dem Gegenstand auch die Literaturwissenschaft verändert. Paul Michael Lützeler hat darauf im ersten Band des von ihm herausgegebenen germanistischen Jahrbuchs *Gegenwartsliteratur* (2002) hingewiesen:

> „Seit den siebziger Jahren haben feministische Ansätze bzw. *Gender Studies*, haben *Holocaust Studies*, haben Diskurse der Postmoderne, der Multi-, Inter- und Transkultur, des Postkolonialismus und der Globalisierung die wissenschaftlichen Methoden in den Literaturwissenschaften beeinflußt. Von der früheren Germanistik im betont nationalliterarischen und monodisziplinären Sinn ist man mehr und mehr abgerückt. Die Praxis des *New Historicism* in den achtziger und die Ansätze der *Cultural Studies* in den neunziger Jahren haben verstärkt die Vorzüge (aber auch die Grenzen) inter- und multidisziplinärer Analysen vor Augen geführt. […]“ (xv–xvi)

Und doch kann auch die Epochengrenze 1968 das Fassungsvermögen der Gegenwartsliteratur überdehnen. Abgesehen davon, dass die Zäsur sich weder kulturgeschichtlich eindeutig noch ästhetisch einleuchtend auf dieses Jahr festlegen lässt, ist dieses Jahr auch schon wieder Geschichte geworden. Anthologien und Sammelbände belegen das ebenso wie die Neuauflage einer neueren Literaturgeschichte[41] oder Uli Edels Film *Der*

Baader-Meinhof-Komplex (2008), in dem dokumentarische Aufnahmen aus dem Jahr 1968 mit fiktiven Szenen zusammengeschnitten werden.

Gegenwartsliteratur seit 1989/90

Der sichtbarste Epochenschnitt im Sozialsystem Literatur ist das Jahr 1989. Das gesamte, von Zensur, Protektionismus und sozialistischer Mangelwirtschaft bestimmte Literatursystem der DDR brach zusammen. Die Autoren aus der DDR fanden sich in der freien Marktwirtschaft wieder. Die Bücher wurden teurer, die Honorare niedriger. Das literarische Feld justierte sich unter neuen Vorzeichen. Der Schriftstellerverband der DDR löste sich Ende 1990 auf, zur Vereinigung der beiden Teile der Berliner Akademie der Künste kam es 1992, zur Vereinigung von Ost- und West-PEN 1998. Während die einen, vormals hochgelobten DDR-Dichter vom Sockel gestürzt wurden (Musterbeispiel war Christa Wolf), brachten die anderen, zuvor unveröffentlichten Autoren (wie Wolfgang Hilbig, Reinhard Jirgl, Gert Neumann) erfolgreich ihre Romanmanuskripte auf den Markt. Die in der DDR zwischen Anpassung und Widerstand lavierenden Schriftsteller (Günter de Bruyn, Christoph Hein, Heiner Müller) entdeckten nach 1989 neue Themen und wechselten zum Teil die Genres (de Bruyn schrieb historische Romane und Sachbücher).

Im westlichen Teil Deutschlands musste man sich mit einem verschärften Konkurrenzdruck abfinden. Zugleich wurden die „Wende“ und die deutsche Einheit zu einem einigenden Thema der deutschen Literatur, wiewohl sich die Autoren in der Bewertung dieser Thematik alles andere als einig waren. Und in den literarischen Debatten zeigte sich, wie intensiv das literarische Selbstverständnis im neuen literarischen Feld diskutiert wurde und wie gravierend sich die Selbstpositionierungen vieler Autoren verändert hatten. So wurde aus Martin Walser, der in den 1970er Jahren eine radikalpolitische Alternative zur alten Bundesrepublik gefordert hatte, einer der treuesten Vorkämpfer ihrer neuen deutschen Einheit.

Der Wechsel des Sozialsystems Literatur bringt notwendigerweise einen Wandel des literarischen Symbolsystems mit sich. Dieser Wandel lässt sich den öffentlichen Debatten ablesen, die seit der „Wende“ über den Zustand der Gegenwartsliteratur geführt wurden. Trendsetter war die *Frankfurter Allgemeine Zeitung* mit ihrem seinerzeitigen Feuilletonchef und jetzigen Herausgeber Frank Schirrmacher.

Verfallsdiagnose oder Liebeserklärung: Gegenwartsliteratur 1989/90

Am Vorabend des Mauerfalls, in der *FAZ* vom 10.10.1989, bilanzierte Schirrmacher die „Überlebenstechniken der jungen deutschen Literatur am Ende der achtziger Jahre“. Seine Diagnose war vernichtend: die Autoren erzählten mit alten Mitteln nur scheinbar neue Geschichten, sie bemäntelten Erfahrungsleere und fehlende Imagination mit intellektuell abgesicherter Rhetorik, ein Gegenwartsroman sei ununterscheidbar von einem Ratgeberbuch. Epigonalität also statt Avantgarde, „Idyllen in der Wüste“ statt „Literatur der Metropolen“. Als rühmliche Ausnahme wurde Thomas Hürlimanns Novelle *Das Gartenhaus* (1989) genannt.

Einen Monat später, am 10.11.1989, drehte der Literaturkritiker Volker Hage im Nachrichtenmagazin *Der Spiegel* den Spieß um. Aus der Verfallsdiagnose wurde eine Liebeserklärung an die Gegenwartsliteratur. Hage notierte einen literarischen Wandel, aber keine Weltflucht, keine Erzählschwäche, keinen Stillstand. Wenig später (am 2.3.1990) suchte Hubert Winkels in der Wochenzeitung *Die Zeit* zu vermitteln: „Die Literatur ist minoritär und museal geworden. Ihrer Souveränität muß das nicht abträglich sein.“ Man müsse, so sekundierte ihm Ortheil, weniger eine schwache Literatur betrauern, als vielmehr die Schwäche ihrer Deuter.

An der Debatte, die in den kleineren Feuilletons munter fortgesetzt wurde, fällt die Konstanz der Autorennamen auf. Immer sind es Autoren aus der gleichen Generation: Bernhard, Grass, Handke, Strauß, Walser, Christa Wolf, Autoren der Jahrgänge 1927 bis 1944. Bei den jüngeren Autoren, zumal den Debütanten und Neulingen, ist sich die Kritik nicht so sicher, was aus ihnen wird.

Abschied von der Literatur der „alten“ Bundesrepublik

Um eine Zäsur zu schaffen, muss zunächst etwas Altes für tot erklärt werden. In diesem Sinne hat Frank Schirrmacher seine These vom Ende der deutschen Literatur in den 1980er Jahren am Anfang der 1990er Jahre radikalisiert. Ausgerechnet am Vorabend des neuen Tages der deutschen Einheit publizierte er einen großen Artikel unter der Überschrift „Abschied von der Literatur der Bundesrepublik“ (*FAZ*, 2.10.1990). Der Beitrag beginnt so:

> „Die Literatur der Bundesrepublik Deutschland wurde dreiundvierzig Jahre alt. Wie jener in der DDR steht auch ihr das Ende bevor. Nicht heute vielleicht, aber morgen. Dann wird ein großer Teil dieser Literatur Erinnerung an ein Land sein, das es nicht mehr gibt, und die Stimme einer Gesellschaft, deren Geräusche anders geworden sind. Da es wie ein Abschied zu Lebzeiten ist, vermeiden es die Betroffenen, von der Sache zu reden. Aber man sieht den Bruch. Was eben noch Gegenwart war, treibt davon.“[42]

Der Artikel ist ein interessantes Beispiel des prognostischen Feuilletonstils. Prognostisch ungenau sind die Zeitform des Futur, der Gebrauch von Vergleichen („wie“) sowie Pauschalbegriffe (was ist „anders“, wer sind „die Betroffenen“, wo genau ist der „Bruch“?).

Der präziseste Begriff in dem Zitat ist die Zahl 43. Rechnet man von 1990 zurück, so kommt man auf das Jahr 1947. Dieses Jahr ist in der Gegenwartsliteraturgeschichte untrennbar verbunden mit der bereits erwähnten „Gruppe 47“. Mit der „Gruppe 47“ hat Schirrmacher zufolge begonnen, was 1990 endet: die Literatur der unvereinigten Bundesrepublik. Für diese Literatur stehen die Autoren, die auch den Ton bei der „Gruppe 47“ angegeben haben und, sofern sie nicht verstorben sind, noch heute im literarischen Feld aktiv sind: Günter Grass und Heinrich Böll (†1974), Uwe Johnson (†1984) und Peter Weiss (†1982), Martin Walser und Siegfried Lenz, Peter Rühmkorf (†2008) und Erich Fried (†1988).

„Gruppe 47" als Gewissen der deutschen Nation

Tatsächlich hat es ein letztes Treffen der „Gruppe 47" 1990 auf Schloss Dobříš nahe Prag gegeben. Schirrmacher begründet seine These aber nicht nur mit dem Wandel des Sozialsystems der Literatur. Er findet auch einen Grund im literarischen Symbolsystem. Die „Gruppe 47", sagt er, habe der deutschen Nachkriegsgesellschaft „neue Pässe, neue Identitäten, neue Lebensläufe" vermittelt: ein kulturelles Selbstbewusstsein, auf dem sie scheinbar guten Gewissens aufbauen konnte. Sprecher dieses Gewissens der neuformierten Nation sind die jungen Erzähler in Grass' *Blechtrommel* und Lenz' *Deutschstunde*. Sie seien „zu jung, um schuldig geworden zu sein, alt genug, um das Ausmaß der Katastrophe begriffen zu haben". Begabt mit der „klaren Moral der Naiven und Unschuldigen", hätten sie die richtigen Lehren aus der falschen Vergangenheit ziehen können.

Deutsche Gegenwartsliteratur als europäische Literatur

Schirmachers These ist umstritten. Er vernachlässigt Autoren, die nicht wegen, sondern trotz der „Gruppe 47" erfolgreich waren: Paul Celan und Thomas Bernhard etwa. Er spricht vom Abschied des Alten, ohne zu erklären, was das Neue ist. Aber er gibt der Literatur der Gegenwart ein neues Geburtsdatum, das die ernsthafte Diskussion lohnt. Denn bei allen thematischen und ästhetischen Kontinuitäten, die über die Zäsur 1989/90 hinausreichen, lassen sich Wandlungen und Neuentwicklungen feststellen:

(1) Die Auseinandersetzung mit Krieg, Exil und Holocaust wird als Reflexion der Erinnerung mit diesen Ereignissen fortgeführt. Dafür steht eine Reihe von Erinnerungsromanen:

- Marcel Beyers Mediengeschichts-Roman *Flughunde* (1995) über den (fiktiven) Tontechniker Karnau und seine letzten Tage im Führerbunker mit den Goebbels-Kindern;
- Uwe Timms autobiographisches Buch *Am Beispiel meines Bruders* (2003), das von der Erinnerung an den als jungen SS-Mann gefallenen Bruder und vom Umgang der Familie mit den Erinnerungen an Krieg und Holocaust erzählt;
- Tanja Dückers' Generationenroman *Himmelskörper* (2003), der ausgehend von der Flüchtlingstragödie der Wilhelm Gustloff (1945) vom Umgang der Großeltern-, der Eltern- und der Enkelgeneration mit Flucht und Vertreibung erzählt.

(2) Die Ereignisse von Mauerfall und deutscher Einheit durchdringen den Literaturbetrieb. Die Literaturkritik fahndet nach dem großen deutschen

Werk der Einheit, analog zu der Suche nach der *Great American Novel.* Fast in jeder Buchsaison gibt es neue Kandidaten:

- Romane: Thomas Brussigs *Helden wie wir* (1995), *Am kürzeren Ende der Sonnenallee* (1999) und *Wie es leuchtet* (2004), Günter Grass' *Ein weites Feld* (1995), Uwe Timms *Johannisnacht* (1996), Michael Kumpfmüllers *Hampels Fluchten* (2000), Erich Loests *Nikolaikirche* (1995) und *Löwenstadt* (2009), Ingo Schulzes *Simple Stories* (1998) und *Neue Leben* (2005), Uwe Tellkamps *Der Turm* (2008);
- Erzählungen: in den 2009 erschienenen Anthologien *Die Nacht, in der die Mauer fiel. Schriftsteller erzählen vom 9. November 1989* (hrsg. von Renatus Deckert) und *Grenzübergänge. Autoren aus Ost und West erinnern sich* (hrsg. von Julia Franck);
- seltener in der Dramatik; nur Herbert Achternbusch, Christoph Hein, Rolf Hochhuth, Klaus Pohl, Botho Strauß haben zeithistorisch tragende Deutschlandstücke geschrieben.[43]

(3) Die Reflexion der Studentenbewegung wird von den Kindern der Zeitgenossen korrigiert:

- Ralf Rothmanns Romane *Stier* (1991) und *Milch und Kohle* (2000) über die sanfte Revolution der Jugendlichen im Ruhrgebiet um 1970;
- Uwe Timms autobiographische Erzählung *Der Freund und der Fremde* (2005) über seine Studentenfreundschaft mit Benno Ohnesorg, der 1967 bei der Berliner Anti-Schah-Demonstration von einem Polizisten erschossen wurde; dieser Polizist wiederum wurde 2009 als inoffizieller Stasi-Mitarbeiter enttarnt;
- Bernd Cailloux' Roman *Das Geschäftsjahr 1968/69* (2005) über die Erfolgsgeschichte eines Jungunternehmers, der das Diskotheken-Stroboskop als Geschäftsidee vermarktet.

(4) An die Stelle eines multikulturellen Optimismus ist eine interkulturelle Perspektive getreten, die Frage, was in einem Europa der Kulturen, der Multiethnie und der Vielsprachigkeit einend und was trennend ist:

- Herta Müllers Erzählung *Reisende auf einem Bein* (1991), ihr Roman *Herztier* (1994), ihr Essayband *Der König verneigt sich und tötet* (2003) über die kulturellen und sprachlichen Transformationserfahrungen der rumäniendeutschen Literatur;
- Terézia Moras Roman *Alle Tage* (2004) über die interkulturelle Tragödie eines Sprachgenies und Marica Bodrožićs Erzählungen *Tito ist tot* (2002) über die Gedächtnislandschaften im zerkriegten Restjugoslawien;
- Yoko Tawadas Erzählessay *Überseezungen* (2002), die sich von den „Übersetzungen" nur durch einen Druckbuchstaben unterscheiden,

und ihre Tübinger Poetik-Vorlesungen *Verwandlungen* (1998) über japanisch-deutsche Interkulturalitätserfahrungen, Emine Sevgi Özdamars Istanbul-Berlin-Trilogie *Sonne auf halbem Weg* (2006), Feridun Zaimoglus Kultbuch *Kanak Sprak. 24 Mißtöne vom Rand der Gesellschaft* (1995), die Anthologien *Döner in Walhalla. Texte aus der anderen deutschen Kultur* (2000) und *Morgen Land. Neueste deutsche Literatur* (2000).

(5) Heimat, lange Zeit ein verrufenes, an Blut-und-Boden-Literatur erinnerndes Wort, erfährt eine Renaissance in der literarischen Aufwertung der Region:

- in den negativen Heimatromanen des österreichischen Autors Norbert Gstrein (*Das Register*, 1991; *O₂*, 1993);
- in den Eifelromanen von Norbert Scheuer (*Flußabwärts*, 2002; *Überm Rauschen*, 2009);
- in Arnold Stadlers Romantrilogie über eine katholische Sozialisation in der badischen Provinz (*Einmal auf der Welt. Und dann so*, 2009).

(6) Die Interaktion der Literatur mit den neuen Medien, vor allem dem Internet und dem Film, hat sich verstärkt.

- Rainald Goetz' Internet-Tagebuch in der auf fünf Bände angelegten „Geschichte der Gegenwart" (von *Rave*, 1994, bis *Abfall für alle*, 1999);
- Elfriede Jelineks „Privatroman" *Neid* (2004–2008), der auf ihrer Homepage www.jelinek.com entstand und über eine Abbildung von Hieronymus Boschs Bild *Sieben Todsünden* online aufgerufen werden kann;
- Matthias Polityckis Roman *Ein Mann von vierzig Jahren* (2000), der als Hypertext im Internet entstand; die Leser konnten die Entstehung mitverfolgen und diesen Prozess in Chatrooms oder durch Mails an den Autor indirekt beeinflussen;
- diverse Projekte kollaborativer Autorschaft: mehrere Autoren schreiben an einem Text.

(7) Die Beschleunigung der Erfahrung nimmt zu, parallel zur Explosion des Wissens in der Web-Community.

- Ein Reflex auf diese Beschleunigungserfahrung ist Sten Nadolnys Roman *Die Entdeckung der Langsamkeit* (1993). Der Held, ein Arktisforscher aus dem 19. Jahrhundert, kann nicht „Schnelligkeit studieren wie andere Menschen die Bibel oder die Spuren des Wildes" (16) und ist dadurch „langsamer als der Tod" (349), von dem seine Gefährten ereilt werden.
- Reiner Kunze hat gegen die Beschleunigung des Kulturbetriebs durch die Medien ein Gedicht geschrieben: „Höchste zeit kommt von innen // Höchste zeit ist, wenn die kerne / schön schwarz sind // Und das weiß zuerst / der baum".[44] Dieses Gedicht *apfel für M. R.-R.* (1980) ist

Marcel Reich-Ranicki gewidmet, der Kunze mehrmals händeringend um neue Gedichte gebeten hatte.

(8) Mit der Pop-Literatur wandelt sich die Gegenwartsliteratur der Waren- und Medienwelt an. Marken in der Pop-Literatur erfüllen eine mehrfache Funktion. Sie machen Dinge für den Leser leicht wieder-erkennbar, sie kodieren ein Milieu, allerdings kurzlebig. Zugleich sind sie Medienereignisse und insofern vermarktbar.

- Christian Krachts Roman *Faserland* (1995) schildert eine Reise durch die Warenwelt des Vaterlandes, angefangen bei Goschs Fischbude auf Sylt;
- Benjamin von Stuckrad-Barres Roman *Soloalbum* (1998) schildert die Reise eines verschmähten Liebenden durch die deutschen Kultur- und Lustmilieus;
- Burkhard Spinnens Roman *Langer Samstag* (1996) über die Jagd nach den „guten Dingen" in der schönen neuen Supermarktwelt ist ein ironischer Abgesang auf die Popkultur.

Räumliche Eingrenzung

In deutscher Sprache wurde in der DDR, wird in Deutschland, der Schweiz, in Österreich gesprochen und geschrieben. Allerdings muss man hier differenzieren. In der Schweiz ist Deutsch eine von vier Landessprachen. Die Antwort auf die Frage, was das Deutsche an der deutschsprachigen Gegenwartsliteratur ist, scheint also einfach: die deutsche Sprache, in der die Literatur geschrieben ist und gelesen wird.

Doch schon bei der Frage nach dem, was die deutsche Literatursprache eint, gehen die Meinungen auseinander. Während des Zeitraums zweier deutscher Staaten (1949–1989) wurde darüber gestritten, wie viele deutsche Literaturen es gebe. Mit der Idee einer „sozialistischen deutschen Nationalkultur" (Johannes R. Becher) verfestigte sich Ende der 1950er Jahre die Vorstellung einer eigenständigen DDR-Literatur. Sie wurde mit dem Programm des sozialistischen Realismus, den Forderungen nach dem positiven Helden und nach der Nähe zur Arbeiterwelt verfestigt. Im Gegenzug entwickelte sich in der westdeutschen Literaturkritik das Bild einer ebenso selbständigen Literatur der Bundesrepublik Deutschland.

Einheit oder Teilung der deutschen Literatur 1949–1990

Diese Zweiteilung hat lange die Literaturgeschichtsschreibung bestimmt. Die Entwicklung der Literatur hüben und drüben wurde bis 1989/90 in getrennten Kapiteln dargestellt. Doch das ist auch einseitig. Es gab zwar Differenzen des jeweiligen Sozialsystems Literatur: im Westen freie Markwirtschaft, Wettbewerb, Kulturföderalismus, im Osten staatlich gelenkte Planwirtschaft, Zensur, Bespitzelung und Kulturzentralismus. Aber im Symbolsystem Literatur zeigten sich unübersehbare Konvergenzen: im Thematischen, im Stilistischen, auch im Sozialkritischen. Die Gesellschaftsromane von Günter de Bruyn (*Neue Herrlichkeit*, 1984) und die Dramen von Heiner Müller (*Hamletmaschine*, 1977) sind dafür Beispiele. Zudem kam es zu Austauschbewegungen über die imaginäre Grenze der deutschen Literatur hinweg. Uwe Johnson, der 1959 aus der DDR nach Westdeutschland übersiedelte, schreibt über die DDR im europäischen und transatlantischen Kontext (*Jahrestage*, 1971–1983). Die DDR und die Bundesrepublik sind somit gesamtdeutsche Themenlieferanten der Literatur. Der 1962 in Dresden geborene Durs Grünbein ist der erste Dichter, der mit der gesamtdeutschen Thematik seiner Lyrik (*Schädelbasislektion*, 1991) die deutsche Teilung überwunden hat.

Der Streit um die Einheit oder die Teilung der deutschen Literatur, lange Zeit ein Monopolyspiel um das Land mit der reichsten Literatur, gehört seit der „Wende" der Vergangenheit an. Es ist zwar möglich, nach dem Ende der DDR von einer DDR-Literatur im Sinne des „Weiterschreibens", „Neuschreibens" und „Umschreibens" (Holger Helbig) zu sprechen.[45] Insofern gibt es die DDR in der Literatur nach 1989. Für Wolfgang Hilbig (1941–2007) existiert die DDR nach 1989, „ausgenommen ihre Bezeichnung, ihre Regierung, die die Bezeichnung erfunden hat, und das Ideologiesystem, mit dessen Hilfe sie versucht hat, zu funktionieren".[46] Aber literaturgeschichtlich markiert die DDR-Literatur einen geschlossenen Zeitraum, begrenzt durch Anfang und Ende der DDR. Sie gehört damit streng genommen schon nicht mehr zur Gegenwartsliteratur.

Grenzen der deutschen Sprachgemeinschaft

Die Frage nach der räumlichen Eingrenzung der deutschsprachigen Literatur wird noch interessanter, wenn man sich vor Augen hält, wo denn die geographischen, politischen und kulturellen Grenzen der deutschen Sprach- und Literaturgemeinschaft gezogen worden sind. Deutschland liegt im Herzen Europas. Kein anderes Land hat so viele europäische Nachbarn. In kaum einem anderen Land kreuzen sich so viele kulturelle Einflüsse. Die Literatur aus Österreich und aus der Schweiz bestimmt das Bild der deutschsprachigen – in diesem Sinne nicht: der deutschen – Literatur maßgeblich mit. Nicholas Boyle, Germanist in Cambridge, schreibt in seiner *Kleinen deutschen Literaturgeschichte* (2009):

> „Seit dem Niedergang des Römischen Reiches haben sich die Handelsstraßen Europas von Nord nach Süd und von Ost nach West auf deutschem Boden gekreuzt. Formen der modernen deutschen Sprache hat man vom Rhein bis an die Wolga gesprochen und von den Grenzen Finnlands bis an die Südhänge der italienischen Alpen. Sprache, Kultur und Gene sind über die Jahrhunderte hinweg in Frieden und Krieg mit französischen, italienischen, ungarischen, slawischen und skandinavischen Nachbarn ausgetauscht worden." (8)

Sieht man einmal von dem Biologismus ab (Austausch von „Genen"), so wird in Boyles Argumentation eines sehr deutlich: Der Kulturraum der deutschsprachigen Literatur ist stets größer als ihr staatspolitischer Raum. Er ist bestimmt von der biographischen Herkunft, der geographischen Situierung und dem gesellschaftlichen Hintergrund der Autoren. Und es ist ein europäischer Literaturraum, auf dem verschiedene geographische Literaturtransfers stattfinden (Migrationsliteratur, rumäniendeutsche, türkischdeutsche Literatur). Im Symbolsystem Literatur können sich insofern mehrere literarische Sozialsysteme widerspiegeln.

Deutsche Kultur im europäischen Literaturraum

Freilich kommt bei dem Blick auf die deutschsprachige Literatur als Nationalliteraturgeschichte die Gegenwartsliteratur notorisch zu kurz. In Heinz Schlaffers *Kurzer Geschichte der deutschen Literatur* (2002) – für den die deutsche Gegenwartsliteratur mit Böll, Grass, Johnson und Arno Schmidt endet – ist sie nur ein Appendix an der klassisch-romantisch-realistischen Tradition. Boyles *Kleine deutsche Literaturgeschichte* endet mit Grass, Böll, Johnson und Arno Schmidt, in der Schweiz bei Frisch und Dürrenmatt, in Österreich bei Bachmann, Bernhard, Handke und Jelinek, danach kommen nur noch Grünbein und Sebald, allerdings hier wieder mit einer interessanten Begründung: Sebald sei deshalb ein herausragender Autor der Gegenwartsliteratur, weil er ihr einen Ort zu geben suche in einer „nationalen historischen Identität" (224).

Probleme der Geschichtsschreibung der Gegenwartsliteratur

Abschließend seien zwei Möglichkeiten skizziert, die deutsche Gegenwartsliteratur zeitlich und räumlich zu situieren:

Optionen einer Gegenwartsliteraturgeschichte

- Die Literaturgeschichte in Jahreszahlen. Ausgehend von einer Jahreszahl wird ein dazu passendes typisches Ereignis, oft aus einem nichtliterarischen Feld, ausgewählt und mit der Literatur dieser Gegenwart in Bezug gesetzt. Ein Beispiel ist der Fall der Mauer am 9.11.1989.[47] Diese vom *New Historicism* ausgehende Forschungsrichtung hat drei Vorteile: Sie vermittelt den Zusammenhang zwischen literarischem Symbol- und Sozialsystem, sie ermöglicht einen unkonventionellen Blick auf alte Texte, und sie vergegenwärtigt dem Leser damit den vergangenen Text.
- Die Literaturgeographie. Diese neue Forschungsrichtung geht von der Annahme aus, dass die Literatur einen Ort hat, einen Sitz im Leben des Autors, seiner Herkunft und seiner regionalen Prägung.[48] Was der Musenhof in Weimar-Jena um 1800 bedeutet hat, das ist heute der südbadische Katholizismus in den Romanen Arnold Stadlers (*1954) oder das Großstadtmilieu in den Frankfurter Erzählungen von Wilhelm Genazino (*1943): ein Ort, der seine unverwechselbare Gestalt durch die Literatur bekommt und als literarischer Ort – nicht als rea-

listischer Ort – von den Lesern identifiziert wird. Die literarischen Stadtführungen etwa im Berliner Stadtteil Prenzlauer Berg erinnern an den literarischen Ort Prenzlauer Berg, eine in den 1980er Jahren kulturell hochvirulente (und von der Staatssicherheit der DDR infiltrierte!) Szene.

Mit beiden Modellen lassen sich Gründe dafür finden, dass mit der Zäsur 1989/90 eine neue Gegenwart der Literatur beginnt.[49] Diese Gegenwart hat eine kurze Geschichte.

„Gegenwartsliteratur" ist ein relationaler Begriff, der in Bezug zu einem erweiterten Literaturbegriff und zu einer kurzen Gegenwart gesetzt werden kann. Zugleich ist „Gegenwartsliteratur" ein normativ gebrauchter Begriff, der von den Wertungs- und Vergleichsmaßstäben abhängt, die man an die Gegenwartsliteratur anlegt. Zu einem Gegenstand der Literaturwissenschaft wird die Gegenwartsliteratur erst im 20. Jahrhundert. Daran hat die Literaturkritik wesentlichen Anteil. Trotzdem steht – aufgrund der fehlenden historischen Distanz – die Literaturwissenschaft bis heute der Gegenwartsliteratur zurückhaltender gegenüber als die Literaturkritik.

Bei der Frage, wann die Gegenwartsliteratur beginnt, gehen die Meinungen auseinander. Als Zäsuren gelten 1945/1949, 1968 und – am plausibelsten – 1989/90: Mit diesem Datum der Vereinigung Deutschlands wird die DDR eine historisch (nicht literarisch!) abgeschlossene Kategorie; das literarische Sozial- und das Symbolsystem konstituieren sich neu. Räumlich bildet die Gegenwartsliteratur in deutscher Sprache einen Kulturraum, der immer schon die staatspolitischen Grenzen überschritten hat.

Die Theorie des literarischen Feldes (Bourdieu) und die Differenzierung zwischen Sozialsystem und Symbolsystem (nach Luhmann) liefern Modelle, um die Gegenwartsliteratur als dynamischen Wechselprozess von inneren und äußeren Faktoren zu beschreiben.

Fragen

1. Inwiefern ist „Gegenwartsliteratur" ein relationaler und ein normativer Begriff?
2. Erläutern Sie den Unterschied zwischen Literatur *in* der Gegenwart und Literatur *über* die Gegenwart!
3. Warum kann man es der Gegenwartsliteratur manchmal erst später ansehen, dass sie eine Literatur der Gegenwart gewesen ist?
4. Worin bestehen die quantitativen und was sind die qualitativen Schwierigkeiten beim Umgang mit der Gegenwartsliteratur?
5. Inwiefern belegt Volker Brauns Gedicht *Mein Eigentum* (→ Kap. 5.2) das Datum 1989/90 als Zäsur der Gegenwartsliteratur?
6. Nennen Sie Gründe dafür, dass die zeitgenössische Schweizer Literatur zur deutschsprachigen Gegenwartsliteratur gehört!

Ausgewählte kommentierte Literatur

Wilfried Barner u. a.: *Geschichte der deutschen Literatur seit 1945 bis zur Gegenwart.* München 1994, 2., erw. Aufl. 2006. Umfassende, nach Dekaden gegliederte, inhaltsbetonte und ästhetisch orientierte Geschichte der Literatur und des Kulturbetriebs nach 1945.

Helmut Böttiger: *Nach den Utopien. Eine Geschichte der deutschsprachigen Gegenwartsliteratur.* Wien 2004. Breit gefächerte, synchrone Zusammenschau von Porträts „lebender Autoren", deren „Werk bereits erkennbar ist und deren Namen man auch in zwanzig Jahren noch kennt" (11).

Klaus Briegleb und Sigrid Weigel (Hrsg.): *Gegenwartsliteratur nach 1968.* München, Wien 1992. Die Epochenzäsur 1968 wird politisch und literarisch begründet.

Deutsche Literatur. Jahresüberblick. Stuttgart 1981–1998. Nützliches Kompendium der Gegenwartsliteratur. Diese verdienstvolle Reihe des Reclam-Verlags (Auflage zunächst 10.000), die mit einem einleitenden Überblicksaufsatz, in einer Jahreschronik und in Abdrucken ausgewählter Rezensionen die Neuerscheinungen eines belletristischen Bücherjahres vorstellte, wurde 1998 aus Gründen der Konkurrenz des Internet beendet (Bd. 18, 1999, 291).

Friedrich Dieckmann (Hrsg.): *Die Geltung der Literatur. Ansichten und Erörterungen.* Berlin 1999. Dokumentation der Symposien der Leipziger Literaturkonferenz, einem kulturellen Kind der deutschen Einheit, die seit 1991 von acht literaturfördernden Vereinigungen ins Leben gerufen wurde. Informative Berichte über die berufliche Situation von Autoren, die Lehrbarkeit der Literatur, den Zustand des Literaturbetriebs, die Geschichtsbilder der Gegenwartsliteratur, die Probleme des Übersetzungsbetriebs.

Frank Thomas Grub: *„Wende" und Einheit im Spiegel der deutschsprachigen Literatur. Bd. 1: Untersuchungen, Bd. 2: Bibliographie.* Berlin, New York 2003. Detaillierte Darstellung der politischen Gegenwartsliteraturgeschichte seit 1989; Bd. 2 liefert eine ausführliche, nach Autoren gegliederte Bibliographie.

Volker Hage: *Letzte Tänze, erste Schritte. Deutsche Literatur der Gegenwart.* Stuttgart 2007 und Berlin 2009. Fulminanter Einleitungsessay „Kurze Geschichte der neuesten deutschen Literatur" über die Gründe des internationalen Erfolgs der deutschen Gegenwartsliteratur nach 1999; Literaturgeschichte mit Namen als Auswahl von 50 literaturkritischen Aufsätzen und Autorenporträts von 1999–2007.

Clemens Kammler u.a.: *Deutschsprachige Gegenwartsliteratur seit 1989. Gattungen – Themen – Autoren. Eine Auswahlbibliographie.* Heidelberg 2003. Hilfreiche bibliographische Angaben zu 100 Autoren der Gegenwartsliteratur und zu einigen übergreifenden Themen (Wende / Judentum / Neue Medien / Mythos / Großstadt / Adoleszenz / Literaturbetrieb).

Andrea Köhler und Rainer Moritz (Hrsg.): *Maulhelden und Königskinder. Zur Debatte um die deutschsprachige Gegenwartsliteratur.* Leipzig 1998. Dokumentation der 1989 von Schirrmacher initiierten Debatte.

Kritisches Lexikon zur deutschsprachigen Gegenwartsliteratur. Hrsg. von Heinz Ludwig Arnold. München 1979ff. Solides, ständig aktualisiertes, über Autor und Werke informierendes Lexikon in Form einer Loseblattsammlung, das in der 92. Lieferung (2009) 730 Autoren vorstellt, „deren wesentliches Werk nach 1945 entstanden ist oder hauptsächlich gewirkt hat" (www.klgonline.de).

Lexikon der deutschsprachigen Gegenwartsliteratur seit 1945. 2 Bde. Neu hrsg. von Thomas Kraft. Vollständig überarb. u. akt. Neuausgabe. München 2003. Gegenüber der ersten Auflage (1965) hat sich die Zahl der aufgenommenen Autoren (jetzt: 818) verdoppelt; Auswahlkriterium ist der „Schaffensschwerpunkt [...] nach 1945" (Bd. 1, S. 7).

Paul Michael Lützeler (Hrsg.): *Gegenwartsliteratur. Ein germanistisches Jahrbuch.* Tübingen 2001ff. Das innovative Jahrbuch stellt zu Schwerpunktthemen (z. B. „Berlin", „Jelinek", „Erinnerung und Film") in deutscher und englischer Sprache Aufsätze zur Gegenwartsliteratur und Fachrezensionen zur Gegenwartsliteraturwissenschaft vor. Es wird an der Washington University St. Louis herausgegeben, die auch ein Zentrum für deutschsprachige Gegenwartsliteratur beherbergt.

Ralf Schnell: *Geschichte der deutschsprachigen Literatur nach 1945.* 2., überarb. u. erw. Stuttgart 2003. Umfassende, thematisch gegliederte, der Literatur nach 1990 weiten Raum gebende Geschichte der Literatur und des Kulturbetriebs nach 1945.

Volker Weidermann: *Lichtjahre. Eine kurze Geschichte der deutschen Literatur von 1945 bis heute.* Köln 2006. Geschichtenbuch über die Literatur nach 1945 statt Literaturgeschichte, Autorenporträts statt Werkanalysen, Fragen nach dem „Mensch, der dieses Buch geschrieben hat" (10), Beispiel für Emphatik der Literaturkritik.

Hubert Winkels: *Gute Zeichen. Deutsche Literatur 1995–2005.* Köln 2005. Sammlung von werkbezogenen Artikeln; ein kriteriensicheres und mit einem persönlichen ‚coming-out' legitimiertes „Plädoyer für andere Medien, Wahrnehmungen und diskursive Praktiken" (379) und des Kulturbetriebs nach 1945.

Uwe Wittstock: *Nach der Moderne. Essays zur deutschen Gegenwartsliteratur.* Göttingen 2009. Plädoyer für einen sanften Wandel der Gegenwartsliteratur seit den 1990er Jahren von der Orientierung an einer historisch gewordenen Moderne zu einer selbstkritischen Nachmoderne.

2 Gegenwartsliteratur im Kulturbetrieb

An Daniel Kehlmanns Erfolgsroman *Die Vermessung der Welt* können wir sehen, wie der Kulturbetrieb funktioniert: als komplexer Prozess zwischen Autor, Medien und Lesern. Die Rezeption des Romans zeigt, wie dieser Prozess im literarischen Feld gesteuert wird: durch Image/Marke, durch Rituale und Institutionen. Eines der wichtigsten Steuerungselemente des Literaturbetriebs ist die Literaturkritik, auch im Fernsehformat (*Das literarische Quartett*). Der Autor ist nach wie vor eine wichtige, wenngleich nicht unumstrittene „Marke", der mit dem symbolischen Kapital seines Namens und seines Buchs Aufmerksamkeit beim Leser sucht. Was den typischen Leser kennzeichnet, das können wir aus Leserumfragen von Buchverbänden erfahren – und vor allem aus den Berichten von Autoren.

2.1 Markt und Medien

„Unsere Kultur geht auf keine Kuhhaut"?

Hans Magnus Enzensberger publizierte am 29.5.1993 in der *Frankfurter Allgemeinen Zeitung* unter dem Titel „Wanderzirkus, Veranstaltungstaumel" eine „kleine Pfingstpredigt über das Entbehrliche":

> „Unsere Kultur geht auf keine Kuhhaut. Wer das bezweifelt, der möge einen Blick auf den Veranstaltungskalender werfen, der jede Woche in der Zeitung steht, die Ankündigungen studieren, die jeden Monat in Tausenden von Briefkästen landen, und sich in die Programme versenken, mit denen vierteljährlich die Organisatoren aufwarten: Akademien, Kulturreferate, Kollegien, Bürgerhäuser, Stiftungen, Medientage, Festwochen, Messen, Gesprächskreise, Kolloquien, Galerien, Volkshochschulen, Kulturvereine, Museen, Initiativen, Festivals, Stadtcafés, Sommeruniversitäten, Theater, Frauenhäuser, Jugendzentren, Seminare, Literaturbüros, Gewerkschaften, Kongreßzentren, Kulturwerkstätten, Arbeitsgemeinschaften, Bildungswerke, Begegnungsstätten […]."[1]

Hauptinstanzen des Literaturbetriebs: Autor, Medien, Leser

Enzensbergers Kritik an der Betriebsamkeit des Kulturbetriebs klingt überzogen. Aber sie hat einen heuristischen Zweck. Das Mittel der Übertreibung dient dazu, die drei Hauptinstanzen des Literaturbetriebs besser zu verstehen: den Autor, die Medien und den Leser. Besser heißt in diesem Falle kritischer – auch wenn der Dichter mit seiner Kritik am Literaturbetrieb an dem Ast sägt, auf dem er sitzt. Enzensberger, einer der wichtigsten Trendsetter und klügsten Analytiker des Kulturbetriebs,[2] weiß genau, wovon er spricht. Die kulturellen Veranstaltungskalender sind zum Bersten voll, Erlanger Poetenfest, Litcologne, Leipzig liest sind große Publikumsmagneten, und auch Wirtschaftsunternehmen wie Siemens oder die Deutsche Telekom betreiben eine eigene Kunst- und Kulturförderung.

Pluralismus

Substantieller Grund zur Klage besteht indes nicht. Denn die Vielzahl bedeutet auch Vielfalt. Dieser kulturelle Pluralismus ist ein besonderes Merkmal der deutschen Kultur. Kein Land in Europa besitzt außerhalb der großen Metropolen ein so dichtes Netz kultureller Einrichtungen wie die Bundesrepublik. Die Gründe dafür sind in der deutschen Geschichte zu suchen. In Deutschland hat die Kulturnation immer einen größeren Raum als die Staatsnation eingenommen. Die deutsche Sprache wird auch außerhalb der Staatsgrenze Deutschlands gesprochen, in Österreich etwa, in der deutschsprachigen Schweiz, im siebenbürgischen Teil Rumäniens. „Nie sind alle, die deutsch sprachen, in einem einzigen Staat vereint gewesen".[3] Im grenzoffenen Europa am Anfang des 21. Jahrhunderts ist das kein Problem mehr. Für Schiller und Goethe, die im zerfallenden Heiligen Römischen Reich Deutscher Nation eine Gelehrtenrepublik zu errichten versuchten, war es ein Problem: „Deutschland? Aber wo liegt es? Ich weiß das Land nicht zu finden, / Wo das gelehrte beginnt hört das politische auf".[4]

Föderalismus

Erst mit der Gründung der Bundesrepublik und der Verkündung des Grundgesetzes im Jahr 1949 wurden die Grundlagen für ein dauerhaftes föderales System geschaffen, in dem die Kulturpolitik nicht wie in Frankreich zentralistisch vom Regierungssitz aus geregelt ist, sondern Ländersache bleibt. Artikel 70 regelt die Kulturhoheit der Bundesländer; Artikel 5, Absatz 3 des Grundgesetzes bestimmt – nach Absätzen über die Meinungs- und Pressefreiheit – die Freiheit der Kunst in einem Atemzug mit der Freiheit der Wissenschaft: „Kunst und Wissenschaft, Forschung und Lehre sind frei." Ob die Kultur als „Staatsziel" ins Grundgesetz aufgenommen werden soll (mit einem Zusatzartikel 20b: „Der Staat schützt und fördert die Kultur"), ist bei Experten umstritten. Die einen hoffen damit das Gewicht der Kultur in Konkurrenz zu anderen Interessen (wie dem Tierschutz oder dem Sport) zu stärken. Die anderen argumentieren, dass damit die Missstände des Kulturbetriebs wie die sozial prekäre Lage vieler freischaffender Künstler oder der Zustand einiger Bibliotheken und Museen nicht wirklich behoben würden. Das Staatsziel Kultur sei also nur preiswerte und prestigeträchtige Symbolpolitik. Fest steht jedenfalls: Die Bundesländer wenden mit den Städten und Kommunen fast 90 Prozent der öffentlichen Mittel für Kultur auf (das sind jährlich etwa 8 Milliarden EURO). Große Mittel zur Förderung der Gegenwartsliteratur stammen vom Deutschen Literaturfonds.

Verliert die Gegenwartsliteratur ihre Funktion, ihr Publikum, ihr Niveau?

Der Titel von Enzensbergers „Pfingstpredigt“ über die vermeintliche Entbehrlichkeit der Kultur ist wörtlich zu verstehen; das pfingstliche Sprachwunder, bei dem sich die Menschen in allen Zungen miteinander verständigten, ist ein Gleichnis für den vielstimmigen Kulturbetrieb. Allerdings stellen sich Fragen: Wird im „Veranstaltungstaumel“ das Mittelmaß gefördert? Erschwert es der kulturelle „Wanderzirkus“, künstlerisch Herausragendes zu erkennen? Was drohen die professionellen Literaturvermittler in der Massenproduktion an Büchern zu übersehen? Diese Debatte wird in unregelmäßigen Abständen und mit sich wiederholenden Argumenten geführt. Die Kritiker sehen den Überfluss als Makel. Sie beklagen, dass die Literatur in der Medienkultur etwas verliere:

- ihre Funktion (der Anspruch, dass die Literatur etwas zu sagen hat, schwindet, sie „darf alles, aber es kommt nicht mehr auf sie an“),[5]
- ihr Publikum (die Autoren würden die Pflicht zur Lust vernachlässigen, deshalb nehme sie die Spaßgesellschaft weniger zur Kenntnis),
- ihr Niveau („Nivellierung, Gefälligkeit und Erfolgsbewußtsein, handwerkliche Gediegenheit bis hin zu blendender Virtuosität im Umgang mit vorhandenen Mitteln, hoher Stoffreiz und Verarbeitungseffekt“).[6]

Zurückhaltend bekunden viele Autoren ihre Liebe zum Literaturbetrieb, weil er sie, sofern sie aktiv daran teilnehmen, vom Schreiben abhält. Aber sie verteidigen die Literaturförderung, schon aus existentiellen Gründen. Nicht dass so viele schreiben und so viele mit ihren Büchern auftreten, ist für sie das Problem, sondern dass der Markt immer weniger Wert auf die Unterscheidung zwischen ästhetischer Qualität und ökonomischem Erfolg legt. So hat der Schriftsteller Richard Wagner vor der „Veredelung von Billigprodukten“ gewarnt.[7]

Der Leser als die dritte Instanz der Gegenwartsliteratur

Schließlich lenkt Enzensberger das Augenmerk auch auf die dritte Instanz des Kulturbetriebs: den Leser. Der Anlass seiner Kritik war die Dankrede bei einer Preisverleihung. Seine Zuhörer haben ohne Widerspruch die Scheltrede über den „Veranstaltungstaumel“ vernommen, an dem sie selbst teilnehmen. Das bedeutet zweierlei: Der Autor kann sein Publikum beschimpfen, ignorieren, abwehren, hofieren. Aber er braucht es. Ohne Leser und Hörer bleibt er zu Lebzeiten ein Unbekannter. Der Leser wiederum hat ein elementares Bedürfnis, neben dem Buch auch den Autor kennen zu lernen, mehr über ihn zu wissen als im Klappentext des Buches steht, ihm beim Vorlesen zuzuhören und ihm anschließend Fragen zu stellen.

Von der „Kulturindustrie“ zum Kulturbetrieb

Als Teilsystem des Kulturbetriebs ist der Literaturbetrieb vor allem zweierlei: zum einen eine konkrete Einrichtung, die unter betriebswirtschaftlichen Aspekten betrachtet werden kann. Zum anderen die „Summe aller Einrichtungen, Organisationen und Personen, die mit der Herstellung, der Verbreitung und schließlich der Konsumption von Kunst und Kultur befasst sind".[8] Unter diesem allgemeinen Aspekt hat der Begriff in den letzten Jahrzehnten Schule gemacht. „Kultur heißt Betrieb", summiert lapidar ein Anekdotenbuch über den aktuellen Kulturbetrieb.[9]

Der begriffliche Vorgänger des „Kulturbetriebs" ist die „Kulturindustrie". Der Begriff ist negativ besetzt und lässt an einen technischen Vorgang, an Kultur am laufenden Band denken. Gemeint war damit – nach dem Zweiten Weltkrieg – das Phänomen einer Massenkultur unter spätkapitalistischen Bedingungen. Die „Kulturindustrie" vermarkte die Kunst als eine Ware, wodurch die künstlerische Qualität standardisiert und die politische Herrschaft stabilisiert werde. Diese Auffassung, die Theodor W. Adorno und Max Horkheimer in ihrer *Dialektik der Aufklärung* (Erstdruck in englischer Sprache 1944, deutsch 1947) vertreten, hat historische Gründe. Die Autoren waren als jüdische Emigranten gebrannte Kinder. Sie wussten, welchen Schaden eine gleichgeschaltete Kunst angerichtet hat. Aber sie übertreiben mit dem Begriff „Kulturindustrie". Man kann die Kultur der westlichen Nachkriegsmoderne nicht auf eine posttotalitäre schöne neue Warenwelt mit habgierigen Produzenten und unmündigen Kunstkonsumenten reduzieren. Enzensberger hat deshalb vorsichtiger von „Bewusstseinsindustrie" gesprochen. Die Kulturkritik sei „selbst ein Teil dessen, was sie kritisiert."[10] Zu einer lebendigen, demokratischen Kultur gehört immer die Kritik dieser Kultur, auch wenn ihr Anspruch auf Wahrheitsfindung häufig mehr von Konkurrenzdenken als von demokratischem Bewusstsein geprägt ist:

> „es geht auf dem Medienmarkt nicht in erster Linie um die scheinbar richtige Meinung, sondern um die möglichst stringente Behauptung der scheinbar richtigen Meinung. Und tatsächlich, es geht auf diesem sogenannten freien Markt am Ende nur noch darum, die Behauptung der einen richtigen Meinung durch die möglichst virtuose Behauptung einer anderen richtigen Meinung auszutricksen."[11]

Fünf Elemente des Literaturbetriebs

Der Begriff „Kulturbetrieb" ist insofern genauer. Er umfasst das ökonomische Element des Kulturmarktes ebenso wie den von Enzensberger monierten Aspekt der Betriebsamkeit. Im Prozess der Ausdifferenzierung der modernen Künste kann man den Kulturbetrieb mit folgenden Elementen beschreiben:

1. **Öffentlichkeit**: Für jeden ist etwas da. Kultur ist an eine bürgerliche Öffentlichkeit adressiert, die sich als literarisch geschultes, meinungsbildendes „Forum der Diskussion, Kritik oder Kontrolle"[12] aus den Lesesalons, Leihbibliotheken, Zeitschriften- und Romanlektüren des späten 18. Jahrhunderts entwickelt hat.[13] Ihre Hervorbringungen sind insofern prinzipiell von allgemeinem Interesse.

2. **Wettbewerb**: Jeder hat eine Chance. Die freie Marktwirtschaft erlaubt es jedem, Kunst zu produzieren, zu vermitteln und zu rezipieren. Der Wettbewerb, bei dem der Staat nur für den Rahmen verantwortlich ist, nicht für die Inhalte und Formen, vollzieht sich nach dem Prinzip der Konkurrenz von Autoren, Medien, Verlagen etc. Es geht um die „Erzeugung der knappen Ware Aufmerksamkeit".[14] Deutlich sichtbar wird der Wettbewerbscharakter des Literaturbetriebs in Sitzungen von Jurys, die vor laufenden Kameras einen Preisträger zu ermitteln haben.
3. **Pluralität:** Alles ist möglich. Die Orte und Zeiten, die Inhalte und Formen der Vermittlung von Literatur sind grundsätzlich unbegrenzt: Lesungen in Gerichtssälen und Lange Nächte der Poesie, E-Books, elektronische Bücher in Form von Kleinbildschirmen, und Poetry Slams, Vorlesewettbewerbe kurzer literarischer Texte.
4. **Medialität**: Literatur wird sichtbar und hörbar vermittelt. Mit dem Siegeszug der neuen Medien kommt es bei der Literaturpräsentation mehr und mehr auf Oralität und Visualität an. Lesungen finden als Live-Events, als Fernsehproduktionen statt, sie werden in Hörbüchern oder als Blogs im Internet angeboten. Mindestens genau so wichtig wie das, was dargeboten wird, ist dabei, wie es dargeboten wird. Das Medium wird selbst zur Botschaft.
5. **Professionalisierung**: Jeder kann prinzipiell Schriftsteller werden, im Selbstverlag, durch den Besuch von Schreibschulen. Am bekanntesten und am meisten erfolgversprechend ist der „Leipziger Weg". Er beginnt in dem 1995 wiedergegründeten, aus dem Johannes R. Becher-Institut hervorgegangenen, von Schriftstellern geleiteten Deutschen Literaturinstitut Leipzig und führt – nach einer strengen Vorauswahl – in einer Regelstudienzeit von drei Jahren zum Bachelor (bis 2006 zum Schriftstellerdiplom). Auch die Universität Hildesheim bietet einen Studiengang Kreatives Schreiben und Kulturjournalismus an, der seit 2008 vom Diplom auf das Bachelor-Master-System umgestellt worden ist. Das Studio Literatur und Theater der Universität Tübingen dient seit 1997 der künstlerischen Fortbildung. Zudem bieten die Bertelsmann-Stiftung, die Bundesakademie für kulturelle Bildung Wolfenbüttel, das seit 1963 bestehende Literarische Colloquium Berlin (LCB), Literaturhäuser (z. B. in München mit dem Förderprogramm textwerk), regionale Literaturbüros und der Verband deutscher Schriftsteller (VS) Studiengänge, Seminare oder Fortbildungen zum *Creative Writing* an. Jedem zweiten Absolventen dieser Schreibschulen ermöglicht das Studium einen Karrierestart, sprich: ein erstes Buch.

> Um allzu große Hoffnungen aber zu dämpfen, muss daran erinnert werden, dass nicht Literatur „lernen“, sondern das Schreibenlernen das Ziel dieser Kurse ist.[15]

Mit diesen Elementen – Öffentlichkeit, Wettbewerb, Pluralität, Medialität, Professionalisierung – lässt sich der zeitgenössische Literaturmarkt hinreichend zutreffend beschreiben. Er hat eine „stark informelle, diskursive und performative Dimension“.[16] Wenn wir sehen wollen, wie er funktioniert, bietet sich das klassische Kommunikationsmodell von Sender – Botschaft – Empfänger an. Auf der Seite der Produktion steht der Autor von literarischen, journalistischen oder Drehbuch-Texten. Ihm gegenüber steht der Rezipient, der ein Buch liest, eine Audio-CD hört, eine Autorenlesung besucht, eine filmische Dokumentation oder Diskussion über einen Autor oder ein Werk verfolgt.

Der Weg des Autors zum Leser

Der Weg des Autors zum Leser ist stets vermittelt durch eine öffentliche Instanz, die werbenden (Verlagsprospekt), auswählenden (Literaturkritik) oder präsentierend-performativen (Lesung) bzw. analysierenden Charakter (z.B. eine Vorlesung über Gegenwartsliteratur) hat. Die Medien stehen in der Mitte des Kulturbetriebs, sie sind für die Vermittlung zuständig und bezeichnen sowohl die Kommunikationsprozesse zwischen Autor und Leser wie auch die Instanzen (Verlage, Lektorate, Buchhandel, Kritik, Literaturwissenschaft etc.) und die materialen Träger der Kommunikation (Zeitungen, Zeitschriften, Radio, Fernsehen, Internet). Besonders wichtig für die literarische Kommunikation sind die Rezensionen von Neuerscheinungen in den Tages- und Wochenzeitungen, Literaturzeitschriften und im Internet (→ Kap. 7).

Dieses vereinfachte Modell des literarischen Feldes skizziert eine triadische Struktur, in der alle Elemente miteinander in Beziehung stehen. Der Autor kann als Selbstverleger seine eigenen Bücher vertreiben und als Be-

Modell des literarischen Felds

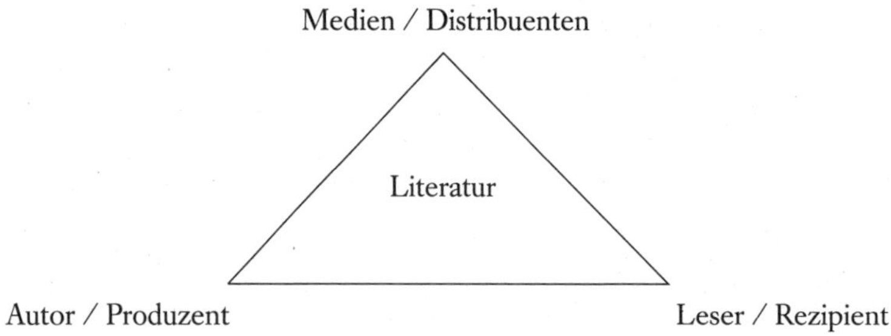

sucher von Lesungen seiner Kollegen in Erscheinung treten; der Verleger, der Kritiker oder der Germanistikprofessor kann nebenberuflich belletristische Bücher schreiben; der Leser kann wiederum als Selbstverleger in seine eigenen Werke investieren oder als Laienrezensent Buchkritiken im Internet schreiben. Die Medien sind das am meisten ausdifferenzierte Element in dieser Trias. Sie sorgen dafür, dass die Autoren zum Publizieren und die Bücher zu den Lesern kommen. Hierzu gehören die ausbildenden und literaturfördernden Institutionen (Literaturinstitute, Wettbewerbe, Stipendien), die Agenturen, Verlage, Verlagsvertreter ebenso wie die Buchhändler, die Lektoren, die Literaturkritiker und die Leiter der Literaturhäuser.

Lektoren als „Netzwerker"

Während der klassische Lektor im Verlag zusehends zum Buch- und Projektmanager wird, gewinnt der „freie Lektor" an Gewicht. Er betreut Buchtitel und Buchreihen, schreibt Beurteilungen und Klappentexte. Manchmal betätigen sich Lektoren auch als Literaturagenten. Diese „Netzwerker im Literaturbetrieb" vermitteln Autoren an Verlage, beraten beide Seiten und entlasten den Autor von geschäftlichen Aufgaben. Die 1995 gegründete Agentur Graf & Graf GmbH hat Schriftsteller wie Ingo Schulze und Karen Duve entdeckt.[17] Herzstück im Vermittlungsprozess ist das Leitmedium Literatur, sei es in der klassischen Form als Text zwischen zwei Buchdeckeln, sei es als Hörbuch auf CD oder als E-Book auf dem Computerbildschirm.

Beziehungen im literarischen Feld

Das komplexe Zusammenwirken zwischen Produktion, Distribution und Rezeption kann man sich wie in einem Schaltkreis vorstellen. Viele Signale werden nach bestimmten Regeln so aufeinander abgestimmt, dass ein erwartbarer Ablauf stattfindet. Normalerweise schreibt ein Autor ein Buchmanuskript, bietet es einem Verlag an, der es dann vor der Publikation bewirbt, druckt und über Zwischenbuchhandel (Barsortiment, Kommissions- und Grossobuchhandel) und Bucheinzelhandel vertreibt. Dann verschickt der Verlag kostenlose Rezensionsexemplare des Buches an Feuilleton- und Literaturredaktionen und an Literaturkritiker, die wiederum ihre Rezensionen publizieren bzw. senden, was schließlich beim Leser den entscheidenden Kauf-, wenn nicht sogar Leseimpuls auslöst.

Soweit der Idealfall. Manchmal kommt es vor, dass ein Buch rezensiert wird, das noch gar nicht im Handel erhältlich ist; der Kritiker hat dann einen Wissensvorsprung vor dem Lesepublikum. Manchmal wird ein Buch in einem Verlagsprospekt angekündigt, das erst viel später oder überhaupt nicht erscheint. Und beim Service *Book on Demand* bestellt der Leser ein noch nicht gedrucktes Buch, das dann auf seine Nachfrage hin von der elektronischen Vorlage aus gedruckt wird.

Wichtig für die Steuerung des literarischen Feldes sind auch die thematischen Signale. Die Verbindung der Themen Familiengeschichte, NS-Zeit, Holocaust und Umgang mit diesen Vergangenheiten, die nicht vergehen, ist seit dem deutschen Historikerstreit (1986) eine gute, wenn auch keine sichere Garantie für einen passabel verkäuflichen Roman. Wenn sich diese Themen an die Biographie des Autors anschließen lassen, ist das noch besser.

Image und Marke

Zu den zentralen Signalposten im literarischen Feld gehören das Image, das Ritual und die kulturelle Instanz bzw. Institution. Mit dem **Image** oder der **Marke** ist eine etablierte Vorstellung gemeint, die fest mit einem Produkt verbunden ist und es auf den ersten Blick wiedererkennbar macht. „Der entscheidende Wert einer Marke besteht in ihrem symbolischen Kapital, in all jenen Informationen und Assoziationen, die mit ihr verknüpft sind, kurz: in ihrem Image.“[18] Für den Verlag ist diese Marke ein Werbeinstrument, für den Leser eine Orientierungshilfe, für den Autor manchmal eine Belastung, von der sich loszuschreiben schwierig sein kann. Jedenfalls entwirft das Image, das ein Autor oder ein Buch hat, einen Erwartungshorizont, in den Person und Werk eingeordnet werden können. Selbst die Autoren, die sich nicht mit einem eigenen Image in Szene setzen möchten und sich vom Literaturbetrieb fernhalten, produzieren ein Image: das des randständigen, einsamen Autors. Dem Einfluss des Literaturbetriebs kann kein Autor entrinnen. Auch die Abwesenheit der Literaturnobelpreisträgerin Elfriede Jelinek, die der offiziellen Preisverleihung am 10. Dezember 2004 in Stockholm fernblieb, ist ein mediales Ereignis; die Nobelpreisrede mit dem vielsagenden Titel „Im Abseits“ ist auf der Homepage der Autorin als Volltext und auf der Homepage des Nobelpreises (http://nobelprize.org) als vorab aufgezeichneter Videoblog eingestellt.

Marke durch Kanonisierung

Dass der Autorname als Markenzeichen fungiert, hängt mit der Entstehung des Kanons zusammen. Um 1800, als sich die europäische Öffentlichkeit nicht mehr nach Standesprivilegien definierte, sondern nach Bewegungsversprechen,[19] wandelte sich das Verständnis des Kanons grundlegend.[20] Bezeichnete der Kanon bis dahin einen unveränderbaren, sakrosankten Korpus heiliger Schriften, so ist er seither eine offene Gruppe von Werken, deren Kenntnis oder wenigstens Besitz kulturelle Identität stiftet. Dabei darf der Kanon nicht mit dem Bestand der real gelesenen Bücher verwechselt werden. Walter Benjamin hat darauf in seinem Hörspiel *Was die Deutschen lasen, als ihre Klassiker schrieben* (1932) aufmerksam gemacht: Die Werke der Klassiker waren damals zu schwierig und zu teuer für die meisten Deutschen, die sie deshalb, wenn überhaupt, nur als „Erwerb fürs

Leben" schätzten;[21] vielfach gelesen aber wurden Räuberromane und Gespenstergeschichten, spannende, ästhetisch nicht sonderlich anspruchsvolle Romane. Daran hat sich bis heute wenig geändert, wenn man auf die Skalen blickt, die zeigen, was gelesen wird oder was gelesen werden soll: Bestsellerlisten, Buchmessenbeilagen, Buchempfehlungen. Die Kritik selbst funktioniert hier als kanonisierende Instanz.

Kanon im Wandel

Der moderne Kanon ist „weder ein Gesetzbuch noch ein Katalog, weder eine Anordnung oder Anweisung noch eine Vorschrift", sondern eine „eiserne Ration", eine Orientierungshilfe für Leser im Bücherdschungel, eine Liste empfehlenswerter, exemplarischer, für Unterricht und Studium geeigneter Werke. Das jedenfalls sagt Marcel Reich-Ranicki, der einen fünfteiligen Kanon von Romanen, Erzählungen, Dramen, Gedichten und Essays der deutschen Literatur vorgelegt hat (2002–2006).[22]

Den Wandel im Verständnis des Kanons von der Religion zur Literatur, vom Heiligen zum Prominenten, vom Text zum Autor, vom kanonischen Werk zum Lektüretipp kann man mit der berühmten Fensterszene aus Goethes Roman *Die Leiden des jungen Werther* (1772) verdeutlichen. Lotte und Werther treten ans Fenster:

> „Es donnerte abseitwärts und der herrliche Regen säuselte auf das Land, und der erquickendste Wohlgeruch stieg in aller Fülle einer warmen Luft zu uns auf. Sie stand auf ihren Ellenbogen gestützt und ihr Blick durchdrang die Gegend, sie sah gen Himmel und auf mich, ich sah ihr Auge tränenvoll, sie legte ihre Hand auf die meinige und sagte – Klopstock!"[23]

„Klopstock" ist hier Verständigungs- und Losungswort einer Liebe, die keiner anderen Sprache mehr bedarf, weil Werther wie auch Lotte genau die Erwartungen und Gefühle kennen, die mit dem Verfasser empfindsamer Oden verbunden sind. „Klopstock" ist eine Marke, ein Image, und Werther ist insofern der erste Leser eines modernen Kanons. Der Autorname „Klopstock" steht für ein Erkennungszeremoniell, das nach allen Regeln der Kunst inszeniert werden kann. Gegenwärtig ist der Autorname „Grass" eine solche Marke, zusätzlich aufgewertet durch den Literaturnobelpreis (1999). Mit der Nennung der Marke „Grass" verbindet man das, was der Klappentext einer Grass-Biographie sagt: „Ein Zeitzeuge, der gegen das Vergessen und Verdrängen anschrieb, und somit für unsere Nachbarn in Polen, Frankreich und anderswo zu einem glaubwürdigen Vertreter eines neuen Deutschland wurde."[24]

Rituale im Literaturbetrieb

Die **Rituale** im Literaturbetrieb sind vor allem Literaturpreise, Buchmessen, Verlagskataloge, Events und Festivals. Das Ritual ist wie die Marke auf leichte Wiedererkennbarkeit und Erfüllung bestimmter Erwartungen angelegt, betont aber als „ästhetisch ausgezeichnete, symbolische Wiederholungshandlung“[25] mehr das Prozesshafte, weniger das Statuarische. Ein Ritual kann als Marke gelten (etwa der Büchner-Preis), aber nicht jede Marke ist auch ein Ritual (z.B. die Pop-Literatur).

Die Literaturpreise sind „periodisch vergebene und zumeist dotierte Auszeichnungen, mit denen ein einzelnes Werk, ein Gesamtwerk oder ein Autor gewürdigt und damit in der Öffentlichkeit hervorgehoben wird“.[26] In Deutschland gibt es so viele Literaturpreise, dass theoretisch an jedem Tag im Jahr zwei Preise vergeben werden. Die Auswahl des Preisträgers – manchmal, wie beim mit 120.000 EURO höchstdotierten Breitbach-Preis, gibt es auch mehrere Preisträger – ist normalerweise Aufgabe einer Jury, die aus ihren eigenen Reihen oder von außen Vorschläge entgegennimmt. Bei der Nominierung des Preisträgers bestimmen eine Satzung und ein Ausschreibungstext die Intention sowie formale und inhaltliche Kriterien des Preises. Dabei hat der Preisstifter ein gewichtiges Wort mitzureden. Zum Ritual der Preisvergabe gehören eine Laudatio auf den Preisträger, eine Dankrede und der Akt der Übergabe des Preises, meist auch eine musikalische Umrahmung. Dieser Akt läuft nach dem öffentlich sichtbaren Prinzip der Gabentauschlogik ab: Der Preisträger erhält vom Preisstifter einen Scheck und eine Urkunde, dafür gibt er eine Dankrede und seinen guten Namen. Insofern wird der Preisträger durch den Preis geehrt, der Preis durch den Preisträger geadelt.

Literaturpreis als Ritual

Das Ritual der Verleihungsfeier zählt zu den stabilsten Elementen des Literaturbetriebs. So läuft die Verleihung des Georg-Büchner-Preises, des renommiertesten und traditionsreichsten deutschen Literaturpreises, der 1923 vom Volksstaat Hessen als Staatspreis für Kunst gestiftet, 1933 von den Nationalsozialisten ausgesetzt und 1945 in zwei Anläufen – seit 1951 unter den Auspizien der Darmstädter Akademie für Sprache und Dichtung – institutionalisiert wurde, nach einem strengen protokollartigen Reglement ab, das kaum Änderungen zulässt[27] und in anderen Preisverleihungsritualen kopiert wird.

Trotzdem gibt es Situationen, in denen dieses Reglement gebrochen wird. Sie sind interessant, weil das Ritual des Literaturpreises an den Rändern und an seinen Brüchen besonders gut erkennbar ist. Thomas Bernhard (1931–1989), das Enfant terrible der österreichischen Literatur, postum vom Staatsfeind zum Staatsdichter befördert, hat ein ganzes Buch über diese Ritualbrüche geschrieben: *Meine Preise* (entstanden 1980, veröffentlicht 2009).[28] Beim Grillparzer-Preis (1972) setzte er sich, weil ihn niemand in Empfang nahm, in die Mitte des Saals statt in die erste Reihe, in Bremen hielt er (1966) die kürzeste Rede, die je ein Bremer Literaturpreisträger gehalten hat, beim Österreichischen Staatspreis für Literatur (1967) sprach er über die „Nichtigkeit aller Staaten", beim Büchner-Preis (1970) verglich er das Gewicht der Urkunden der Preisträger.

Beispiel: Der Deutsche Buchpreis

Für die Autoren bieten die wichtigen Literaturpreise die Möglichkeit, ihren künstlerischen Standort zu fixieren oder ein poetologisches Manifest zu verkünden. Die Reden der Büchnerpreisträger liefern eine kleine Poetikgeschichte der deutschsprachigen Literatur nach 1945.[29] Für das Publikum und die Medien sind die Literaturpreise willkommene Anlässe zur Sortierung des überreichen Buchmarktes. Ein neueres Beispiel ist der Deutsche Buchpreis – nicht zu verwechseln mit seinem Vorgänger, dem Deutschen Bücherpreis (2002–2004). Der Buchpreis wurde 2005 vom Börsenverein des Deutschen Buchhandels ins Leben gerufen, orientiert am Vorbild des *Prix Goncourt*, der seit 1903 von der *Académie Goncourt* für das beste erzählerische Werk in französischer Sprache vergeben wird, und des *Man Booker Prize*, den seit 1969 die britische Firma *Booker plc*, seit 2002 die Stiftung *Booker Prize Foundation* für den besten englischsprachigen Roman verleiht. Der Buchpreis hat den Standard des „mehrheitsfähigen Geschmacks" im Literaturbetrieb wieder etabliert. Innerhalb von nur vier Monaten wählten im Startjahr 2005 sieben Juroren aus der Menge von 124 eingereichten Romanen – deshalb müsste der Buchpreis eigentlich Romanpreis heißen – zwanzig Titel für die Longlist, einen Monat später sechs Titel für die Shortlist aus. Kurz vor der Frankfurter Buchmesse, in deren Rahmen der Buchpreis verliehen wird, verkündet der Börsenverein den Preisträger. Vor allem die Finalisten, die einen Geldbetrag erhalten, profitieren von der Publizität des Preises. Schon die Bücher auf der Longlist können der Aufmerksamkeit des Publikums sicher sein.[30]

Der Literaturpreis ist ein Ritual der Autorenauszeichnung und Künstlerförderung. Er hat einen festen Platz im modernen Literaturbetrieb. Eine Auswahl von über 100 renommierten internationalen Literaturpreisen verzeichnet das jährlich vom Nachrichtenmagazin *Focus* präsentierte Magazin *Ausgezeichnet!*[31]

Institutionen des Literaturbetriebs

Zu den wichtigsten **Institutionen** des Literaturbetriebs zählen der Börsenverein des Deutschen Buchhandels, die Literaturhäuser, das Deutsche Literaturarchiv, die Stiftungen und die Akademien. Die Literarischen Gesellschaften, die seit 1986 in der Arbeitsgemeinschaft Literarischer Gesellschaften und Gedenkstätten (ALG, vgl. www.alg.de), dem Dachverband von 207 Literaturgesellschaften und -museen, zusammengeschlossen sind, bereichern das literarische Leben, weniger aber die Literatur der Gegenwart, weil sie sich mit Autoren der Vergangenheit beschäftigen.

Der **Börsenverein** ist die Interessenvertretung des herstellenden und verbreitenden Buchhandels in Deutschland. Gegründet 1825 als „Börsenverein der Deutschen Buchhändler zu Leipzig" mit dem Ziel, einen wirtschaftlichen Rahmen für die Abrechnungsverfahren der Buchhändler und Verleger auf der Leipziger Buchmesse zu schaffen, sammelte er erstmals alle deutschen Buchhändler und Verleger über länderstaatliche Grenzen hinweg unter einem gemeinsamen Dach. Heute gehören etwa 6.000 Mitglieder zum Börsenverein, die sich in drei Sparten unterscheiden lassen: (1) den herstellenden Buchhandel (Verlage), (2) die klassischen Einzel- und Kettenbuchhandlungen (marktführend 2003 war die Hamburger Thalia Holding) und die Antiquariate sowie (3) den Zwischenbuchhandel, der keine Bücher herstellt, sondern sie über das Barsortiment, den Büchersammelverkehr, die Verlagsauslieferung, die Grosso-Buchhandlung und den Import-Großhandel vertreibt. Im Zwischenbuchhandel werden die Bücher – im Barsortiment auf eigene Rechnung – gekauft, gelagert und mit dem verlagsüblichen Rabatt an den Buchhandel weiterverkauft.

Im Portal der Homepage des Börsenvereins ist zu lesen:

> „Der Börsenverein veranstaltet die Frankfurter Buchmesse und verleiht jährlich [seit 1950] den Friedenspreis des Deutschen Buchhandels, einen der bedeutendsten Kulturpreise der Bundesrepublik, sowie den Deutschen Buchpreis für den besten deutschsprachigen Roman des Jahres. Er engagiert sich für das Kulturgut Buch und das Lesen, für die Meinungsfreiheit und die kulturelle Vielfalt der Gesellschaft."[32]

Buch und Buchhandel in Zahlen 2008

Neben dem *Börsenblatt*, dem Wochenmagazin für den Buchhandel, und dem Kundenmagazin *Buchjournal* gibt der Börsenverein jährlich eine Dokumentation *Buch und Buchhandel in Zahlen* heraus. Sie liefert valide Daten zur Situation des Buchmarkts, der mit halbem Mehrwertsteuersatz und Buchpreisbindung zu den privilegierten Wirtschaftszweigen in Deutschland zählt. So kam die Buchbranche im Geschäftsjahr 2008 mit einem leichten Umsatzplus von 0,4 Prozent (2007: 3,4) auf einen Umsatz von 9,6 Milliarden EURO. Davon hat der stationäre Buchhandel den Löwenanteil (52,6). Den stärksten Zuwachs verzeichnet der Versandbuchhandel (2008: 14, 2003: 9,4); drei Viertel des Erlöses wird via Internet erwirtschaftet. Am liebsten gekauft werden nach wie vor Hardcover-Ausgaben, Bücher mit einem festen Einband, manchmal auch einem Schutzumschlag. Dagegen machen die Editionsformen Paperback (Taschenbücher) und Audiobook nur einen Teil am Gesamtumsatz aus (24,1 bzw. 4,8). Man muss hier freilich in Rechnung stellen, dass elektronische Werke und Marketingprodukte dem Buch in seiner traditionellen Form als Text zwischen zwei Buchdeckeln mehr und mehr den Rang ablaufen; auf der Frankfurter Buchmesse hatte das Buch im Jahr 2008 an den ausgestellten Produkten einen Anteil von 42 Prozent.

Als Warengruppe ist das belletristische Buch mit 32 Prozent – vor dem Kinder- und Jugendbuch (14,6) und der Ratgeberliteratur (15) – am besten aufgestellt. Innerhalb der Belletristik ist die erzählende Literatur am besten verkäuflich, gefolgt von den „Genres" Spannung (25) und Science Fiction/ Fantasy (6,7). Lyrik und Dramatik gehören (1,4) zu den schlecht verkäuflichen Genres; Lyrikbände erreichen selten eine Erstauflage von mehr als 1.000 Exemplaren. Die Gesamttendenz, die sich diesen Zahlen ablesen lässt, ist zugleich hoffnungsvoll und ernüchternd. Einerseits wird die Belletristik für den Buchmarkt zu einer immer wichtigeren Größe; jedes zweite belletristisches Buch ist ein Roman. Andererseits polarisiert sich das Buchkaufverhalten stetig. Weniger Menschen kaufen mehr belletristische Bücher. Ob sie sie auch lesen, ist eine andere Frage.

Jedes dritte verkaufte Buch ist ein belletristisches, jedes zweite belletristische Buch ist ein Roman

Literaturhäuser

Die **Literaturhäuser** sind – als Nachfolger der Literaturbüros[33] – institutionelle Begegnungsstätten des literarischen Lebens und wichtige kulturelle Standortfaktoren in deutschsprachigen Großstädten. Im Unterschied zu literarischen Events und Festivals, die an verschiedenen, auch regionalen Orten eine Fülle simultaner, nach den Prinzipien von Kommerzialität und Popularität orientierter Veranstaltungen anbieten, bieten die Literaturhäuser der Öffentlichkeit eine feste Anlaufstelle für literarische Veranstaltungen, oft mit gastronomischem Angebot. Das Programm der Literaturhäuser, dessen Palette von der klassischen Autorenlesung über Podiumsdiskussionen bis zu Tagungen und Ausstellungen reicht, ist aufgrund der konzeptionellen Zielsetzung weitgehend inhaltsorientiert. Auch weniger bekannte Autoren können hier ein Forum finden. Literaturhäuser wenden sich an ein literaturinteressiertes Publikum. Das Literaturhaus München wirbt auf seiner Website mit Anspielungen auf Benn, Brecht, Beckett u. a. für einen

> „Treffpunkt für Buchtrinker und Seitenfresser, Kinoerzähler und Flaneure, Lohnschreiber und Föhnforscher, Billigfresser und Hungerkünstler, Radardenker und Tagträumer, dicke Dichter und sanfte Irre, kurz: ein[en] Fluchtraum im Dickicht der Städte für alle, die Melodien lauschen oder einfach nur auf Godot warten wollen."[34]

Die elf Literaturhäuser in Berlin (eröffnet 1986), Hamburg (seit 1987), Frankfurt am Main und Salzburg (seit 1991), Köln (seit 1996), München und Stuttgart (seit 1997), Graz (seit 2003), Leipzig (als „Haus des Buches" seit 1990), Rostock (als Literaturhaus „Kuhtor" seit 1990, als Literaturhaus seit 2006) und Zürich (seit 1999) sind seit 2001 zum Veranstaltungsverbund „Literaturhäuser.net" (www.literaturhaus.net) zusammengeschlossen; hinzu kommt das Literaturhaus Magdeburg. Diese Literaturhäuser haben im Jahr 2002 für besondere Vortrags- und Präsentationskünste einen „Preis der Literaturhäuser" gestiftet. Auch von diesem Preis haben alle etwas: Der

Autor erhält ein Preisgeld (2008: 11.000 EURO), das Literaturhaus ein zusätzliches Alleinstellungsmerkmal gegenüber den Festivals, das Publikum die Möglichkeit, den Preisträger kennenzulernen, der eine Lesereise durch alle elf Literaturhäuser zu absolvieren hat.

Deutsche Akademie für Sprache und Dichtung

Unter den das literarische Leben bestimmenden **Akademien** ist die bekannteste und bedeutendste die Darmstädter Akademie für Sprache und Dichtung. Sie hat die literarische Nachkriegsszene maßgeblich mitbestimmt, auch und gerade in ihrem „zu hohe[n] Anspruch" auf die kulturelle Repräsentanz Deutschlands.[35] Nach über 50 Jahren stellt sie sich auf ihrer Homepage sachlich-nüchtern als nichtstaatliche, vornehmlich aus öffentlichen Mitteln geförderte Institution vor:

> „Die Deutsche Akademie für Sprache und Dichtung wurde am 200. Geburtstag Goethes, dem 28. August 1949, in der Paulskirche zu Frankfurt am Main gegründet. Sie betrachtet den ganzen deutschen Sprachbereich als ihr Wirkungsfeld. Sie ist die einzige deutsche Akademie, die nicht in verschiedene Klassen gegliedert ist, sondern sich allein der deutschen Sprache und der deutschen Literatur widmet. Sie vereinigt deutschsprachige Schriftsteller und Gelehrte aus dem In- und Ausland."[36]

Die Darmstädter Akademie richtet eine Frühjahrs- und Herbsttagung aus, vergibt den Georg-Büchner-Preis und gibt jährlich ein Jahrbuch heraus, in dem vor allem die kurzweiligen Selbstvorstellungen der neu aufgenommenen Mitglieder, darunter auch eine überschaubare Zahl von Germanisten, lesenswert sind.[37]

Stiftungen

Die **Stiftungen** mit ihrem komplizierten Stiftungsrecht sind ein weiteres Beispiel für die Vielfalt des literarischen Lebens in Deutschland. Hier fördern etwa 80 rechtsfähige Stiftungen (d. h. Stiftungen öffentlichen und privaten Rechts und die Stiftung als eingetragener Verein) mit Beträgen ab 5.000 EURO jährlich Literatur, indem sie Preise verleihen (wie den Förderpreis der Jürgen-Ponto-Stiftung für ein Debütwerk), Stipendien vergeben und Druckzuschüsse zahlen (wie der Deutsche Literaturfonds e.V.), internationale Autorentreffen anbieten (wie die Autorenwerkstatt der Konrad-Adenauer-Stiftung e.V. in Cadenabbia) und literarische Projekte durchführen bzw. unterstützen (wie die Bundeskulturstiftung und mehrere Landeskulturstiftungen).[38]

2.2 Literaturkritik

Kehlmanns Weg zum Bestseller

Als im September 2005 Daniel Kehlmanns Roman *Die Vermessung der Welt* erschien, überschlug sich die deutschsprachige Literaturkritik in ihrem Lob. Was war geschehen? Der damals 31jährige Autor war mit fünf Büchern kein unbeschriebenes Blatt mehr, zum ganz großen Durchbruch hatte es damit

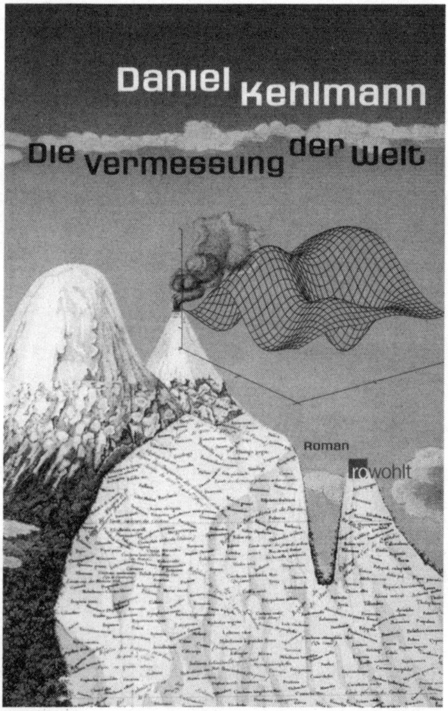

2 Daniel Kehlmanns Erfolgsroman *Die Vermessung der Welt* (Cover, © Rowohlt Verlag)

aber nicht gereicht. So suchten viele Rezensenten nun händeringend nach Vergleichsmaßstäben. In den Kritiken tauchen auffällig viele Paradoxa und Superlative auf: Indiz dafür, dass der besprochene Roman sich einer vergleichenden Wertung eher entzieht. Der Roman habe „auf eine so subtile, intelligente und witzige Weise unterhalten, wie man es in der deutschsprachigen Literatur kaum einmal erlebt", schreibt Hubert Spiegel (*FAZ*, 22.10.2005), für Martin Lüdke ist der Roman ein „Geniestreich", das „Alterswerk eines jungen Schriftstellers" (*Frankfurter Rundschau*, 28.9.2005), für Manfred Schneider eine „ungemein pointierte, komische, bisweilen ergreifende, dramatische Erzählung" (*Literaturen*, Oktober 2006). Den Autor lobt Martin Krumbholz als „frühe[n] Meister einer auf den ersten Blick konventionellen und dabei hoch artifiziellen Erzählkunst" (*Neue Zürcher Zeitung*, 18.10.2005), Ijoma Mangold gar als „die größte Begabung der jüngeren deutschen Literatur" (*Süddeutsche Zeitung*, 24.9.2005). Auch die *Financial Times Deutschland* (30.9.2005) spendete Lob. Die bedächtigen Stimmen kamen in diesem Lobeschor kaum zu Wort: der Roman habe „die Welt vermessen und die Gegenwart vergessen"

3 Der Erfolgsautor Daniel Kehlmann

(Hubert Winkels, *Die Zeit*, 13.10.2005), trage allzu viel leichtgewichtiges Bildungsgepäck mit sich (Thomas Steinfeld, *Süddeutsche Zeitung*, 29.1.2007) und zähle zu den „Exportable, Less Weighty German Novels" (Evelyne Polt-Heinzl, *Die Furche*, 23.11.2006).

Kritik im Ausland

Auch außerhalb Deutschlands wurde der Roman positiv aufgenommen: „a major German novelist", schrieb der *Daily Telegraph* (12.4.2007). Übersetzungen des Romans rangierten auf britischen und italienischen Bestsellerlisten, wurden in Frankreich und den USA ausgesprochen gut rezensiert, hatten aber in Spanien und in Südamerika mit unter 10.000 verkauften Exemplaren nur geringen Erfolg. Doch mit den verkauften Exemplaren der Übersetzungen kommt die Gesamtauflage des Romans (2008) auf über zwei Millionen. „Das Ausmaß des deutschen Verkaufserfolgs wurde nirgends übertroffen, in den meisten Ländern allerdings erreichte das Buch gute Absatzzahlen und fand eine interessierte Öffentlichkeit."[39] Inzwischen liegen auch Handreichungen für Literaturwissenschaft und Deutschunterricht vor.[40]

Kehlmanns „Glückskatastrophe"

Mit dieser überschwänglichen Aufnahme des Romans im Literaturbetrieb waren die Weichen für den Erfolg gestellt. Kehlmanns Roman wurde mehrfach ausgezeichnet, verdrängte als Spitzenreiter auf der Bestseller-Liste des *Spiegel* zeitweilig sogar den Konkurrenten *Harry Potter*, wurde (bis 2009) in über 40 Sprachen übersetzt und erreichte in der Hardcover-Ausgabe im Juni 2007 die 40. Auflage mit über einer Million verkauften

Exemplaren.[41] Im Frühjahr 2009 verzeichnete das Buch auf der Bestseller-Liste des Online-Versandbuchhandels www.amazon.de (seit 1998 in Deutschland) fast 350 Rezensionen von Lesern.[42] Zu diesen Lesern zählten erklärtermaßen auch solche, die sonst nicht Gegenwartsliteratur lesen. Und Naturwissenschaftler![43] Als der Rowohlt Verlag im Frühjahr 2008 sein am besten verkauftes Buch als Taschenbuchausgabe herausbrachte, stufte der Autor seinen Erfolg augenzwinkernd als „Glückskatastrophe" ein, weil er

> „weniger mit Freuden und Qualen der Formulierung zu tun hat, als mit chinesischen Raubdrucken, mit katalanischen Fehlübersetzungen, mit [...] Steuerprüfern, sowie mit Lesern, über deren Aufmerksamkeit man sich zwar freut, die man aber auch bedauert, weil die Bestsellerliste ihnen ein Buch aufgezwungen hat, das ihren Wünschen möglicherweise gar nicht entspricht."[44]

Kehlmanns Roman und das Funktionieren der Literaturkritik

Kehlmanns Roman *Die Vermessung der Welt* – eine fiktiv ausgeschmückte Doppelbiographie über den Naturforscher Alexander von Humboldt und den Mathematiker Carl Friedrich Gauß – ist ein Lehrstück über das Funktionieren der Literaturkritik. Die Rezensionen auf das Buch illustrieren die meinungsbildende und marktsteuernde Macht des Feuilletons, das den Erfolg des Romans sozusagen rückwirkend mit seinen ästhetischen Qualitäten erklärte. Zugleich zeigt sich hier die Scharnierfunktion der Kritik zwischen Autor und Leser. Ohne die landauf, landab publizierten Rezensionen wäre Kehlmanns Buch wahrscheinlich gar nicht so gut verkauft worden. Der Autor hat auf seiner Homepage (http://www.kehlmann.com) die deutschen und internationalen Pressestimmen und ein Interview (als Videoblog) von der Frankfurter Buchmesse dokumentiert.

Blindstellen der Kritik

Freilich offenbart die literaturkritische Rezeption des Romans auch die Blindstellen der Kritik. Kein Rezensent hat sich mit Kehlmanns Kritik der Literaturkritik auseinandergesetzt. In dem Essayband *Wo ist Carlos Montúfar?* (2005) hat er die „vollständige Beliebigkeit eines Geredes" aufs Korn genommen, „das allenfalls Einfluß, aber keine Bedeutung hat, wenn es in zufälligen Konjunkturströmungen abwechselnd eine Avantgarde verteidigt, die es nicht versteht, und eine Tradition, die es nicht kennt".[45] Seinen Roman *Ich und Kaminski* (2004) hat Kehlmann als eine „Kritikersatire" bezeichnet: ein „Buch darüber, wie man eigentlich zum hauptberuflichen Kunstbeurteiler werden kann, ohne eine Ahnung von Kunst zu haben und ohne imstande zu sein, selbst die einfachsten kompositorisch-motivischen Zusammenhänge eines Werkes nachzuvollziehen."[46]

Mag auch die Literaturkritik auf dem selbstkritischen Auge zuweilen blind sein, so hat sie doch den von ihr mitbeförderten Erfolg von Kehlmanns Romans reflektiert. In den Rezensionen finden sich zum einen Hin-

4 Alexander von Humboldt (*Spiegel*-Cover Nr. 38/2004)

weise auf das zeitgenössische kulturelle Umfeld, das dem Roman eine günstige Atmosphäre bot. Das kulturelle Interesse an den Naturwissenschaften nahm zu; 2005 war ein Einstein-Jahr, in dem des deutschen Physikers und Nobelpreisträgers Albert Einstein (1879–1955) gedacht wurde. Auf Initiative des Bundesministeriums für Bildung und Forschung haben die seit dem Jahr 2000 ausgerufenen „Wissenschaftsjahre" die Bedeutung der Naturwissenschaften stärker der Öffentlichkeit vermittelt. Das literarische Interesse an Alexander von Humboldt wurde erweckt durch Hans Magnus Enzensbergers kiloschwere Neuausgabe von Humboldts mehrbändigem Hauptwerk *Kosmos. Entwurf einer physischen Weltbeschreibung* (1845–1862). Am 13.9.2004 widmete das Nachrichtenmagazin *Der Spiegel* Humboldt den Cover-Artikel mit der Überschrift: „Das Abenteuer und die Poesie der Wissenschaft".

Lesarten des Romans

Schließlich zeichnete die Feuilletonkritik auch wissenschaftliche Erklärungsversuche für Kehlmanns Erfolg vor. Kehlmanns Roman ist ein Hybridprodukt, das viele verschiedene Leserinteressen bedient. Er adaptiert mehrere Genretraditionen und verschmilzt sie zu einem neuartig anmutenden Werk:

- als Drama über Hochbegabungen und tragische Elitenschicksale, denen es an sozialer Kompetenz gebricht;
- als Abenteuergeschichte, die der Heimat, die Gauß so gut wie nie verlässt, eine exotische Fremde entgegensetzt;
- als Intellektuellensatire auf zwei Genies, die mit sich selbst und ihrer Gefühlswelt nicht klarkommen;
- als historischen Roman mit unzuverlässigem Erzähler, der den Konjunktiv benutzt und seine Geschichten nicht immer vertrauenerweckend wiedergibt;
- als Parodie auf die Weimarer Klassik, besonders auf Goethe und Schiller;
- als Hommage an die südamerikanische Gegenwartsliteratur; so zeigen die Vornamen der Ruderer, „Carlos, Gabriel, Mario und Julio", die Humboldt und seinen Reisegefährten über den Orinoko bringen, Kehlmanns Nähe zu den großen Autoren des magischen Realismus (Fuentes, Márquez, Llosa und Cortazar).

Auf diese Weise schillert der Roman zwischen Pastiche und Parodie. Er ahmt einerseits Bekanntes nach (die Biographien von Humboldt und Gauß, ihre Reisen und Entdeckungen), weist aber andererseits auf die Differenz zwischen Inhalt und Stil hin. Dieses Verfahren ist nicht neu. Die kritischparodierende Vermessung der Literatur der Vergangenheit war schon das Erfolgsrezept von Umberto Ecos *Der Name der Rose* (1980) und von Patrick Süskinds Roman *Das Parfum* (1985), der mit mehr als vier Millionen verkauften Exemplaren ebenfalls zu den Bestsellern der deutschsprachigen Gegenwartsliteratur gehört.

Literaturkritik als öffentlicher Diskurs

Man kann die Literaturkritik im Sinne von Karl Kraus' gleichnamiger Zeitschrift mit einer *Fackel* (1899–1936) oder mit Laternen vergleichen. Literaturkritiker erhellen den Weg des Lesers durch den Bücherwald. Fehlten sie, man würde überall stolpern oder anstoßen. Literaturkritik ist, mit der kürzesten Formel, erstens der öffentliche Diskurs über zeitgenössische Literatur. Dieser Diskurs ist eine regelbestimmte Kommunikation. Er hat die Funktion, in die unüberschaubare Fülle der literarischen Neuerscheinungen selektierend und orientierend einzugreifen. Dies geschieht auf höchst unterschiedliche Weise: Neben dem „guten alten Geschmacksurteil" steht der

> „wackere, gesunde Menschenverstand, die subjektive Gaumenfreude, das rotwangige Gefühlsurteil, der gewürzte Kunstverstand, die ätzende Reflexion, die zarte Einfühlung oder biedere Moraltrompete, das trampelnde politische Dogma, die säuselnde Ideologiekritik oder auch die Humanitätsfanfare".[47]

Der Begriff „criticus“, der sich – parallel zur Literaturkritik – im 17. und 18. Jahrhundert entwickelt hat, bedeutet: jemand, der trennt, urteilt, entscheidet. Das gilt auch untereinander und gegenüber sich selber: Die schärfste Kritik an Literaturkritikern üben diese selbst. Hans Magnus Enzensberger, der in den 1960er Jahren brillante Rezensionen über aktuelle Bücher seiner Schriftstellerkollegen geschrieben hat, hat in seinem Essay *Rezensenten-Dämmerung* (1986) das Ende der Literaturkritik verkündet. Der Tod des Buchkritikers werde bezahlt mit der Geburt des Zirkulationsagenten, den nicht der Text interessiere, sondern der „Trend, den er aus seinen Eingeweiden liest. Sieger ist, wer den Trend als erster ansagt, Verlierer, wer als letzter wiederholt, was angesagt ist“.[48]

Literaturkritik als Wertung

Kritik ist, zweitens, immer literarische Wertung. Sie vollzieht sich in den modernen Massenmedien in Form des Kommentars, der informierenden und interpretierenden Beschäftigung mit neuester Literatur. Beliebte publizistische Formate der Literaturkritik sind – neben der Königsdisziplin der Rezension – die *Homestory* (der Besuch bei dem Autor), das Interview, der Bericht über die Autorenlesung. Aber auch der Klappentext und die Verlagsanzeige, der Buchtipp und die Lektüreempfehlung, die natürlich von Haus aus auf Freundlichkeit gestimmt sind. Alle diese Formate sind Gebrauchsformate: Der Praxisbezug und der Aufmerksamkeitswert im literarischen Leben bestimmen die Literaturkritik. So empfiehlt es sich, die Neuerscheinung eines Literaturnobelpreisträgers so zeitnah und so umfangreich wie möglich besprechen zu lassen.

Kriterien der Wertung

Literaturkritik bedarf, drittens, begründeter Wertungskriterien. In der Fernsehliteraturkritik spielen die Kriterien der Unterhaltsamkeit und der Spannung, die ein Buch beim Lesen erweckt, eine Rolle. Gedruckte Rezensionen legen darüber hinaus Wert auf ästhetische Kriterien (Stimmigkeit, Komplexität, sprachliche Gestaltung) und auf Originalität. Stefan Neuhaus nennt drei weitere zentrale Wertungskriterien: Anregung zur Reflexion, Selbstreferenz und Leselust. „Wer liest, will Lust“, summiert Thomas Anz, „Vergnügen, Spaß, Genuß, Entspannung, Wohlgefühl, Freude, Glück“, und dazu gehören auch „Angstlust“, „böse Lust“ und die „Faszination des Schrecklichen“.[49] Ein guter Kritiker sollte imstande sein, über die Voraussetzungen seiner Wertungspraxis Auskunft zu geben. Im Meinungspluralismus der Literaturkritik sind freilich die Kriterien der Wertung stets diskutabel und variabel.

Literaturkritik und Germanistik

Diese Gebrauchsfunktion unterscheidet in Deutschland, anders als in den angelsächsischen Ländern, die Literaturkritik von der Literaturwissenschaft. Es gibt zwar hier und da einen Annäherungsversuch oder die glückliche Personalunion von Kritik und Germanistik. So plädiert Walter

Hinck für eine „Literaturkritik als angewandte Literaturwissenschaft", die über die Ergebnisse der Werkinterpretation nicht hinwegsieht, sondern sie in eine historische und ästhetische Wertung des Textes einbezieht.[50]

Dennoch bleiben die Unterschiede bestehen. Die Kritik liebt eine bildhafte, pointierte, manchmal polemische Sprache, deren sich wissenschaftliche Analysen weitgehend enthalten. Kritiker sitzen in der Regel in Zeitungsredaktionen, Wissenschaftler arbeiten an Universitäten. Eine journalistische Germanistik hätte es gewiss ebenso schwer wie eine rein akademische Literaturkritik. Für Roland Barthes steht der Kritiker dem Schriftsteller, nicht dem Wissenschaftler und nicht dem Leser, am nächsten, weil er das literarische Werk weder unmittelbar liest (wie der Leser) noch dessen Bedeutungen behandelt (wie der Philologe), sondern selbst Bedeutung produziert: durch seine Kritik und, so kann man ergänzen, durch seine Persönlichkeit als Kritiker: „Den Kritiker rechtfertigt nicht die Bedeutung des Werkes, sondern die Bedeutung dessen, was er darüber sagt."[51]

Der „Literaturpapst"

Die Probe auf dieses Exempel liefert Marcel Reich-Ranicki. Der 1920 in Włocławek geborene Literaturkritiker, der von 1960 bis 1973 für die *Zeit* schrieb und von 1973 bis 1988 den Literaturteil der *Frankfurter Allgemeinen Zeitung* leitete, ist der einflussreichste und bekannteste deutsche Kritiker. Seinen Ruhm zu Lebzeiten haben nicht nur eine Fülle von literaturkritischen Arbeiten, Essays, Anthologien und Kanonsammlungen, Gesprächen und Fernsehsendungen, von öffentlichen und akademischen Auszeichnungen gesichert, sondern auch die Autobiographie *Mein Leben* (1999) und der darauf beruhende Film von Dror Zahavi (2009) über seine Berliner Jahre, das Überleben im Warschauer Ghetto und die Rückkehr nach Deutschland.

Unter den Urteilen, die Kollegen über Reich-Ranicki gefällt haben, sind schmeichelhafte und boshafte Äußerungen gut verteilt: „Gesamtkunstwerk Kritiker" (*Neues Deutschland*), „Kahlschläger" (*Wiener*), „Musterfall eines väterlich-autoritären Zirkusdirektors" (Volker Hage), „Terminator der deutschen Literaturwelt" (*Quick*), „Vorleser der Nation" (Friedrich Luft), „Ich liebe ihn, anders ist er auch nicht auszuhalten" (Wolf Biermann), Abschaffung der Literatur „zugunsten der Literaturkritik" (Willi Winkler), „Deutschlands meistgelesener, meistgefürchteter, meistbeachteter, darum meistgehaßter Literaturkritiker" (Joachim Kaiser).[52] Die bekannteste Titulierung ist die vom „Literaturpapst". Man kann durchaus gegen ihn sein. Aber ein Papst kann nicht abgewählt werden, seine Äußerungen beanspruchen Unfehlbarkeit, seine Autorität ist heilig, unter ihm gibt es nur ‚Kardinäle'.

5 Marcel Reich-Ranicki zerreißt den Roman von Grass (*Spiegel*-Cover 34/1995)

Die Macht des Kritikers illustriert das Titelbild, mit dem der *Spiegel* – seit 1963 aufmerksamer Beobachter des Autors – am 21.8.1995 einen Roman von Grass vorstellte, *Ein weites Feld.* Das Buch wird nicht verrissen, sondern förmlich zerrissen.[53] Der Gestus erinnert an Rembrandts Bild *Moses zerschmettert die Gesetzestafeln* von 1659 (Gemäldegalerie Berlin). Weil der Kritiker nicht den ultimativen deutschen Einheitsroman bekommen hat, den alle seit dem Mauerfall wollten, urteilt er – ähnlich wie Moses – mit einem hochsymbolischen Vernichtungsakt.

Publikumswende der Literaturkritik

Reich-Ranicki verkörpert wie kein anderer die Publikumswende der Literaturkritik seit den 1960er Jahren. Verständlichkeit und Klarheit des Stils, Lust an Polemik und Negation, auch gegenüber Kollegen, Dominanz der Kritikerstimme: das sind die Merkmale, die Reich-Ranickis kritische Essays populär gemacht haben. Er versteht sich selbst als „Anwalt der Literatur",[54] der seinen Mandanten, je nach Lage der Dinge, verteidigt oder anklagt. Das Bild aus der Jurisprudenz erinnert daran, dass sich der Kritiker einst vor den Schranken der Zensur behaupten musste. Im Vormärz hat sich aus dem klassischen Typus des „Kunstrichters" die Rolle des Kritikers entwickelt, der für seinen Gegenstand öffentlich streitet und deshalb selbst oft umstritten ist. Der Kritiker in der Rolle des An-

6 Rembrandt van Rijn: *Moses zerschmettert die Gesetzestafeln* (1659)

walts will seine Ansicht der Literatur durchsetzen, er bekämpft andere Ansichten, aber er kämpft auch dafür, dass es diese anderen Ansichten gibt. Damit illustriert er die Meinungspluralität der literarischen Kommunikation und schafft „Voraussetzungen zur Annäherung an die Wahrheit."[55]

Bild des Literaturkritikers

Wenn wir von Literaturkritik sprechen, haben wir meist dieses Bild des Kritikers vor uns: eines unabhängigen, machtbewussten Künstlers, der seine Unfehlbarkeit mit zeremoniellen Mitteln inszeniert.[56] Diese Kritiker, so meinen viele, sind „hartnäckige, ungemütliche Geister, auf langfristige Wirkungen statt auf raschen Umsatz bedacht". Sie sitzen vor Bergen von Neuerscheinungen und wählen daraus mit „Begabung, Urteilskraft und Unbestechlichkeit" die für den Leser und die Literatur besten Titel aus, vor den schlechteren wird gewarnt.[57]

An diesem in der Aufklärung entwickelten Idealtypus der Literaturkritik ist vieles wahr und einiges bewusst übertrieben. Historisches Vorbild des Literaturkritikers ist der universal gelehrte Bildungsbürger, von dem sich in Frankreich im Gefolge von Montaigne, dem Erfinder des Essays, der Subtypus des *critique mondaine* abgetrennt hat. Dieser weltmännische Kritiker bespricht aktuelle Bücher, schreibt in der Volkssprache (und nicht lateinisch) und publiziert in Zeitschriften.

Als Vater der deutschen Literaturkritik gilt Gotthold Ephraim Lessing (1731–1781).[58] Schon mit 21 Jahren schrieb der Autor journalistische Arbeiten, mit den *Briefen, die neueste Litteratur betreffend* (1759–1765) brachte er Ordnung in die zeitgenössische Literaturszene, in der *Hamburgischen Dramaturgie* (1767/68) versuchte er sein Publikum davon zu überzeugen, wie notwendig und nützlich die Kritik ist. Als Kritiker war Lessing Künstler, der rhetorische Mittel gezielt als Werkzeug der Polemik einsetzte. Ihm ging es um die genaue Beobachtung der literarischen Produktion der Gegenwart, um sinnliche Erkenntnis, nicht um logische Regelpoetik, um individuellen Geschmack, nicht um scholastische Gelehrsamkeit. Das Fragmentarische, das formal Offene und inhaltlich Zugespitzte resultiert aus diesem Verständnis der Literaturkritik. Auf diese Weise hat Lessing den Kulturjournalismus und die Literaturkritik als elementaren Teil der Gegenwartsliteratur beschrieben.[59]

Literatur und Kritik – eine ***liaison dangereuse***

Doch schon Lessing musste mit einem Phänomen kämpfen, das bis heute das öffentliche Bild der Literaturkritik prägt: mit der Kritik der Kritik. Viele empfindliche, misstrauische und boshafte Äußerungen über Literaturkritiker stammen von den kritisierten Autoren. Die Rachephantasien gescholtener Autoren reichen bis zum sprichwörtlichen Titel von Walsers Roman *Tod eines Kritikers* (2002). Am bekanntesten geworden ist Goethes frivoler Vers „Schlagt ihn tot den Hund! Er ist ein Rezensent".[60] „Nullen – man mag sich mit ihnen abfinden, es gibt so viele. Aber eine Null und frech dazu, das ist der Rezensent", urteilte Arthur Schnitzler.[61] Nicht jeder ist so geistreich wie Christoph Wilhelm Aigner, der eine polemische Metapher der Kritik gegen diese selbst wendet: „Ein Literaturkritiker hat gesagt, die meisten Dichter verstünden von Dichtung soviel wie die Vögel von der Ornithologie. Mag sein, er hat recht. Aber schwingt in seinem Bonmot nicht so etwas wie Flugneid mit?"[62]

Literaturkritik für Autoren oder für Leser?

Ein Grund für diese Hassliebe zwischen Literatur und Kritik ist ihre Wahlverwandtschaft. Auch die Literatur übt Kritik, und auch die Kritik hat einen literarischen Anspruch. Manche Kritiker wollen sogar die besseren Autoren sein. Doch die Kritik tritt heute weniger dazu an, den Autor zu verbessern. Wenn sie noch in Goethes Sinne um des Autors willen urteilt und fragt, was er sich vorgesetzt hat, ob dieser Vorsatz vernünftig ist und inwiefern es gelungen ist, ihn auszuführen,[63] dann neigt sie allzu rasch zu kollegialen Freundlichkeiten, zu Nachsicht und Negationsscheu. Wenn der Kritiker es sich durch einen Verriss mit dem Autor (und dessen Verlag) nicht verderben will, dann entstehen, so befürchtet Kurt Tucholsky, „Lobesversicherungsgesellschaften auf Gegenseitigkeit."[64]

Wenn man die Situation der heutigen Literaturkritik zu überblicken versucht, ist man vielmehr geneigt festzustellen, dass sie weniger um der

Kunst als vielmehr um des Publikums willen da ist.[65] Dieses Publikum ist in der Regel relativ klein. Nur einer von hundert Lesern liest die Kulturseiten einer Stadtzeitung. Aber diese Leser erwarten von der Kritik Aufklärung und Geschmacksbildung, vor allem aber eine Antwort auf die Frage, was sie lesen sollen – und was sie nicht lesen sollen. Deshalb sind auch Verrisse beliebt, etwa wenn Reich-Ranicki über den „Bankrott einer Erzählerin" (über Anna Seghers, 1969) oder „Eine Müdeheldensoße" (über Günter Grass, 1969) schreibt.[66] Die plakative Vernichtung eines Buches mag den Autor verärgern. Dem Buch schadet sie nicht unbedingt. Trotz prominenter Verrisse kam der Grass-Roman *Ein weites Feld* (1995) schon nach acht Tagen in die zweite Auflage und führte die *Focus*-Bestsellerliste an.

Literaturkritik im Fernsehen

Überprüfung und Verbesserung des literarischen Geschmacks gehört ebenso wie die Aufklärung des Lesers über den Wert des besprochenen Buches zum Aufgabenkatalog der modernen Literaturkritik. „Nicht der Beifall macht eine Sache schön; sondern die Schönheit erwirbt sich bei Verständigen den Beifall", schreibt Gottsched in seinem *Versuch einer kritischen Dichtkunst vor die Deutschen* (1730).[67]

Im Falle der Literaturkritik in den neuen Medien verhält es sich eher umgekehrt. Wenn Literaturkritik ins Fernsehen kommt, bietet sich kaum Gelegenheit, ästhetische Wertungskriterien anzuwenden, zumal der größte Feind des audiovisuellen Massenmediums Fernsehen die Langeweile ist. Selbst wenn die Lesung gezeigt wird, gilt die Aufmerksamkeit des Zuschauers weniger dem gelesenen Text als dem Autor oder Kritiker im Bild. Der sichtbare und hörbare Beifall macht dann das Buch bedeutend.

Die Kritik im Fernsehen – und im Internet – wird unterschiedlich bewertet. Die einen plädieren „für eine offensive, nicht vorbehaltsbeschwerte Strategie im Umgang mit der großen fernsehgeprägten Öffentlichkeit".[68] Die anderen rümpfen die Nase über das „Regime der telekratischen Öffentlichkeit"[69] und sehen die Literatur im audiovisuellen Medium simplifiziert, kommerzialisiert und popularisiert.

Es gibt zwei Grundformate der Fernsehliteraturkritik: die Talkshow und die Ratgebersendung. Letztere erfüllt eine Orientierungsfunktion. Der Kritiker empfiehlt lesenswerte Bücher, warnt vor zeitverschwendender Lektüre, stellt den Buchinhalt kurz vor und gibt eine oft persönlich gefärbte Einschätzung. Zu diesem Format zählen Denis Schecks *Druckfrisch* (ARD, seit 2003) und Elke Heidenreichs *Lesen!* (ZDF, 2003–2008). Diese Sendung wurde im Herbst 2008 aus dem Programm genommen, nachdem sich Heidenreich öffentlich über den Qualitätsverlust der Fernsehkultur im ZDF geäußert hatte; Anlass war Marcel Reich-Ranickis Ablehnung des Deutschen Fernsehpreises am 11.10.2008 vor laufenden Kameras. Nachfolger von *Lesen!* wurde die Sendung *Die Vorleser* (ZDF, seit 2009), die von der Schriftstellerin Amelie Fried und dem Kritiker Ijoma Mangold moderiert wird.

Das Literarische Quartett

Die einflussreichste literaturkritische Talkshow im Fernsehen war *Das Literarische Quartett*.[70] Ihr Prinzip ist das kontroverse Live-Gespräch über aktuelle Bücher. Von 1988 bis 2001 wurden in 77 anderthalbstündigen Sendungen, eröffnet mit einem Beethoven-Streichquartett und beschlossen mit dem Epilog aus einem Brecht-Drama, insgesamt 385 Bücher besprochen. Jeder der vier Kritiker stellte ein Buch vor (einer von ihnen zwei), es durften keine Zitate verlesen werden, Bild- und Filmeinblendungen waren tabu. Die Sendung stand und fiel mit ihrem Erfinder, Mentor und Moderator: mit Marcel Reich-Ranicki. Er limitierte die Redezeiten, er setzte die Standards. Meistens spielte er sich mit dem *Spiegel*-Journalisten Hellmuth Karasek die Bälle zu, während die Dritte, Sigrid Löffler, einen oft undankbaren Konterpart und der wechselnde Gast bisweilen nur eine Zaungastrolle zu spielen hatte.

In der Sendung vom 18. März 1993 brachte Reich-Ranicki sein Erfolgsrezept auf den Punkt: „Wir werden über Bücher sprechen, und zwar, wie wir immer sprechen: liebevoll und etwas gemein, gütig und vielleicht ein bisschen bösartig, aber auf jeden Fall sehr klar und deutlich. Denn die Deutlichkeit ist die Höflichkeit der Kritik der Kritiker."[71]

Literatur im Fernsehen: Quote oder Qualität?

Deutlichkeit und Debattenfreudigkeit: das war der Versuch, Literaturkritik in das Format des Unterhaltungsfernsehens zu bringen. Freilich: das Prinzip der unterhaltsamen Information, des „Infotainments", war stärker als die im Fernsehen schwer zu vermittelnde Kunst kritischer Wertung. Das machte Reich-Ranicki von vornherein klar: „Gibt es im *Quartett* ordentliche Analysen literarischer Werke? Nein, niemals. Wird hier vereinfacht? Unentwegt. Ist das Ergebnis oberflächlich? Es ist sogar sehr oberflächlich."[72]

Vereinfachung und Oberflächlichkeit sind der Preis, mit dem der große Erfolg des *Literarischen Quartetts* bezahlt wurde. Viele Sendungen erreichten eine Zuschauerzahl von fast einer Million – und das zu einer relativ späten Sendezeit am Freitagabend. Auffällig ist auch, dass die relativ hohe Zuschauerzahl von drei Millionen zu Sendungsbeginn (22.10 Uhr) schnell abbröckelte, dann aber nach 20 Minuten stabil bei 0,5 Millionen Zuschauern blieb.[73] Insofern hat in den 1990er Jahren etwa jeder 160. Deutsche die Sendung verfolgt. Auch die Buchbranche profitierte vom *Literarischen Quartett*. Die besprochenen Bücher, selbst die verrissenen, waren oftmals am nächsten Tag in den Buchhandlungen begehrte Ware, viele landeten auf den Bestsellerlisten. Der Leser sollte wissen, was er zu kaufen hatte. Das *Quartett* standardisierte den „mehrheitsfähigen Geschmack".[74]

Der Anfang vom Ende der Sendung war die Sendung vom 30. Juli 2000. In der Diskussion über einen japanischen Liebesroman kam es zum Eklat. Daran lässt sich die Funktionsweise der Literatur im Medium Fernsehen gut studieren. Der Disput zwischen Reich-Ranicki und Löffler – die daraufhin aus der Runde austrat – bestand aus mehreren Ritualbrüchen. Der eine warf der anderen nicht nur vor, keine Ahnung von erotischen Romanen, sondern auch keine Ahnung von Erotik überhaupt zu haben. Auf diese Attacke unterhalb der Gürtellinie wehrte sich diese mit einer pikanten Anspielung auf das Alter des 1920 geborenen Kritikers und las dann „verbotenerweise" ein längeres Zitat aus dem inkriminierten Roman vor.

2.3 Autor und Leser als Zeitgenossen

Gegen die traditionelle und romantische Auffassung vom Autor als armen Poeten, dem es in die Dachstube hineinregnet, steht das Bild des modernen Autors, der sich geschickt der Medien seiner Zeit zu bedienen weiß. Dieses Bild hat eine Geschichte, die noch gar nicht so alt ist. Wenn wir den modernen Autor als individuellen Geistesarbeiter verstehen, der seine Produkte auf dem literarischen Markt anbietet, dann greifen wir auf einen Autorbegriff aus dem bildungsbürgerlichen 19. Jahrhundert zurück. Seit 1800 hat sich der Autor belletristischer Literatur nicht nur als Rechtssubjekt profiliert, sondern auch als moralische Instanz, als Gewissen der Nation oder als Ratgeber für persönliche Lebenslagen. Wir merken das heute, wenn sich Autoren aus freien Stücken oder auf Anfrage zu politischen Sachverhalten äußern, wenn *Goethe für Gestresste* angeboten wird. Zu bedenken ist dabei stets, dass die Problemlösungskompetenz der Autoren eine literarische (im Spiel der Fiktion), keine fachlich-sachliche (in der Realität) ist.

Autorbegriff

Der Begriff des Autors[75] ist ein weites Feld. Zum einen meint er ganz allgemein und neutral eine geistige Urheberschaft. Ein Autor verfasst nicht nur belletristische Werke, er kann auch Sachbuchschriftsteller, Journalist, Theaterkritiker, Essayist, Übersetzer sein. Der Autorenreport (1972) zeigt, dass sich von knapp 1700 befragten „Wortproduzenten" nur 40 Prozent als „freie Autoren" eingeschätzt haben.[76] Die anderen üben nach eigenen Angaben ihre Autorschaft neben- (49%) oder teilberuflich (11%) aus.

Zum anderen meinen wir, wenn wir vom Autor sprechen, nicht das gleiche wie mit den Begriffen Dichter und Poet. Seit dem späten 18. Jahrhundert hat der neutralere Begriff „Autor", abgeleitet von den lateinischen Worten *auctor* und *auctoritas* (Förderer, Urheber, Vorbild, auch: Vermehrer), parallel mit dem „Schriftsteller" den oft als „elend" bezeichneten „Skribenten" verdrängt. Der Begriff des Dichters hingegen meint eine empa-

7 Carl Spitzweg: *Der arme Poet* (1839)

thische Autorschaft. Was der Dichter als künstlerisch inspirierter Lyriker, Erzähler oder Dramatiker gerade auch unabhängig vom kulturellen Markt hervorbringt, leistet der Autor oder Schriftsteller als professioneller personaler Urheber von Texten, als Akteur im Literatursystem.

Im alltagssprachlichen Gebrauch ist der Autor eine ebenso vertraute wie unverzichtbare Ordnungsgröße. Jeder weiß, was gemeint ist, wenn vom „neuen Walser" die Rede ist. Auch der professionelle Umgang mit Literatur kommt ohne den Autorbegriff nicht aus. In der Bibliothek oder im Internet bleibt der Autorname ein verlässlicher Suchbegriff, er legitimiert Bibliographien, Zeitschriften und Editionen, ihm wissen sich Institutionen, Dichtermuseen, Literaturpreise verpflichtet. So wie eine zeitgemäße Germanistik ohne die Celan-Philologie nicht vorstellbar ist, so wichtig sind für das Kulturleben das Marbacher Literaturarchiv, das Weimarer Goethe- und Schiller-Archiv, das Düsseldorfer Heine-Institut und der Klagenfurter Bachmann-Wettbewerb. „Der Autor ist im Alltag unserer Kultur die wichtigste Größe, um literarische Äußerungen so in Kontexte einzubetten, dass sie verstehbar sind und handlungsrelevant werden können."[77]

8 Goethe am Telefon (Bildcollage, © Deutsche Immobilien GmbH)

Auf Platon geht die Unterscheidung von drei Künstlertypen zurück.[78] Es gibt

Modelle von Autorschaft

- den Seher (*poeta vates*), der als Dolmetscher, Werkzeug oder „Instrument" (Rilke) einer höheren Macht spricht, der mit Lorbeeren bekränzt wird (*poeta laureatus*) und der insofern in dem, was er sagt, unantastbar ist. Sein Werk selbst erklären kann er nicht, es muss also ohne seine Hilfe interpretiert werden;
- den Bildermacher, der kunstvolle Abbilder von der Wirklichkeit herstellt, der „Knochenarbeit" am Text[79] leistet und sein Handwerk gelehrt zu erklären vermag (*poeta doctus*);
- den Illusionisten oder Gaukler, der „falsche" Literatur, billige Kopien, Trugbilder der Wirklichkeit, kurzum: Kitsch herstellt, indem er den künstlerischen Charakter der Nachahmung vernachlässigt und somit Erklärungen seines Werks überflüssig macht.

Grundzüge dieser Modelle von Autorschaft haben sich mit erstaunlicher Konstanz im heutigen Verständnis des Autors erhalten. Das Bild von Christoph Ransmayr, der einsam auf einer Klippe am irischen Ufer sitzt, einen Laptop auf den Knien, oder Botho Strauß, der sich dem Bild und den Medien gänzlich verweigert, illustriert die *poeta vates*-Vorstellung vom exklusiven, unabhängigen Dichter. Ein Interview von Durs Grünbein zum Beispiel mit einem Naturwissenschaftler ist die moderne Variante des *poeta doctus*. Zu den kitschverdächtigen Autoren zählen viele populäre Stars, die im Alter von manchmal nicht einmal 30 Jahren ihre Biographie schreiben (oder schreiben lassen).

„Starke" Autorschaft und „Großschriftsteller"

Im 20. Jahrhundert gibt es eine kleine, aber feine Reihe von Schriftstellern, die ihren Namen schon zu Lebzeiten als erfolgreiches Image profiliert haben: Thomas Mann, Gerhart Hauptmann, Günter Grass. Die künstlerische Größe, die ihnen die Literaturgeschichte zugesteht, ist auch die Größe dieses Namens. Es sind kanonbildende Autoren im Sinne von Harold Bloom,[80] die mit ihrem starken Namen vor dem Text und vor dem Leser stehen. Robert Musil hat diesen Typus des „starken" Autors als „Großschriftsteller" karikiert. Seine Satire trifft auch auf den gegenwärtigen Literaturbetrieb zu:

> „Er muß viel reisen […], Vorträge halten, den Chefs der öffentlichen Meinung den Eindruck machen, dass er eine nicht zu unterschätzende Gewissensmacht darstellt; er ist chargé d'affaires des Geistes der Nation, wenn es gilt, im Ausland Humanität zu beweisen; empfängt wenn er zu Hause ist, noble Gäste und hat bei alledem noch an sein Geschäft zu denken, das er mit der Geschmeidigkeit eines Zirkuskünstlers machen muß, dem man die Anstrengung nicht anmerken darf. Denn der ‚Großschriftsteller' ist keineswegs einfach das gleiche wie ein Schriftsteller, der viel Geld verdient. Das ‚gelesenste Buch' des Jahres oder Monats braucht er niemals selbst zu schreiben, es genügt, dass er gegen diese Art der Bewertung nichts einzuwenden hat. Denn er sitzt in allen Preisgerichten, unterzeichnet alle Aufrufe, schreibt alle Vorworte, hält die Geburtstagsreden, äußert sich zu allen wichtigen Ereignissen und wird überall gerufen, wo es zu zeigen gilt, wie weit man es gebracht hat."[81]

In der literaturwissenschaftlichen und literaturkritischen Beschäftigung mit Gegenwartsliteratur haben sich Reste der traditionellen Autorschaftsmodelle erhalten. Das hat die empirische Forschung von Autorfunktionen herausgestellt. Wer von einem Autor der Gegenwartsliteratur spricht, geht bis heute von Minimalannahmen aus: Der Autor ist der Urheber seines Textes, er kann sowohl entscheiden, was darin steht und was nicht, als auch, wie der Text gestaltet ist und was er zu bedeuten hat.[82] Der Autor als erster Ausleger seines Werkes übt nach wie vor eine große Autorität aus. Das illustrieren die Poetikvorlesungen, die an verschiedenen Universitäten (Bamberg, Heidelberg, Innsbruck, Paderborn u. a.) gehalten werden, dem Vorbild der 1959 begründeten Frankfurter Poetik-Vorlesungen folgend. Ingeborg Bachmann sprach 1959/1960 über „Probleme zeitgenössischer Dichtung", Durs Grünbein 2009/2010 „Vom Stellenwert der Worte". Auf diese Weise geben Autoren Einblick in ihre Werkstatt, erklären, wie Romane und Gedichte entstehen,[83] berichten über ihre Berufserfahrungen und nehmen Stellung zu Fragen des Literaturbetriebs.

Autorenporträts

Ebenfalls gut sichtbar ist dieses Modell „starker" Autorschaft in den Katalogen, in denen zweimal im Jahr, im Winter und im Sommer, die neuen Bücher der Verlage angekündigt werden. Kaum ein Verlag versäumt es, neben Daten zu Leben und Werken des Autors ein Foto des Autors zu platzieren, das manchmal größer und visuell auffälliger ist als das abgebildete Buchcover. Diese Autorenporträts sind wichtige Werbeträger. Sie liefern das Gesicht zum Buch, das Buch bekommt dadurch ein Gesicht.

„Starke" Autorschaft hat – neben der Pop-Literatur[84] – das „Fräuleinwunder" hervorgebracht. Der Begriff „Fräuleinwunder" kam 1999 auf und bezeichnete das Gemeinsame von Autorinnen, die sich besonders in Interviews und Fotografien als jung, begabt, Single, dynamisch oder schüchtern präsentierten: Alexa Hennig von Lange, Judith Hermann, Julia Schoch, Zoë Jenny usw.

Ein Beispiel starker Autorschaft: Judith Hermann

Eines der erfolgreichsten Bücher war Judith Hermanns *Sommerhaus, später* (1998). Innerhalb eines halben Jahres ging das Buch in die 9. Auflage. Es wurde als Heilmittel empfohlen, um die notorischen Verächter der deutschen Gegenwartsliteratur zu kurieren. Zum Erfolg trug auch die Vermarktung des Autorin-Images bei: eine junge, blasse, scheue Frau. Die Geschichten spielen in Berlin, im Milieu der Müden und Beladenen, der freizeitübersättigten, melancholischen und ein wenig manierierten Angehörigen der „Generation Golf" (Florian Illies). Sie wissen nicht, was sie wollen, umso mehr aber, was sie tun. In der letzten Geschichte lernt Marie einen Künstler kennen, der zu klein und zu hässlich ist. Sie küsst ihn, trifft sich mit ihm, besucht ihn, sonst passiert nichts. Am Ende nimmt der Künstler ihren Kuss mit einem digitalen Kameraauge auf und zeigt ihn ihr auf dem Monitor. Das „später" in den Geschichten von Judith Hermann ist die Warnung und Drohung vor dem Ende, die Sehnsucht nach etwas Unbekanntem. „Glück ist immer der Moment davor", heißt es einmal.[85]

„Schwache" Autorschaft und der „Tod des Autors"

In den 1960er Jahren ist der ‚starke' Autorbegriff von einer neuen Autortheorie stark erschüttert worden. Die maßgeblichen Texte sind Roland Barthes' *Der Tod des Autors* (französischer Originaltext 1968, deutsche Erstübersetzung 2000) und Michel Foucaults' *Was ist ein Autor?* (Collège de France, 1969, deutsche Übersetzung 1988). Sie wenden sich gegen die Auffassung, dass der Sinn eines Textes immer zuerst bei seinem Autor gesucht wird. Der Autor sei nicht mehr die hermeneutische Zentralinstanz, auf die alles Verstehen zurückgehen kann. Aus diesem theoretischen Blickwinkel ist der literarische Text ein Text aus Texten, ein „Gewebe von Zitaten aus unzähligen Stätten der Literatur" (190), das der Leser zu entwirren hat. Der Autor wird ersetzt durch den „Schreiber" (*scripteur*), der sich lediglich des Wörterbuchs einer Kultur bedient, der Text wird ersetzt durch die Intertextualität. Unter diesen Prämissen geraten die Autorfunktionen (Foucault), die Orte, an denen der Autor seine Funktion ausübt, aus den Fugen:[86]

1. Der „Autorname" ist nicht mehr ein Markentitel und schon gar nicht ein gewöhnlicher Eigenname. Walser als Autor der Einkommenssteuererklärung ist etwas anderes als Walser als Autor der Romane des bundesdeutschen Kleinbürgertums.
2. Das Eigentumsverhältnis hat sich geändert. Dass der Autor rechtlicher, ökonomischer und künstlerischer Eigentümer seines Textes ist, das ist eine Vorstellung der Neuzeit. Wir können uns einen literarischen Text der Gegenwartsliteratur ohne Autor schlechterdings nicht mehr vorstellen, allenfalls als „Rätsel". Das war im Mittelalter anders. Das Nibelungenlied war auch als anonymer Text ein hochgeschätztes Werk, während das galileische Weltbild ohne seinen Urheber Galileo Galilei nicht denkbar ist. Heute sind die Autoritätsmerkmale umgekehrt verteilt: Während die Relativitätstheorie keines Autors bedarf, wird der ‚neue Grass' mit dem Autornamen beglaubigt.
3. Auch das Zuschreibungsverhältnis von Autorschaft wird entkräftet. Sobald man von einem Autor spricht, hat man ihn schon funktionalisiert: als Element einer Epoche, einer literarischen Bewegung, eines Stils. Insofern ist der Versuch, Judith Hermann als Autorin des „Fräuleinwunders" zu interpretieren, eine psychologisierende Projektion allgemeiner Merkmale, die man für wichtig hält, auf ein einzelnes Werk. Die Biographie des Autors kann nur Mittel, nicht Zweck der Werkdarstellung sein, sonst wird sie zum Biografismus. Deshalb ist Volker Weidermanns Buch *Lichtjahre* (2006), einer Sammlung von Homestorys über Gegenwartsautoren, vorgeworfen worden, „Schriftstellerlebensgeschichtskitsch" (Ina Hartwig) und Stadionberichte aus der Gegenwartsliteratur zu kolportieren.
4. Schließlich wird die Position des Autors im Buch relativiert. Wer in einem Roman „ich" sagt, ist keineswegs der empirische Autor, sondern ein *alter ego*, das sich durch die Trennung und Distanz vom realen Autor erst konstituiert. Auch der Autor der Frankfurter Poetikvorlesungen, der „Ich" sagt und seine Vorlesungen unter eben diesem Titel publiziert hat, ist ein stilisierter Autor.[87]

Die vermeintlich „starke" Autorschaft hat also Angriffspunkte. Die Marken der „Großschriftsteller" Grass, Walser, Wolf stehen nicht unter dem Schutz künstlerischer Immunität. Ihr Sturz vom Sockel ist häufig die Folge eines Literaturstreits.

Autoren auf dem Markt

Strukturell sind die Autoren heute in einer „eigenartigen Zwitterstellung als wortproduzierende Kleinunternehmer einerseits und als lohnabhängige Schreiber andererseits".[88] Es kommt insofern darauf an, den Ort des Gegenwartsautors zwischen Kunst und Kommerz zu bestimmen. Damit ist kein Qualitätsurteil verbunden. W.G. Sebald, der selten öffentlich auftrat und dessen Bücher schlecht verkäuflich waren, konnte von Kennern noch zu Lebzeiten als bedeutender Schriftsteller entdeckt werden. Umgekehrt war der Bestsellerautor Simmel zwar durchaus ein Untersuchungsgegenstand der Gegenwartsliteraturwissenschaft (in diesem Falle der Trivialliteraturforschung), aber nicht unbedingt ein künstlerisch beachtenswerter Dichter.

Lessing war der erste Autor, der die Notwendigkeit des Markts und die Bedeutung des Eigentums an geistigen Werken erkannt und die Stellung des Autors im Literaturbetrieb definiert hat. In seinem (1800 postum publizierten) „Projekt für Schriftsteller und Buchhändler" mit dem Titel *Leben und Leben lassen* stellt er die rhetorische Frage:

> „Wie? es sollte dem Schriftsteller zu verdenken sein, wenn er sich die Geburten seines Kopfs so einträglich zu machen sucht, als nur immer möglich? Weil er mit seinen edelsten Kräften arbeitet, soll er die Befriedigung nicht genießen, die sich der gröbste Handlanger zu verschaffen weiß – seinen Unterhalt seinem eigenen Fleiße zu verdanken haben?"[89]

Doch im 18. und 19. Jahrhundert konnten sich die wenigsten Autoren mit ihren Büchern finanziell über Wasser halten. Neben Honoraren und Tantiemen war Goethe auf ein regelmäßiges Gehalt als Minister, Schiller auf das Mäzenatentum seines Fürsten angewiesen. Wilhelm Raabe (1831–1910) war der erste Autor, der zeitlebens von den Einkünften seiner Bücher leben und es sich leisten konnte, als 71jähriger das Schreiben aufzugeben und von seiner Rente zu leben.

Einem jüngeren Autor der Gegenwartsliteratur wäre dies nur möglich, wenn seine Werke hohe Auflagen bei einem angesehenen Verlag erzielen, wenn er Vorschüsse erhält, wenn sein Name vielfach vermarktet und er selbst häufig in den Medien präsentiert wird. Diesen Prominentenstatus können nur etablierte Autoren wie Enzensberger, Jelinek, Grass, Walser, Christa Wolf über lange Zeit halten. Immerhin aber müssen sich die Autoren seit 1983 nicht mehr selbständig für den Krankheitsfall und für ihre Altersvorsorge absichern. Es gibt ein Gesetz mit einem schleppendem Namen, das „Gesetz über die Sozialversicherung der selbständigen Künstler und Publizisten (Künstlersozialversicherungsgesetz – KSVG"). Es sieht vor, dass eine Hälfte der Sozial- und Rentenversicherungsbeiträge durch einen Bundeszuschuss und eine „Künstlersozialabgabe" finanziert wird.

Was verdient ein Autor eigentlich?

Das Autoreneinkommen ergibt sich zum kleinsten Teil aus den Einkünften eines Buches. Nur zehn Prozent vom gebundenen Ladenpreis gehen in der Regel als Honorar an den Autor. Zwischen 35 und 50 Prozent des Buchpreises werden für den Rabatt kalkuliert, der dem Zwischenhandel (Barsortiment, Online-Markt) vom Buchhersteller (Verlag) eingeräumt wird. Die restlichen Anteile des Ladenpreises werden für die Herstellung und die Verlagskosten (z.B. Werbung) des Buches veranschlagt. Das bedeutet, dass der Autor eines Romans, der im Buchhandel im Jahr 2007 durchschnittlich 14,60 EURO kostete, im Normalfall für jedes verkaufte Exemplar ein sogenanntes Beteiligungshonorar von bis zu 1,50 EURO erhält. Natürlich ist deshalb die Auflagenhöhe eines Buches eine wichtige Größe der Gewinnkalkulation. Ein Lyrikband erreicht höchst selten eine Startauflage von über 1.000 Exemplaren. Uwe Johnson hat in seiner Büchnerpreisrede (1971) minutiös die Ausgaben des Preisgeldes zu Protokoll gegeben und in seinen Frankfurter Poetikvorlesungen (1979) vorgerechnet, welche Kosten dem Autor allein durch die Reisen zu Autorenlesungen entstehen. Im Jahr 1971 legte er seinem Finanzamt eine Aufstellung von Reiseausgaben in Höhe von über 5.000 Mark vor. „Es sind in diesem Beruf wenige, die nach ihrem Gutdünken und ihren Bedürfnissen leben können von dem, was da übrig bleibt.“[90]

Autorenlesungen

Die beliebteste Form der öffentlichen Präsentation von Literatur ist die Autorenlesung. Sie hat eine lange Geschichte, die bis zu den mittelalterlichen Sängerstreits zurückgeht, und ist eine für die Autoren einträgliche Verdienstmöglichkeit. Der öffentliche Vortrag aus einem (meist neuen) Buch eint Autor und Leser und hebt im Akt des Vorlesens die Trennung zwischen Autor und Werk auf. Wie eine Autorenlesung vor sich geht, illustriert auf satirisch überzeichnete Weise eine Szene aus Loriots Filmkomödie *Pappa ante portas* (1991). Die Kamera fährt an den Stuhlreihen erwartungsvoll gespannter Zuhörer in einer Bibliothek entlang. In der ersten Reihe steht die Veranstaltungsleiterin auf und stellt den Dichter Frohwein als „bedeutendsten, noch lebendigen Vertreter der Gegenwartslyrik“ vor. Dieser taucht dann aus dem Hintergrund auf, nimmt Platz, ordnet umständlich Bücher- und Manuskriptstapel auf dem Tisch, kündigt ein mehr als abendfüllendes Lesungsprogramm an, trinkt einen Schluck Wasser – und bekommt einen nicht aufzuhaltenden Schluckauf. Der Filmausschnitt übertreibt den Habitus des Autors (lange Haare, Lederjacke, „Berufsjugendlicher“), die Publikumsreaktionen (den Zwischenruf „Etwas lauter“, die andächtige Stille) und das rituelle Programm (Vorstellung, Lesung, Diskussion). Diese Elemente bestimmen maßgeblich den Performanzcharakter der Autorenlesung.[91] Sie ist oft ein Markentest für den Autor.

Vereinigungen von Autoren

Autorenvereinigungen und -zusammenkünfte sind keine Erfindung der Neuzeit. Im Mittelalter hat es Sängerwettstreite, im 18. Jahrhundert Literarische Gesellschaften, im 19. literarische Vereine und im 20. die „Gruppe 47“ gegeben, die wiederum auf das historische Dichtertreffen von Simon Dach im Jahr 1647 zurückgeführt werden kann. Günter Grass' Novelle *Das Treffen in Telgte* (1979) beschreibt die „Gruppe 47“ im Gewand dieser historischen Autorenversammlung. Die „Gruppe 47“ ist die einflussreichste und am stärksten aufgestellte ‚Vereinigung‘ in der Geschichte des deutschen Literaturbetriebs nach 1945. Sie hat die Trennung von Literatur und Kritik und das Modell der Werkstattlesung mit anschließender Kritik etabliert. Fast alle Autoren mit Rang und Namen haben dort gelesen, fast alle berühmten Kritiker haben dort ihre Urteile gefällt. Doch es gab auch Autoren, die dort nicht zu Wort kamen (Stefan Andres, Hilde Domin, Nelly Sachs) oder bei der Lesung durchfielen (Paul Celan).

Der P.E.N. und der Deutsche Schriftstellerverband

Neben dem P.E.N., den es als internationale Vereinigung der Poets, Essayists, Novelists seit 1921, als deutsche Vereinigung seit 1948 gibt, und der Deutschen Literaturkonferenz (seit 1991) ist der Deutsche Schriftstellerverband zu nennen. 1887 hervorgegangen aus dem Zusammenschluss von Allgemeinem Deutschem Schriftstellerverband (1878) und Deutschem Schriftstellerverein (1885), war er zunächst eine Standesvertretung ohne politischen Anspruch. Erst der Schutzverband Deutscher Schriftsteller, der 1909 gegründet und 1933 von den Nationalsozialisten aufgelöst wurde, machte ökonomische Forderungen im Sinne einer gewerkschaftlichen Interessenpolitik geltend; der 1969 gegründete Verband Deutscher Schriftsteller (VS) wendet sich ausdrücklich an die Sozialpartner in Verlagen, Redaktionen und Theaterintendanzen.

Auf dem Weg zu einer eigenständigen Industriegewerkschaft, einer „IG Kultur“ (Martin Walser) ist der VS immer wieder stecken geblieben. Aber die Gründungen einer „IG Medien – Druck und Papier, Publizistik und Kunst“ (1985) und der Vereinigten Dienstleistungsgewerkschaften „ver.di“ (2001) haben die Voraussetzung für eine stärkere gewerkschaftliche Bindung der Medientätigen geschaffen. Ein Erfolg ist auch die Novellierung des seit 1870 gültigen Urheberrechtsgesetzes im Jahr 1972. Schulbuchverlage dürfen seither Texte der Autoren nicht länger unentgeltlich abdrucken. Die Verwertungsgesellschaft Wort wacht über die Urheberrechte der Autoren und zahlt Nutzungsgebühren aus.

Elektronische Medien als Herausforderung

Bedroht sind die Autoreninteressen durch gigantische Medienkonzerne. Während die größte Online-Sammlung deutschsprachiger Literaturklassiker jenseits der Siebzigjahresfrist – 70 Jahre nach dem Tod des Autors werden die Rechte an seinen Texten frei – jedem Leser die Texte kostenlos zugänglich macht und eine weitgehend problemlose Textstellensuche ermöglicht (www.gutenberg.org), ist das Projekt http://books.google.de umstritten. Der Versuch, das Bücherwissen der Welt einschließlich der Gegenwartsliteratur zu digitalisieren, stößt auf Widerspruch. Der 2009 veröffentlichte Heidelberger Appell (http://www.textkritik.de/urheberrecht/) spricht von Diebstahl an geistigen Arbeiten. 1.500 Autoren, Verleger und Wissenschaftler warnen davor, dass das deutsche Urheberrecht ausgehöhlt und die Idee der Autorität des Autors schleichend durch das 1989 erfundene *World Wide Web* enteignet werde.

Der reale und der ideale Leser

Die Deutschen lesen gern und kaufen viele Bücher.[92] So summiert der Börsenverein des Deutschen Buchhandels seine Bilanz 2007. Zwar rangiert das Bücherlesen immer noch auf den hinteren Plätzen der zehn beliebtesten Freizeitbeschäftigungen der Deutschen, weit hinter Musikhören und Fernsehen. Aber jeder zweite Deutsche hat angegeben, „besonders gern" oder „gern" Bücher bzw. „besonders gern" Bücher und Tageszeitungen zu lesen. Jeder vierte Deutsche liest mehr als 18 Bücher jährlich, jeder 20. kauft mehr als 20 Bücher im Jahr. Doch nicht jedes der elf Bücher, die ein Bundesbürger im Durchschnitt pro Jahr kauft, wird auch gelesen. Hier beginnt das Verwirrspiel der Zahlen. Denn jeder zweite Deutsche kauft überhaupt kein Buch. Einer Untersuchung zufolge verbringen Deutsche, Schweizer und Österreicher mehr als 10 Stunden täglich mit den Massenmedien Internet, Fernsehen, Radio, Buch, Tageszeitung und Hörbuch, die Buchnutzung beansprucht davon 30 Minuten.[93] Diese Zielgruppe hat Enzensberger im Blick, wenn er von dem „sekundären Analphabeten" spricht, der sich für „wohlinformiert" hält, „Gebrauchsanweisungen, Piktogramme und Schecks entziffern" kann, aber an der Schriftkultur und der Gegenwartsliteratur vorbeigeht.[94]

Der reale Leser ist eine Frau

Den Zahlen des Börsenvereins zufolge ist der ideale, d. h. der regelmäßige und vielfache Buchkäufer eher weiblich als männlich, eher unter 19 und über 60 Jahre alt, meist Schüler oder Beamter, eher Stadt- als Landbewohner. Der reale Leser – so summiert Erich Schön anhand von Vergleichsdaten aus den Jahren 1967/68, 1992 und 2000 – ist bevorzugt eine Frau, hat einen Abiturabschluss, studiert oder ist nicht voll berufstätig. Allerdings hat das Lesen zum Zwecke der Unterhaltung seinen Stellenwert eingebüßt.

> „Mit der Emanzipation des Lesens vom Bildungsbegriff, mit dem Rückgang des Prestigewertes der Tätigkeit Lesen, von Belesenheit und von Buchbesitz verliert das Lesen seine bildungsbürgerliche Aura, seinen ‚Wert an sich', aber auch seinen latenten Verpflichtungscharakter."[95]

Die mit dem Internet großgewordene Generation bevorzugt ein selektives, kursorisches, instrumentelles Lesen, das Verhältnis zum Buch ist weniger empathisch als vielmehr pragmatisch. Zugenommen hat der Zweifel, ob der gelesene Text überhaupt etwas bedeutet: „Bevor Leser darüber nachdenken, was ein Text bedeuten könnte, bezweifeln sie, dass er etwas bedeutet.“[96]

Leser im Literaturbetrieb

Aufschluss über die Rolle des Lesers im Literaturbetrieb gibt seine Darstellung im Roman. Italo Calvinos Roman *Wenn ein Reisender in einer Winternacht* (1983) ist ein raffiniertes Spiel mit den Erwartungen des idealen Lesers. Der Leser wird unmittelbar in der zweiten Person angesprochen und mit einem Buch im Buch in die Geschichte geschickt, die kurz vor ihrer Auflösung abbricht und ein neues Buch im Buch offenbart, mit dem der Leser seine Reise dann fortsetzt. Die fragmentarischen Bücher im Roman decken alle Sparten der E- und U-Literatur ab, Surrealismus, magischer Realismus, Agenten-, Abenteuer-, Kolportageroman. Auf diese Weise wird der Leser im Roman als mündiges Subjekt entworfen. Er entscheidet, was und wieviel vom jeweiligen Buch gelesen werden kann. Auf der anderen Seite zeigt Calvino die Macht des Autors, der den Leser mit vorenthaltenen Pointen enttäuschen und mit Spannungsversprechen hinhalten kann.

Autoren beschreiben ihre Lesungsreisen

Wer wissen will, was der Leser in der Gegenwartsliteratur bedeutet, kann auch die zahlreichen Berichte von Autoren über ihre Lesungsreisen konsultieren. Christoph Wilhelm Aigner hadert mit der Standardfrage nach Lyriklesungen, was denn eigentlich ein Gedicht sei, und kann darauf nur sagen: so viel, wie „ein Neurologe über Gedanken“ wissen kann.[97] Brigitte Kronauers Roman *Zwei schwarze Jäger* (2009) beginnt mit der Beschreibung einer Lesung auf einem Schloss, zu der nur der Gärtner, die Reinigungskraft und der Sohn des Veranstalters erscheinen: der Albtraum jedes Schriftstellers. Felicitas Hoppe berichtet davon, wie sie von Lesern auf ihre Heirat mit dem berühmt-berüchtigten Arzt und Hochstapler Gert Postel angesprochen worden sei, mit dem sie angeblich zusammen in Berlin lebe und arbeite. Hier irrten die Leser. Die Fehlinformation entstand durch eine „verspielte Ergänzung des Wikipedia-Eintrags unter *Felicitas Hoppe*“.[98] Aus diesem Grund ist es ratsam, Internet-Lexika bei der Ermittlung von Informationen über Autoren und Bücher der Gegenwartsliteratur mit Vorsicht zu benutzen und zur Absicherung eine seriöse schriftliche Quelle heranzuziehen.

Was vermisst, was braucht die Gegenwartsliteratur?

Woran es der Gegenwartsliteratur im Literaturbetrieb fehlt und was sie braucht, das hat der 1964 in Düren geborene Autor Michael Lentz (Bachmann-Preisträger 2001) aufgezählt.[99] Auf der Mängelliste stehen eine betuliche, belanglose und überholte Produktion, Defizite ästhetischer Art wie „verquere Inhalte“, fehlende „Sprachüberraschungen“, Fehlen an experimentellem Mut und an innovativen Strömungslehren. Was die Gegenwartsliteratur braucht, sind (hier zitiert Lentz mit leiser Ironie seinen Autorenkollegen und Jahrgangsgenossen Helmut Krausser, den Autor des erfolgreichen Mittelalterromans *Melodien*):

„Feuer, Weisheit, Tiefe, Witz, Leidenschaft, Handwerk, Sprachgewalt, Phantasie, Geschmack, Eleganz, Bildung, Welthaltigkeit, Selbstbewußtsein, Empfindsamkeit, Härte, Ehrlichkeit, Musikalität, Demut gegenüber der Tradition, Mißtrauen gegenüber dem Kanon – dazu die Einsicht, daß alles Kluge immer neu formuliert werden muß – und die Schönheit per se nichts Überkommenes sein kann. Wenn das alles zusammenkommt, findet sich der Rest von selbst."

Der Literaturbetrieb in Deutschland ist gekennzeichnet durch die föderale Kulturpolitik, durch ein florierendes literarisches Leben, durch die immense Produktivität von über 14.000 belletristischen Neuerscheinungen (2008), durch das Spannungsverhältnis zwischen Kunstanspruch und Kommerzgesetz und durch die konstitutiven Elemente von Öffentlichkeit, Wettbewerb, Pluralität, Medialität und Professionalisierung. Im literarischen Feld wirken Produzent, Distribuent und Rezipient zusammen, gesteuert durch das Image (von Autor, Buch oder Genre) als Markenzeichen, durch Rituale (z. B. Literaturpreise oder Lesungen) und durch wichtige Institutionen (Börsenverein, Literaturhäuser, Akademien, Stiftungen usw.).
Die Literaturkritik ist öffentliche Kommunikation über Literatur in den modernen Massenmedien und ein Versuch der literarischen Wertung, der mehr an den Leser adressiert ist als an den Autor.
In der Gegenwartsliteratur sind Autor und Leser Zeitgenossen. Sie reagieren aufeinander mit Kritik und Affirmation. Der typische Autor am Anfang des 21. Jahrhundert ist ein zwar marktabhängiger, aber medienbewusster Textproduzent, der grundsätzlich finanziell dürftig abgesichert ist, mehr durch Lesungen und Preisgelder verdient als durch seine Bücher und sich Autorenvereinigungen weitgehend enthält. Der typische reale Leser ist bildungsbürgerlich sozialisiert, audiovisuell orientiert und an funktionaler Lektüre interessiert.

Fragen

1. Erläutern Sie den Begriff Kulturföderalismus!
2. Warum sind Medialität und Visualität wichtige Merkmale des Literaturbetriebs?
3. Inwiefern schreibt der Literaturkritiker heute mehr für das Publikum als für den Autor?
4. Was sind die Unterschiede zwischen „starker" und „schwacher" Autorschaft?

5. Unter welchen Voraussetzungen könnte ein Autor allein vom Schreiben leben?
6. Was bedeutet funktionelles Lesen?

Ausgewählte kommentierte Literatur

Wolfgang Albrecht: *Literaturkritik.* Stuttgart/Weimar 2001. (Sammlung Metzler 338).

Thomas Anz (Hrsg.): *Handbuch Literaturwissenschaft. Bd. 1: Gegenstände und Grundbegriffe. Bd. 2: Methoden und Theorien. Bd. 3: Institutionen und Praxisfelder.* Stuttgart/Weimar 2007. Systematisch aufgebaute, überwiegend verständlich formulierte große Darstellung der Literaturwissenschaft. Vor allem im ersten (Literatur und Text, Autor, Realer Leser, Autorenpräsentation und -förderung, Buchhandel, Bibliotheken und Archive, Literaturkritik, Markt und Urheberrecht) und dritten Band (Gesellschaften, Verlage, Berufsfelder) wichtige Informationen und Hintergründe zur Gegenwartsliteratur.

Thomas Anz und Rainer Baasner (Hrsg.): *Literaturkritik. Geschichte, Theorie, Praxis.* München 2004. 4. Aufl. 2007. An Epochen orientierter Überblick über die Geschichte der Literaturkritik mit einem grundlegenden Beitrag von Anz zu Funktionen und Positionen der Kritik im Literatursystem (auch im Internet).

Heinz Ludwig Arnold, Matthias Beilein (Hrsg.): *Literaturbetrieb in Deutschland.* 3. Aufl. Neufassung. München 2009. Handbuchartiger Überblick über das literarische Leben mit seinen wichtigsten Berufsfeldern, Institutionen, Marktfeldern, aktuellen Entwicklungen.

Buch und Buchhandel in Zahlen 2009. Hrsg. vom Börsenverein des Deutschen Buchhandels. Frankfurt a.M. 2009. Liefert valides Zahlenmaterial aus dem Buchhandelsjahr 2009 über Branchenumsatz, Leser- und Käuferverhalten, Titelproduktion, Beschäftigungssituation des Buchhandels und Buchmessen.

Deutsches Jahrbuch für Autoren/Autorinnen 2007/2008. Berlin 2007. Branchen- und Medienhandbuch, das aktuelle Informationen über Literatur, Theater, audiovisuelle Medien liefert, Adressen in den Bereichen Stipendien, Preise, Autorenförderung, Lesungen, Agenturen, Verlagen angibt (aktualisierte Ausgabe 2009).

Fachdienst Germanistik. Sprache und Literatur in der Kritik deutschsprachiger Zeitungen. Hrsg. von Peter Kapitza in Verbindung mit dem Beirat Germanistik beim Deutschen Akademischen Austauschdienst (DAAD). Redaktion: Klaus Hübner. München 1981ff. Monatliche Auswertung fachrelevanter Informationen aus den wichtigsten Tages- und Wochenzeitungen sowie aus Kultur- und Fachzeitschriften, häufig Zusammenfassungen von Rezensionen zu Werken der Gegenwartsliteratur (bibliographisch erfasst: http://www.iudicium.de/katalog/rezensionen.htm).

Jahrbuch der Akademie für Sprache und Dichtung. Heidelberg 1954–1985, Hamburg/Zürich 1986–1992, Göttingen 1993ff. Die Jahrbücher enthalten neben den kurzweiligen Selbstvorstellungen neu gewählter Mitglieder Tagungsvorträge und Preisreden. Besonders hilfreich sind das Adress- und Mitgliederverzeichnis sowie die Bibliographie der neu erschienenen Schriften und der Jahresehrungen der meist sehr prominenten Mitglieder.

Fotis Jannidis, Gerhard Lauer, Matias Martinez und Simone Winko (Hrsg.): *Texte zur Theorie der Autorschaft*. Stuttgart 2004. (RUB 18058). Kompendium der zentralen Texte zur modernen Autorschaft von Freud bis Eco mit einem komprimierten Einleitungsessay und kurzen Kommentaren.

Literaturen. Das Journal für Bücher und Themen. Berlin 2000ff. Von Sigrid Löffler gegründete (und bis 2008 geleitete), zum 20. September 2000 erstmals erschienene Monatszeitschrift, gestartet mit einer Aufl. von 80.000, die sich bei rund 30.000 Exemplaren einpendelte. Wechselnde Schwerpunktthemen, Rezensionen von Belletristik und Sachbüchern, aktueller literarischer Veranstaltungskalender, mit deutscher (www.literaturen.de) und englischer Website (www.literaturen.com).

Stefan Neuhaus: *Literaturkritik. Eine Einführung*. Göttingen 2004. Kompakte Übersicht über Geschichte, Gattungen, Wertungsmodelle der Literaturkritik, mit Arbeitsfragen und Praxisteil gut zum Eigenstudium geeignet.

Stefan Neuhaus: *Literaturvermittlung*. Konstanz 2009. (UTB 3285). Einführung in die Grundlagen und Praxisfelder der Literaturvermittlung, die ihr Thema gut strukturiert und verständlich erklärt: Kanondebatten, Wertungsfragen, Probleme professioneller und alltäglicher Leser, Verlagswesen, Buchhandel, Literaturkritik in Fernsehen und im Feuilleton, Zeitungen/Zeitschriften, Nachrichtenagenturen, Buchhandel, Literaturhäuser und -archive, Bibliotheken, Rundfunk, Massenmedien, Urheberrechtsfragen, Fragen des Lektorats etc.

Bodo Plachta: *Kulturbetrieb*. Köln/Weimar 2008. (UTB 2982). Umsichtige Darstellung des Kulturbetriebs in Deutschland und historische Herleitung seiner Elemente.

Erhard Schütz (Hrsg.): *Das BuchMarktBuch. Der Literaturbetrieb in Grundbegriffen*. Reinbek 2005. Erläutert sachkundig über 100 zentrale Begriffe des Kulturbetriebs und Literaturmarktes in komprimierten Artikeln.

Gustav Seibt: *Das Komma in der Erdnussbutter. Essays zur Literatur und literarischen Kritik*. Frankfurt a.M. 1997. Grundsatzartikel über ästhetisch orientierte Literaturkritik, Sammlung lesenswerter Essays über deutsche und internationale Gegenwartsliteratur.

Volltext. Wien 2002ff. Österreichische Zeitschrift über deutschsprachige Gegenwartsliteratur, erscheint sechsmal jährlich, Auflage 55.000 Exemplare (Printauflage), enthält Rezensionen, Interviews, Reportagen. Vorzügliche Vorstellung der Teilnehmer am Bachmann-Wettbewerb.

Norbert Weis: *Circus Scribelli. Über Grobiane, Streithähne und andere lautstarke Gestalten in der deutschen Literatur*. Bonn 2009. Weis blättert auf unterhaltsame und lehrreiche Weise in den lauten Kontroversen der deutschen Literatur von Lessing/Goeze über Heine/Börne bis zu Bernhard.

Internet-Links

http://www.phf.uni-rostock.de/institut/igerman/forschung/litkritik/litkritik/start.htm (Hypertext-Informationssystem über Literaturkritik von Rainer Baasner.) (abgerufen am 30.5.2009.)

www.deutscheakademie.de (Portal, das über die Veranstaltungen, Publikationen und Preise der Darmstädter Akademie für Sprache und Dichtung informiert, voran den Georg-Büchner-Preis.)

www.bluetenleser.de (2004 von Joachim Leser ins Netz gerufen, mit „Nachrichten zur Literatur", einer vollständigen Auflistung relevanter TV- und Radio-Programme zu literarischen Themen, einer ständig aktualisierten Autoren-Datenbank mit Hinweisen und Links zu 300 Autoren der Gegenwart, Rubriken „Bücher des Monats" und „Bibliothek der unterschätzten Bücher".)

www.boersenverein.de (Website des Börsenvereins des Deutschen Buchhandels.)

http://www.focus-ausgezeichnet.de/2008–2009/Home/Startseite/de (Internetfassung der Focus-Sammlung der wichtigsten Literaturpreise mit Informationen über Ausschreibung und aktuellen Preisträger, hier: 2008.)

www.literaturhaeuser.de (auf dieser Website gelangt man zu den elf deutschsprachigen Literaturhäusern.)

www.literaturkritik.de (Portal der Universität Marburg, das seit 1999 jeden Monat ca. 60 Rezensionen zu literarischen und germanistischen Werken bietet, mit Archiv- und Suchfunktion, die Druckausgabe erscheint ca. einen Monat nach der Online-Ausgabe.)

www.perlentaucher.de (unabhängiges Online-Literaturmagazin, seit 2000, tägliche Veröffentlichung.)

3 Gegenwartsliteratur als Skandal

Skandale sind *eyecatcher*, „Hingucker“: sie beanspruchen besondere Aufmerksamkeit im Literaturbetrieb. Doch es ist nicht so einfach, Ursache und Wirkung des Skandals auseinanderzuhalten. Die Medien, vor allem die Kulturfeuilletons der überregionalen Zeitungen und das Fernsehen, haben nach 1990 wesentlichen Anteil an der Skandalisierung von Autoren und Werken. Der Skandal, der die Gegenwartsliteratur in saisonaler Regelmäßigkeit heimsucht, ist sozusagen ein Testfall für den Literaturbetrieb. Der Skandal zeigt, wie der Kulturbetrieb funktioniert, wenn die Gegenwartsliteratur einmal nicht so funktioniert, wie es normalerweise von ihr erwartet wird.

3.1 Literaturdebatten

Kein Jahr ohne literarische Kontroverse

Debatten gibt es in der Gegenwartsliteratur wie Sand am Meer. Diesen Eindruck kann gewinnen, wer in den Reclam-Jahresüberblicken zur deutschsprachigen Literatur der 1990er Jahre blättert. Nahezu in jedem Jahr gab es eine literarische Kontroverse mit breiter medialer Wirkung. Sie entzündete sich an Christa Wolf und ihrer Erzählung *Was bleibt* (1990), an den Verwicklungen der DDR-Literatur mit der Staatssicherheit (1991), an Botho Strauß' *Spiegel*-Essay *Anschwellender Bocksgesang* (1993/94), an Grass' Roman zur deutschen Einheit *Ein weites Feld* (1995), an Peter Handkes Serbien-Buch (1996), an Grass' Friedenspreis-Laudatio auf den türkischen Schriftsteller Yaşar Kemal (1997), an Walsers Paulskirchen-Rede (1998). Kaum einer der namhaften Autoren ist von der Kritik ungeschoren geblieben.

Schweigen als Skandal

Und selbst wenn der Skandal nicht als solcher erkannt und benannt worden ist, kann das in den Augen der Nachwelt wiederum zum Skandal werden. Im Jahr 1997 nahm W.G. Sebald mit seinen Zürcher Vorlesungen über Literatur und Luftkrieg Anstoß daran, dass eine „ganze Generation deutscher Autoren“ nach 1945 zum Bomben- und Luftkrieg über Deutschland geschwiegen habe. In diesem Schweigen, das Sebald nun anprangerte, bestand der Skandal. Auch die literaturkritische Unterschätzung Walter Kempowskis (1929–2007), der lange Zeit als ein in die Literatur verirrter Archivar und besserer Unterhaltungsschriftsteller galt, ist ein Skandal; erst spät, nicht zu spät, wurde in den 1990er Jahren die Bedeutung seiner Erinnerungsliteratur und seiner Satiren auf das deutsche Bürgertum gewürdigt.

Literarische Kontroversen und die Öffentlichkeit

In den Kontroversen geht es um Bücher, Texte und Autoren; deshalb sind es literarische Kontroversen. Es geht aber zugleich um Vorgänge, die eine Öffentlichkeit beanspruchen und ansprechen. Deshalb sind literarische Kontroversen in der Moderne stets öffentliche Debatten. Ihre Bedeutung ergibt sich aus den Wirkungen, die sie auslösen. In diesem Sinne definiert das *Metzler Literatur Lexikon* den Literaturstreit als eine „publizistische Auseinandersetzung mit weitem Wirkungsradius und großer Wirkungsintensität, bei der sich im engeren Sinne lit.-ästhetische Diskurse mit historisch-politischen und gesellschaftlich-mentalen überschneiden", und bei der „gesellschaftliche Reiz- oder Tabuthemen im Vordergrund stehen."[1]

„Die Polemik trägt gleichsam Schlips"

Person und Sache, Privatsphäre und öffentlicher Status sind in einem Literaturstreit ebenso wenig trennscharf auseinanderzuhalten[2] wie die Fragen nach der ästhetischen Qualität (des Textes) und der moralischen Integrität (des Autors). Hier wird die Sache heikel. Wenn der Autor sein umstrittenes Werk vertritt und dafür mit seiner Autorität bürgt, überschneidet sich das moralische Urteil „schlechter" Autor mit dem ästhetischen Urteil „gutes" Buch. Was der Autor sagt oder tut, fällt dann zwangsläufig auf die Bewertung seines Werkes zurück. Deshalb ist die „Frage nach dem Wert von *Personen*"[3] so gefährlich. Nietzsches Schrift über den *Fall Wagner* (1888) zeigt, wie schnell diese Frage zur Abqualifizierung des jeweiligen Gegners und auf das Glatteis unwissenschaftlicher Debatten führt. Die Musik Wagners hat Nietzsche, der sie früher liebte und verehrte, in dieser Streitschrift als „krank" bezeichnet, der Künstler ist für ihn eine „Krankheit". Die seit der Aufklärung geltenden Normen der literarischen Auseinandersetzung – Wahrhaftigkeit, Sachbezogenheit, Fairness gegenüber dem Gegner – geraten hier ins Wanken. Der Kunstrichter, der nicht das Werk, sondern den Autor treffen will, droht zum Menschenrichter zu werden. „Aber sobald der Kritiker verrät, daß er von seinem Autor mehr weiß, als ihm die Schriften desselben sagen können; sobald er sich aus dieser nähern Kenntnis des geringsten nachteiligen Zuges wider ihn bedienet; sogleich wird sein Tadel persönliche Beleidigung."[4]

Beleidigung aber kann und darf nicht Ziel seriöser Literaturkritik sein. Im kritischen Wortkampf kommt es vor allem darauf an, wie man die Kritik vorbringt: sachlich, argumentativ, pointiert. Polemik trägt hier „gleichsam Schlips".[5]

Literarische Debatte als „Skandal"

Wenn man versucht, das Gemeinsame aus den sehr verschiedenen Einzeldebatten in der Gegenwartsliteratur herauszufiltern, hilft der Begriff des Skandals. Er fehlt in kaum einer der neueren Literaturdebatten und ist inzwischen auch zum literaturwissenschaftlichen Untersuchungsgegenstand aufgestiegen.[6] Der Ursprung des Wortes „Skandal" liegt in der Septuaginta, der Bibel in griechischer Sprache. Hier heißt es, das Kreuz, an dem Jesus gestorben ist, sei „den Juden ein Ärgernis" (σκανδαλον, skandalon, 1 Kor 1,23). Für die Juden war ein gekreuzigter Messias schlechterdings nicht vorstellbar. Schon hier sieht man, dass der Begriff perspektivisch gebraucht wird. Zum Skandal wird das Kreuz erst, wenn andere daran Anstoß nehmen. Noch im Frühjahr 2009 hat die nichtchristliche Interpretation des christlichen Kreuzes einen Kulturskandal ausgelöst.[7]

Wortgeschichte des „Skandals"

Luther hat das griechische Wort „skandalon" in seiner Bibelübersetzung mit „Ärgernis" wiedergegeben und damit auf die öffentliche Wirkung eines religiösen Ereignisses hingewiesen. Ein Ärgernis ist etwas, was ein vermeintlich gültiges bzw. allgemeines Empfinden verletzt, etwas Aufsehenerregendes, worüber man sich entrüstet. Im 18. Jahrhundert nimmt das Wort „Skandal" zusehends aktive Bedeutung an und taucht in manchen Abwandlungen auf, man spricht von „Skandalgeschichten", von „skandalsüchtig", von „skandalisieren". Wesentlich zum „Skandal" gehört der Lärm, den man um ihn macht. Dafür sind die Medien verantwortlich; historisch belegt ist die bis heute gültige Wendung „manche zeitungen leben vom skandal".[8] Eine alte Regel: Wenn zwei sich streiten, freut sich der Dritte, in diesem Fall die Medien, die den Gegenstand des Skandals (einen literarischen Text, einen Autor) erst skandalisieren.

Zolas *J'accuse* als Gründungsskandal der modernen Literatur

Wir können diese Technik des Literaturskandals an einem der Gründungsskandale der modernen Literatur verfolgen. Am 13. Januar 1898 erschien auf der Titelseite der französischen Tageszeitung *L'Aurore* ein offener Brief des berühmten Schriftstellers Émile Zola an den Staatspräsidenten der dritten Republik, Félix Faure. Die Überschrift war in riesigen Lettern quer über die gesamte Seite gedruckt: „J'accuse". Mit dem Medium des offenen Briefes in einer großen Zeitung, von der innerhalb weniger Stunden nach ihrem Erscheinen über zweihunderttausend Exemplare verkauft wurden, erreichte Zola die größtmögliche öffentliche Wirkung.[9]

Der politische Skandal wird zum literarischen Skandal

Zunächst war dieser Skandal ein politischer Fall, kein literarischer. Es ging um die unrechtmäßige Strafverfolgung und Verurteilung des jüdischen Hauptmanns Alfred Dreyfus, der Militärgeheimnisse seines Landes an Deutschland verraten haben sollte, deshalb auf die Teufelsinsel deportiert und dort lange Zeit unter menschenunwürdigen Bedingungen inhaftiert wurde. Erst 1899 folgte die Begnadigung, 1906 die Rehabilitation. Weil es ein berühmter Autor Frankreichs war, der an den rechtlichen und moralischen Fundamenten des Staates zweifelte, wurde aus dem politischen Casus alsbald ein literarischer Fall. Zola zog sich eine Verleumdungsklage zu und musste zeitweilig nach England fliehen.

Mit der Dreyfus-Affäre schlägt nicht nur die Stunde des modernen Intellektuellen, der sich auf eigene Gefahr in Dinge einmischt, die ihn von Haus aus eigentlich nichts angehen, sondern auch die Stunde der *litterature engagée*, der sich in die Politik einmischenden, dadurch Ärgernis erregenden Literatur. Zolas Brief ist eines der ersten modernen „Meisterwerk[e] der politischen Literatur".[10] Er liefert das Modell für die Skandale in der Literatur des 20. Jahrhunderts:

1. Ein literarischer Skandal benötigt einen Anlass, einen gedruckten bzw. vorgetragenen „Initialtext",[11] der sich nicht an die ungeschriebenen Regeln des Kulturbetriebs hält. Dieser Initialtext ist an sich noch nicht skandalös, das wird er erst durch
2. das Medium (meist ein Kritiker, ein anderer Autor oder eine wichtige Person des öffentlichen Lebens), durch das der Initialtext öffentlich skandalisiert und eine Verletzung des kulturellen Rituals festgestellt wird. „Der Streit sucht sich das geeignete Medium, und die Medien nutzen ihrerseits die publizistisch wirksame Wirkung des Streits, der in den meisten Fällen sein theatralisches Moment weder verleugnen kann noch will."[12]
3. Die Wirkungen des Literaturskandals sind schwer berechenbar und können sich mitunter gegen die ursprünglichen Absichten ihres Auslösers bzw. Urhebers kehren. Zola erreichte einerseits, was er beabsichtigte: eine nationale und internationale Debatte. Andererseits erreichte er nicht, was er beabsichtigte: Der Präsident reagierte nicht, die falschen Ankläger blieben unbehelligt. Überdies ereichte er, was er keineswegs beabsichtigte: Angriffe auf seine Person, antisemitische Pogrome.

Duale Streitkonstellation

Es gibt also eine „duale Streitkonstellation": hier den Autor, der etwas Skandalöses beobachtet und feststellt, dort das Medium bzw. einen zweiten Autor, der diese Beobachtung aufgreift und angreift. Diese doppelte Öffentlichkeit registriert nicht nur die „Fälligkeit" der Debatte,[13] sie potenziert auch die skandalöse Wirkung des Skandals und polarisiert die an ihm Beteiligten. Mit Zola solidarisierten sich Schriftsteller von Mark Twain über Theodor Fontane bis zu Heinrich Mann, gegen Zola bildete sich eine bunte Front von Militaristen, Royalisten, Antisemiten, die sogenannten Anti-Dreyfusards.

Medien als Skandalbeobachter

Die Medien sind hier die Beobachter zweiter Instanz. Ihnen geht es darum zu zeigen, was an der ersten Beobachtung falsch, unwahr, unangemessen, schlecht ist. Spricht der Autor des Initialtextes sozusagen als öffentliche Person, als Gewissen der Nation, als Anwalt einer besseren Gesellschaft oder als bürgerlicher Tugendwächter, so spricht der Beobachter zweiter Instanz in einem selbstreferentiellen Mediensystem. Zu fragen ist also stets: Wer oder was löst den Skandal aus? Wie skandalisieren die Medien? Welche Wirkungen hat der Skandal?

Skandal im literarischen Feld

Im Feld der Literatur markiert der Skandal die Abweichung von einer weitgehend unkritisch affirmierten Norm. Diese Abweichung kann immer nur in Bezug zu der Norm wahrgenommen werden, die verletzt wird. In der alteuropäischen Vormoderne waren es die Werte des Guten, des Schönen und des Wahren, an denen das Normverständnis der Literatur orientiert war. Sanktionen für den Normbruch waren die Verbrennung des Werkes, die Verbannung des Autors, manchmal sogar dessen Ermordung. Volker Ladenthin nennt deshalb den klassischen Skandal einen „Sündenfall des Textes".[14]

Skandal in der Moderne und in der Postmoderne

In der europäischen Moderne gehört der Bruch mit dem Gewohnten und Normalen fast schon zum guten Ton der Literatur. Kein avantgardistisches Werk kann ohne öffentliches Ärgernis auskommen. „Ich erwarte von der Literatur ein Zerbrechen aller endgültig scheinenden Weltbilder", hat Peter Handke 1967 erklärt.[15] Deshalb nennt Ladenthin den Skandal in der europäischen Moderne den „Ernstfall der Literatur".

In der Tat haben viele wegweisende literarische Werke der Moderne bei ihrem Erscheinen Skandale ausgelöst, von Schnitzlers *Reigen* (1900) und Wedekinds *Frühlings Erwachen* (1908) über Thomas Manns *Buddenbrooks* (1901) und Günter Grass' *Die Blechtrommel* (1959) bis zu Elisabeth Borchers' Gedicht *eia wasser regnet schlaf* (1960). Inzwischen aber ruhen diese Werke sicher im Kanon der Literaturgeschichte, Mann und Grass haben für ihre Romane sogar den Literaturnobelpreis bekommen.

Was aber macht einen Fall in der Gegenwartsliteratur zum Skandal, wenn inzwischen viele Normen verletzt und fast alle Werte, außer vielleicht „Gott und das Bankgeheimnis",[16] entwertet worden sind, so dass die Verletzung der Regel selbst wieder zur Regel wird? Für Ladenthin ist die Postmoderne geradezu ein „Grabstein des Skandals": „wenn kein Weltbild Geltung hat, ist auch keines mehr zu zerbrechen".[17]

Skandal als Schnitt in den Körper

Wer den Skandal veranlasst oder wer einen Skandal beobachten will, muss sich also etwas einfallen lassen. Auf der Jagd nach neuen Schocks und im Kampf um Aufmerksamkeit sind einige Autoren nicht zimperlich. Reinald Goetz griff bei den Klagenfurter Literaturtagen 1983 zu einem außergewöhnlichen Mittel, um einen Skandal zu erzeugen.[18] Er las aus seinem Text die Sätze vor: „Ich schneide ein Loch in meinen Kopf, in die Stirne schneide ich das Loch. Mit meinem Blut soll mir mein Hirn auslaufen." Zugleich fügte er sich mit einer Rasierklinge einen Schnitt an der Stirn zu.

Kritiker und Zuschauer sahen – vor laufenden Fernsehkameras – das aufs Blatt tropfende Blut und den ungerührt weiter lesenden Autor. Das mediale Echo war groß, der Autor wurde rasch populär, auch wenn er aus Klagenfurt keinen Preis davontrug. Übrigens war er sich als promovierter Arzt des Risikos seiner Performance wohl bewusst.

Wettstreit um Aufmerksamkeit

Stefan Neuhaus hat, angelehnt an Bourdieu, eine schlüssige Theorie des Skandals in der Gegenwartsliteratur vorgelegt. Demnach sind Skandale weniger Normverletzungen als vielmehr ein „‚Spieleinsatz' im Kräftefeld" der Literatur und ein Mittel, um die Position des Autors oder Kritikers „im ‚Feld der Macht' zu verbessern".[19] Es geht in dem Streit nicht mehr um die bessere Literatur, sondern um die bessere Position des Autors und seines Kritikers im literarischen Feld. Beide wetteifern um das seltene Gut des symbolischen Kapitals ‚Aufmerksamkeit'. Der Skandal ist dabei ein Übungsfeld des sich neu formierenden literarischen Lebens. Skandale sind insofern „funktional in das Regelsystem der Gesellschaft eingebaut".[20] Sie regeln auf mitunter recht paradoxe Weise das Funktionieren des Gegenwartsliteraturbetriebs.

Im Folgenden geht es darum, an ausgewählten Beispielen den literarischen Skandal als Modell zu zeigen: als Versuch, in die Struktur der Elemente im literarischen Feld einzugreifen und eine Um- oder Neuordnung dieser Elemente herbeizuführen:

- durch die Verletzung eines Rituals (Emil Staigers Dankrede *Literatur und Öffentlichkeit* als Generalkritik an der literarischen Öffentlichkeit 1966);
- durch die Abwertung einer literarischen „Marke" (Christa Wolfs Sturz vom Sockel in der ersten gesamtdeutschen Literaturdebatte 1990/91);
- durch den Angriff auf eine Institution (Martin Walsers Roman *Tod eines Kritikers* aus dem Jahr 2005 als kaum verhüllte Attacke auf Marcel Reich-Ranicki und die von Frank Schirrmacher in der *FAZ* angezettelte Gegenattacke).

3.2 Germanistik und Gegenwartsliteratur im Zürcher Literaturstreit (1966)

1966 als Zäsur

Das Jahr 1966 ist in der Geschichte der Gegenwartsliteratur ein wichtiges Datum. In dieser Zeit kommt eine umfassende Um- und Neuaufstellung des literarischen Feldes in Gang. Ihren Höhepunkt findet sie 1968, als Autoren dazu auffordern, statt Analysen Steine in die Hand zu nehmen, und statt Gedichte zu schreiben selbst auf die Barrikaden gehen. Die Literatur wird politisch, die Gesellschaft wird hellhöriger für die Literatur, die jüngere Generation beginnt mit der kritischen Befragung der Elterngeneration der Kriegsteilnehmer. Die einflussreiche „Gruppe 47" löst sich auf. Peter Handkes Angriff auf die „Beschreibungsimpotenz" der Gruppe auf der Tagung an der amerikanischen Eliteuniversität Princeton und die anfangs zögerliche Auseinandersetzung der Germanistik mit ihrer nationalsozialistischen Vergangenheit auf dem Münchner Germanistentag gehören zu den öffentlich sichtbaren Ereignissen dieses Jahres.

Auch der 17. Dezember 1966 gehört in diese Phase der Umwertung. Der Germanistikprofessor Emil Staiger erhielt den Zürcher Literaturpreis.[21] Er bedankte sich an jenem Tag im Zürcher Schauspielhaus mit einer Rede, die zunächst in der Schweiz, dann auch in Deutschland einen Skandal auslöste. Die Medienwirkung war allerdings nicht so groß wie bei heutigen Literaturskandalen. Dennoch ist der Skandal symptomatisch für einen Wandel im Verständnis des Literaturbetriebs.

Doppelte Öffentlichkeit

Der Skandal spielte sich in einer doppelten Öffentlichkeit ab: auf der Ebene des Initialtextes und auf der Ebene der medialen Wirkung der Rede. Auf der Ebene der Rede war der Skandal noch nicht hörbar. Der Festredner sprach zwar als Provokateur, setzte aber bei seinen Zuhörern ein großes Einverständnis voraus, das zunächst nicht enttäuscht wurde. Das kann man in dem Audioblog der Rede verfolgen, der von der *Neuen Zürcher Zeitung* 2008 ins Internet gestellt worden ist. Niemand räusperte sich oder rief dazwischen, es gab sogar Gelächter und zweimal spontanen Applaus. Die literarische Öffentlichkeit, die Staiger so heftig kritisierte, war zu Tag und Stunde der Rede auf ihrem kritischen Ohr taub. Erst nach der Rede, beim Festessen, spalteten sich die Zuhörer. Woran lag das?

Drei Vorwürfe: Themen, Autoren, Leser

Zunächst wurde die gegenwärtige Literaturszene in Bausch und Bogen abqualifiziert. Staiger ging die Gegenstände der neueren Romane und Bühnenstücke durch und stellte fest: „Sie wimmeln von Psychopathen, von gemeingefährlichen Instanzen, von Scheußlichkeiten großen Stils und ausgeklügelten Perfidien. Sie spielen in lichtscheuen Räumen und beweisen in allem, was niederträchtig ist, blühende Einbildungskraft." (93) Der zweite Vorwurf Staigers galt den zeitgenössischen Autoren,

> „deren Lebensberuf es ist, im Scheußlichen und Gemeinen zu wühlen […]. Sie sagen, sie seien wahr, sie zögen die unbarmherzige böse Wahrheit der schönen, tröstlichen Täuschung vor. […] nein! Wenn solche Dichter behaupten, die Kloake sei ein Bild der wahren Welt, Zuhälter, Dirnen und Säufer Repräsentanten der wahren, ungeschminkten Menschheit, so frage ich: In welchen Kreisen verkehren sie?" (94f.)

Eine perfide Frage: Staiger unterstellt, dass die Autoren in den Milieus leben, von denen sie schreiben. Ohne Rücksicht auf ästhetische Qualität wird ein moralisches Pauschalurteil über Autoren *und* Werke der Gegenwartsliteratur gefällt.

Damit nicht genug, Staiger nimmt drittens seine Zuhörer und Leser der Gegenwartsliteratur ins Gebet:

> „Sie lassen sich Dinge mundgerecht machen, mit denen sie im wirklichen Leben nicht das geringste zu tun haben möchten. Der Bürger applaudiert dem politischen Terror, die Dame der guten Gesellschaft sexuellen Exzessen, deren bloße Erwähnung sie sich in ihrem eigenen Hause verbitten würde." (93)

In dieser vermeintlich schlechten Gesellschaft von Autor und Publikum spiele die zeitgenössische Literatur eine unrühmliche, ja verheerende Rolle:

> „Soweit sie der uns nur zu wohlbekannte sinistre Geist beherrscht, verbreitet sie das Übel, das sie um der Wahrheit willen hervorzuziehen und bloßzustellen vorgibt. Sie wirkt entmutigend oder verführt zu jener Niedertracht aus Trotz, zu jener provokatorischen Lust am gemeinen, die ohnehin dem Unbehagen in der Kultur nicht fern liegt." (95)

Skandalisierung des Initialtextes

Auf der Ebene der medialen Öffentlichkeit wurde die Rede wenige Tage darauf in der Schweizer Presse zu einem „Skandal" (das Wort fiel erstmals in der *Zürcher Woche* vom 23.12.1966). Der Schriftsteller Max Frisch, drei Jahre älter als Staiger und mit diesem befreundet, fasste in einem offenen Brief die Kritikpunkte zusammen, die bald auch von der Kritik in Deutschland diskutiert wurden, ohne dass indessen etwas wesentlich Neues hinzukam:

1. Die Kritik sei pauschal, undifferenziert und damit unwissenschaftlich: Staiger ziele auf eine Gegenwartsliteratur ohne Namen. Man konnte nur ahnen, wer gemeint war: Peter Weiss vor allem mit dem Revolutionsstück *Marat/Sade* (1964) und dem Auschwitz-Oratorium *Die Ermittlung* (1965).
2. Staiger bediene sich, indem er von der „Entartung" der Gegenwartsliteratur sprach, einer Vokabel aus der nationalsozialistischen Kulturpropaganda.
3. Die Gegenwartsliteratur werde an einem Bild der Literatur gemessen, das aus der klassisch-idealistischen Epoche um 1800 stammt und den Dichter dazu berufen sieht, den Menschen ein „heiles Weltbild zu dichten" (108).

Staigers unzeitgemäßes Literaturverständnis

Dieses Literaturverständnis ist anachronistisch, weil es von der überkommenen Vorstellung ausgeht, dass sich der sprachliche Gegenstand nach der Dichtung richtet und insofern Hässliches in schöner Sprache beschrieben wird. In der Moderne passt sich die literarische Sprache dem Gegenstand an, für das Schreckliche gibt es also eine Sprache der nicht mehr Schönen Künste.

Absicht und Wirkung der Rede

Die Wirkungen der Rede waren unkalkulierbar. Staiger erreichte zwar, was er beabsichtigte: eine öffentliche Debatte. Aber die eigentliche Absicht seiner Rede, eine öffentliche Empörung über die Gegenwartsliteratur, wurde nicht erreicht. Und dass diese Debatte sich gegen ihren Urheber und seinen Ruf als Germanistikpapst kehrte, hatte er überhaupt nicht beabsichtigt. Staiger war ja einer der einflussreichsten Germanisten seiner Zeit, sein Buch *Grundbegriffe der Poetik* (1946) und seine dreibändige Goethe-Biographie gehörten zu den kanonischen Büchern, die damals jeder Student gelesen haben sollte, seine Vorlesungen zogen dem Bericht seines Schülers und Lehrstuhlnachfolgers Peter von Matt zufolge Scharen an, man musste sich für den Zutritt Eintrittskarten lösen.[22] Staigers Rede machte es seinen Gegnern einfach, die von ihm praktizierte Methode der „werkimmanenten Interpretation" zu diskreditieren. Schon am 23.12.1966 meldete ein Kritiker an: „Wir müssen der Brauchbarkeit seiner Analysen mißtrauen, die Tauglichkeit seiner Erkenntnisse ist uns suspekt geworden, wir weigern uns, seine Auskünfte anzunehmen, seine Stimme dringt aus dem Literaturmausoleum, in das er sich selbst gemauert hat, nicht mehr bis zu uns."

Bewertung des Zürcher Literaturstreits

Der „Zürcher Literaturstreit" bildet in der Geschichte der Germanistik eher eine Fußnote.[23] Ein regelrechter Streit wurde aus dem Skandal nicht. Auch eine Realismus-Debatte, die an Büchners Diktum „der Dichter ist kein Lehrer der Moral" (Brief an den Bruder, 28.7.1835) einerseits und an die Scheu des Erzählers Fontane vor dem „Elend und seinen Schattenseiten" (*Unsere lyrische und epische Poesie*, 1853) hätte anknüpfen können, blieb aus.

Staiger publizierte am 28.12.1966 lediglich eine halbherzige „Erwiderung" in der *Neuen Zürcher Zeitung*, in der er sich weiterhin weigerte, Ross und Reiter der gescholtenen Gegenwartsliteratur zu nennen, Frisch pochte auf die Aufgabe des zeitgenössischen Autors, „eine Sprache zu erarbeiten, die wieder etwas besagt, die unseren Erfahrungen in dieser Epoche standzuhalten vermöchte". Während Frisch (mit Brecht) von einer „schlechten Zeit" *für* die Literatur sprach, geißelte Staiger das Schlechte *in* der Literatur. Hier die Verherrlichung der Vergangenheitsliteratur, dort die Verteidigung der Gegenwartsliteratur, hier die Sprache des Germanisten, dort die Worte des Dichters: Zwei unvereinbare Positionen, mit einem völlig verschiedenen Bild von Öffentlichkeit: Staiger will sie aufklären und belehren, Frisch will sie nur „ansprechen", ohne die Garantie, verstanden zu werden: „Öffentlichkeit als Partner".[24]

Neuvermessung des literarischen Feldes

Dieser krasse Gegensatz ist der eigentliche Ort des Skandals. Die Rede hielt der falsche Mann am richtigen Ort. Auf der Theaterbühne als Anstalt einer öffentlichen Streitkultur formulierte Emil Staiger nochmals mit allem

Nachdruck ein Literaturverständnis, das seine beste Zeit längst hinter sich hatte. Die demokratische Öffentlichkeit konnte – im Gegensatz, wie Frisch ironisch anmerkte, zu den sozialistischen Erziehungsdiktaturen – mit staatstreuen, normhörigen Autoren, mit einseitig positiven Helden, mit Werken als Ausdruck höchster, emporgeläuterter Individualität und mit einem erziehungsbereiten und klassikfrommen Publikum nichts mehr anfangen.

Gleichwohl lieferte Staigers Rede, sozusagen unfreiwillig und ex negativo, wichtige Stichworte für eine Neuvermessung des literarischen Feldes. Hinter den Kulissen geht es um die Frage des Engagements der Literatur, den Rangstreit um Schönheit oder Wahrheit des Werkes, um die Provokationsbereitschaft der Literatur und die Kritikfähigkeit des Publikums. Hinzu kommt, wiederum auf der Ebene der Beobachtung zweiter Instanz, die alte deutsche Fehde zwischen Germanistik und Literaturkritik. Einer der prominentesten Forscher der Vergangenheitsliteratur sprach als Kritiker der Gegenwartsliteratur. Die Grenze zwischen Wissenschaft und Kritik, die hier gezogen wurde, ist eine germanistische Grenze. Fortan muss ein Literaturwissenschaftler, der sich mit der Literatur seiner Gegenwart auseinandersetzte, nicht nur begreifen, was ihn ergreift.[25] Er muss auch, um dieses Aperçu Staigers zu variieren, begreifen, was ihn nicht ergreift.

3.3 Ästhetik und Moral im Literaturstreit um Christa Wolf (1990)

Die erste große Debatte der Nachwendezeit

Kann die Literatur eines ganzen Landes, eines Staates Gegenstand eines Skandals sein? Eigentlich ist das eine Nummer zu groß, könnte man denken. Aber in der Tat erhitzte die DDR-Literatur im ersten Jahr nach dem Mauerfall die Gemüter so heftig, dass die Kritik von einem deutsch-deutschen bzw. gesamtdeutschen Literaturstreit sprach. Dabei ging es um große grundsätzliche Fragen der Gegenwartsliteratur: um den westdeutschen Umgang mit der DDR-Literatur, um die Rolle der Literatur in der Diktatur und ihr Verwicklung mit der Staatssicherheit, um das Verhältnis von Ästhetik und Moral, um die Frage der Vergangenheitsbewältigung, um das Problem der Selbstbewertung der DDR-Autoren. Diese „erste große Debatte der Nachwendezeit“, summiert Robert Weninger, bringt

> „das althergebrachte politische Koordinatensystem des nachkriegsdeutschen Literaturbetriebs ins Wanken. Und mit ihm die ästhetische Beurteilung der zwischen 1949 und 1989 verfaßten gesamtdeutschen Literatur. In der Debatte geht es aber noch allgemeiner um das Maß von Repression, das man als Intellektueller, als Künstler, als Mensch bereit ist zu tolerieren, um ein ideologisches System an der Macht zu erhalten, von dem man glaubt, es biete die bessere Gesellschaftsversion für die Menschheit“.[26]

Dem gegenüber erscheint der ursprüngliche Auslöser der Debatte klein: die etwa hundertseitige Erzählung *Was bleibt* von Christa Wolf aus dem Jahr 1990, in der ein weibliches Autoren-Ich von den Erlebnissen, Ängsten und Selbstzweifeln eines Tages unter der Observation der Staatssicherheit berichtet. Doch Auslöser und Wirkung gehören zusammen. Wolf Biermann hat deshalb seinen Beitrag zu der Literaturdebatte paradox formuliert: „Es geht um Christa Wolf, genauer: Es geht nicht um Christa Wolf." (9)[27] Aus der „thematischen Zentrierung" auf die Autorin des streitauslösenden Initialtextes wird eine „Universalitätszuschreibung".[28]

Die „Marke" Christa Wolf

Christa Wolf steht im Zentrum dieses Literaturstreits. Auf sie konzentrieren sich sämtliche Probleme, die im Laufe eines guten Jahres verhandelt wurden. Das ist kein Zufall. Christa Wolf war nicht nur eine Galionsfigur der DDR-Literatur. Aus der Perspektive einer deutschen Literatur, die sich nicht durch die bis 1989 bestehende innerdeutsche Staatsgrenze trennen ließ, gehörte sie auch zu den international anerkannten deutschen Autoren. Sie erhielt höchste Auszeichnungen in der DDR und in der Bundesrepublik und wurde 1989 als aussichtsreiche deutsche Kandidatin für den Nobelpreis gehandelt.

Verfall der Autoren-Marke

Insofern war der Name „Christa Wolf" eine Marke der DDR-Literatur. Für Kritiker und Leser hüben wie drüben war sie, auch im Widerspruch, eine maßgebliche Orientierungsinstanz, ihre Bücher erreichten hohe Auflagenzahlen und galten seit den 1970er Jahren als „Identifikations-, ja […] Kultbücher".[29] Ostdeutsche sehen sie, schreibt Christa Wolfs Biograph Jörg Magenau, als „Jeanne d'Arc" mit „selbstbewusste[r] Ost-Identität", traditionelle Linke als „gelernte Kassandra", Grün-Alternative als Mischung aus „Selbstverwirklichungsbestrebungen, Umweltbewusstsein, Weiblichkeit und Friedenssehnsucht", Literaturfreunde als „eine Art weiblicher Heinrich Böll des Ostens".[30] Peter Böthig schreibt im Vorwort seiner Bild-Text-Biographie:

> „Christa Wolf wurde zu einer Projektionsfigur. Leser, Kritiker, ein breites Spektrum von Menschen, die sich zu Umwelt-, Friedens-, Bürger- und frauenrechtlichen Bewegungen hingezogen fühlten, schöpften aus ihren Büchern Ermutigung und sahen in ihr eine Hoffnungsträgerin ihrer Sehnsucht nach einem menschengemäßen Dasein. Andere, enttäuscht oder sich anders orientierend, stießen sich daran, daß sie an der Suche nach einer gerechteren Welt festhielt. Sie hielten der Autorin, die aus ihrer Skepsis gegen die Hegemonie des Kapitals keinen Hehl machte, Utopismus und mangelnden Realitätssinn vor."[31]

Christa Wolfs DDR-Biographie

Christa Wolfs Lebensweg ist idealtypisch für den DDR-Intellektuellen, der parallel mit dem Staat groß wurde, an seiner Loyalität auch in kritischen Momenten nicht zweifeln ließ und noch im Augenblick des Untergangs der DDR an die Reformierung der sozialistischen Idee glaubte. Geboren in einer mittelgroßen ostdeutschen (heute polnischen) Provinzstadt an der Warthe im Jahr 1929, aufgewachsen in einem kleinbürgerlichen protestantischen Milieu, wurde Christa Margarete Elfriede Ihlenfeld wie viele ihrer Generation mit dem Nationalsozialismus groß; 1939 trat sie dem Bund deutscher Mädel (BDM) bei. In den Nachkriegsjahren wurden diese ideologischen Selbstverpflichtungen gründlich in Frage gestellt, die Familie floh von Westpreußen nach Thüringen, Christa Wolf (seit 1952 mit Gerhard Wolf verheiratet) studierte Germanistik zunächst in Jena, dann in Leipzig. Sie trat 1949 in die Sozialistische Einheitspartei ein. Von 1953 bis 1959 arbeitete sie im Ostberliner Schriftstellerverband, dessen Vorstandsmitglied sie lange Zeit (1955–1977) war, von 1959 bis 1962 als Lektorin des Mitteldeutschen Verlags in Halle, dann als freie Autorin.

Vorgeschichte des Skandals

Die Vorgeschichte des Skandals beginnt damit, dass an diesem Bild der allseits beliebten und repräsentativen Autorin gerüttelt wird. In der Tageszeitung *Die Welt* erschien am 4. Juli 1987 eine Rezension von Hans Noll, einem Dissidenten, der 1984 im Konflikt mit den DDR-Behörden nach West-Berlin übergesiedelt war. Er warf ihr vor, eine „Staatsschriftstellerin" wider besseres Wissen zu sein: „Die große Lebenslüge der Christa Wolf besteht darin, daß sie sich einem politischen System zur Verfügung stellte, dessen Amoralität ihr bewusst ist." (30) Am 12. November 1987 holte Marcel Reich-Ranicki zu einem kritischen Schlag aus. Aus Anlass der Laudatio, die Christa Wolf im Oktober desselben Jahres auf den Kleist-Preisträger Thomas Brasch gehalten hatte,[32] empörte er sich in der *FAZ*: „Macht Verfolgung kreativ?" Wolf hatte behauptet, Brasch habe (1976) das Land verlassen, das ihn – „durch Engagement, Reibung, Widerspruch, Widerstand – kreativ gemacht" habe. Dabei hatte sie aber von Zensur und Verfolgung, von Aufführungs- und Publikationsverbot geschwiegen, nur die Inhaftierung des Autors erwähnte sie kurz. Schon diese politische Beschönigung der SED-Diktatur war ein kleiner Skandal. Reich-Ranicki nutzte ihn, um aus der politischen Kritik eine literarische zu machen und „das Getragene und Weihevolle, elegisches Pathos und priesterliche[n] Ernst, erhabene Klischees und erbauliche Banalitäten" in ihren Werken anzuprangern (36). Christa Wolf reagierte implizit auf diese Kritik mit einer Rede, die sie im November 1987 als Dank für den Geschwister-Scholl-Preis in München hielt. Hier hat sie ihre Rolle als konfliktscheue DDR-Autorin mit der antifaschistischen Grundprägung ihrer Biographie erklärt. Sie hat ihre „Gewohnheit zu funktionieren, Autoritätsgläubigkeit, Übereinstimmungssucht, vor allem aber die Angst vor Widerspruch und Widerstand, vor Konflikten mit der Mehrheit und vor dem Ausgeschlossenwerden aus der Gruppe" eingestanden und als „uneingelöste Schreib-Schuld" bezeichnet.[33]

DDR-Literatur nach dem Ende der DDR

Zwischen diesem noch unsicheren Zweifel an der moralischen und literarischen Bedeutung Christa Wolfs und dem Literaturstreit um ihre Erzählung *Was bleibt* stehen der Fall der Berliner Mauer am 9. November 1989 und das Ende der DDR. Bevor die Erzählung im Juni 1990 erschien, standen zentrale Fragen im Raum:

1. Haben nach dem Ende der DDR die DDR-Schriftsteller „gesiegt oder versagt"? So fragte Marcel Reich-Ranicki im *Literarischen Quartett* vom 30.11.1989.
2. War nun die „schmeichelhafte Über- und Ersatzfunktion der Künstler und Schriftsteller" passé? Hier hakte Wolf Biermann ein.[34]
3. Haben sich die Autoren aus der DDR ausreichend gegen die Verfolgung regimekritischer Kollegen zur Wehr gesetzt? Diese Leitfrage diskutierte der Schriftstellerkongress der Bertelsmann-Stiftung am 10.6.1990 auf Schloss Cäcilienhof.
4. Was bleibt von der DDR-Literatur nach dem Ende der DDR? Der Text+Kritik-Band *DDR-Literatur der neunziger Jahre* (2000) zeigt auf dem Cover ein aus einem Fenster gehängtes Tuch, auf dem zu lesen ist: „Wir sind umgezogen! Nach gegenüber".

Mit dem Titel ihrer Erzählung traf Christa Wolf ins Herz der letzten Frage. Daran scheidet sich die Geschichte der Gegenwartsliteratur. Denn wenn man die Gegenwart mit der Literatur des 1990 vereinigten Landes beginnen lässt, ist es schwierig, anders von der DDR-Literatur zu reden als in der strengen Vergangenheitsform. Wenn man diese Gegenwart in die letzten beiden Jahrzehnte der DDR verlängert (z.B. in die Zeit nach Honeckers Ausspruch von 1971, auf dem festen Boden des Sozialismus dürfe es keine Tabus in der Kunst geben), beginnt die Arbeit des Differenzierens: wer unter den Autoren war regimetreue „Staatstrompete", wer gemäßigter „Fürstenaufklärer" und „Edeloppositioneller", wer Konvertit oder Renegat, wer echter Oppositioneller oder Samisdat-Autor im Untergrund?[35]

Was bedeutet „DDR-Literatur"?

Ob die DDR-Literatur noch Teil der Gegenwartsliteratur ist, hängt davon ab, was gemeint ist, wenn man von DDR-Literatur spricht: Bezeichnet die DDR das Thema der Literatur, ihr Material, ihren Publikationsort, die Herkunft des Autors oder seinen Wohnort? Natürlich gehören die 2008 erschienenen Romane *Der Turm* von Uwe Tellkamp, *Adam und Evelyn* von Ingo Schulze und *Ich hielt meinen Schatten für einen anderen und grüßte* von Kurt Drawert zur gesamtdeutschen Gegenwartsliteratur. Weil die Autoren

9 „Wir sind umgezogen" (Cover des Bandes *DDR-Literatur der neunziger Jahre,* © Edition Text+Kritik, München, 2009)

aber aus der DDR stammen und die DDR im Angesicht ihres Niedergangs beschreiben, kann man ihre Bücher auch zu einer DDR-Literatur nach dem Ende der DDR zählen.

Gewissermaßen das erste DDR-Buch nach dem Ende der DDR ist Christa Wolfs *Was bleibt.* Das im Titel fehlende Fragezeichen kann man als Versuch deuten, zu retten, was nicht mehr zu retten war. Christa Wolf hat sich mit anderen DDR-Intellektuellen für einen Reformweg des „Experiments Sozialismus" jenseits der deutschen Vereinigung,[36] die am 3. Oktober 1990 nach dem Beitritts-Artikel 23 des Grundgesetzes der Bundesrepublik Deutschland erfolgte, eingesetzt. So verstanden, bedeutet der Titel „Was bleibt" ein selbstsicheres, aber inhaltlich unbestimmtes und ergebnisoffenes Bekenntnis zur DDR und ihrer Literatur. Wolf spielt aber auch auf eine literarische Lesart an. Der Titel zitiert den Schlussvers aus Hölderlins Hymne *Andenken* (1803): „Was bleibet aber, stiften die Dichter."[37] Damit macht Christa Wolf klar, was nach dem Ende der DDR bleibt: die Literatur ihrer Dichter.

Was bleibt **als Skandal**

Eben dies aber stellten die ersten Kritiker von Wolfs Erzählung radikal in Frage. Fast zeitgleich, am 1. und am 2. Juni 1990, wenige Tage vor Erscheinen des Buches, erschienen in der *Zeit* und in der *FAZ* die Rezensionen von Ulrich Greiner und Frank Schirrmacher. Ihre Vorwürfe lassen sich so zusammenfassen:

1. Täterbiographie als Opferbiographie: Die privilegierte „Staatsdichterin" beschreibe sich als Opfer des Staates und der Stasi. Sie ist 1979 über mehrere Wochen hinweg von Beamten der Staatssicherheit – eine der größten Geheimdienstorganisationen in den ehemaligen Ostblockstaaten – beschattet und abgehört worden. Gegenüber dem, was andere Autoren, die wesentlich ungeschützter als sie Kritik am SED-Regime übten, sei ihre Opferrolle erträglich gewesen.
2. Viel Lärm um nichts: Ihre Angstgeständnisse und Selbstbezichtigungen ändern nichts mehr. Denn die Erzählung komme zu spät. Im „Juni-Juli 1979" geschrieben und im „Herbst 1989" überarbeitet, wie es der Klappentext des Buches mitteilt, wäre ihr Erscheinen zu DDR-Zeiten eine kleine Sensation gewesen, die Autorin wäre womöglich ausgebürgert worden. Jetzt aber, nach dem Fall der Mauer publiziert, sei die Erzählung ein peinlicher Fall, „bedeutungslos, anachronistisch" (87).
3. Verharmlosung der SED-Diktatur: Zu den historischen Daten der politischen Unterdrückung (Aufstand vom 17. Juni 1953, Mauerbau 1961, Prager Frühling 1968, Kriegsrecht in Polen 1981–1983) fehlen „buchenswerte Äußerungen" (84). Ihre Literatur ignoriere, dass die Gründungsmythen der DDR – der Anspruch auf Demokratie, die Rede von Recht und Freiheit des Geistes, der antifaschistische Impuls – die Realität verfälschen.
4. Verlogener Stil und DDR-Biedermeier: Diese Realität werde verschleiert durch „anmutige Melancholie" (69), „schwermütige Sentimentalität" (70), durch Beschreibungen an den „Grenzen des Kitsches" (87) und „Genrebild[er] häuslichen Friedens" (81).

Der Skandal als politisch-moralischer Fall

Leicht erkennt man, dass die ersten drei Vorwürfe den politischen Gehalt der Erzählung betreffen. Nur die Stilkritik ist ein ästhetisches Kriterium. Darum aber ging es zunächst gar nicht. „Christa Wolf interessiert nicht als künstlerischer Fall", dekretierte Frank Schirrmacher im Juni 1990 (77). Der Skandal ist in den Augen der Kritiker vor allen Dingen ein politisch-moralischer Fall: der Sturz der Schriftstellerin Christa Wolf vom hohen Sockel der DDR-Literatur. Mit deren Abschied endet für die westdeutsche Kritik auch der Anspruch der DDR-Autoren, die vermeintlich bessere „Literaturgesellschaft" der DDR repräsentieren zu wollen. Diese Literaturgesellschaft, so stellte sich spätestens jetzt unwiderlegbar heraus, war „immer nur eine gelenkte, halbierte, zensierte und sogar geheimdienstlich überwachte Öffentlichkeit".[38]

Verteidigung von Christa Wolf

Lediglich eine überschaubare Schar von Autoren aus dem linksintellektuellen Lager nahm Christa Wolf vorsichtig in Schutz, voran Günter Grass, der Wolfs „Stil des behutsamen Dreinredens" (123) und ihre „verschlüsselt kritische" Rolle in der DDR verteidigte (128), sich aber auch fragte, „warum es bei ihr so lange dauerte, sich von der zweiten ideologischen Bindung zu lösen" (133). Skandalös war für diese Verteidiger Wolfs weniger der Angriff der Kritik an sich, sondern vielmehr seine massive Form, die als öffentliche Hinrichtung, als Inquisition (134), als „Treibjagd" (174) und „Hetzkampagne" (239), ja als „Stalinismus des Westens" (215) bezeichnet wurde. Anders gesagt: Das Skandalöse an dem Skandal wurde von dem Initialtext auf die ‚zweite' Öffentlichkeit, auf die Medien verschoben, die ihn verbreiteten. Viele DDR-Autoren und Verteidiger Wolfs hatten Probleme, mit dem pluralistischen Mediensystem des Westens zurechtzukommen.

Der Literaturstreit um Christa Wolf wurde im ersten Jahr als Personaldebatte geführt. Es ging um die Verantwortung einer in hohem Maße repräsentativen Schriftstellerin für Staat und Gesellschaft, um ihre etwaige Mitschuld an den Fehlern des Systems und dessen ideologischen Irrtümern. Auf dem Spiel stand die moralische Integrität der Autorin. Kaum beachtet wurden die literarische Qualität der Erzählung und die Ebene der Selbstkritik.

Von der Personaldebatte zur Grundsatzdebatte

In den Monaten vor der deutschen Vereinigung, im Sommer und Herbst 1990, wurde aus der Personaldebatte eine Grundsatzdebatte. Die Spieleinsätze im literarischen Feld wurden erhöht. „Der Streitwert ist hoch: Er heißt intellektuelle Moral", schrieb Ulrich Greiner in der *Zeit* (180). Nun ging es im Kern um die Rolle der Intellektuellen im Osten wie im Westen Deutschlands, um ihre Stellung zur nationalen Einheit, um ihre Position zwischen Geist und Macht. Auf der Suche nach Schuldigen für die deutsche Teilung wurden sie als „Hüter der Zweistaatlichkeit" (216) verdächtigt. Sie hätten, so der Vorwurf, geschwiegen, wo ein offenes politisches Wort Not getan hätte, und auf diese Weise die deutsche Teilung vierzig Jahre lang zementiert. Ein differenzierter Blick zeigt indessen, dass es neben grimmigen Gegnern der deutschen Einheit (Günter Grass, Heiner Müller) auch enthusiastische Befürworter (Martin Walser), vorsichtige Sympathisanten (Günter de Bruyn) und ironische Kommentatoren (Hans Magnus Enzensberger) gab.[39]

Eine ästhetische Debatte wurde aus dem Literaturstreit abermals nicht. Nur Ulrich Greiner versuchte in einem *Zeit*-Artikel vom 2.11.1990 die Dimensionen von Moral und Ästhetik in dem Begriff der „Gesinnungsästhetik“ zusammenzubinden: „Sie wurzelt in der Verbindung von Idealismus und Oberlehrertum. Sie ist eine Variante des deutschen Sonderweges. Sie läßt der Kunst nicht ihr Eigenes, sondern verpflichtet sie (wahlweise) auf die bürgerliche Moral, auf den Klassenstandpunkt, auf humanitäre Ziele [...]“ (213).

Greiner schloss damit an eine 1990 von Karl-Heinz Bohrer revitalisierte These der Romantik an.[40] Kunst war für die Autoren der Romantik über jedwede Moral und Verpflichtung auf außerkünstlerische Zwecke erhaben. Den Sozialismus verstand Bohrer als fehlgehenden Versuch, die Literatur in den Dienst ideologischer Bevormundung zu stellen.

Was bleibt: ein politischer, kein literarischer Skandal

Ob man Wolfs Erzählung als Skandal bewerten kann, hängt von der Lesart des Textes ab. Liest man die Erzählung als Zeugnis der Gegenwart, in der sie erscheint (im Jahr 1990), und als Dokument der Vergangenheit, über die sie berichtet (das Jahr 1979), dann kann man in dem Text wichtige politische Daten vermissen. Im Juni 1979, also in der Zeit, von der Wolfs Erzählung handelt, wurde eine Versammlung des DDR-Schriftstellerverbandes einberufen, um neun Autoren auszuschließen, die zum überwiegenden Teil einen offenen Brief an den Vorsitzenden des Politbüros und ersten Mann des Regimes, Erich Honecker, geschrieben und darin gegen die Ausbürgerung des Dichters und Liedermachers Wolf Biermann protestiert hatten. Biermann war 1976 nach einem Konzert in Köln die Staatsbürgerschaft in der DDR entzogen worden, er durfte nicht nach Ost-Berlin zurückkehren. Von diesem „Protokoll eines Tribunals“ ist in der Erzählung nicht die Rede.[41]

Ein literarischer Skandal ist Wolfs Erzählung bei näherem Hinsehen nicht. Es ist ein Buch der Selbstanklage, der Selbstvorwürfe, der Angst und des Bewusstseins von persönlicher Schuld, des schlechten Gewissens, nicht genug getan, nicht kritisch genug geschrieben zu haben. Es ist ein Buch der Selbstentblößung der Erzählfigur.[42] Sie spricht als gespaltenes Ich: im Dialog einerseits mit ihrer eigenen belastenden Vergangenheit, andererseits mit ihrer unsicheren Zukunft. Die Gegenwart wird bei dieser Suche nach der rechten Zeit des Erzählens aufgehoben. Die Erzählung beginnt wie die Aufrollung eines inneren Prozesses, der wie bei Kafka keine Quintessenz hat:[43]

> „Nur keine Angst. In jener anderen Sprache, die ich im Ohr, noch nicht auf der Zunge habe, werde ich eines Tages auch darüber reden. Heute, das wußte ich, wäre es noch zu früh. Aber würde ich spüren, wenn es an der Zeit ist? Würde ich meine Sprache je finden? Einmal würde ich alt sein. Und wie würde ich mich dieser Tage dann erinnern? Der Schreck zog etwas in mir zusammen, das sich bei Freude ausdehnt. Wann war ich zuletzt

froh gewesen? Das wollte ich jetzt nicht wissen. Wissen wollte ich – es war ein Morgen im März, kühl, grau, auch nicht mehr allzu früh –, wie ich in zehn, zwanzig Jahren an diesen noch frischen, noch nicht abgelebten Tag zurückdenken würde". (WB 7)

Stasi als Skandal im Text

Die Erzählerin nennt sich nicht Christa Wolf und darf aufgrund des Fiktionalitätssignals der Gattung nicht mit ihr gleichgesetzt werden. Aber hinter ihr steht die Autorin, die ihr das Wort leiht. Ihr Tonfall ist der *status melancholicus* (→ Kap. 4.2):[44] ein trauernder Blick zurück, der das Objekt der Trauer aber aus dem Blick verloren hat: „Alle meine guten Geister, sogar meine Heiligen, hatten mich verlassen" (WB 105). Die Erzählerin sagt nicht und weiß wohl auch nicht, um welchen Verlust sie trauert. Die Gegenwart, die sie beschreibt, ist eine Innenwelt widersprüchlicher Gefühle und Wahrnehmungsverarbeitungen. Die Staatssicherheit ist in diesem inneren Monolog doppelt präsent: einmal als äußere Bedrohung in Form von Männern, die sie aus einem Auto vor dem Haus observieren und innerhalb der Wohnung wohl auch abhören; sodann als innerer „Zensor" (WB 65) oder „Selbstzensor" (WB 52), der ihr hilft, unliebsame Zwischenfälle, allzu kritische Einwürfe, fundamentale Proteste zu unterdrücken. Der Leser muss das wissen, um den Text zu verstehen. Dass die Stasi auf diese Weise den Text prädisponiert, ohne beim Namen genannt zu werden, muss für die Autorin und kann auch für den Leser ein Skandal sein. Hier hinkt die Erzählerin der Gegenwart hinterher. Anders Herta Müller und Wolfgang Hilbig: Diese Autoren haben in ihren Erzählungen über die Securitate bzw. die Staatssicherheit Klartext gesprochen.

Die Angst vor der Bespitzelung durch die Stasi passt offenbar nicht in das Selbstbild der repräsentativen Dichterin der DDR. Sie muss verdrängt werden. Statt der Angst regiert das Gefühl, „dabeizusein und zugleich nicht betroffen", ja nicht schuldig zu sein.[45] Es ist das Gefühl, mit dem Wolf ihre Rollenfigur *Kassandra* (in der gleichnamigen Erzählung aus dem Jahr 1983) ausgestattet hat. Kassandra ist eine ungehörte Prophetin des „Sinn-Verlust[s], der Angst macht".[46]

Selbstanklage und Selbstkritik der Erzählerin

Doch die Selbstanklage der Erzählerin ist nur die eine Seite der Medaille. Auf der anderen stehen Gegenbilder von Dichtern, die nicht mit ihrem Selbstbild übereinstimmen und die sie daher skandalös findet. Einem jungen Mädchen, das sie mit einem dissidentischen Manuskript besucht, rät sie von der Veröffentlichung ab:

„Ich mußte jetzt, falls es möglich war, diesem Mädchen Angst einjagen. Mußte ihm sagen, die größten Talente seien in deutschen Gefängnissen vermodert, dutzendweise, und es sei nicht wahr, daß ein Talent der Kälte und der Demütigung und der Zermürbung besser widerstehe als ein Nichttalent" (WB 77).

Dem jungen Mann, der ihr seine Gedichte schickt, glaubt sie zunächst nicht, dass die Stasi ihre Dichterlesung gezielt stören wollte. Und ihr ehemaliger Bekannter und unentwegter Beschatter Jürgen M. weiß besser über ihr Leben Bescheid als sie selbst. Seine Angst eint den Stasi-Spitzel und sein Opfer.

Nachspiel in den Stasi-Akten

Der Literaturstreit um Christa Wolf hatte im Jahr 1992 ein Nachspiel. Im Mai hatte das Ehepaar Wolf seine Stasi-Akten in der Gauck-Behörde eingesehen und unter den 42 Aktenordnern, die über den gegen sie geführten „Operativen Vorgang" aus den Jahren 1968 bis 1980 Auskunft gaben, auch eine Akte gefunden, in der sie zwischen 1959 und 1962 als „Inoffizielle Mitarbeiterin" der Stasi geführt worden war. Nach acht Monaten entschloss sich Wolf, öffentlich über diese Täter-Akte zu sprechen. Das Skandalöse daran ist nicht die Tatsache, dass sie einst für die Stasi gearbeitet hatte. Selbst Schirrmacher, der sie nach der Publikation von *Was bleibt* wahrlich nicht geschont hatte, wiegelte diesmal ab: „Christa Wolf hat in ihren Berichten niemanden belastet und fast durchweg nur Freundliches über aufrechte Genossen und talentierte Kollegen berichtet".[47] Als skandalös erscheint das lange Vergessen dieser Tätervergangenheit. „Zu lange an die falschen Götter geglaubt", steht in Wolfs Tagebuch *Ein Tag im Jahr 1960–2000* (2003) unter dem Datum des 27.9.1990. Der todkranke Max Frisch habe sie, so heißt es dort, zum Aufschreiben ihrer Erinnerungen aufgefordert: „Was man nicht aufschreibt, vergißt man. Du sollst das nicht vergessen".[48]

Skandal der Wirkungsgeschichte

Christa Wolf hat mit ihrer Erzählung *Was bleibt* den Anschluss an die Gegenwartsliteratur verpasst. Nicht die Erzählung selbst ist skandalös, wohl aber der Zeitpunkt der Publikation und der mediale Kontext ihrer Wirkung. In den medialen Reaktionen auf Christa Wolf und die DDR-Literatur nach dem Ende der DDR spiegelt sich der Wettkampf im neuen literarischen Feld. Es geht mit hohen Spieleinsätzen um neue Rollen und Positionen der Akteure des Kulturbetriebs, der Kritiker, der Autoren, der Leser, die professionellen germanistischen Leser natürlich eingeschlossen. Die einverständliche Zeitgenossenschaft von Autor und Leser war nicht nur ein für allemal dahin. Sie wurde auch rückwirkend in Frage gestellt. Das Autor-Image der „primadonna dolorosa"[49] zerbröckelte.

3.4 Literatur und Kritik in der Walser-Debatte (2002)

Bedeutung des Romantitels

Was erwartet man von einem Roman mit dem Titel *Tod eines Kritikers*?[50] Einen Kriminalroman, eine Abrechnung des zerzausten Autors mit seinem Plagegeist, gar eine Rachephantasie, eine Parodie auf den Literaturbetrieb, einen Schlüsselroman: Alle diese Lesarten von Martin Walsers Roman *Tod eines Kritikers* sind möglich. Der Ich-Erzähler, ein sektiererischer Kabbala-Forscher, erfährt, dass sein Freund, der Schriftsteller Hans Lach, unter Mordverdacht geraten ist. Er soll nach dem Totalverriss seines neuen Romans „Mädchen ohne Zehennägel" in der Fernseh-Show „Sprechstunde" und einem von ihm provozierten Eklat auf dem anschließenden Kritiker-Empfang den Starkritiker André Ehrl-König ermordet haben. Auf der Suche nach Beweisen für die Unschuld seines Freundes dringt der Erzähler immer dichter in die Münchner Kultur-Schickeria ein, in der ein Großteil der Handlung angesiedelt ist. Bei seiner „Party-Archäologie" (31) gerät er in ein schwer entwirrbares Netz von Alibis und Rechtfertigungsversuchen, von Selbstbezichtigungen und Gerüchten; er kommt mit Freunden und Feinden des Kritikers zusammen und mit „mißerfolgreichen" Kollegen, die in der Psychiatrie enden.

Auflösung des Rätsels

Am Ende – das ist der erste Clou – erweist sich der Kritiker, ausgerechnet am „Rosenmontag" (178), als quicklebendig; er wird sogar von der englischen Königin im Buckingham Palace geadelt, „„For services to literature'" (216). Aus dem „Literaturleben" hat er sich mit einer Verehrerin, Cosi von Syrgenstein, auf deren Schloss zurückgezogen. Der scheinbare Mord sollte der Entlarvung der Marktmechanismen des Medienbetriebs dienen, dessen „Konfelikt- [!] und Wahrheitspotential" (182) auszureizen war. Und der Erzähler – der zweite Clou – entpuppt sich als Hans Lach, der mit der Gattin des (inzwischen verstorbenen) Kritiker-Verlegers auf eine Ferieninsel fliegt und sich dann nach Österreich zurückzieht, um sein Buch „Von Seuse zu Nietzsche" zu vollenden.

Kriminalroman

Die kriminalistische Struktur, auf die die Kapitelüberschriften „Verstrickung", „Geständnis", „Verklärung" hinweisen, geht auf frühe Pläne Walsers zurück. Schon 1978 erschien seine Kurzgeschichte *Selbstporträt als Kriminalroman*. Das Verhältnis zwischen Autor und Kritiker wird als Verfolgung eines harmlosen Verbrechers durch einen Inspektor dargestellt, der sich wiederum als verhinderten Verbrecher versteht. Wir erinnern uns an das Neidbild des Kritikers als eines verhinderten Autors.

Kritikerparodie

Hier wird der Roman zur Parodie des Literaturkritikers. In diesem aus der aufklärerischen Tradition herrührenden Genre haben sich, alle mit Reich-Ranicki im Visier, auch Handke, Heißenbüttel, Kirchhoff versucht. Mittel der Kritikerparodie sind Satire und Kolportage, Behauptung und Emotion, nicht Argumentation. Die Parodie hat gegenüber der sachlichen Kritik gleichsam die Krawatte gelockert. Er schätze Hans Lach, sagt Ehrl-König, „als einen ganz außerordentelich begabten Schschscheriftstellerrr, in der keleinen und keleinsten Form gelinge ihm gelegentlich durchaus

Gutes, manchmal Vorzügliches, aber im Roman: eine Enttäuschung nach der anderen." (40)

Walser greift Reich-Ranickis Strategie auf, zunächst die Vorzüge des Autors hervorzuheben, um ihn dann umso strenger abkanzeln zu können. Je höher der Sockel, desto größer die Fallhöhe: Dieses bewährte dramaturgische Rezept gehört zu der Rhetorik des Verrisses. Mit einem Lob von Walser, „einer der besten Erzähler seiner Generation", „eine der größten Hoffnungen der deutschen Nachkriegsliteratur", leitete Reich-Ranicki einen heftigen Verriss von Walsers Roman *Jenseits der Liebe* (1976) ein: „Ein belangloser, ein schlechter, ein miserabler Roman. Es lohnt nicht, auch nur ein Kapitel, auch nur eine einzige Seite dieses Buches zu lesen."[51] Walser hat in einem Interview bekannt, wie empfindlich er gegenüber einer solchen „Machtausübung" des Kritikers ist: „In unserem Verhältnis ist er der Täter, ich das Opfer".[52] Mit dem Roman versucht er also den Spieß umzudrehen.

Schlüsselroman

Der Roman lässt sich als Schlüsselroman auf dem schmalen Grat zwischen Verhüllung und Indiskretion lesen. Es gibt Klartextnamen aus dem aktuellen Literaturbetrieb (Rolf Hochhuth, Philip Roth, Botho Strauß) und verschlüsselte Namen. Hinter André Ehrl-König verbirgt sich Marcel Reich-Ranicki, hinter seiner fiktiven Fernsehsendung „SPRECHSTUNDE", in der über Wohl und Wehe des Besuchers entschieden wird, steht das *Literarische Quartett*. Der Name Ehrl-König, der schon in Walsers Roman *Ohne einander* (1993) vorkommt, erinnert an Goethes Ballade vom Erlkönig. In der Ballade stirbt das Kind an den schrecklichen Einflüsterungen des Erlkönigs, die der Vater nicht bemerkt. In Walsers Roman stirbt das Buch an dem Verriss des Kritikers, den der Autor wohl oder übel hinnehmen muss. Ähnlich einfach funktioniert das Wiedererkennungsspiel bei den Figuren. Hinter Rainer Heiner Henkel kann man den Literaturkritiker und Rhetorikprofessor Walter Jens erkennen, hinter Silbenfuchs den Literatur- und Musikkritiker Joachim Kaiser, hinter Ludwig Pilgrim den Suhrkamp-Verleger Siegfried Unseld (1924–2002), hinter Julia Pilgrim seine Frau und Nachfolgerin Ulla Berkéwicz, hinter Professor Wesendonck den Philosophen Jürgen Habermas, hinter Martha Friday die New Yorker Kritikerin Susan Sontag. Das Zerwürfnis zwischen den langjährigen Kritikergefährten Jens und Reich-Ranicki (und ihre spätere Versöhnung 2004) ist bekannt. Diese Figuren sind erkennbar genug gezeichnet, um hinter ihnen reale Vorbilder sehen zu lassen, aber auch verfremdet, um einem platten Naturalismus entgegenzuwirken. Fiktion und Realität gehen dabei eine undurchsichtige Gemengelage ein.[53] Das erschwert wiederum die Lesart als Schlüsselroman.

Kritik des Trivialromans

Es fällt nicht schwer, in diesem Handlungsverlauf Elemente des Trivialromans wiederzuerkennen. Der Trivialroman spielt mit dem Geschmack eines an den Massenmedien geschulten Publikums, er setzt auf die Hauptwirkungen des literarischen Kitsches: Sentimentalität und Konventionalität.[54] Walser baut diese Wirkungsmechanismen ein. Er führt vor, wie der Plot eines gut verkäuflichen Kolportageromans gestrickt sein muss. Der Autor hat es nicht nötig, „solange er einen Verleger hat, der schlechte Bücher gut verkaufen kann, gute Bücher [zu] schreiben" (35). Der Kommerz rangiert hier vor der Kunst. Kommerziell ist das Motiv der Tat als Mord der „feineren" Art (24). Der vermeintliche „Täter als Künstler" ist ein Motiv, mit dem auch Paul Verhoevens Film *Basic Instinct* (1992) spielt. Hier ist die Hauptverdächtige eine Schriftstellerin, die den gegen sie ermittelnden Cop verführt und zugleich zur Opferfigur in ihrem nächsten Roman macht. Der im Buch vorweggenommene Mord macht hier wie dort den Autor zum potentiellen Täter. Und als ob es dafür eines besonderen Beweises bedurft hätte, heißt das belastende Buch von Walsers Erzähler auch noch *„Der Wunsch, Verbrecher zu sein"* (26).

Lehrstück über den Kulturbetrieb

Doch Walser schreibt ja keinen Trivialroman. Er schreibt – in kritischer Absicht – *über* den Trivialroman und *über* die Trivialität des medialen Kulturbetriebs. Es geht ihm um ein „längst fälliges Lehrstück über Wahrheit und Lüge im Kulturbetrieb" (186). Die Form des Trivialromans wird aufgeraut zum einen durch eine ‚indirekte' Erzählweise, die sich auf eine Fülle von Zitaten aus fiktiven Büchern des Erzählers und auf Tonbandprotokolle der Romanfiguren stützt, zum anderen durch die nachgeholte Enthüllung der Identität von Erzähler und Erzähltem. Dadurch erscheint die gesamte Erzählung als komödiantisches Maskenspiel:[55] „Erzähler und Erzählter sind eins. Sowieso und immer. Und wenn der eine sich vermummen muß, um sagen zu können, wie der andere sich schämt, dann ist das nichts als das gewöhnliche Ermöglichungstheater, dessen jede menschliche Äußerung bedarf" (188). Diese metafiktionale Struktur unterstreicht die medienkritische Absicht des Buches; die Welt wird „im Grunde nur als Belletristik begriffen" (55).

Skandalisierung der „Marke" Walser

Dass Walsers Buch zum Skandal wurde, sieht man ihm von außen nicht an. Ein schlichter weißer Umschlag, darauf als Bildmotiv eine Brille mit zerbrochenem Glas, deuten auf einen Krimi hin. Weitere Angaben zum Inhalt und zum Autor fehlen. Schon hier muss man sich wundern. Ein gebundenes Buch pflegt auf der vorderen und hinteren Einschlagklappe des Schutzumschlags – bei Taschenbüchern auf der Seite hinter dem „Schmutztitel" – über Inhalt und Autor zu informieren. Auf der vierten Umschlagseite stehen häufig positive Stimmen aus Rezensionen

(*Testimonials*). Alle diese Paratexte fehlen in Walsers Buch. Der Suhrkamp Verlag verzichtete diesmal auf diese verkaufsdienliche Werbung für Person und Sache. Die „Marke“ Martin Walser ist nur als Autorname auf dem Umschlag, über der zerbrochenen Brille, erhalten. Der Verlag hat offenbar seinem Autor schon gekündigt (Walser wechselte mit seinem nächsten Buch zum Rowohlt Verlag). Damit aber hat der Skandal nicht angefangen.[56]

Text ohne Öffentlichkeit: Der Beginn des Skandals

Das Buch erschien am 26. Juni 2002. Zu diesem Zeitpunkt hatte es schon vier Wochen im Mittelpunkt einer heftigen Debatte gestanden. Das Werk war zwar für den Druck vorbereitet und vom Verlag gutgeheißen worden. Es lag sogar der *Frankfurter Allgemeinen Zeitung* im Frühjahr 2002 als Angebot zum Vorabdruck als Fortsetzungsroman vor. Doch lesbar war Walsers neues Werk während des gesamten Monats Juni 2002 lediglich in einer vom Verlag versandten, von Walser noch nicht für den Druck autorisierten digitalen Version, die unter Feuilletonredakteuren und Kulturjournalisten kursierte. Diese Praxis ist nichts Ungewöhnliches in einem beschleunigten Literaturbetrieb, der die Rezension allein schon aus Werbezwecken zeitlich möglichst eng an den Zeitpunkt der Buchpublikation koppeln will. Von angekündigten Werken bekannter Autoren wird den Rezensenten vor dem Erscheinungstermin oft ein Leseexemplar zur Verfügung gestellt. Allerdings mit dem rechtlich wirksamen Vermerk, dass die Rezension vor dem Erscheinen des Buches nicht publiziert werden darf („Sperrfrist“).

Offener Brief als Totalverriss

Der offene Brief, den Frank Schirrmacher am 29. Mai 2002 in der *Frankfurter Allgemeinen Zeitung* an Walser adressierte, ist die erste Vorabrezension des Romans, legitimiert dadurch, dass der *FAZ* das Manuskript des Autors als Angebot zum Vorabdruck vorlag. Dieses Angebot lehnt Schirrmacher in der Form eines Totalverrisses ab, der mit Zitaten, Bewertungen und polemischen Angriffen auf das Buch (nicht auf den Autor) arbeitet. Durch den offenen Brief macht er diese Ablehnung zur öffentlichen Angelegenheit. Auf die Frage, warum er das Walser nicht persönlich gesagt habe, antwortet Schirrmacher: In Walsers Text sei sein „Vorgänger als Literaturchef“ attackiert worden, der Kritiker Marcel Reich-Ranicki, und Walser habe ihm zu verstehen gegeben, dass er eine Ablehnung des Romans dem Einfluss von Reich-Ranicki zuschreiben würde.[57]

Der Brief greift Walser an und verteidigt Reich-Ranicki. Dies geschieht in einer Öffentlichkeit, die den Autor wie den Kritiker gut kennt, nicht aber das eigentliche Streitobjekt, das Buch. Insofern wird die Debatte als Scheingefecht eröffnet. Der Skandal hat eine Öffentlichkeit, das skandalisierte

Buch nicht, es ist zunächst ein Phantom. Das ist ein Novum in der deutschen Literaturgeschichte. Vier Wochen lang wird über ein Werk im virtuellen Raum, wird über einen Text ohne Öffentlichkeit gesprochen. Auch das gehört zum Skandal.

Schirrmachers offener Brief beginnt so:

„Lieber Herr Walser,
Ihr neuer Roman wird behandelt wie ein Staatsgeheimnis. Nur ein kleiner Zirkel von Eingeweihten kannte bisher den Inhalt. Mittlerweile kenne auch ich ihn. Nicht weil Rechercheure die Panzerschränke im Suhrkamp-Haus geknackt hätten. Sie selbst haben uns, unspektakulär genug, die Fahnen gegeben. Sie wünschen, daß Ihr neuer Roman, *Tod eines Kritikers*, in dieser Zeitung vorabgedruckt wird. [...] Ich muß Ihnen mitteilen, daß Ihr Roman nicht in dieser Zeitung erscheinen wird. [...] Ihr Roman ist eine Exekution. Eine Abrechnung – lassen wir das Versteckspiel mit den fiktiven Namen gleich von Anfang an beiseite! – mit Marcel Reich-Ranicki. Es geht um die Ermordung des Starkritikers. Ein Schriftsteller wird als Täter verdächtigt. Ein anderer, der Erzähler, recherchiert. Später erfährt man, daß beide ein und dieselbe Person sind. Am Ende die Aufklärung: Der Kritiker ist nicht tot, er hat nur tot gespielt, um sich mit seiner Geliebten zu vergnügen. [...] Ihr Buch ist nichts anderes als eine Mordphantasie. Daß der Mord keiner ist, macht die wonnevolle Spekulation unangreifbar. ‚Habe allerdings keinen, der für mich tötet', sagt der Erzähler beispielsweise. Und mehr als einmal fällt der Satz: ‚Eine Figur, deren Tod man für völlig gerechtfertigt hält, das wäre Realismus.' Sie haben sich eine Art mechanisches Theater aufgebaut, in dem es möglich ist, den Mord auszukosten, ohne ihn zu begehen. Doch es geht hier nicht um die Ermordung des Kritikers als Kritiker, wie es etwa bei Tom Stoppard geschieht. Es geht um den Mord an einem Juden."[58]

Antisemitismusvorwurf

Damit werden von vornherein mehrere Lesarten ausgeschlossen, der Krimi (mit der verratenen Schlusspointe) und die Fiktion (kein „Versteckspiel"). Die künftigen Leser werden mit dem offenen Brief auf ein offenbar antisemitisches Werk eingestimmt. Der Autor, so Schirrmacher, hätte wissen müssen, was er tat, als er den Kritiker nicht als Kritiker, sondern als Juden der „Mordphantasie" eines Schriftstellers auslieferte. Reich-Ranicki hat mit seiner Frau den Holocaust überlebt, und die *FAZ*, deren Feuilletonleiter er lange Zeit war, will keinen Roman vorabdrucken, der „damit spielt, daß dieser Mord fiktiv nachgeholt wird".

Risiko der selektiven Lektüre

Schirrmachers Artikel lieferte nicht nur das rezeptionssteuernde Stichwort von dem „leider unübersehbar[en]" „Repertoire antisemitischer Klischees", einer Art rote Karte, die den Autor aus dem literarischen Feld warf; vorprogrammiert waren damit auch eine selektive Lektüre, die in Walsers Roman einen „tiefe[n] deutsche]n] Denker an seiner Selbstverwirklichung gehindert" sieht „durch einen zersetzenden, unschöpferischen, geilen und korrupten Juden, der seine Medienmacht hemmungslos nutzt",[59] und ein Suchen nach verdächtigen Stellen. Doch diese Stellensuchmethode beweist wenig, weil jeder, der keine antisemitischen Passagen finden kann, sich selbst der Verharmlosung verdächtig zu machen droht.

Der Antisemitismus-Vorwurf wurde in den Medien immer wieder aufgegriffen und zum Kern des Skandals gemacht. Stefanie Heinen hat nachgewiesen, dass jede zweite Rezension den Antisemitismus-Vorwurf in den Vordergrund gestellt hat.[60] Dabei gab es nicht nur Stimmen, die sich Schirrmachers Ansicht anschlossen (*Die Welt*, *Frankfurter Rundschau*) oder ihr Urteil differenzierten (*Der Spiegel*). Andere Medien nahmen Walser in Schutz (*Süddeutsche Zeitung*, *Neue Zürcher Zeitung*, *NDR*, *Deutschlandradio*), sogar die *Jüdische Allgemeine* konnte keine eindeutigen antisemitischen Töne ausmachen. Die Debatte spaltete die Medienlandschaft. Für die wissenschaftliche Diskussion über literarischen Antisemitismus war Walsers Roman ein dankbarer Gegenstand. So liest Matthias N. Lorenz, der eine 500seitige Arbeit über Walsers Roman vorgelegt hat, dieses Buch als ein „zeitgenössisches Beispiel für literarischen Antisemitismus", weil es darin zu einer „Demontage des jüdischen Opferstatus", zum „Anknüpfen an althergebrachte antisemitische Klischees" und zur „Konstruktion deutsch-jüdischer Figurendichotomien" komme.[61] Dagegen hält Stefan Neuhaus aufgrund der parodistischen Anlage des Romans fest: „Kein Schlüsselroman – kein Antisemitismus".[62]

Walsers Roman: ein antisemitisches Buch?

Schon 1998 war es zu einer Antisemitismus-Debatte um Martin Walser gekommen. Der Autor hatte sich in seiner Dankrede zur Verleihung des Friedenspreises des Deutschen Buchhandels kritisch über den Umgang mit der Erinnerung an den Holocaust und die Formen des öffentlichen Gedenkens geäußert. Zeitgleich verlief die öffentliche Debatte um das Berliner Holocaust-Denkmal, dessen damaligen Entwurf Walser als „fußballfeldgroßen Alptraum" charakterisierte. Ignatz Bubis, der Vorsitzende des Zentralrats der Juden in Deutschland, warf Walser daraufhin „geistige Brandstiftung" vor. Die Differenzen konnten auch durch ein Gespräch der Kombattanten in der Redaktion der *FAZ* nicht geklärt werden.[63]

Wer nun überprüft, ob Walsers Roman *Tod eines Kritikers* antisemitisch ist, weil es darin um den „Mord an einem Juden" gehe, darf sich nicht auf „Gesinnungsschnüffelei" einlassen. Auch geht es nicht um eine Verteidigung des Kritikers, dessen Verdienste und Produktivität unumstritten sind, oder um eine Ehrenrettung des Autors, der sich immer wieder – auch selbstkritisch und ohne Töne „philosemitischer Verlautbarung" – über das Verhältnis zur deutsch-jüdischen Vergangenheit geäußert hat. Und es gilt eine Grundregel der Interpretation: Die Zitate dürfen nicht losgelöst von ihrem Kontext und den Figuren, denen sie in den Mund gelegt werden, betrachtet werden.[64]

Aspekte des „literarischen Antisemitismus“

Das vermeintlich antisemitische Skandalpotential des Romans konzentriert sich vor allem auf vier Aspekte:

1. das Hitler-Zitat „Ab heute nacht Null Uhr wird zurückgeschlagen“;
2. die negative Charakteristik der Kritikerfigur;
3. die Imitation der Sprechweise des Kritikers;
4. den „Mord an einem Juden“.

Hitler-Zitat als Skandal

Die erste Skandalstelle ist ein Hitler-Zitat:

„Noch sei ungeklärt, wie es Hans Lach überhaupt gelungen sei, sich Zutritt zu der Party zu verschaffen, die Ehrl-Königs Verleger nach jeder *SPRECHSTUNDE* in seiner Villa veranstalte. Auf der Gästeliste sei Hans Lach nicht vorgesehen gewesen, weil es unüblich sei, Autoren, die unmittelbar davor in Ehrl-Königs *SPRECHSTUNDE* ‚dran‘ waren, nachher zur Party einzuladen. Hans Lach sei zwar selber Autor des *PILGRIM* Verlags, aber an diesem Abend hätte er nach den Regeln des Hauses nicht dabei sein dürfen. Hans Lach habe offenbar sofort gegen André Ehrl-König tätlich werden wollen. Als ihn zwei Butler hinausbeförderten, habe er ausgerufen: Die Zeit des Hinnehmens ist vorbei. Herr Ehrl-König möge sich vorsehen. Ab heute nacht Null Uhr wird zurückgeschlagen. Diese Ausdrucksweise habe unter den Gästen, die samt und sonders mit Literatur und Medien und Politik zu tun hätten, mehr als Befremden, eigentlich schon Bestürzung und Abscheu ausgelöst, schließlich sei allgemein bekannt, daß André Ehrl-König zu seinen Vorfahren auch Juden zähle, darunter auch Opfer des Holocaust.“ (10)

Das Zitat stammt aus einem Erzählerbericht, der sich seinerseits auf einen (fiktiven) Bericht in der „Frankfurter Allgemeinen“ stützt. Es wird noch an zwei weiteren Stellen wiederholt (48, 144), aber seine Glaubwürdigkeit ist zweifelhaft. Immer wieder wird betont, dass sich bei den Recherchen niemand findet, der dieses Zitat gehört haben will. Die Quelle des Zitats ist Hitlers Rechtfertigung des deutschen Überfalls auf Polen am 1. September 1939: „Seit 5.45 Uhr wird jetzt zurückgeschossen. Und von jetzt ab wird Bombe mit Bombe vergolten“.[65]

Eine missverständliche Lesart dieser „Hitler-Variation“ (48) kann man aber nicht ausschließen, weil sie ja von einem nichtjüdischen deutschen Autor an eine Romanfigur adressiert ist, deren reales Vorbild ein dem Holocaust mit knapper Not entkommener polnischer Jude ist. Und auch wenn die Kriegserklärung Hitlers zuerst an den polnischen Staat gerichtet war, muss man in Rechnung stellen, dass davon zahlreiche polnische Juden betroffen waren. Dass Ehrl-König „zu seinen Vorfahren auch Juden zähle, darunter auch Opfer des Holocausts“ (10), kann in diesem Sinne mit Schirrmacher als verharmlosende Äußerung gesehen werden. Es klingt so, „als wäre die große Mehrheit der europäischen Juden eben nicht Opfer gewesen“ und als wäre Marcel Reich-Ranicki „nicht der einzige Überlebende seiner Familie". Das Hitler-Zitat bringt durcheinander und zwingt zusammen, was nicht zusammengehört: Täter und Opfer, (jüdischer) Kritiker und (nichtjüdischer, deutscher) Autor. Mit dem Zitat würde sich der Autor im Roman anstatt als Opfer nunmehr als Täter gegenüber dem Kritiker definieren und wiederholen, was Hitler begonnen hat: Weltkrieg und Holocaust. Dieses Gedankenspiel, auch wenn es als Warnung intendiert ist, ist gefährlich. Es verlässt die ästhetische Ebene des Textes, begibt sich auf die Bühne der Geschichtspolitik und ist somit kein „Satz in der Kunstwelt" (87) mehr. Das gleiche gilt für den gebetsmühlenartig wiederholten Satz „Eine Figur, deren Tod man für vollkommen gerechtfertigt hält, das wäre Realismus." (66, 75, 87, 88, 124, 132 u.ö.).

Negativcharakteristik des Kritikers

Obwohl es auch durchaus positive Eigenschaften von André Ehrl-König gibt, so überwiegen doch die negativen Charaktermerkmale dieses „einflußreichsten Kritiker[s] in der Geschichte der deutschen Literatur" (52). Die Liste dieser Merkmale entstammt den vielen „um- und durcheinanderlaufenden Legenden und Histörchen" (75) um seine Person. Von einem „Fürsten der Aufgeblasenheit, eine[r] Marionette der Egotomanie, eine[r] Fernsehlarve und dem Totengräber der deutschen Literatur" (79) ist die Rede, einem „Drauflosvirtuose[n]" (99) von „hemmungsloser Gefühlsexzentrizität" (116), zu dessen Repertoire „Herabsetzungslust" (109) und „Verneinungskraft" (153) gehörten, der „groß sein im Bösesein" wolle, aber „ewig hängen" bleibe „im Giftigsein" und dem in seinem „Kampf um Unsterblichkeit" „jedes Mittel recht" sei, „von Heuchelschwulst bis zu kalter Gewalt" (107f.). In des Kritikers Sehnsucht nach „Unsterblichkeit" (111) kehrt nicht nur eine messianisch interpretierbare Christusmetaphorik wieder, sondern auch die verbrämte These vom ewigen Juden.

Verbrämte These vom „ewigen Juden"

> „Die Darstellung Ehrl-Königs verhält sich konform zu einer ganzen Reihe antisemitischer Stereotype, etwa ‚jüdische' Fremdheit und Heimatlosigkeit, verlogenes Auftreten und Täuschung von Nichtjuden, übersteigerte sexuelle Triebhaftigkeit bei gleichzeitiger Impotenz, Beherrschung der Medien und Unsterblichkeit. Der mit diversen biographischen Details und charakteristischen Zitaten auf Reich-Ranicki gemünzte Ehrl-König ist ein Schädling im Literaturbetrieb, der folgerichtig auch mit entsprechenden Ungeziefermetaphern belegt wird."[66]

„Giftzwerg" (108) ist eine gängige Vokabel aus dem Arsenal antisemitischer Polemik. Thomas Mann nannte in seiner Diatribe gegen den jüdischen Gelehrten Theodor Lessing (1910) diesen einen „benachteiligten Zwerg, der froh sein sollte, daß auch ihn die Sonne bescheint".[67]

Der Kritiker als verhinderter Dichter?

In die Liste verwerflicher Eigenschaften gehört auch der Vorwurf, der Kritiker sei unfähig, selbst literarisch kreativ zu sein. Ehrl-Königs Fernseh-Macht beruht wesentlich auf den Zitaten und Gerüchten, die ihm sein engster und einziger Vertrauter, sein „direkter Souffleur“ (96) Rainer Heiner Henkel zusteckt:

> „Der Gerüchtedschungel, in dem Ehrl-König prachtvoll und unfaßbar herumtigerte, war seine, RHH's Schöpfung. Allerdings im Auftrag Ehrl-Königs. Aber erfunden, in die Welt gesetzt und andauernd durch phantastisch genaue Produktionen am immer wieder sich steigernden Leben gehalten nur durch RHH“ (101).

Aber in einer Schreibkrise scheint auch der Autor Lach/Landolf selbst zu stecken. Seine Geschichte der „Ichwichtigkeit“, die vom Einzug des „persönlichen Tons“ (9) in die deutsche Literatur jenseits grandioser Selbstinszenierung erzählen soll, bleibt in Walsers Roman allerdings ungeschrieben.

Imitation der Sprechweise

„Aber der Keritiker hat, wenn er Keritiker ist, weder Fereund noch Feind“ (41). Die Imitation der Artikulationsweise des Kritikers ist ein wesentliches Thema des Buches. Weniger was er sagt, vielmehr wie er es sagt, ist das Entscheidende. An keiner Stelle wird aber gesagt, dass es ein Jude ist, der sich so artikuliert. Walser intendiert keine „Verballhornung des Jiddischen“ (Schirrmacher), sondern parodiert eine leicht zu imitierende „Sprecheigentümlichkeit“ (48). Gleichwohl bleibt zu bedenken, dass gerade die Behauptung der besonderen Sprache der Juden zentral ist für die Definition des jüdischen Wesens. „Die Sprache der Juden ist für die anderen das Spiegelbild ihrer Verderbtheit und der Verderbtheit ihres Diskurses.“[68]

Der Vorwurf „Mord an einem Juden“

> „Das Thema war jetzt, daß Hans Lach einen Juden getötet hatte. [...]. Wolfgang Leder warf sich im DAS-Magazin diesem Spezialschwall entgegen, erklärte scharf und genau, daß es von nichts als Antisemitismus zeuge, wenn die Ermordung eines Juden, wenn er denn einer gewesen sei, moralisch schlimmer geahndet werde als die Ermordung eines Nichtjuden. Philosemiten seien eben, wie bekannt, Antisemiten, die die Juden liebten. Jetzt mußten die Feuilletons sich mit Leder auseinandersetzen und ihm scharf und genau erklären, daß in Deutschland die Ermordung eines Juden doch wohl ein Faktum ganz anderer Art sei als in jedem anderen Land der Welt. Dann Leder: Wenn Ehrl-König ermordet worden wäre, weil er Jude gewesen sei, hätten die anderen Recht. Aber es sei ja noch nicht einmal sicher, ob Ehrl-König Jude gewesen sei. Er, Leder, wisse an Ehrl-König nichts so sehr zu schätzen wie dessen Zurückhaltung in der Herkunftsfrage. Daß die Presse daraus immer wieder Tatsachen gemacht habe, sei nicht Ehrl-Königs Schuld, sondern zeige den Geisteszustand der deutschen Gesinnungspresse.“ (144f.)

Der Mord an einem Juden wird in diesem Erzählerbericht explizit skandalisiert. Gleichzeitig werden aber auch – ähnlich wie in Walsers Friedenspreis-Rede – die spezifischen deutschen Berührungsängste mit dem Holocaust problematisiert. Das Zitat zeugt nicht nur von genauer Kenntnis der subtilen Argumentationsmechanismen des Antisemitismusdiskurses, es führt auch ins Herz der Debatte. Denn während Walser sich mit dem Hinweis, seine „Darstellung der Kritikerpraxis im Zeitalter des Fernsehens" sei „reine Komödie", von den Vorwürfen abzusetzen suchte, verwies die Kritik immer wieder auf die historischen Voraussetzungen des Romans. Ruth Klüger schreibt in ihrem offenen Brief an Martin Walser:

> „vor dem Hintergrund der deutschen Geschichte, die sich nun einmal nicht ausklammern läßt, ist die komische Wiederkehr des nur scheinbar ermordeten Juden noch schlimmer als ein handfester Krimi mit Leiche gewesen wäre".[69]

Freilich: Antisemitisch ist der Roman sui generis nicht! Dass er stellenweise einer antisemitischen Deutung wenig Widerstand entgegensetzt, liegt an der Provokationslust des Autors, mit der er antisemitischen Klischees gefährlich nahe kommt, ohne sie je zu teilen.[70]

Kritik als Skandal

Es ist merkwürdig, dass Walsers Roman die Mediendebatte, die er auslöste, vorweggenommen, ja ihr sogar wichtige Stichworte geliefert hat: der Antisemitismus als „Moralkeule" der Kritik, die Moral der Medien als „Moral des Gefallens, des Vergnügens, der Unterhaltung" (73), die Skandalisierung des „Mords an einem Juden". Doch es kam wie in der Ballade vom Zauberlehrling. Der Autor wurde die Geister, die er rief, nicht wieder los. Die Metasprache über den Gebrauch antisemitischer Klischees passte ebenso wenig in die Primärsprache des Romans wie die Metakritik des Autors, den es störte, dass die Medien alle Tabus brechen, „bis auf das eine, dass Medienmacht selbst als Medienthema weitgehend off the records bleibt."[71]

Die meisten Kritiker und die Leser lasen Walsers Buch als Schlüsselroman über den Phantasiemord an einem fiktiven Kritiker, hinter dem ein realer Kritiker jüdischer Herkunft steht. Auf diese Weise erreichte Walser das Gegenteil von dem, was er beabsichtigte. Sein Roman wurde in den Medien nicht als grimmige Parabel über „Machtausübung im Kulturbetrieb zur Zeit des Fernsehens"[72] und nicht als „Kritik an der Waffenschmiede des literarischen Feldes"[73] diskutiert. Stattdessen wurde – und das hatte Walser offenbar überhaupt nicht beabsichtigt – das Buch auf das kollektive Gedächtnis des Holocausts bezogen. Mochte es für den Autor der Skandal sein, dass die Literatur nur für die Medien und die Kritik da sein müsse, so war es für die Medien ein Skandal, dass der Autor seine Medienkritik auf einen jüdischen Kritiker münzte. Die Kritik der Literaturkritik wandte sich gegen den Autor als Kritiker. In dem „wohl größten Literaturskandal in der Geschichte der Bundesrepublik"[74] ging der „*Wettkampf im Auffallen*" (206) zu Ungunsten Walsers aus. Wie Christa Wolf musste auch er hinnehmen, dass sich seine Position im literarischen „Feld" (197) verschlechterte.

Literarische Kontroversen zeigen auf besondere Weise, dass der Literaturbetrieb ein Spiel mit hohen Einsätzen ist. Die Marken, die Institutionen und die Rituale werden auf die Probe gestellt. Mit dem Zürcher Literaturstreit beginnt 1966 ein Wettkampf um die Öffentlichkeit, bei der die Germanistik gegenüber der Literaturkritik den Kürzeren zieht. Christa Wolfs Erzählung *Was bleibt* eröffnet 1990 Deutungskämpfe auf dem neuen Feld der vereinigten bzw. gesamtdeutschen Literatur. Martin Walsers Roman *Tod eines Kritikers* provoziert 2002 die Institution der Literaturkritik und den Umgang mit der jüdischen Gedächtniskultur. Exemplarisch illustrieren diese Debatten die Funktion der Gegenwartsliteratur als „Skandal", d.h. als öffentliches und mediales Ereignis, das Aufmerksamkeit erfordert und Widerspruch herausfordert.

Fragen

1. Was ist der Unterschied zwischen moralischer und ästhetischer Bewertung der Literatur?
2. Welche Rollen spielen die Medien in literarischen Kontroversen?
3. Was bedeutet der Begriff „Skandal"?
4. Was ist an Emil Staigers Zürcher Rede so skandalös?
5. Deuten Sie Christa Wolfs Gedicht *Prinzip Hoffnung* (1992)[75] vor dem Hintergrund des deutsch-deutschen Literaturstreits:

   Genagelt
   ans Kreuz Vergangenheit.

   Jede Bewegung
   treibt die Nägel
   ins Fleisch.

6. Erläutern Sie das Selbstverständnis des Kritikers und das Verhältnis zwischen Kritiker und Publikum in Walsers Roman *Tod eines Kritikers* anhand des folgenden Zitats:

   „[...] er beneide sich nicht um diesen Job. Er fühle sich nun einmal verantwortlich für die Gegenwartsliteratür. Vor allem eben für die deutsche. Und schwieg. Das Publikum schwieg. Schwieg heftig, schwieg pathetisch, schwieg solidarisch, schwieg mit ihm. Litt mit ihm. Unter dieser deutschen Gegenwartsliteratur." (41)

Ausgewählte kommentierte Literatur

Thomas Anz (Hrsg.): *Es geht nicht um Christa Wolf. Der deutsch-deutsche Literaturstreit.* Frankfurt a. M. 1992. Umfassende, klug kommentierte Dokumentation des Debattenverlaufs 1990 bis 1991, die dem Referat von Bernd Wittek: *Der Literaturstreit im sich vereinigenden Deutschland.* Marburg 1997 um Längen überlegen ist.

Wilfried Barner: Was sind *Literaturstreite*? Über einige Merkmale. In: *Mitteilungen des Deutschen Germanistenverbandes* 47 (2000), S. 374–380. Hilfreiche Typologie des Literaturstreits.

Dieter Borchmeyer, Helmuth Kiesel (Hrsg.): *Der Ernstfall. Martin Walsers „Tod eines Kritikers".* Hamburg 2003. Wissenschaftler verschiedener Disziplinen verwenden viel Scharfsinn und Umsicht auf die Würdigung und Verteidigung von Walsers Roman.

Hans-Edwin Friedrich (Hrsg.): *Literaturskandale.* Frankfurt a. M. 2009. Die Einleitung des Herausgebers (S. 7–27) arbeitet die symbolischen und medialen Aspekte des Skandals heraus und unterscheidet die autonomen Literaturskandale (Normkonflikte im literarischen Feld) von den heteronomen Skandalen (Normkonflikte zwischen Literatur und Religion/Politik/Recht).

Erwin Jaeckle: *Der Zürcher Literaturschock. Bericht.* München/Wien 1968. Kommentar der Debatte, leicht tendenziös, führt aber zu grundsätzlichen Fragen von Ästhetik und Moral.

Stefan Neuhaus und Johann Holzner (Hrsg.): *Literatur als Skandal. Fälle, Funktionen, Formen.* Göttingen 2007. 2. Aufl. 2009. Wer einen Überblick über die Literaturskandale der Moderne sucht, findet hier reichliche Beispiele und Materialien. Besonders hilfreich ist Neuhaus' kleine Feldtheorie des literarischen Skandals.

Albrecht Schöne (Hrsg.): *Kontroversen, alte und neue. Akten des VII. Internationalen Germanistenkongresses. Bd. 2: Formen und Formgeschichte des Streitens / Der Literaturstreit.* Tübingen 1986.

Sprache im technischen Zeitalter. Der Zürcher Literaturstreit. Eine Dokumentation. Hrsg. von Walter Höllerer. 1966, Heft 22, und Sprache im technischen Zeitalter: Der Beginn einer Krise. Zum Zürcher Literaturstreit. 1968, Heft 26.

Robert Weninger: *Streitbare Literaten. Kontroversen und Eklats in der deutschen Literatur von Adorno bis Walser.* München 2004. Weninger stellt 12 Eklats im Literaturbetrieb seit 1945 vor (von Thomas Mann bis Grass): der literarische Skandal als Spiegel der deutschen Gesellschaft.

4 Gegenwartsliteratur erzählt Geschichte

Nie ist so viel Erinnerung gewesen wie in der Gegenwartsliteratur am Anfang des 21. Jahrhunderts. Das hat nicht nur mit der Konjunktur von Gedächtnis und Erinnerung in den Kultur- und Neurowissenschaften zu tun. Die letzten Zeitzeugen von Zweitem Weltkrieg, Holocaust, Flucht und Vertreibung schreiben ihre Erinnerungen auf. Die 1989/90 untergegangene DDR wird zum Stoff der literarischen und der filmischen Erinnerung. Zugleich entdecken Schriftsteller die unbeschriebenen Seiten der deutschen Zeitgeschichte (z. B. das Münchner Olympiaattentat von 1972) und füllen sie mit ihrer Imagination auf.

4.1 Erinnerungskultur als Paradigma

Die Gegenwartsliteratur hat das 20. Jahrhundert verlassen. Aber das 20. Jahrhundert hat die Gegenwartsliteratur nicht verlassen. Seit der Jahrtausendwende ist diese Vergangenheit in Romanen, Erzählungen und Filmen präsent wie selten zuvor. Es sind das „Dritte Reich" und die Nachkriegszeit in Marcel Beyers Roman *Kaltenburg* (2008), in Julia Francks Roman *Die Mittagsfrau* (2007), in Günter Grass' Novelle *Im Krebsgang* (2002), in Katharina Hackers Roman *Eine Art Liebe* (2003), in Uwe Timms autobiographischer Erzählung *Am Beispiel meines Bruders* (2003),[1] in den Filmen *Der Untergang* (Oliver Hirschbiegel; D 2004), *Sophie Scholl – Die letzten Tage* (Marc Rothemund; D 2004), *Operation Walküre – Das Stauffenberg-Attentat* (*Valkyrie*, Bryan Singer; USA/D 2008) und *Inglorious Basterds* (Quentin Tarantino, D/USA 2009). Es ist die DDR in Christoph Heins Roman *Landnahme* (2004), in Monika Marons Romanen *Pawels Briefe* (1999) und *Bitterfelder Bogen* (2009) und in den Filmen *Sonnenallee* (Leander Haußmann; D 1999), *Good bye, Lenin!* (Wolfgang Becker; D 2003) und *Das Leben der anderen* (Florian Henckel von Donnersmarck; D 2005). Es ist das Münchner Olympiaattentat in Ulrike Draesners Roman *Spiele* (2005). Es sind unspektakuläre Ereignisse aus der Ruhrgebietsjugend der 1970er Jahre in Ralf Rothmanns Roman *Milch und Kohle* (2000).

Autorengenerationen

Die Autoren, von denen hier die Rede ist, entstammen unterschiedlichen Generationen und kommen aus unterschiedlichen Ländern. Die älteren haben Krieg und Holocaust, Flucht und Vertreibung in den 1940er Jahren erlebt, die jüngeren haben davon gehört und gelesen. Unter den Autoren, die nach 1989/90 über die DDR schreiben, gibt es neben den

Zeitzeugen (z.B. Christa Wolf) jüngere Autoren, die beim Zusammenbruch der DDR noch Kinder waren. Für diese Generation hat die 1976 geborene Jana Hensel den Begriff *Zonenkinder* – in ihrem gleichnamigen Debütwerk (2002) – geprägt.

Was ist Erinnerungsliteratur?

Es geht aber nicht allein um die Beschreibung der Vergangenheit. Was die Bücher dieser Autoren so interessant macht, ist der Umgang mit der Vergangenheit, die literarische „Beschreibung des Erinnerungsvorgangs".[2] Erinnerungsliteratur stellt die Fragen:

> „Wer kann erzählen, wer will sich erinnern, wer möchte seine Stimme erheben [...], wem gehört eine Geschichte? [...] Nur die Deutschen über ihre Geschichte, ihre Teilung und ihre Grenze? Nur das Opfer über Opfer? Nur der Zeitzeuge über seine Zeit? Wer kann, wer darf, wer muss – und wer erteilt wem ein Verbot?"[3]

Zur Erinnerung gehören das Erinnerte und jemand, der sich erinnert und das Erinnerte formt, der auf Unfälle und Unstimmigkeiten bei der Überlieferung der Geschichte achtet und auch von dem Verschweigen und Vergessen erzählt. Diese ästhetische Formung der Erinnerung ist eine besondere Leistung der Literatur (und des Films); der Autor ist sozusagen *In der Erinnerung* (so der Titel von Dieter Fortes Roman, 1999). Insofern kann man von Erinnerungsliteratur sprechen. Sie taucht in unterschiedlichen Formen auf: als Autobiographie, als verschlüsselte Selbst- oder Fremdbiographie, als Familienroman, als dokumentarischer Bericht, als fiktionaler Roman, als Dokufiktion oder als autobiographischer Roman.

Erinnerungsliteratur als Paradigma der Gegenwartsliteratur

Schon die Vielzahl von literarischen Erinnerungsbüchern und Debatten über die Gedächtniskultur spricht dafür, dass wir es mit einem neuen Paradigma der deutschsprachigen Gegenwartsliteratur zu tun haben.[4] Ein Paradigma ist eine Ordnung von Meinungen, Wertungen, Methoden, über die wissenschaftlicher Konsens besteht. Das neue Paradigma Gedächtnisforschung[5] verbindet viele Disziplinen: Altertums- und Religionswissenschaften, Literatur- und Kunstgeschichte, Kultur- und Medienwissenschaft. Für die germanistische Gegenwartsliteraturwissenschaft nach der Jahrtausendwende ist das Gedächtnis-Paradigma als Erzählmuster besonders interessant. Astrid Erll macht dafür drei Gründe geltend:[6]

1. Historische Transformationsprozesse: Nach dem Fall des Eisernen Vorhangs haben sich nicht nur die räumlichen Strukturen in Europa verschoben. Auch die Tradierungsweise von Geschichte ändert sich. Mit dem zunehmenden Aussterben der Generation der Zeitzeugen bricht die mündliche Überlieferung des Gedächtnisses von Krieg und Holocaust, Flucht und Vertreibung ab. Im zusammenwachsenden Europa nähern sich östliche und westliche Erinnerungskulturen einan-

der an. Zudem kommen durch die Migration gerade in Deutschland viele neue Traditionen und Geschichtsbilder zusammen.
2. Wandel und Wirkung der neuen Medien: Die europäische Gedächtnislandschaft ist eine Medienlandschaft. Von Erinnerungen wird nicht nur in Büchern erzählt, sondern auch in Filmen und Ausstellungen, im Internet und in digitalen Projekten, in bildender Kunst und Architektur.
3. Wandel der Geisteswissenschaften: Die Germanistik ist keine monolithische Disziplin von Texten und Autoren, sondern hat sich seit den 1990er Jahren zunehmend Methoden und Theorien der Kulturwissenschaften zunutze gemacht, etwa die Einsicht in die Narrativität der Geschichtsschreibung oder die These vom „Ende der großen Erzählungen" (Jean François Lyotard). Daran kann die Gegenwartsliteraturwissenschaft nicht vorbei gehen. Auch sie beobachtet und analysiert, wie das kulturelle Erbe ins Archiv der Gegenwart aufgenommen und wie es dort durch literarische Erinnerung verarbeitet und gedeutet wird.

Wie das Gedächtnis Literatur wird

Die besten Auskünfte über das, was gemeint ist, wenn wir von Erinnerungsliteratur sprechen, liefern die Schriftsteller. Der Schriftsteller Jorge Semprún, der 1923 in Madrid geboren wurde, der an der Sorbonne bei Maurice Halbwachs die Theorie des *mémoire collective* kennenlernte, der 1943 als Mitglied der kommunistischen Résistance von der Gestapo verhaftet und ins Konzentrationslager Buchenwald deportiert wurde, der 1945 nach Paris und von dort aus nach Jahren konspirativer Tätigkeit gegen die Franco-Diktatur und nach der Abkehr vom Kommunismus wiederum nach Spanien zurückkehrte, und zwar als Kultusminister in der Regierung Felipe Gonzáles' (1988–1991), der fünf Bücher über seine Haftzeit in Buchenwald geschrieben hat und anlässlich der Uraufführung seines Erinnerungsdramas *Bleiche Mutter, zarte Schwester* im Jahr 1995 nach Weimar zurückkehrte, Jorge Semprún also hat zu der Situation der Erinnerungskultur am Anfang des 21. Jahrhunderts folgendes gesagt:

> „Wir befinden uns nämlich in einer besonderen historischen Situation. Bald, spätestens in einigen wenigen Jahren, gibt es keine Zeugen mehr. Keine lebendigen Zeugen. Niemand mehr will Rauch und Geruch des Krematoriums als persönliche Erinnerung, als inneres Erlebnis beibehalten. Niemand mehr will also von den Lagern wissen. Ich meine: mit Fleisch und Blut wissen. Das ist natürlich nichts Neues. Immer schon ist Gedächtnis Geschichte geworden. Das Sonderbare, Eigenartige ist nur, dass diese historisch banale Erfahrung uns betrifft. Daß wir – unsere Generation und diejenige unserer Söhne und Enkel – es erleben müssen. Darum wäre es schön, wenn Erzählungen, Romane, Theaterstücke, Musikwerke und andere ästhetische Erfindungen den Platz der Zeugnisse einnähmen. Wir brauchen jetzt junge Schriftsteller, die das Gedächtnis der Zeugen, das Autobiographische der Zeugnisse, mutig entweihen. Jetzt können Gedächtnis und Zeugnis Literatur werden."[7]

Persönliche Erinnerung und kulturelles Gedächtnis

Semprún spricht von der „persönlichen Erinnerung“ und dem „Gedächtnis“, das Geschichte wird. Damit macht er auf die enge Verbundenheit der Begriffe aufmerksam. Die persönliche Erinnerung gehört zum kommunikativen Gedächtnis, das die Erinnerungen in der Erzählgemeinschaft von drei Generationen umspannt. Das kulturelle Gedächtnis umfasst Jan Assmann zufolge den Bestand an Ritualen und Symbolen, in denen sich eine Gesellschaft ihrer Geschichte und ihrer Identität vergewissert. Literatur kann demnach ein System sein, das den Übergang vom kommunikativen ins kulturelle Gedächtnis inszeniert, indem sie dem letzteren angehört, aber Strukturen des ersteren aufgreift.

Zugleich weist Semprún auf die semantische Differenz von „Gedächtnis“ und „Erinnerung“ hin. Im Deutschen kann man zu dem Substantiv „Gedächtnis“ kein direktes Verb bilden („einer Sache oder Person gedenken“ ist etwas anderes), während das *nomen actionis* „Erinnerung“ auf ein reflexives Verb zurückgeht. Das Gedächtnis ist das Organ, der Speicherinhalt von Erinnerung, es ist auf die Vergangenheit bezogen und enthält eine räumliche Vorstellung, etwa in der auf Platon zurückgehenden Gehirnkammerntheorie. Hingegen ist die Erinnerung ein Medium des Gedächtnisses, sie ist auf die Gegenwart bezogen (im Englischen heißt „erinnern“ „to recall“, im Französischen „rapeller“) und hat – trotz der räumlichen Reflexionsbewegung des Er-innerns – vor allem eine zeitliche Dimension.

Erinnern und Vergessen

Zudem ist das Erinnern auf merkwürdige Weise mit dem Vergessen verschwistert. Das Vergessen ist nicht einfach ein Gegensatz zum Erinnern, sondern eine Ergänzung und ein Ersatz; es dient dazu, das sich leicht überanstrengende Gedächtnis zu entlasten; in diesem Sinne gibt es ein erlaubtes Vergessen, wie es die Floskel „Forget it“ festhält. Harald Weinrich[8] hat darüber hinaus auf das etymologische Bündnis von Vergessen und Erinnern hingewiesen: Das Nichtvergessene ist die Wahrheit, griechisch: *„a-letheia“*, bestehend aus der Negationspartikel „a“ und dem Totenfluss Lethe, in dem die Erinnerung liquidiert wird.

Erinnerungsliteratur als *ars memoriae*

Wie aber kann, wie es Semprún annimmt, das Gedächtnis sich in Literatur verwandeln? Hier hilft ein Blick auf den antiken Mythos. Er erzählt von der engen Wahlverwandtschaft zwischen Literatur und Gedächtnis. Mnemosyne, die Urheberin der Gedächtniskunst, ist auch die Mutter der für die Künste zuständigen Musen. Die Literatur stammt also vom Gedächtnis ab. Sie ist Speicher des Gedächtnisses, das geschult werden kann, zum Beispiel durch Auswendiglernen und Merktechniken. Diese Kunst, das Gedächtnis zu verbessern, heißt *ars memoriae.* Diese Gedächtniskunst erfüllt vor allem für öffentliche Redner eine wichtige Funktion. Goethes *Faust*-Vers „Allein der Vortrag macht des Redners Glück“ erinnert daran, dass in den Lehrbüchern der Rhetorik, den ersten Büchern der Gedächtnislehre, das Memorieren des Vortrags (*memoria*) der entscheidende Schritt vor dem Vortragen (*actio*) selbst ist.

Literatur ist Erinnerung, Literatur hat ein Gedächtnis

Wir können den Begriff „Erinnerungsliteratur" auf zwei Arten erklären. ‚Literatur der Erinnerung': Das heißt, die Erinnerung ist das Subjekt (*genitivus subjectivus*), das die Literatur speist und ihr die Bilder und Mythen, die Medien und Sprachmuster, die Figuren und Szenarien liefert, in denen sich dann historische Erfahrung und tradiertes Wissen artikulieren können. In diesem Sinne ist die Literatur ein *Speichersystem*, das kulturelles Wissen konserviert, zum Beispiel in Anthologien oder in einem Kanon.

Zugleich aber hat die Literatur ein Gedächtnis (*genitivus objectivus*). Die Erinnerung ist ihr Gegenstand und ihr Medium. „Verinnerlichte Vergangenheit findet ihre Form in der Erzählung", schreibt Jan Assmann.[9] Insofern ist die Erinnerungsliteratur ein *Symbolsystem*: sie erinnert Geschichte, indem sie Geschichten erzählt. Dabei kann die literarische Erinnerung, weil sie stets mehr ist als nur ein passiver Wissensspeicher und eben auch das Vergessen umfasst, selbst zum „Akteur" in einem literarischen Werk werden. Das literarische Gedächtnis kann seine eigenen Bedingungen, vor allem Schriftlichkeit und Medialität, reflektieren; es kann Zweifel an der Wahrheit der Erinnerung formulieren, es kann deren Leerstellen und Lücken thematisieren und, wie Dagmar Leupold schreibt, den „Trost des Allegorischen – auch in der Enttäuschung" spenden.[10]

Erinnerungsliteratur als rhetorisches Speichersystem und als narratives Symbolsystem

Wir können den Unterschied zwischen Literatur als Gedächtnisspeicher und Literatur als aktiver Imagination in einem kleinen Schaubild verdeutlichen:

Literatur ist Gedächtnis	Literatur „hat" Erinnerung
Hypomnema	Mneme
ars	*vis*
Speichersystem der Rhetorik	narratives Symbolsystem
Betonung des Medienträgers	Betonung des Medieninhalts
öffentliche, kollektive Funktion	individuelle Funktion
Autonomie der Dokumente	Selektion und Kritik
passiver Raum	aktive Zeit
Speicher, Archiv, Museum	„Fundgrube, Müllhalde"[11]
Konservierung historischen Wissens	Aktualisierung der Geschichte
input	output

Mnemons Problem

Die Schriftstellerin Katharina Hacker illustriert die doppelte Funktion der Erinnerung in ihrem Prosastück *Mnemon.*[12] Die kleine Erzählung stammt aus ihrem 1998 publizierten Prosazyklus *Morpheus oder Der Schnabelschuh.* Die Titelfigur Mnemon ist ein Rollensprecher. Er ist einer der „professionellen Merker", die in der schriftlosen ‚Bürokratie' der Antike wichtige öffentliche Vorgänge (Erbstreitigkeiten, politische Akten, Kriminalvorfälle) auswendig lernten und so vor dem Vergessen schützten. Das Gedächtnis wird also lebendig in der Person seines Trägers. Doch Mnemon hat ein Problem. Er kann sich der Übermacht der gemerkten Bilder und Sätze nicht erwehren. Er trägt „zu viel des Guten" (112) in sich und weiß nicht, wie alle Gegenstände überhaupt Platz in seinem Kopf finden können. Kurzum: er leidet an seinem professionellen Gedächtnis und will es loswerden.

Zunächst entspricht Mnemon dem klassischen Typus des Gedächtnisses als Speicher und Archiv. Je kostbarer der Inhalt, desto größer ist auch der Wert des Behälters; deswegen wird er streng bewacht. Zugleich zweifelt er an dieser Funktion. Er will vergessen, kann es aber nicht, er will verstehen, kann aber nur wissen. Somit vertritt er das Gedächtnis nicht nur als rhetorisches Merksystem, sondern auch als Symbolsystem, als Instrument und Medium des Erinnerns.

Gedächtnis als Wissen und als Verstehen

In der Gedächtnisforschung wird diese Differenz mit den Begriffen *ars* und *vis* bezeichnet. Das Gedächtnis als *ars* ist eine Technik, die man lernen kann, ein passiver Raum, ein sich aus externen Informationen speisender Wissensspeicher, das griechische Wort dafür ist (in der klassischen Stelle in Platons *Phaidron* 275D) *Hypomnema.* Das Gedächtnis als *vis* ist ein aktiver Akt der Erinnerung, ein schöpferischer Prozess „von innen her aus sich selbst", mehr Verstehen als Wissen, das griechische Wort dafür ist *Mneme.*

Katharina Hackers Mnemon, den seine Auftraggeber also eigentlich Hypomnemon nennen müssten, steht zwischen diesen beiden Typen des Gedächtnisses. Er ist ein verhinderter Geschichtenerzähler, zum Schweigen verdammt. Er leidet an einem Zuviel des Speicherwissens (*ars*) und einem Zuwenig an aktiver Erinnerung (*vis*). Insofern ist er kein Schüler Ciceros, sondern ein verfrühter Adept Nietzsches. Was er uns lehrt, ist, dass wir heute das Problem von Erinnerung und Gedächtnis durch die elektronischen Speichermedien keineswegs gelöst haben. Vor dieser Beschleunigung des Erfahrungswissens und vor der tendenziellen Gedächtnislosigkeit der Speichermedien warnt Katharina Hacker in einem Gedicht: „dies vollständigste archiv macht / was ein mensch hinterließ und / die erinnerung zunichte / die unzähligen dinge / zerstören die erinnerung."[13]

Themen der Erinnerungsliteratur

In der Erinnerungsliteratur geht es, wie schon gesagt, nicht um Nacherzählung oder fiktive Ausschmückung der Geschichte. Das ist Sache historischer Romane. Es geht um den Umgang mit der Geschichte, um Formen und Formungen der Erinnerung im wachsenden zeitlichen Abstand. Am Beginn des 21. Jahrhundert entscheidet es sich, was in welcher Form erinnert wird. Dazu gehört auch ein reflektierter Umgang mit den Daten und Namen der Geschichte. Wenn die Erinnerungsliteratur vom Zweiten Weltkrieg erzählt, lässt sich dieser Zeitraum kaum auf die Daten 1.9.1939 und 8.5.1945 eingrenzen, vor dem Überfall auf Polen besetzte die Wehrmacht im Frühjahr 1939 die Tschechoslowakei, nach der deutschen Kapitulation herrschte in Deutschland noch keine Waffenruhe. Der Begriff „Holocaust", der aus dem Griechischen kommt und wörtlich „Ganzverbrennung" bedeutet, wurde in Deutschland erst geläufig, als 1979 im deutschen Fernsehen die amerikanische Fernsehserie *Holocaust* ausgestrahlt wurde; der hebräische Begriff „Schoah" wird von jüdischer Seite bevorzugt, um das Wort „Holocaust" dem biblisch-religiösen Zusammenhang vorzubehalten (Gen 22,12). Der Geschichte von Massenflucht und Vertreibung der deutschen Bevölkerung aus Ost-, Mittel- und Südosteuropa seit 1945 hat sich die Erinnerungsliteratur erst in den 1990er Jahren angenommen. Ob die DDR eine nennenswerte Staatsgeschichte hat oder nicht vielmehr ein „russischer Satrap" war (Hans-Ulrich Wehler), ist in der Sozialforschung umstritten.

Wie interpretiert man Erinnerungsliteratur?

Eine grundsätzlich empfehlenswerte Methode, an erinnerungsliterarische Werke heranzugehen, gibt es heute (noch) nicht – und es kann diese Methode vielleicht auch gar nicht geben. Aber es gibt eine Reihe von Fragen, die Ordnung schaffen können im Gebiet der literaturwissenschaftlichen Erinnerungsforschung und die es zumindest möglich machen, die auch ästhetisch interessante Erinnerungs*literatur* von den wie Sand am Meer erscheinenden Erinnerungsbüchern der letzten Jahre zu scheiden.

Leitfragen zur Analyse von Erinnerungsliteratur

Diese Fragen artikulieren grundsätzliche Differenzen:

1. Wer erinnert sich? Die Frage nach der Autorschaft und Zeugenschaft stellt sich auch als Frage nach der Autorität der Erinnerung. Dabei kommt es auf den Unterschied von Täter- und Opfergedächtnis an. Es geht dabei zugleich um die Frage der Legitimation: Warum wird erinnert?
2. Wann wird erinnert? Die Frage nach dem Zeitpunkt der Erinnerung ist zugleich die Frage nach der zeitlichen Distanz, die den sich Erinnernden von dem trennt, was erinnert wird; die historische Forschung unterscheidet zudem zwischen „zeitnahen" und „zeitfernen" Zeugnissen.
3. Wie wird sich erinnert? Hier ist erstens auf den Unterschied zwischen dem Autor der Erinnerung und dem Inhalt der Erinnerung zu achten.

Dieser Inhalt, das Erinnerte, wird durch Trauma und Trauer, Beschweigen und Verschweigen im Prozess des Erinnerns verändert. Zweitens kann zwischen dem kommunikativen und dem kulturellen Gedächtnis unterschieden werden. Das kommunikative Gedächtnis umfasst die persönlichen Erinnerungen von drei Generationen, die in einer Erzählgemeinschaft der Mitlebenden tradiert werden. Das kulturelle Gedächtnis überliefert einen festen Bestand von Inhalten und Symbolen in Form von öffentlichem Gedenken oder politischem Ritual.

4. Wo wird erinnert? Hier geht es um die Frage nach Gedächtnisorten, Gedenkorten, Erinnerungsräumen. Die Gedächtnisforschung (Pierre Nora) spricht von *lieux de mémoire* und *milieux de mémoire.* Die traditionellen Erinnerungsmilieus von Familie, Kirche, Staat haben in der Moderne ihre bindende Kraft verloren. Was eine Gemeinschaft (Nation, Europa) zusammenhält, sind im späten 20. und im 21. Jahrhundert Gedächtnisorte, an denen sich kollektive Erinnerungen kristallisieren. Diese Gedächtnisorte können auch Jahrestage oder Symbole sein.

Erinnerung und Autorschaft: Primär-, Sekundär- und Tertiärzeugen

Man kann zwischen Primär-, Sekundär- und Tertiärzeugen unterscheiden. Sie stehen für unterschiedliche Erinnerungsgenerationen. Die Primärzeugen haben bewusst erlebt, woran sie sich erinnern. Ihre Erinnerungen sind Zeugnisse der Zeit. Sie selbst sind Täter oder Opfer. Die Sekundärzeugen, die nicht (bewusst) erlebt haben, woran sie sich erinnern, können noch mit den Zeitzeugen sprechen. Deren Erinnerungen sind für sie keine Quellen, sondern zu befragende Versionen der Geschichte. Hier spricht die Gedächtnisforschung vom Modell einer „kritischen sekundären Zeugenschaft".[14] Kritisch ist sie, weil sie erst in der Vermittlung des Zeugnisses, das heißt: in der Kritik der Erinnerung und im Dialog zwischen den Generationen beglaubigt wird. Die Tertiärzeugen kennen die Geschichte vom Hörensagen, aus dem Unterricht, aus Büchern und Filmen, aus dem Fernsehen. Sie sind Mitwisser, die keine Schuld, aber eine Verantwortung gegenüber der Geschichte haben und sie auf eigene Faust erkunden wollen.

Der Autorschaft der Erinnerung kann man mit dem Begriff des Zeugen auf die Spur kommen. Die Figur des Zeugen ist ein wichtiges Element der Erinnerungsliteratur. Er fasst die Funktionen des Autors zusammen, der sich erinnert und mit seinen Erinnerungen für die Glaubwürdigkeit des Erinnerten bürgt. Aleida Assmann hat zwischen einer historischen, einer religiösen und einer moralischen Dimension des Zeugen unterschieden. Der historische Zeuge oder Zeitzeuge hat ein wichtiges Ereignis erlebt und gibt, wenn er es überlebt hat, seine Wahrnehmung dieses Ereignisses sachlich und unparteiisch an die Nachwelt weiter; der religiöse Zeuge berichtet über ein (nicht selbst erlebtes) Martyrium und unterstreicht das Opfergedächtnis; der moralische Zeuge ist Opfer und Zeuge zugleich und betont die moralische Bedeutung seiner „Wahrheitsmission“.[15] Ein moralischer Zeuge kann auch Täter sein, wenn er selbstkritisch mit seiner Tätererinnerung umgeht.

Konzentration auf moralische Zeugenschaft

In der Erinnerungsliteratur der Gegenwart ist eine Konzentration auf die moralische Zeugenschaft zu beobachten. Sie unterscheidet sich von der historischen Zeugenschaft durch ihren mehr und mehr freien Umgang mit der Geschichte. Die Erinnerung des moralischen Zeugen nimmt keine streng historische Perspektive ein. Emotionen wie Schuld oder Scham spielen mit. Hinzuerfindungen und Umschreibungen sind ebenso möglich wie Verfälschungen und Beschönigungen. Es kommt bei der Analyse darauf an zu untersuchen, aus welcher Gedächtnisperspektive der moralische Zeuge spricht. Er kann ein „Opfer“ im Sinne eines Helden und Märtyrers (*sacrificium*) oder eines passiven, traumatisierten Objekts von Gewalt sein (*victim*). Ihm gegenüber steht der „Täter“. Diese ähnlich ausdifferenzierte Kategorie umfasst auch die Mitläufer und Mitwisser. Hinzu kommen die „Zuschauer“, die sich selbst kritisch beim Erinnern beobachten.[16] Zwischen den Kategorien von „Täter“ und „Opfer“ steht der Widerstand.

Beispiel: literarische und filmische Erinnerung an die DDR

Wer sich erinnert, ist eine wichtige Frage im literarischen und filmischen Umgang mit der Erinnerung an die DDR nach dem Ende der DDR (→ Kap. 1.3 und 3.3). In Wolfgang Hilbigs Roman *„Ich“* (1993) und in Florian Henckel von Donnersmarcks Film *Das Leben der anderen* (D 2005) geht es um Täter- und Opfererinnerung und um die Frage des moralischen Zeugen. In beiden Fällen sind die Protagonisten Mitarbeiter der Staatssicherheit, die an ihrem Auftrag zweifeln und ihn deshalb mehr oder weniger sabotieren. „Wir hatten keinem etwas getan, aber wir hatten die Menschen an die Wegscheide gestellt, wo wir sie abzählten: brauchbar für uns war nur der Spitzel“, mit dieser halbherzigen Entschuldigung endet Hilbigs Roman.[17] Der Stasi-Mitarbeiter im Film *Das Leben der anderen*, der einen Schriftsteller bis in intime Details observiert hat, aber dann auch vor der Verhaftung schützt, betritt nach dem Zusammenbruch der DDR eine Buchhandlung. Dort kauft er das neue Buch des Schriftstellers, die „Sonate vom guten Menschen“, die dem Stasi-Mitarbeiter mit seiner Decknummer „HGW XX/7“ gewidmet ist. Auf die Frage des Buchhändlers, ob er das Buch als Geschenk einpacken solle, sagt der Ex-Stasi-Mitarbeiter: „Nein, es ist für mich!“ Er hat aus der Geschichte gelernt und ist vielleicht kein guter, aber wenigstens ein besserer Mensch geworden. Ob aber der Spitzel eher ein Opfer oder ein Täter der SED-Diktatur gewesen ist, das muss der Leser bzw. der Zuschauer entscheiden.

Täter- und Opfergedächtnis im Film

Auch die Filme *Sophie Scholl – Die letzten Tage, Operation Walküre – Das Stauffenberg-Attentat* und *Inglorious Basterds* zeigen neue Autorschaften der Erinnerung. Es geht um den Widerstand gegen das Hitlerregime. Doch schon die Studentin Sophie Scholl unterscheidet sich von dem Oberst Stauffenberg dadurch, dass sie den Widerstand des Wortes, nicht des Attentats (vom 20. Juli 1944) praktiziert. Durch ihren Widerstand aber werden beide zu Opfern im Volk der Täter und zu moralischen Zeugen, die zeigen, was man aus der Geschichte lernen kann. Anders dagegen im dritten Film. Die „Basterds" sind eine amerikanisch-deutsch gemischte Gruppe jüdischer Soldaten, die Jagd auf Nazis machen. Am Ende der Filmhandlung, bezeichnenderweise im Juni 1944, erschießen sie die NS-Führungsriege bei einer Filmpremiere in Paris, in einem brennenden Kino. Tarantino inszeniert eine kontrafaktische Geschichte, in der die historischen Opfer zu rächenden Tätern werden. Mit der tatsächlichen Geschichte hat Tarantinos Film kaum mehr als die Figurennamen gemein. Es geht ihm um das, was aus der Geschichte hätte werden können. Aus dieser Sicht hat die Fiktionalisierung der Erinnerung ihre Berechtigung. Das „Gedächtnis der Zeugen" wird, wie es Semprún anmahnt, durch den Film mutig entweiht.

Zeitpunkt der Erinnerung

In der Geschichte der Erinnerungsliteratur nach 1945 kommt das Opfergedächtnis gegenüber dem Tätergedächtnis erst spät zum Ausdruck. Die Literatur der ersten beiden Nachkriegsjahrzehnte war vergessensbereit, sie erinnerte nur selektiv, sie besaß ein scheinbar ruhiges Gewissen und ein schlechtes Gedächtnis. Ein Beispiel dafür ist der Erzähler in Grass' Roman *Die Blechtrommel* (1959). Oskar Matzerath hat keine Gewissensbisse, seine beiden Väter, den Polen Jan und den Danzigdeutschen Alfred, ans Messer zu liefern; er ertränkt nach 1945 die Erinnerungen an die Kriegsgräuel im Düsseldorfer „Zwiebelkeller". „Anständig geweint" wird da beim kollektiven Enthäuten von Zwiebeln, [18] kein Wort fällt von der Vergangenheit der Täter. Die Tränen, Ausdruck von „Scham und Angst", beruhigen das Gewissen.[19]

Von der vergessensbereiten zur erinnerungsversessenen Generation

Im Zuge der Protestbewegung der späten 1960er Jahren folgte eine weniger vergessensbereite Generation, die ihren Vätern *Die Unfähigkeit zu trauern* (Alexander und Margarete Mitscherlich, 1967) vorwarf. Christoph Meckel (*Suchbild*, 1980) und Bernward Vesper (*Die Reise*, 1977) gehen hochgradig kritisch, aber auch unsicher mit ihren nationalsozialistischen Vätern ins Gericht. Das Urteilsschema „Väter als Täter" bestimmte den Modus der Erinnerung. Die Söhne konnten nicht verstehen, warum der gute Vater ein Nazi und ein Mörder gewesen sein sollte. Diese Generation war erinnerungsversessen. Sie wollte die Vergangenheit „aufarbeiten" (Adorno) und bewältigen und war mit einem schlechten Gewissen und einem guten Gedächtnis ausgestattet.

Ihr folgten die Generationen, die den *Abschied von den Kriegsteilnehmern* (so der Titel des 1992 erschienenen Romans von Hanns-Josef Ortheil) proklamierten und kritisches Gedenken mit Verständnis und Empathie verbinden. Anders als die Söhne sind die Enkel aber nicht abgeneigt, die Erfahrungen und Erinnerungen der Zeitzeugen zu adoptieren. Ihr Gedächtnis ist in das Stadium der *postmemory* (Marianne Hirsch) eingetreten.[20] Es verfügt trotz der engen personalen Bindung an die Erlebnisgeneration nicht mehr über deren Erinnerungsschatz. Das zeitferne Erfahrungsgedächtnis der Zeitzeugen steht in einem Gegensatz zu dem Wissen über die Vergangenheit, mit dem die Jüngeren zeitnah durch Schulunterricht, Bücher und Filme aufgewachsen sind. Der 1962 geborene Marcel Beyer modelliert seine Romanfigur *Kaltenburg* nach dem Vorbild von Konrad Lorenz (1903–1989). Die historische Erfahrung der Kriegsjahre, in die der Verhaltensforscher Lorenz auf der Seite der Mittäter verwickelt war, teilt Beyer indessen nicht. Deshalb nutzt er in seinem Roman *Kaltenburg* neben historischen Quellen und Familiendokumenten den Spielraum der eigenen literarischen Imagination. Für ihn kommt es darauf an, das, was „nah und zugleich ungreifbar" an der nicht miterlebten Vergangenheit ist, mit eigenen Vorstellungen zu füllen. So wird er zu einem „Spion" der Vergangenheit.[21]

Diese Generation der seit den mittleren 1960er Jahren geborenen Autoren hat das beste, zugleich das kritischste Gedächtnis – und das ambivalente Gewissen einer „Mitwisserschaft", die sie von Mittäterschaft befreit, aber mit der Verantwortung für das Erbe der Geschichte belastet.

Modi der Erinnerung: Krebsgang

Wenn die Erinnerung Literatur wird, nimmt sie eine künstlerische Form an. Sie verläuft nicht geradlinig und chronologisch, sondern in Sprüngen und Schüben. Die literarische Erinnerung spult keinen Lebenslauf ab, sondern kommt der „Zeit eher schrägläufig in die Quere", nach „Art der Krebse, die den Rückwärtsgang seitlich ausscherend vortäuschen, doch ziemlich schnell vorankommen."[22] Walter Kempowski – und nicht erst Günter Grass – hat dafür die Formel vom „Krebsgang" der Erinnerung geprägt.[23] Der Erzähler wechselt die Ebenen von Gegenwart und Vergangenheit, die Erinnerung bestimmt die erzählte Zeit, nicht umgekehrt.

Fakten und Fiktionen

Zudem kommt das Verhältnis zwischen Fakten und Fiktion in den Blick. Norbert Gstrein hat das Problem fixiert: Wie kann man eine fremde Geschichte zur eigenen machen, selbst wenn „man die eigene in der fremden" Geschichte nur spiegelt?[24] Die Antwort ist: durch Literarisierung, durch Fiktionalisierung, durch Mitreflektieren der eigenen Position gegenüber der Geschichte als Zuschauer, teilnehmender Beobachter, kritischer

Zeuge, als Erbe. Die Gedächtnisbildung durch eigene und fremde Erfahrungen muss von der Gedächtnisreflexion ergänzt werden.[25] Diese Gedächtnisreflexion garantiert den notwendigen Anteil an Verantwortung in der Erfindungsfreiheit der Literatur. Glaubwürdig ist das literarische Gedächtnis nur, wenn es Auskunft darüber gibt, wie erinnert wird. Dieses Bewusstsein der Verantwortung gegenüber der Erinnerung hat in der Literatur stark zugenommen.

Umgang mit der Geschichte

Dabei tritt abermals die moralische Dimension des Erinnerungszeugen zutage. Wer Erinnerungen erfindet und dabei das gesicherte Wissen über die Vergangenheit verändert, wandelt auf dem schmalen Grat zwischen Geschichtsschreibung und künstlerischer Fiktion, zwischen Wissen und Verstehen, zwischen Realismus und Phantasie. Wer das nicht auseinanderhält, stürzt ab. Wenn „Phantasie sich als Realismus gibt", schreibt Ruth Klüger, „dann wird sie per definitionem Kitsch."[26] Erinnerungskitsch, sentimentales Erzählen, Dämonisierung auf der einen, Verharmlosung und Beschönigung auf der anderen Seite sind die Gefahren der literarischen Erinnerung. Im Falle der DDR-Erinnerungsliteratur hat dieses Risiko einen Namen: „Ostalgie". Das Wort des Jahres 1993 ist ein Kunstwort, zusammengesetzt aus dem „Osten" und der „Nostalgie". Gemeint ist eine Erinnerung, die wie in Thomas Brussigs Roman *Am kürzeren Ende der Sonnenallee* (1999) das „Wunder" vollbringt, einen „Frieden mit der Vergangenheit zu schließen, in dem sich jeder Groll verflüchtigt und der weiche Schleier der Nostalgie über alles legt, was mal scharf und schneidend empfunden wurde."[27]

Beispiel: Bernhard Schlinks *Der Vorleser*

Ein gutes Beispiel ist eines der erfolgreichsten Bücher der jüngeren deutschen Erinnerungsliteratur, Bernhard Schlinks *Der Vorleser* aus dem Jahr 1995. Der in 40 Sprachen übersetzte, mit mehreren Preisen ausgezeichnete, 2009 verfilmte Roman erzählt die Geschichte von der ehemaligen Lageraufseherin Hanna Schmitz und dem 15jährigen Gymnasiasten Michael Berg. Im Heidelberg der späten 1950er Jahre haben sie eine intensive Liebesaffäre. Ein knappes Jahrzehnt später begegnet der Erzähler, inzwischen Jura-Student, der Frau wieder, die nunmehr als angeklagte Massenmörderin in einem KZ-Prozess sitzt. Wie soll er mit seiner Erinnerung an das Verbrechen der Frau umgehen?

> „Ich wollte Hannas Verbrechen zugleich verstehen und verurteilen. Aber es war dafür zu furchtbar. Wenn ich versuchte, es zu verstehen, hatte ich das Gefühl, es nicht mehr so zu verurteilen, wie es eigentlich verurteilt gehörte. Wenn ich es so verurteilte, wie es verurteilt gehörte, blieb kein Raum fürs Verstehen."[28]

Verzerrtes moralisches Zeugnis

Erst später erfährt der Erzähler von Hannas Analphabetismus, den sie im Gefängnis überwindet. Doch sie nimmt sich das Leben, nachdem sie im

Gefängnis KZ-Literatur und Bücher über den Holocaust gelesen hat. Dieser Selbstmord hebt die Differenzen zwischen Täter- und Opfergedächtnis auf. Ein historisches Zeugnis ist so nicht mehr möglich, nur ein verzerrtes moralisches Zeugnis. Das Mitleid mit dem Mörder unterdrückt das Mitleid mit den jüdischen Opfern und stärkt das Selbstmitleid des erzählenden Mitwissers. „Die Massenmörderin wird als virtuelle Heilige präsentiert, der Leser dazu angehalten, an die heilige Kraft der Dichtung zu glauben.“[29] Diesen Vorwurf von Jeremy Adler – dem Sohn H.G. Adlers (1910–1988), des Autors maßgeblicher Studien zur jüdischen Deportation – muss sich Schlinks Roman gefallen lassen.

In Stephen Daldrys Film *Der Vorleser* (D 2009) wird das Problem verschärft. Als Michael Berg die inhaftierte Hanna Schmitz kurz vor ihrer Entlassung besucht und fragt, was sie denn aus der Vergangenheit gelernt habe, sagt sie: „Lesen!“ Hier erscheint Erinnerungskitsch als literarische „Wiedergutmachungsphantasie“ (Ruth Klüger). Der Zuschauer – und der Leser von Schlinks Roman – muss weiterfragen: eben nach der Differenz zwischen Wissen und Verstehen, zwischen Realismus und Phantasie.

Orte der Erinnerung

„Groß ist die Kraft der Erinnerung, die Orten innewohnt“, sagt Cicero, der Theoretiker der römischen Mnemotechnik (*De finibus bonorum et malorum*, 394). Damit macht Cicero auf die jedermann vertraute Erfahrung aufmerksam, dass Eindrücke, die man an einem historischen Schauplatz, beispielweise an einer Gedenkstätte empfängt, um einiges lebhafter und aufmerksamer sind als die, von denen man nur hört oder liest. Aber dieses Gedächtnis, das an die Orte der Erinnerung geknüpft ist, wurzelt nicht mehr „in der Wärme der Tradition, im Schweigen des Brauchtums und in der Wiederholung des Überlieferten“,[30] in den traditionellen Erinnerungsmilieus von Familie, Staat und Kirche. Im ausgehenden 20. Jahrhundert haben die Historiker – und nicht nur sie – mit ihrem Wissen über die Vergangenheit ein mächtiges Archiv aufgebaut. Es stützt sich auf Erinnerungsorte, die Platzhalter für die abhanden gekommenen ‚lebendigen‘ Erinnerungsmilieus sind. Diese Erinnerungsorte stiften kein zusammenhängendes kollektives Gedächtnis mehr. Sie unterstreichen die Differenz zwischen Vergangenheit und Gegenwart.

Beispielanalysen: Günter Grass, Christoph Hein, Ulrike Draesner

In den folgenden Kapiteln werden drei repräsentative Werke der jüngeren Erinnerungsliteratur vorgestellt: Günter Grass' Novelle *Im Krebsgang* (2002), Christoph Heins Kurzgeschichte *Moses Tod* (1992) und Ulrike Draesners Roman *Spiele* (1995). Der literarische Umgang mit der Erinnerung wird hier auf signifikante Weise thematisiert: in den Fragen nach Autorschaft und Zeitzeugnis, nach dem Zeitpunkt und der Modalität der Erinnerung, nach dem Erinnerungsort. Grass geht von dem Untergang der „Wilhelm Gustloff" am 30. Januar 1945 in der Ostsee aus und stellt die Auseinandersetzung von drei Generationen mit dieser Schiffskatastrophe dar. Hein geht von einer biblischen Geschichte aus und fragt nach dem Verhältnis von religiöser und moralischer Zeugenschaft in der DDR-Erinnerungskultur. Ulrike Draesners Ausgangspunkt ist das Münchner Olympiaattentat von 1972 und seine Rolle in der kollektiven deutschen Erinnerung und im Familiengedächtnis.

Zudem stehen die Geburtsjahrgänge der Autoren für die drei Generationen, deren Erinnerungen das kommunikative Gedächtnis umfasst: Grass ist Jahrgang 1927, Hein 1944, Draesner 1962. Ihre Bücher stehen auf der Schwelle, auf der Jorge Semprún zufolge „Gedächtnis und Zeugnis Literatur werden". „Die Geschichtsbilder werden *jetzt* fixiert, die Erinnerungsorte *jetzt* festgelegt, die Anteile von Erinnerung und Vergessen *jetzt* festgelegt", sagte Wolfgang Frühwald 2007 in der Frankfurter Paulskirche.[31] Es geht um die Überführung der individuellen Erfahrungen und Erinnerungen der Zeitzeugen ins literarische Langzeitgedächtnis der Literatur.

4.2 Günter Grass' Novelle *Im Krebsgang* als Tabubruch der Erinnerung

Tabubrüche im Werk von Grass

Tabubrüche sind von Anfang an mit den Werken von Günter Grass und deren Rezeption verbunden gewesen. Der Debütroman *Die Blechtrommel* empörte sittenstrenge Kritiker, „Pornographie, Blasphemie, Nihilismus" lauteten die Vorwürfe.[32] Den bislang größten Grass-Skandal löste der Roman *Ein weites Feld* (1995) aus, die Geschichte von dem Untertanen Fonty und dem ewigen Polizeispitzel Hoftaller.[33] Das 21. Jahrhundert hat gleich mit zwei Mediendebatten um Grass begonnen. Die Zeitschrift *Der Spiegel* hat sie illustriert. Der Titel „Die deutsche Titanic. Der neue Grass: Die verdrängte Tragödie des Flüchtlingsschiffes ‚Wilhelm Gustloff'" (Ausgabe vom 4.2.2002) spielte mit der Bedeutung eines doppelten Untergangs: dem des Schiffs und dem der Erinnerung an diese Katastrophe. Auf dem Cover thronte der Tragödiendichter über dem versinkenden Schiff, das aus der Erinnerung heraufzuholen seiner Novelle *Im Krebsgang* gelungen sei.

Viereinhalb Jahre später, am 21.8.2006, titelte das Magazin: „Der Blechtrommler. Spätes Bekenntnis eines Moral-Apostels"; Grass hatte neun Tage zuvor in einem Interview mit der *Frankfurter Allgemeinen Zeitung* und in dem wenig später ausgelieferten Erinnerungsbuch *Beim Häuten der Zwiebel* gestanden, 1944/45 Soldat der Waffen-SS – und nicht, wie bislang allerorten nachzulesen,[34] der Wehrmacht – gewesen zu sein. Wiederum spielt das Titelbild mit dem markanten physiognomischen Profil des Au-

10 „Die deutsche Titanic" (*Spiegel*-Cover 6/2002)

tors, der, mit Walrossschnauzbart und Lesebrille, Anarchie und Intellektualität zu vereinen scheint. Statt des Namens wird die personifizierte Marke genannt, die ihn berühmt gemacht hat, und dieser Ruhm des fast achtzigjährigen Nobelpreisträgers wird auf seine anrüchige Vergangenheit als siebzehnjähriger SS-Soldat übertragen. Im Matrosenanzug trommelt „Der Blechtrommler" auf einen Helm mit den SS-Runen.

Erinnerung als Tabubruch

Ende der 1990er Jahre hatte der Schriftsteller W.G. Sebald in einem Zürcher Vortrag auf ein vermeintlich eklatantes Versäumnis der deutschen Literatur nach 1945 hingewiesen: Flucht und Vertreibung, Bombenkrieg und Luftkrieg hätten keine Rolle im literarischen Erinnerungsdiskurs gespielt; die wenigen Werke, die Flüchtlingsleid und Luftkriegsopfer behandeln,[35] seien „aus dem kulturellen Gedächtnis ausgeschlossen" worden.[36] Beim Nobelpreisträgertreffen in Vilnius (2000) knüpfte Grass an die These von Sebald an und zeigte sich beunruhigt davon, „wie spät und noch immer zögerlich an die Leiden erinnert wird, die während des Krieges den Deutschen zugefügt wurden."[37]

Grass war der erste Autor, der diese Debatte öffentlichkeitswirksam in eine Novelle verwandelte. *Im Krebsgang* wurde am 5.2.2002, zwei Wochen vor dem ursprünglich vorgesehenen Erscheinungstermin, in einer Erstauf-

11 „Der Blechtrommler" (*Spiegel*-Cover 34/2006)

lage von 50.000 Exemplaren ausgeliefert, die nach wenigen Tagen vergriffen waren; am 14.2. waren 250.000 Exemplare im Handel. Durch das Vorziehen des Veröffentlichungstermins war das Buch bereits als Bestseller auf dem Markt, bevor die ersten – noch an die ursprüngliche Sperrfrist (22.2.) gebundenen – Rezensionen erschienen. Grass wurde als „Tabubrecher" besprochen, der behilflich sei, „dem deutschen Gerede ein Thema wiederzugeben, über dem bisher kollektives Schweigegebot lag".[38] Die Weichen für die Debatte waren damit gestellt. Nicht die historische Schiffskatastrophe, die in dem mäßig erfolgreichen Film von Frank Wisbar (*Nacht fiel über Gotenhafen*, 1959) und einem mehrfach aufgelegten Sachbuch von Heinz Schön (*Die „Gustloff"-Katastrophe*, 1984) vorkommt, ist für Grass das Entscheidende. Es geht ihm um den Umgang mit der Erinnerung an diese Katastrophe. Dabei kehrt er die Erinnerungsperspektive um. Seine Novelle plädiert für das viktimologische Opfergedächtnis der Deutschen, die bislang als Tätervolk galten.[39]

„Krebsgang" der Erinnerung

Grass erzählt seine Geschichte nicht in linearer Folge, sondern ohne den „Krückstock Chronologie".[40] Er lässt sie im „Krebsgang" hin und her springen zwischen den Zeiträumen von drei Generationen. Mit dem krebsgangartigen Erzählen will Grass der persönlichen Erinnerung, die auch „schummeln" und schönfärben darf, das Wort geben: „Ich will auf Umwegen (Abwegen) zu euch sprechen: manchmal außer mir und verletzt, oft zurückgenommen und nicht zu belangen, zwischendrein reich an Lügen, bis alles wahrscheinlich wird."[41]

Die Erinnerung der Generationen

Tulla Pokriefke, die görenhafte Figur aus der *Danziger Trilogie*, von der Kenner des Grass'schen Werks vermuten mussten, sie sei mit der „Gustloff" untergegangen,[42] vertritt die Zeitzeugen. Sie hat die Katastrophe nicht nur überlebt, sondern in der Nacht des 30. Januar auf dem Beiboot „Löwe" auch ihren Sohn Paul zur Welt gebracht. Tulla spricht für die Zivilisten unter den deutschen Kriegsteilnehmern, die vergessen wollen, aber nicht vergessen können, weil das Geschehene sich im affektiven Gedächtnis festgesetzt hat.[43] Als Erzählerin des Untergangs, den sie „persönlich erlebt" hat (94), vertritt sie das kommunikative Gedächtnis der Zeitzeugen. Sie erzählt im mündlich-dialektalen Duktus, sentimental und subjektiv. Aufschreiben kann sie ihre Erinnerungen nicht.

Dazu bedarf es eines Sekundärzeugen. Tullas Sohn Paul ist der Ich-Erzähler der Novelle. Als „alimentierter Bummelstudent" (IK 30) und linkssozialisierter Journalist mit Stationen bei der Springer-Presse und der *taz* steht er für die 1968er Generation. Seine Mutter und ein anonymer Auftraggeber, hinter dem unschwer der Autor Grass erkennbar ist, fordern ihn auf, die Erinnerungen zu Papier zu bringen. So muss er sich erinnern, auch wenn er vergessen will. Paul ist ein um Neutralität bemühter Chronist der Ereignisse, ein „Hobbyhistoriker der Familienlegende und williger Kronzeuge der Großmutter".[44]

Sein Sohn Konrad wiederum, der Vertreter der jüngeren Generation, ist ein hochbegabter, aber wohlstandsverwahrloster Jugendlicher. Seine rechtsextremistische Website weist ihn als jemand aus, der die Geschichte nicht vergessen kann, weil er nicht vergessen darf. Beeinflusst von seiner Großmutter, verherrlicht er Wilhelm Gustloff als „Blutzeugen" des Nationalsozialismus. Auf eine revisionistische Weise legt er das Erinnerungszeugnis ab, gegen das sich sein Vater sträubt. Zugleich verleugnet er die väterliche Linie seiner Herkunft: „Absolutes Schweigen über alles, was mich betraf" (IK 148), stellt der Erzähler fest. Letztlich beziehungslos steht Konrad am Ende einer Generationenfolge, an dem sich die gemeinsame Erinnerung in dem tendenziell gedächtnislosen Medium des Internets auflöst. In einem Chatroom kommuniziert er mit einem Gegner namens David.

Internet als „Gedächtnismedium"

Das Internet gewinnt in diesem Zusammenhang besondere Bedeutung. Zum einen ist es ein Steinbruch kollektiv verdrängter Erinnerungen, ein „Schauplatz des Kampfes der Erinnerungen, der Wiederkehr des Verdrängten und der Wiederbelebung uralter Vorurteile".[45] Zum anderen ist es als hybrides Medium, das Informationen aufzeichnet, speichert und zugleich verbreitet, ein Ort der „totalen Kommunikation" (IK 149). Im Internet wird die Vergangenheit „mit belehrendem Geschick" in einem virtuellen Raum nachgespielt.[46] Dabei können alte Tabus gebrochen und neue Tabus produziert werden. Während es Konrad um das heroische Tätergedächtnis des Nazi-Industriellen Wilhelm Gustloffs geht, feiert sein Gegenspieler David die Versenkung des Schiffes durch ein russisches U-Boot als die „Fortsetzung des ‚ewigen Kampfes David gegen Goliath'" und setzt Wörter wie „Erblast" und „Sühnegebot" in die vernetzte Welt (IK 149). Die deutsch-jüdische Erinnerungsdifferenz bleibt auf diese Weise unüberbrückbar, weil die Opfer auf der einen Seite die Opfer der anderen nicht anzuerkennen bereit sind.

Sieger- und Verlierergedächtnis

Neben dem Pokriefkeschen Stammbaum gibt es eine zweite Figurenfamilie, die nicht durch diachrone Verwandtschaftsverhältnisse miteinander verbunden ist, sondern durch eine synchrone Geschichtskonstellation. Sie besteht aus:

- Wilhelm Gustloff, der 1895 in Schwerin geboren wurde, 1929 in die NSDAP eintrat und 1932 Landesgruppenleiter der NSDAP-Auslandsorganisation in der Schweiz wurde;
- David Frankfurter, Medizinstudent, der Gustloff 1936 in Davos umbrachte, inhaftiert, nach dem Krieg freigelassen wurde und nach Palästina/Israel auswanderte;
- Alexander Marinesko, russischer U-Boot-Kommandant, der die „Gustloff" versenkte, aber in Ungnade fiel und einsam und verarmt starb.

Auf eigentümliche Weise sind diese drei Figuren Sieger und Verlierer, Täter und Opfer zugleich. Als ‚Sieger' erhält Gustloff ein Denkmal in seiner Geburtsstadt, aber in der DDR wächst buchstäblich Gras über den Granitstein mit der Inschrift „Gelebt für die Bewegung – Gemeuchelt von Juden – Gestorben für Deutschland" (IK 171). Marinesko, der ‚Täter', bekommt erst postum ein Denkmal und wird zum sowjetischen Nationalhelden erklärt. Frankfurter schließlich ist Täter und Opfer zugleich. Ihm wird sowohl im nationalsozialistischen Siegerdiskurs ein Denkmal verweigert wie auch im nachkriegsdeutschen Verliererdiskurs, weil in beiden Diskursen, so entgegengesetzt sie auch sind, kein Platz für den jüdischen Täter ist. Auch David Frankfurter erhält erst postum ein Gedächtnis in Form der Gerichtsverhandlung, auf der Konrad – „Ankläger seiner selbst" (IK 194f.) – wegen „Totschlags" zu sieben Jahren Jugendhaft (IK 197) verurteilt wird.

Streit um die Erinnerung

Gustloff, Marinesko und Frankfurter sind die Antagonisten in einem Streit um die Gedächtniskultur, den Grass in der Erzählgegenwart von

Konrad und seinem Chat-Partner David aufs Neue inszenieren lässt. Dabei geht es um die Wiederkehr der Geschichte in einem Attentat mit vertauschten Rollen. Konrad erschießt David ausgerechnet am 20. April 1997, am Tag von Hitlers Geburtstag, und an dem Ort, an dem einst das Gustloff-Denkmal stand – einem „Ort der getilgten Erinnerungen".[47] Doch David ist gar kein Jude. Damit wird der herkömmliche Täter-Opfer-Antagonismus außer Kraft gesetzt. Auch der Konrad-Figur ist trotz aller Gewaltbereitschaft die Distanzierung von den erinnerungsblinden „Glatzen" abzulesen. Zum Neonazi und zum Gustloff-Fan wird er erst, weil ihm die Großmutter das Gefühl eintrichtert, das verdrängte Leid der Flüchtlinge in Erinnerung rufen zu müssen, und weil er entdeckt, dass 1933 bis 1945 viele Menschen vom Nationalsozialismus begeistert waren.

Grass als Tabubrecher

Grass inszeniert den Umgang mit der Erinnerung an den Schiffsuntergang als den Bruch mit einem Erinnerungstabu. Wenn man ihm Glauben schenkt, hat es die Nachkriegsliteratur unterlassen, über das Opferschicksal der Deutschen zu berichten. In seiner Chronik *Mein Jahrhundert* (1999) heißt es:

> „Wir wollten berichten. Das hatten wir gelernt. Darauf waren wir spezialisiert. Doch als der Krieg zu Ende war und nur noch über Schäden und Verluste zu berichten gewesen wäre, waren allenfalls – und das bis zum Schluß – Durchhalteappelle gefragt. Zwar schrieb ich über ostpreußische Flüchtlingstrecks, die von Heiligenbeil aus über das zugefrorene Haff die Frische Nehrung erreichen wollten, aber niemand, kein ‚Signal' druckte meinen Elendsbericht. Ich sah mit Zivilisten, Verwundeten, Parteibonzen überladene Schiffe von Danzig-Neufahrwasser ablegen, sah die ‚Wilhelm Gustloff', drei Tage bevor sie sank. Ich schrieb kein Wort darüber. Und als Danzig weithin sichtbar in Flammen stand, gelang mir keine zum Himmel schreiende Elegie, vielmehr schlug ich mich, inmitten versprengter Soldaten und ziviler Flüchtlinge, zur Weichselmündung durch. Ich sah, wie das KZ Stutthof geräumt, wie Häftlinge, soweit sie den Marsch bis Nickelswalde überlebt hatten, auf Fährprähme gepfercht, dann auf Schiffe verladen wurden, die vor der Flußmündung ankerten. Keine Schreckensprosa, keine aufgewärmte Götterdämmerung. Ich sah das alles und schrieb nichts darüber."[48]

Erinnerung an die Vergangenheit, die nicht vergeht

Zu sehen, aber nicht beschreiben zu können, ist ein wichtiges Thema der Gustloff-Novelle. Dabei scheint Grass aber zu übersehen, was andere Autoren geschrieben haben. Walter Kempowskis epochale Chronik *Das Echolot* (1999), in der auch Zeugnisse von Überlebenden des Schiffsunglücks zu finden sind, ist ihm keine Erwähnung wert.[49] Als Grund für das „gemiedene Thema" führt er die Erinnerungsdifferenz zwischen jüdischen und deutschen Opfern im kollektiven Gedächtnis der Deutschen an: es „dürfte nur jener und nicht dieser Toten gedacht werden" (IK 62). Auschwitz dominierte den Diskurs derer, die sich, wie Grass, „zwar nicht als Täter, doch im Lager der Täter zur Auschwitzgeneration" zugehörig fühlten,[50] und verdrängte – folgt man Grass – den ‚anderen' Diskurs der Leiden des Tätervolks.

Am Ende der Novelle zerstört der inhaftierte Konrad vor den Augen seines Vaters mit bloßer Faust das nachgebaute Schiffsmodell der „Gustloff". Doch mit diesem symbolischen Akt ist die Novelle nicht am Ende. Grass gibt ein letztes Mal dem Erzähler das Wort. Er verweist auf das Internet. Dort taucht die Website „www.kameradschaft-konrad-pokriefke.de" auf,[51] die „für jemand warb, dessen Haltung und Gedankengut vorbildlich seien, den deshalb das verhaßte System eingekerkert habe" (IK 216). Ex negativo wird so eine Lehre aus der Geschichte gezogen: die Erinnerung an Auschwitz, für Grass „bleibendes Brandmal unserer Geschichte",[52] darf nie aufhören.

4.3 Religiöse Erinnerung in Christoph Heins Kurzgeschichte *Moses Tod*

Hein als religiös musikalischer Autor

Der 1944 in Schlesien geborene Christoph Hein, Sohn eines protestantischen Pfarrers, ist ein religiös musikalischer Autor.[53] In der Literatur der DDR war das etwas höchst Seltenes. Religion und Christentum waren in der DDR in eine Randstellung gedrängt, Kirchen wurden geheimdienstlich „bearbeitet", die Zahl der Kirchenmitglieder ging beständig zurück (bis 25 Prozent im Herbst 1989). An die Stelle des Religionsunterrichts an Schulen rückte atheistische Erziehung, Konfirmation und Firmung wurden durch das Ritual der Jugendweihe ersetzt. Von den Folgen dieser Erziehung ohne Religion erzählt Christoph Heins erfolgreichstes Buch, die Novelle *Der fremde Freund* (1982), die 1983 als westdeutsche Lizenzausgabe unter dem Titel *Drachenblut* erschien.

Das Gegengedächtnis von Kirche und Religion in der DDR

Doch die Kirche, besonders die evangelische, die der Opposition ein Dach für Veranstaltungen und die geistige Grundlage gab, war allein schon durch ihre Existenz eine offene Tür in der geschlossenen Gesellschaft der DDR. Auch Hein nutzte in den 1980er Jahren kirchliche Räume zur politischen Kritik.[54] Seine literarische Sprache steht in der Tradition „der protestantischen Bibelübersetzung" Luthers.[55] Religion und biblische Bilder dienen in seinen Werken dazu, „eine Art Gegen-Gedächtnis" zum offiziellen kulturellen Gedächtnis der DDR zu bilden.[56] Dieses Gegengedächtnis versucht diejenigen Erinnerungen zu retten, die von Staats wegen unterdrückt oder verboten und mit den Mitteln der Zensur verfolgt werden. Diese Zensur war so stark, dass „in der Literatur der DDR bis 1989 kein Manuskript zum Buch wurde, das in der Lage war, das kollektive Gedächtnis ernsthaft zu erschüttern".[57] Getroffen werden konnte nur das individuelle Gedächtnis des Lesers, und auch das nicht im Klartext, sondern ‚zwischen den Zeilen'. Der Leser muss mehr wissen, als im Text steht. Ein guter Teil dieses Mehrwissens stammt aus dem „Gedächtnis der Frömmigkeit", dessen ursprünglich „sakrale Ausdrucksformen in Poesie laufend säkularisiert werden".[58] Heins literarische Erinnerung ist insofern keine „verborgene Theologie" mehr wie im Zeitalter von Martin Opitz. Dies zeigt besonders die Kurzgeschichte *Moses Tod* (1992).[59]

Religionsverbot als Erinnerungsverbot

Die vierseitige Erzählung *Moses Tod* erschien 1994 in Christoph Heins Band *Exekution eines Kalbes*, der Prosastücke aus der Zeit vor 1989 versammelt. Die Literaturkritik war mit dem Titel des Bandes nicht einverstanden: das höre sich an wie „Krach in der Mastrinderbrigade".[60] Doch Hein geht es nicht um eine satirische Ideologiekritik am Arbeiter-und-Bauern-Staat, sondern um den Umgang mit dem kulturellen Erbe. Dazu gehört – neben den literarischen Klassikern wie Hebel und Kafka (darauf nehmen die Erzählungen *Unverhofftes Wiedersehen* und *Zur Frage der Gesetze* Bezug) – eben auch die religiöse Tradition.

Chronikalische Erinnerung

Moses Tod beginnt im sachlich-nüchternen Berichtsstil der biblischen Chronik:

> „Moses war hundertzwanzig Jahre alt, als Jahwe ihn auf den Berg Nebo schickte, auf dass er von dort das gute Land sehe, welches Jahwe seinem Volk versprochen hatte. Mose sollte es vor seinem Tod sehen, aber er sollte es nicht betreten, denn sein Gott war mit ihm unzufrieden, hatte sich Mose doch gegen ihn vergangen und ihn inmitten der Israeliten nicht heiliggehalten."

Nebo ist der Berg, auf dem Mose stirbt (5. Mose 31,1–5). Sein Tod löst den Erinnerungsprozess des kommentierenden Erzählers aus. Er sucht nach einem Ort für die Erinnerung: Moses Grab. Zugleich spielt die moralische Frage nach der Schuld eine Rolle: „Unbekannt wie der Ort, an dem Mose begraben wurde, blieb auch sein Vergehen, womit er Jahwe derart erzürnt hatte" (EK 120). Die von der Bibel angebotenen Antworten, „Glaubensschwäche" des langjährigen Führers, „Ungehorsam des Alten", werden verworfen. Stattdessen konstruiert Hein eine von der Bibel nicht überlieferte Gegengeschichte. Die große Mehrzahl der Kundschafter, die Mose ausgesandt hatte, um das Gelobte Land zu erkunden, soll – so Heins Fiktion – an der Bewohnbarkeit des neuen Landes gezweifelt haben, und zwar aufgrund der entsetzlichen Entdeckung, „dass sich über dem guten Land kein Himmel wölbt" (EK 122). Auch Mose war dagegen, das „neue Land" zu betreten. Nur Kaleb und Josua von den jahwetreuen Stämmen Juda und Ephraim teilen seine Zweifel nicht und dürfen das Land betreten.

Utopieverlust und Vergessen

Hein variiert hier das Thema vom Verlust der Utopie. Man kann das „Gelobte Land" auf die Idee von einem „besseren Deutschland" beziehen und die Rolle des Mose auf jeden Intellektuellen der DDR, der diesem Traum skeptisch gegenübertrat, weil sich erkennbar „kein Himmel über diesem Land wölbt“ (EK 123). Die Mehrheit der Intellektuellen hat sich freilich von den Versprechen der Gründerjahre auf einen demokratischen Rechtsstaat, auf eine Republik von gleichberechtigten Arbeitern und Bauern verführen und täuschen lassen. Diesen moralischen Konflikt hat Hein in seinem 1999 uraufgeführten Einakter *Himmel auf Erden* verarbeitet. Das Vierpersonenstück spielt in einer mecklenburgischen Striptease-Bar und dreht sich um die verdrängten Ost-Erinnerungen der Protagonisten.[61]

Parabel über das Vergessen der religiösen Erinnerungskultur

Zugleich ist *Moses Tod* als Parabel auf die vergessene religiöse Erinnerungskultur der DDR lesbar. Dieses Gleichnis wird in einer raffinierten Binnenfiktion entfaltet. Der Erzähler erzählt nämlich nicht aus eigenem Wissen. Er stützt sich auf eine häretische Schrift, die „nicht mit den anderen Zeugnissen übereinstimmt“ und von der „man wenig Glauben erwarten darf“ (EK 121). Dieser Bericht, der eine Erklärung für Moses Tod liefert, sei öffentlich verbrannt und mit dem Namen des „unwürdigen Chronisten“ aus dem kollektiven Gedächtnis der Israeliten ausgelöscht worden.

Auch die kritischen Einwände von DDR-Intellektuellen sind aus der offiziellen Geschichtsschreibung der DDR entfernt worden. Bücher wurden zensiert oder verboten, Lesungen untersagt. Wenn die Kritik zu stark war, wurden sogar die Intellektuellen selber aus dem Land gewiesen. Davon zeugt der Massenexodus von DDR-Intellektuellen aus ihrem Land nach der Ausbürgerung Wolf Biermanns (1976). Der Erzähler – und mit ihm Christoph Hein – erinnert an diese unliebsame und von Staats wegen verfolgte Kritik, die nicht vergessen werden darf. Er steht insofern auf der Seite des Zweiflers Mose, nicht auf der Seite des Volkes, das treuselig in das „gute Land“ zog.

Schwellenzeugnis der Erinnerungskultur

Noch etwas anderes kommt hinzu. Wie Mose steht Hein an einer Schwelle der Erinnerungskultur. Sie sind Augenzeugen einer vierzigjährigen Geschichte von Entbehrung und Hoffnung. Wenn ihre Erfahrung nicht vergessen werden soll, muss sie im kulturellen Gedächtnis der nachfolgenden Generationen schriftlich fixiert werden. Das gilt besonders dann, wenn die persönliche Erfahrung im Widerspruch zu der kollektiven Erinnerung steht. Berufungsinstanz dieser persönlichen Erfahrung ist die Religion. Mit ihr ist es möglich, die politischen Parolen von einem „Himmel auf Erden“ (EK 123) Lügen zu strafen. Der „Himmel“ steht nicht nur für Hoffnung und besseres Leben. Er steht auch für die in der DDR verdrängte Erinnerung an die Religion.

Kontrapräsentisches Erinnerungsdrama

Auf diese Weise schreibt Hein die Religionsgeschichte zu einem kontrapräsentischen Erinnerungsdrama um.[62] „Kontrapräsentisch“ heißt: Die religiöse Erinnerung steht im Kontrast zur Gegenwart. Eben nicht auf das fundierende Gedächtnis, das mit der Landnahme- und Staatsgründungserzählung eine nationale Identität gestiftet hat, kommt es an, sondern auf die Erinnerung an die unterdrückten Wahrheiten der Geschichte und an die Selbstwidersprüche der Utopie. Am Ende formuliert es der Erzähler so: Niemand vermisse den Himmel über dem Land, „wo der Himmel auf Erden ist" (EK 123). Wenn es eine Wahrheit der Geschichte gibt, dann muss man sie zwischen Utopie und Utopiekritik suchen, im Bereich der Religion und der Moral.

Autorschaft: Das Gedächtnis des Chronisten

Hein hat sich in seinen poetologischen Essays als „Chronisten ohne Botschaft" bezeichnet.[63] Der Chronist überliefert Geschichten. Er erzählt nüchtern und sachlich, was gewesen ist, auf der Grundlage eigener und überlieferter Erfahrungen. Doch damit kommt die literarische Chronik in der Diktatur nicht aus. Sie muss eine Zensur umgehen, die beschönigend „Druckgenehmigungspraxis" genannt wurde. Hein hat in seiner Rede auf dem X. Schriftstellerkongress 1988 diese Zensurpraxis als „überlebt, nutzlos, paradox, menschenfeindlich, volksfeindlich, ungesetzlich und strafbar" bezeichnet (OJ 134). Hier bekommt die Chronistenrolle eine moralisch-religiöse Dimension. Der Chronist muss mit dem Finger auf das weisen, was nicht gut und nicht wahr ist. Er erinnert an das, was in der Vergangenheit verdrängt wurde und in der Gegenwart fehlt. So ist er ein professioneller Erinnerer, der Zweifel an seinem Tun pflegt, ähnlich wie der antike Mnemon. Doch ist er

> „als Religionsstifter untauglich, da für ihn das erste Gebot jeder Religion nicht gilt, nämlich andere Götter nicht anzuerkennen. Der Chronist muß dem anderen Gott Gerechtigkeit widerfahren lassen, er hat die Tugenden und Untugenden aller Götter zu nennen. Er hat nicht zu huldigen [...]. Nicht Sinnstiftung und Religionsersatz, vielmehr ein Prüfen und Bezweifeln des Sinns, ein kritisches Durchleuchten der Gottheiten sind gefordert." (OJ 152)

Schlüsselerzählung für das religiöse Chronistentum

Eine Schlüsselerzählung für dieses religiös fundierte Chronistentum findet sich in Heins Prosaband *Von allem Anfang an* (1997), der reigenartig in seine DDR- und Westberliner Kindheit der 1950er Jahre zurückführt. Die Erzählung heißt *Der Evangelist Lukas.* Sie berichtet auf den ersten Blick von der sexuellen Initiationserfahrung eines Jungen im Zirkusmilieu. Entscheidender ist jedoch der zweite Blick: der Blick, den der Ich-Erzähler auf das große Altarbild in seiner Heimatkirche wirft. Hierauf ist der Evangelist Lukas zu sehen, dessen Evangelium er „besser als das der anderen" findet: „seine Worte waren einprägsamer. Viele seiner Sätze kannte ich sogar auswendig, obwohl ich sie nie gelernt hatte und nur gelegentlich zu hören bekam". Der Grund der Bewunderung ist ein dritter Blick: der des Evangelisten, der „teilnahmslos und ohne Erregung oder erkennbares Mitleid auf den Gekreuzigten blickte oder zu dem Betrachter des Bilds", der „die Hinrichtung scheinbar unbeeindruckt zur Kenntnis nahm, nicht gewillt einzugreifen und zu helfen" (AA 110).

Chronist ohne Botschaft

Es kann kein Zweifel daran bestehen, dass der in der Theologie als „erster christlicher Historiker" geltende Lukas[64] den biblischen Prototypen des „Chronisten ohne Botschaft" abgibt. Und sollte doch noch ein Leser zweifeln, so hilft eine explizite Leseanweisung für das biblische Bild im Sinne des augustinischen *Tolle, lege* nach: „Nimm und lies!" Denn so wie in der Erzählung der Evangelist auf dem Altarbild „mit einem langen und eigenartig gebogenen Finger" auf ein Buch weist, das „wohl die Bibel sein sollte" (AA 109), so nimmt Hein im Titel des Erzählbandes den Prolog des Lukas-Evangeliums auf, das mit den Worten beginnt:

> „schon viele haben es unternommen, eine Erzählung der unter uns geschehenen Ereignisse abzufassen, wie sie uns überliefert sind von denen, die *von Anfang an* Augenzeugen und Diener des Wortes waren. Nun hielt auch ich es für gut, nachdem ich *allem von Anfang an* [meine Hervorhebungen, M.B.] genau nachgegangen, es der Reihenfolge nach für dich aufzuzeichnen […], damit du die Zuverlässigkeit der Dinge erkennst, über die du unterrichtet worden bist." (Lk 1,1–4)

Heins Poetik der Erinnerung

Das „Modell Lukas" (Lothar Bluhm) liefert die Elemente von Heins religiös geprägter Poetik der Erinnerung: archivalische Strenge, unbestechliche Perspektive, Lernen aus der Geschichte. Häufig tragen diese Erinnerungen eine religiöse Sinnschicht mit: Flucht und Vertreibung (von dem Stück *Passage* aus dem Jahr 1987 bis zu dem Roman *Landnahme* von 2004), Bilderverbot (in dem 2006 erschienenen Künstlerroman *Frau Paula Trousseau*), Vertreibung aus dem Paradies (in der 1990 publizierten Nachwendeparabel *Kein Seeweg nach Indien*). Der Chronist ist ein sekundärer Zeuge; er hat wie Lukas Kontakt zum Erfahrungsgedächtnis der Augenzeugen und muss deren Wissen glaubwürdig an seine Generation und die folgende übermitteln. Was den literarischen Chronisten aber von seinem biblischen Vorbild unterscheidet, ist der Verzicht auf eine wie auch immer frohmachende und fundierende Botschaft.

4.4 Erinnerung und Medien in Ulrike Draesners Roman *Spiele*

Erinnerung an die „Spiele"

Ulrike Draesners Roman *Spiele* ist in doppelter Bedeutung ein Erinnerungsroman. Zum einen erinnert er an das Münchner Olympia-Attentat von 1972, das am frühen Morgen des 5. September mit der Geiselnahme israelischer Sportler durch palästinensische Terroristen im Olympiadorf begann und um Mitternacht auf dem Flughafen Fürstenfeldbruck mit einem tödlichen Fiasko für alle Beteiligten (bis auf drei Attentäter) endete. Merkwürdigerweise ist dieses Terror-Drama nicht so fest im kollektiven Gedächtnis abgespeichert wie der 22. November 1963 (Kennedy-Attentat in Dallas) oder der 11. September 2001 (Anschlag auf das World Trade Center). Der 5. und 6. September 1972 sind in den Annalen der jüngeren deutschen Zeitgeschichte nur am Rande verzeichnet. Das Datum ist in der nationalen Erinnerung der Deutschen lange Zeit restriktiv behandelt und, so wird im Roman behauptet, „nur zu gerne ‚vergessen'" (19) worden. Erst vor wenigen Jahren wurden, auf Drängen der Witwe eines der ermordeten israelischen Olympioniken, die Archive geöffnet; Bücher, Fernsehdokumentationen und Interviews dokumentierten bislang verschleierte politische Hintergründe des Anschlags, ohne die ganze Tragweite des Geschehens ausmessen zu können, zu dem auch die Entführung einer Lufthansa-Maschine durch palästinensische Freischärler, die Freipressung der überlebenden München-Attentäter im November 1972 und deren Verfolgung durch israelische Geheimdienste gehören.[65] Aus dieser Nachgeschichte hat Steven Spielberg – ebenfalls 2005 – den Hollywood-Mainstream-Film *Munich* gemacht, der schon in der Exposition Dokumentaraufnahmen des Olympiaattentats mit fiktiven Ereignissen montiert.

Spiele der Erinnerung

Ein Erinnerungsroman ist *Spiele* andererseits, weil er mit der Erinnerung auf eine ernste Weise spielt. Monika Schmitz-Emans hat in einem klugen Aufsatz die Bedeutung des Spiels in den Werken Draesners untersucht; es geht darin immer wieder um „Kampfspiele, Versteckspiele, Sprachspiele, Macht-Spiele".[66] Die Olympischen Spiele in München waren vor allem ein Medienspektakel. Es waren die ersten Spiele, die weltweit und in Echtzeit übertragen wurden:

> „Seit neuestem sah man Fernsehen zudem in Farbe. Satelliten kreisten den Planeten. Man baute Fernsehtürme und schickte Bilder in den letzten Winkel der Erde […]. Zum ersten Mal gab es 20 Stunden pro Tag Programm. Live für alle, noch im letzten Dorf."[67]

Mitspielen der Medien

Dieses Mitspielen der Medien, die im Roman in Form von Fernsehen, Fotografie, Video und Telefon vielfach vorkommen, ist konstitutiv für die Erinnerung in dem Roman, so konstitutiv, dass man mit Oliver Jahraus von einem „Medienroman" sprechen kann.[68] Draesners Erzählerin, die sich im Jahr 2002 an die Ereignisse dreißig Jahre zuvor erinnert, ist eine Medienfigur: Katja, 42 Jahre alt, eine erfolgreiche, jetsettende Fotojournalistin, will wissen, was damals passiert ist. Die Medien ihrer Erinnerung sind Videoaufnahmen, Fotografien, Gesprächsaufzeichnungen, bildgebende und erzählende Medien also. Die Bilder der Medien stiften die Bilder der Erinnerung. Es geht insofern nicht um die Rekonstruktion der Geschichte, sondern um die Beobachtung, wie diese Geschichte in der Erinnerung entsteht: „von Figuren beobachtet und begleitet".[69]

Erinnern und Vergessen in der Familiengeschichte

Warum sich Katja so obsessiv mit der Geschichte des Olympiaattentats beschäftigt, hat einen Grund in ihrer persönlichen Vergangenheit. Sie hat damals ihre Mutter verloren, mit der neuen Freundin des Vaters kam sie nicht zurecht, ihren eigenen Freund Max hat sie seinerzeit in der Öffentlichkeit so sehr blamiert (sie hat ihn verführt, entblößt und dann vor den Augen gemeinsamer Freunde lächerlich gemacht), dass er seine Schulausbildung abgebrochen und eine Polizeilaufbahn eingeschlagen hat, die tragisch endete; Max war bei der misslungenen Geiselbefreiung im Einsatz und ist dabei schwer verletzt worden. Neben der „Maxgeschichte" ist es die Familienhistorie, welche die Erinnerung motiviert. Katja stammt aus einer schlesischen Flüchtlingsfamilie, ihr Vater ist nach dem Krieg mit seinen Eltern nach Deutschland gekommen und hat es dort als Anwalt zu Ansehen und Wohlstand gebracht.

Während Katjas Erinnerungen die „Maxgeschichte" zusehends aufklären, dominiert in der Familiengeschichte das Vergessen. Dieses Vergessen hängt eng mit dem Erinnerungsprozess zusammen. Mit Harald Weinrich[70] kann man dieses Wechselspiel von Gedenken und Vergessen auf die Generationen von Katjas Familie projizieren:

1. Für die erste Generation der Flüchtlinge und Vertriebenen gilt die Regel: „Das will ich vergessen, kann es aber nicht vergessen". Katjas Großeltern Jozef und Linda sagen kein Wort über ihre Flucht, sie verzichten auf die Teilnahme an Vertriebenentreffen, sammeln aber kleine Devotionalien aus Schlesien, Erinnerungsfetische ihrer persönlichen Gedächtniskultur. Öffentlicher Vergessensversuch und heimlicher Erinnerungszwang gehören auf diese Weise eng zusammen.
2. Edgar, Katjas Vater, steht für die Nachkriegsgeneration mit der Erinnerungsnorm: „Ich könnte das nicht vergessen, auch wenn ich es wollte". Als „Mann der weltlichen Gerechtigkeit" (117) tritt er für die „Heimat anderer" ein (34), verliert aber die eigene Heimat an die Ersatzfetische Geld und Besitz. Der historische Kern dieses Verdrängungsprozesses und der Verweigerung der Trauerarbeit ist das Wirtschaftswunder.
3. Katja repräsentiert die Generation, die die schlechte Vergangenheit vergessen möchte, aber nur zu gut weiß, dass sie dies auf keinen Fall darf, weil sonst „miese Erfahrungen zu guten Erinnerungen" gemacht werden (205). Sie nimmt ihr moralisches Zeugnis vor der Geschichte sehr ernst. Wie sehr das Vergessensverbot den Vergessenswunsch unterdrückt, wird an einer kleinen symbolischen Beobachtung einsichtig. Das Familienmonogramm auf den Taschentüchern mit den

Initialen von Katja, Edgar, Jozef und Linda schiebt sich wie ein „KEIL" (45) in das Familiengedächtnis.

„Kleine" und „große Geschichte"

Dieses Familiengedächtnis ist die „kleine Geschichte", die Draesners Roman erzählt. Ihre Protagonisten sind fiktive Figuren. Diese stehen jedoch im realen Rahmen der „großen Geschichte" des Olympiaattentats. Deshalb kann die Autorin im Nachwort des Romans von einer „Phantasie nach wahren Ereignissen" (491) sprechen. Wir können beide „Geschichten" mit den schon eingeführten Begriffen „kulturelles Gedächtnis" und „kommunikatives Gedächtnis" auseinanderhalten. Entspricht dem kulturellen Gedächtnis die „große Geschichte", so speist sich das kommunikative Gedächtnis aus vielen „kleinen Geschichten". Im Roman wird diese Differenz so beschrieben: „Zwei Arten von Gedächtnis also, das eine, intelligent, gebildet, fähig zur Synthese, nach der es verlangte – große Linien, rationale Thesen, die Farben grell. [...] . Und dann das simple Gedächtnis – für vorbeiflimmernde Bilder, flüchtige Augenblicke [...] launisch" (371).[71]

Struktur des Romans

Der Aufbau des Romans ist an diese Unterscheidung angelehnt. Der erste Teil, überschrieben mit „Olympia 1", gehört überwiegend den Erinnerungen der Hauptfigur. Die Erinnerung verfährt retrospektiv und folgt der Chronologie der Ereignisse von 1972. Doch die öffentliche Geschichte dringt in die persönlichen Erinnerungen ein. Im zentralen 7. Kapitel des ersten Romanteils kommt der Morgen des 5.9. in die Erinnerung. Katja erinnert sich, wie sie ihren Vater vor dem Fernsehen vorgefunden hat; sie sieht, was er sah: Das Bild aus der *Tagesschau*, ein maskierter Terrorist, Zigarette rauchend auf einem Balkon stehend. Zugleich sieht sie ihren Vater „noch im Schlafanzug, um neun", mit zwei Bechern Kaffee, einer für seine neue Geliebte, Katjas künftige „Stiefmutter" (103f.). Die olympischen Spiele, so heißt es, „explodierten" (101). Im Rückblick wird dieser lebensverändernde Tag als Ende der Kindheit interpretiert, als Anfang des Erwachsenwerdens, für das die Erfahrung bezeichnend ist, dass es „viele Nachrichten auf einmal, private und öffentliche" gibt – „und beide gingen etwas an". Diese Erfahrung von „Grenze, Schnitt" (104) entspricht dem, was in der Memorialforschung „explosives Gedächtnis" genannt wird. Dieses „explosive Gedächtnis" ist eine „passive Form der Erinnerungserfahrung".[72] Es bildet den Gegenpol zum „rekonstruktiven Gedächtnis", das im zweiten Romanteil, „Olympia 2", aktiv wird.

Hier steht das kollektive Gedächtnis des Olympia-Attentats im Mittelpunkt. Für die nationale Bedeutung der Geschichte steht die im Roman erwähnte politische Prominenz: Bundeskanzler, Innenminister, Bayerischer Ministerpräsident und Münchner Polizeipräsident. Ist der erste Romanteil im Stil einer Kindheitserinnerung erzählt, so nutzt der zweite die narrativen Mittel des Reportageromans, der die Hintergründe eines wichtigen politischen Ereignisses entschlüsselt. Nicht chronologisch, sondern in rückläufiger Erinnerung werden die faktischen Details in einen epischen Zusammenhang gebracht. Die Erzählerin Katja, die in einer Bibliothek recherchiert, nimmt den Leser mit auf die Suche nach dem kulturellen Gedächtnisort München. So erfahren wir zuerst von dem Geschehen auf dem Flughafen Fürstenfeldbruck, dann erst von der Geiselnahme im Olympiadorf.

Rekonstruierende Erinnerung

Zur Enthüllungsstrategie der rekonstruierenden Erinnerung gehört die Fehleranalyse. Es geht dabei weniger um Einsatzfehler, die zum Teil absurd wirken. So waren die auf den Dächern der Conollystraße stationierten Scharfschützen live im Fernsehen zu sehen, auch für die Terroristen. Vor allem kommen die Erinnerungsfehler der historischen Zeugen zur Sprache. Ein Bibliothekar informiert Katja darüber, wie unzuverlässig die Aussagen von Augenzeugen sind, weil Wahrnehmungslücken häufig mit Erfundenem ausgefüllt, schmerzliche Erinnerungen verdrängt, Details willkürlich ausgewählt werden. Es gibt keine Wahrheit der Erinnerung, nur Annäherungen, und „das Beste, was man bekommt“, so wird der Hauptfigur des Romans abermals souffliert, „ist eine Phantasie nach wahren Ereignissen“ (313).

Deshalb tritt auch die zentrale Täterfigur der „großen Geschichte“ in den Hintergrund. Von Issa, dem Anführer der Organisation „Schwarzer September“, erfährt man nicht viel mehr als das, was man aus den Nachrichten kennt: dass er mit bürgerlichem Namen Luttif Afif heißt, in Nazareth geboren ist, eine jüdische Mutter und einen reichen arabischen Vater hat, der zum Christentum konvertiert ist. Der „Maskenmann“ Issa wird reduziert auf die Rolle, die er in der Geschichte des Attentats zu spielen hat: ein Terrorist, „kein Mensch mit einer Geschichte“ (255).

Heimat als Problem der Erinnerung

Verbunden werden die Gedächtnismodelle von offizieller Geschichtsschreibung und persönlicher Erinnerung durch verschiedene Motive. Sie stammen (die Motti des Romans spielen darauf an) aus der Mythologie und aus der Politik. Ein wichtiges Verbindungsglied ist das Motiv der Heimat. Sie hat einen besonderen Bezug zur Erinnerung. Ernst Blochs *Das Prinzip Hoffnung* endet mit dem berühmten Satz, dass Heimat das ist, was „allen in die Kindheit scheint, aber worin noch niemand war“.[73] Heimat besteht also in der Erinnerung, in der Erfahrung, dass sie fehlt oder zumindest entfernt ist. Heimat ist „unsichtbar“, kann aber durch „Ecken, Figuren, Bruchteile“ im Erzählen erscheinen.[74] In Draesners Roman erhält das „Heimatproblem“ in einem eigenen Kapitel etymologische, religiöse und historische Erklärungen (119–132). Katja ist ein Kind der Globalisierung. Ihre Heimat ist nicht „Geburtsort oder ständiger Wohnsitz“ (125), sie soll die „Welt kennenlernen, in die sie hineingeboren ist“ (129). Die Heimat in der Erinnerung ihrer Eltern und Großeltern ist etwas anderes. Noch ein anderes „Heimatproblem“ (124) haben die Terroristen; Heimat ist „ihr Himmel, ihre Hölle, ihr Jüngstes Gericht, ihr Paradies [...] starre und stumme Beschreibung von Hoffnung, als hoffnungsloser Sinn“ (241). Es ist der Verlust der Heimat, der indirekt die Katastrophen der großen wie der kleinen Geschichte motiviert. Was der Generation der Kriegsflüchtlinge und Heimatvertriebenen genommen wurde, das haben die palästinensischen Terroristen nie kennengelernt.

Erinnerung durch Medien

Draesner geht es aber nicht um Verständnis für Vertriebenenschicksal und Heimatverlust, sondern um die Einordnung der Heimat in den Kontext von Globalisierung und Gewalt. Der Tatort und Gedächtnisort München ist „der erste Akt eines sich globalisierenden Terrorismus“ (240). Global ist der Terrorismus, weil er sich überall ereignen kann und weil die Bilder des Terrors weltweit und in Echtzeit sichtbar sind. Das Ereignis ist in den Medien, die es aufzeichnen und zeitgleich senden, schon Nachricht; wir können zusehen, „wie Geschichte sich vor [unseren] Augen entspinnt“ (127). Man kann in diesem Sinne die Tragik der „Spiele“ von 1972 als ein Vorspiel des Terrors vom 11. September 2001 sehen. Aus den Bildern des Terrors gibt es keine „politische Lektion“ (451) zu lernen, sondern etwas über die Konstruktivität und Medialität der Erinnerung. Es geht darum, dass jedes Wissen von der Geschichte, der persönlichen wie der politischen, ein durch Medien vermitteltes Wissen ist. „Historie ist Medienbild und dessen Wiederholung“, so fasst es Ulrike Draesner zusammen.[75]

Gemeinsamkeiten und Unterschiede

Die betrachteten Werke der Erinnerungsliteratur haben, so unterschiedlich sie in Struktur und Stil auch sind, eine auffällige Gemeinsamkeit: die Suche nach einem Erinnerungsort. Die Autoren markieren (um Pierre Noras Begriffe aufzugreifen) ihre *milieux de mémoire*, finden aber keine *lieux de mémoire*. Das einzige, was wir von dem Gelobten Land in Heins Kurzgeschichte erfahren, ist, dass es keinen Himmel hat. Grass versucht in seiner Novelle nicht, den Schiffsuntergang episch auszumalen oder als „deutsches Requiem“ (IK 139) aufzuführen, sondern beschreibt die unterschiedlichen Milieus des Täter- und Opfergedächtnisses, in denen diese Erinnerung gepflegt wird. Die Erinnerungsorte in Draesners *Spiele* sind die Medien, in denen Geschichte als Konstrukt erscheint, das unterschiedlich beobachtet und gedeutet werden kann.

Ein wichtiger Unterschied ist, dass der Anspruch auf das Lernen aus der Geschichte von Grass über Hein bis zu Draesner abnimmt. Grass’ letztes Wort in der Novelle warnt davor, dass sich die Geschichte wiederholen kann: „Das hört nicht auf. Nie hört das auf." (IK 216) Heins Kurzgeschichte hebt die unterdrückte Erinnerung in der Diktatur hervor, das religiöse Gegengedächtnis der Dichter, freilich ohne eine neue Botschaft. Aus Draesners Roman kann man „nur" lernen, wie die Erinnerung kraft der dichterischen Imagination ihre eigene Geschichte konstruiert. Damit belegt die Erinnerungsliteratur, was Semprún von ihr erwartet hat: Die Dichter können die Erinnerung erneuern, ohne sie stirbt die Erinnerung.[76]

Die Erinnerung ist ein auffälliges und wirkungsreiches Paradigma der erzählenden Gegenwartsliteratur. Es geht dabei weniger um die Rekonstruktion der Geschichte, vielmehr um die kritische und selbstkritische Auseinandersetzung mit der Erinnerung, um die Spannungen zwischen Erinnern und Vergessen, zwischen dem Autor bzw. Zeugen und dem Gegenstand der Erinnerung („Drittes Reich", Krieg, Holocaust, Flucht und Vertreibung, DDR, Terrorismus), zwischen Fakten und Fiktionen. Je länger die Ereignisse zurückliegen, umso prägender ist die Rolle der dichterischen Imagination. Literatur erfindet die Erinnerung. Sie überträgt die individuellen und kollektiven Erinnerungskonstruktionen der deutschen Geschichte ins kulturelle Langzeitgedächtnis.
Zu unterscheiden ist zwischen dem kommunikativen Gedächtnis, das die Erinnerungen von drei Generationen umfasst, und dem kulturellen Gedächtnis, der institutionell geformten und durch Rituale oder Gedenktage gestützten Erinnerung.
Mit den Fragen nach der Autorschaft und der Zeugenschaft (historisch, religiös, moralisch), nach dem Zeitpunkt, dem Modus und dem Ort der Erinnerung kann man die Interpretation eines erinnerungsliterarischen Werkes strukturieren.

Fragen

1. Wie wird das Gedächtnis zur Literatur?
2. Erläutern Sie den Unterschied zwischen Gedächtnis als Speichersystem und als Symbolsystem!
3. Wie zeigt sich moralische Zeugenschaft in der Erinnerungsliteratur?
4. „Jeder einzelne Satz in *Flughunde* sollte zu erkennen geben, daß er nicht aus eigenem Erleben formuliert worden ist, ein Werk der Imagination, nicht der Erinnerung."[77] Überprüfen und diskutieren Sie diese Äußerung von Marcel Beyer am Beispiel seines Romans *Flughunde* (1995)!
5. „‚Warum erst jetzt?' sagte jemand, der nicht ich bin." Nehmen Sie am Beispiel dieses Eingangssatzes von Günter Grass' Novelle *Im Krebsgang* (2002) Stellung zur Frage des Zeitpunkts der Erinnerung!

6. Wem gehört die Geschichte? Erörtern Sie diese Frage wahlweise am Beispiel von Uwe Timms *Am Beispiel meines Bruders* (2002) oder an Tanja Dückers' Roman *Himmelskörper* (2003)!

Ausgewählte kommentierte Literatur

Elena Agazzi: *Erinnerte und rekonstruierte Geschichte. Drei Generationen deutscher Schriftsteller und die Fragen der Vergangenheit.* Aus dem Italienischen von Gunhild Schneider und Holm Steinert. Göttingen 2005. Anregende Interpretationen zu Beyer, Forte, Kleeberg, Kuckart, Langer, Sebald, Sparschuh, Treichel, Walser.

Aleida Assmann: *Der lange Schatten der Vergangenheit. Erinnerungskultur und Geschichtspolitik.* München 2006. Anschauliche und exemplarische Erläuterung zentraler Begriffe der Gedächtnisforschung (z. B. „Wahrheit" der Erinnerung, „Inkorrekte Erinnerungen", „Deutsche Opfernarrative", „Zukunft der Erinnerung an den Holocaust").

Aleida Assmann: Gedächtnis, Erinnern. In: Klaus Bergmann (Hrsg.): *Handbuch der Geschichtsdidaktik.* Seelze-Velber 1997, S. 33–37. Konzentrierter Lexikonartikel mit maßgeblichen Informationen zu Forschungsstand und Didaktik der Erinnerungskultur.

Astrid Erll: *Kollektives Gedächtnis und Erinnerungskulturen. Eine Einführung.* Stuttgart/Weimar 2005. Kompakte, verständlich und übersichtlich geschriebene Einführung in die Grundfragen und Theoriemodelle der Gedächtnisforschung.

Torben Fischer, Matthias N. Lorenz (Hrsg.): *Lexikon der „Vergangenheitsbewältigung" in Deutschland. Debatten- und Diskursgeschichte des Nationalsozialismus in Deutschland.* Berlin 2007. Chronologische Darstellung der großen Erinnerungsdebatten nach 1945; zugleich umfassendes Nachschlagewerk mit artikelbezogenen bibliographischen Hinweisen.

Wolfgang Frühwald: *Das Gedächtnis der Frömmigkeit. Religion und Literatur in Deutschland vom Barock bis zur Gegenwart.* Frankfurt a. M. 2008. Was aus der Überzeugung noch des Aufklärungszeitalters, dass Dichtung die „verborgene Theologie" sei, in der Gegenwartsliteratur geworden ist, nämlich Weltfrömmigkeit, Passions- und Untröstlichkeitsgestaltung, zeigt die anregende Studie am Beispiel von Tankred Dorst, Peter Handke u. a.

Carsten Gansel (Hrsg.): *Rhetorik der Erinnerung. Literatur und Gedächtnis in den ‚geschlossenen Gesellschaften' des Real-Sozialismus.* Göttingen 2009 (Deutschsprachige Gegenwartsliteratur und Medien Bd. 1). Die Beiträge dieses Sammelbandes und seines Vorgängers (2007; vgl. Anm. 56 zu diesem Kap.) untersuchen die narrative, ikonische und rituelle Formung des kollektiven Gedächtnisses in der Literatur der DDR am Beispiel von Jurek Becker, Christoph Hein, Günter Kunert, Reiner Kunze, Christa Wolf u. a.

Holger Helbig (Hrsg.): *Weiterschreiben. Zur DDR-Literatur nach dem Ende der DDR.* Berlin 2007. Antwortversuche, Fallstudien und Standortbestimmungen zu den Fragen, was von der DDR-Literatur bleibt nach dem Ende der DDR und wie sich das Schreiben im und über den Osten nach 1989 verändert hat.

Inge Stephan, Alexandra Tacke (Hrsg.): *NachBilder der Wende.* Köln 2008. Dritter Teil der Sammelband-Reihe (2007: *NachBilder des Holocausts*, 2008: *NachBilder*

der RAF) über die Auswirkungen der zeitgeschichtlichen Zäsuren in Literatur, Film und Kunst.

5 Gegenwartslyrik im Dialog

Im Dialog ist die Gegenwartslyrik auf vielfache Weise: mit der Tradition, mit der Gegenwart und ihren Ereignissen, mit den Instanzen des Literaturbetriebs. Anstelle eines Überblicks werden in diesem Kapitel aktuelle Beispiele der politischen Lyrik, der Liebeslyrik und der „neuro-romantischen" Lyrik vorgestellt.

5.1 Lyrik im Dialog

Uwe Kolbes *Gespräch ohne Ende*

In Uwe Kolbes *Bornholm II* (1986) findet sich ein *Gespräch ohne Ende*:[1]

Leser: Die Zerrissenheit ängstigt mich.
Schreiber: Die Fahnen blind, die Zeichen
abgenutzt, die Losung
gleicht sich Tag für Tag.
Soll ich dessen Ende singen?
Leser: Gib mir mehr Sichres gib mir Trost in einem
Entwurf.
Schreiber: Glauben ersetz ich nicht durch weiteren Glauben.
setz Fuß vor Fuß, hör auf, zu loben das Gleiche,
lobe die Wunder, die Orte ohne Namen, die Zeichen
ohne Sinn, lobe den Keim, das Heben erfundener Schätze
– diese Wut.
Leser: Schweig deine Frasen ins Gras ins Kissen ins Bild.
Schweig vom tausendsten Traum.
Schweig was steht soll ich treten.
Schweig Dreckskerl ich habs doch gebaut.
Schweig Lügner ich hänge die Fahnen doch auf.
Schweig von alltäglichen Zweifeln.
Schweig von deiner winzigen Not.
Schweig dein Grau fort vom festen Weg.
Schreiber: Laß nur die Nacht mir,
unberührt die dunkele Luft,
Das Raunen den Bäumen,
den Schritten den Hall.
Laß mich weiter probieren
Den tausendundersten Traum
bis zum pathetischen Opfer
oder zum hörbaren Atem des Rückzugs.
Leser: Kapier ich nicht und wennschon – du bist toll von
Grübelein.
Schreiber: Kaufst du nochn Bier

Uwe Kolbe, Jahrgang 1957, ist ein in die DDR hineingeborener Dichter. Das Gedicht stammt aus seinem dritten Lyrikband. Der Titel spielt auf den Grenzübergang Bornholmer Straße an, an dem sich 1989, am Abend des Mauerfalls, tausende ausreisewillige Menschen versammelten. In unmittelbarer Nähe liegt die Kleingartenanlage „Bornholm I". „Bornholm II" kann man also als poetischen Schrebergarten verstehen, in den sich der Dichter zurückgezogen hat. Zugleich ist der Titel eine Reaktion auf die Zensur. Für das Manuskript „Bornholm I" hatte Kolbe keine Druckgenehmigung erhalten. Er benannte den Gedichtband infolge dessen um.

Das Gedicht als Gespräch zwischen Autor und Leser

Das Gedicht ist als Wechselgespräch angelegt, der Schreiber hat sieben Verse mehr Redeanteil als der Leser. Die Gesprächspartner sind Rollenfiguren. Sie spielen das Repertoire von Kritik und Verteidigung der Poesie durch. Den Leser ängstigt die Zerrissenheit: seine eigene und die des lyrischen Textes. Er fordert Sicherheit und Trost von der Literatur. Doch der Schreiber kann keine Botschaft verkünden, weil er in einer trostlosen Zeit und in einer eingeschlossenen Gesellschaft lebt. Er will lieber mit dem Leser, (Vers-)„Fuß vor Fuß", also ganz buchstäblich, durch das Gedicht gehen. Das erfordert gegenseitiges Vertrauen und riskiert Nichtverstandenwerden. So entbrennt ein Streit für und gegen die Poesie. Dabei werden traditionelle Rollenbilder des Lyrikers angesprochen: das Bild des Lügners und Phrasendreschers, das Bild des raunenden, des entrückten oder verrückten Dichters. Überraschenderweise durchbricht der Schlussvers diese Rollenbilder, auch sprachlich. Den profanen Wunsch nach einem Bier würden wir eher von einem Arbeiterdichter erwarten, obwohl bekannt ist, dass auch der Dichterarzt Benn abends gerne ein Bier „zischen" ging. Nach dieser Schlussfrage könnte das „Gespräch ohne Ende" weitergehen: als Gespräch über alltägliche Dinge, die nicht mehr in ein Gedicht gehören.

Autor und Leser als Zeitgenossen

Das Gedichtgespräch dreht sich darum, was der Schreiber will, und um das, was der Leser erwartet. Auf das Sinnverlangen des einen antwortet die Sinnverweigerung des anderen. Zugleich sind Autor und Leser in diesem Gespräch Zeitgenossen. Geistesgegenwärtig antwortet der eine auf den anderen, fordernd und fragend, protestierend und polemisierend. Es geht also ganz elementar darum, wie sich Schreiben und Lesen als voneinander abhängige Vorgänge im literarischen Feld in der Gegenwart konstituieren. Es hilft zu wissen, dass diese Gegenwart zum Zeitpunkt der Niederschrift des Gedichts noch die DDR war. Der Schreiber hat seinen „Glauben" an die uneingelösten Verheißungen des Sozialismus verloren, der Leser scheint noch auf dem „festen Weg" des Staatssozialismus zu wandeln.[2] Man muss das aber nicht wissen. Direkte politische Anspielungen fehlen. Die Gegenwart dieses Gesprächs zwischen Autor und Leser ist verlängerbar. Kolbes

„Gespräch ohne Ende" ist insofern auch ein Gedicht über die Gegenwärtigkeit des Gedichts.

Lyrik als betonte Zeit

Diese Gegenwärtigkeit wird in Kolbes Gedicht als szenischer Dialog inszeniert. Wir können mitverfolgen, wie sich daraus ein Gedicht entwickelt, erkennbar durch Sprachebenenwechsel (vom pathetischen zum profanen Ton am Ende), durch anaphorische Wortwiederholungen (im dritten Leserteil), durch uneinheitliche Interpunktion und Enjambements (V. 2–4). Durch Satz und Gegensatz entsteht lyrische Gegenwart. Damit ist ein grundsätzliches Merkmal der Lyrik benannt. Sie ist immer schon als Momentaufnahme und Ausdruck des Jetzt, als „Augenblick von Freiheit"[3] beschrieben worden. Lyrik vergegenwärtigt Vergänglichkeit, sie hält die Zeit an und brennt ein „Loch in die Zeit" (Wolf Wondratschek). Wie sehr ein Gedicht erfüllte und „betonte Zeit" (Durs Grünbein) ist, zeigt Uwe Kolbes Gedicht *Vineta*: „Wir fuhren eine Stunde mit dem Zug durch die Stille. / Dabei hätten wir fünf Minuten gehen können oder zwei mit dem Vogel fliegen, sagen wir. / Statt dieser sieben Minuten brauchten wir diese Stunde mit dem Zug, in dem das Schweigen mitfuhr."[4]

Lyrik und Dialog

Lyrik der Gegenwart ist in besonderer Weise auf das Gespräch mit dem Leser angewiesen. Anders als bei der bereits kanonisierten Lyrik ist ihre Präsenz potentiell kurzlebig. Ob Gegenwartsgedichte sich über längere Zeit hinweg in Schullesebüchern, akademischen Modulen und Leselisten halten, ist schwer zu sagen. Niemand kann vorhersehen, ob das Gedicht in der Zeitung von heute bis zur Zeitschrift von morgen nicht schon vergessen und durch ein anderes Gedicht ersetzt ist. Natürlich kann es immer wieder Lyriker geben, die zu Lebzeiten kaum gehört oder gelesen, von der Nachwelt aber entdeckt werden. Walter Kempowski, der zu Lebzeiten nur Romane und Erzählungen publizierte, uns aber einen anrührenden Gedichtband (*Langmut*, 2009) hinterlassen hat, ist solch ein Fall. Gleichwohl gilt: Um ein Echo in der Gegenwart zu finden, muss der, der Gedichte schreibt, mit dieser Gegenwart, mit ihren Milieus und Medien, kommunizieren. Die kategoriale Kürze des Gedichts ist dabei ein großer Vorteil (man kann vieles in wenigen Worten sagen) und ein kleiner Nachteil (vieles steht dann auch zwischen den Zeilen).

Als Kommunikationsmedium par excellence ist Gegenwartslyrik ein Teil des Sozialsystems Literatur. Sie lässt sich, unter der Perspektive des Dialogs, auf dreierlei Art beschreiben:

- als Lyrik im Dialog;
- als dialogische Lyrik;
- als Dialog über Lyrik.

Lyrik im Dialog

Ein wichtiger Teil der Gegenwartslyrik steht im Dialog mit den Leitdisziplinen ihrer Zeit. Am Anfang des 21. Jahrhunderts sind das vor allem die Natur- und Neurowissenschaften. Auch Globalisierung, Medialisierung und Interkulturalität spielen eine Rolle. Der Dialog besteht darin, dass die Gegenwartslyrik sich in diese Bereiche einmischt, Fragen stellt, Widersprüche äußert, Entwicklungen vorwegnimmt. Das signalisieren schon die Titel von Gedichtbänden: *Foxtrott im Erfurter Stadion* heißt Jürgen Beckers Lyrikband über die Wende (1993), Michael Speier nennt einen seiner Lyrikbände *welt/raum/reisen* (2007), mit *gedächtnisschleifen* (1995) und *für die nacht geheuerte(n) zellen* (2001) erinnert Ulrike Draesner an die Neurowissenschaften, *Blue Box* (1995) von Barbara Köhler spielt auf einen aufnahmetechnischen Vorgang an. Bei diesen Beobachtungen beobachtet sich Gegenwartslyrik auch selbst. Sprachliche, mediale und audiovisuelle Wahrnehmungsprozesse werden mitthematisiert. Darin liegt ihr autoreflexives Potential. Poetologische Gedichte, Gedichte also darüber, wie Lyrik entsteht, wie sie strukturiert ist, wie sie wirkt, sind ein beliebtes Subgenre der Gegenwartslyrik.

Dialogische Lyrik

Dialogisch ist die Gegenwartslyrik, wenn sie sich explizit oder implizit an einen Leser als Zeitgenossen richtet. „Ich red von mir, / zu euch, / für uns", schreibt Peter Rühmkorf.[5] Brecht ist noch einen Schritt weitergegangen, als er 1927 seiner Lyriksammlung *Hauspostille* eine „Gebrauchsanweisung" beigegeben hat, eine „Anleitung zu Gebrauch der einzelnen Lektionen". Auch Enzensberger hat den Erstausgaben seiner ersten beiden Lyrikbände *verteidigung der wölfe* (1957) und *landessprache* (1960) in Form eines losen Blattes je eine Gebrauchsanweisung beigefügt, in der er sagt, wie man als Leser mit dem Buch umgehen kann und wie der Autor seine Gedichte verstanden bzw. nicht verstanden wissen möchte („nicht Erregung, Vervielfältigung oder Ausbreitung von Ärger" sei ihr Ziel).

Selbst Paul Celan, der vielfach als der am schwersten verständliche Lyriker nach 1945, zugleich aber als kanonisches Vorbild der Gegenwartslyrik gilt, beschreibt seine Lyrik als „Flaschenpost", in der Hoffnung geschrieben, irgendwo und irgendwann an „Herzland" gespült zu werden und beim Leser anzukommen.[6] Und Gottfried Benn, der als Übervater der deutschen Nachkriegsliteratur und abermals nach 1990 mit seinem „Sound der Väter"[7] Lesende wie Schreibende fasziniert hat, ist nicht wirklich ein monologischer Dichter. Die Artistenpose wirkt aufgesetzt, Benn war durchaus auf Publikumswirkung bedacht und hat den Dialog mit Wissenschaft, Politik und Kultur seiner Zeit intensiv gesucht.

Benn und Celan als Leitfiguren

Benn und Celan gehören zu den wichtigsten Leitfiguren der Gegenwartslyriker. In der von der Zeitschrift *Das Gedicht* 1999/2000 ermittelten

„Bestenliste der Jahrhundertdichter" stehen sie ganz oben.[8] Auch Brecht hat seine Ausstrahlungskraft auf die Lyriker nicht eingebüsst. Albert Ostermaier, der von 2006 bis 2008 künstlerischer Leiter des internationalen Augsburger Brecht-Festivals war, bekennt sich ausdrücklich zu seinem Vorbild. Aber zu viel Dialog, zumal wenn er einen Zug ins allzu Didaktisch-Lehrhafte bekommt, liegt der zeitgenössischen Lyrik auch nicht. Zur Option des Dialogs gehört stets der Anspruch des Gedichts, „einsam und unterwegs" zu seinen Lesern zu sein. Erst im Gespräch mit dem Leser als einem Zeitgenossen und Mitwisser des Dichters gewinnt das Gedicht Celan zufolge „Gegenwart und Präsenz":

„Erst im Raum dieses Gesprächs konstituiert sich das Angesprochene, versammelt es sich um das es ansprechende und nennende Ich. Aber in diese Gegenwart bringt das Angesprochene und durch Nennung gleichsam zum Du gewordene auch sein Anderssein mit. Noch im Hier und Jetzt des Gedichts – das Gedicht hat ja selbst immer nur diese eine, einmalige, punktuelle Gegenwart –, noch in dieser Unmittelbarkeit und Nähe läßt es das ihm, dem Anderen, Eigenste mitsprechen: dessen Zeit."

Celan hat demgemäß den „Akut des Heutigen" dem „Gravis des Historischen" vorgezogen.[9] Auf das Ansprechen eines Anderen legt es das zeitgenössische Gedicht an, weniger auf das unmittelbare Verstandenwerden. Das Andere kann manchmal auch die Sprache sein. Dann ist dialogische Lyrik zugleich Lyrik, die über sich selbst spricht. Ein solches poetologisches Gedicht hat Barbara Köhler geschrieben:[10]

Ich übe das Alleinsein, und ich denke, ich habe es darin schon ziemlich
weit gebracht. Ich rede mit der Sprache, manchmal antwortet sie.
Manchmal antwortet auch jemand anders. Ich rechne nicht mehr damit,
verstanden zu werden. Mathematik ist nicht mein Fach.

Dialog über Lyrik

Der Dialog über Lyrik findet im Literaturbetrieb statt. Lyrik-Festivals finden in nahezu allen größeren Städten statt, von Hamburg bis Freiburg, von Dubai (2009) bis Medellín (seit 1990). Es gibt „Lange Nächte der Poesie" (z.B. in Düren seit 2006), Lyrik-Workshops und Poetikvorlesungen. An Besuchern dieser Veranstaltungen herrscht kein Mangel. Die Lyrik hat eine öffentliche Stimme. Das zeigen vor allem die Poetry Slams. Sie sind so beliebt, dass sie sogar im Fernsehen übertragen werden.[11] Die Regeln des aus der Chicagoer Szene (1988–1992) hervorgegangenen Poetry Slams sind einfach: Unter Aufsicht eines Zeremonienmeisters tragen die Slam-Poeten ihre Texte vor; erlaubt ist, was gestisch und mimisch gefällt. Das meist junge Publikum benotet die Vorträge, die nur jeweils drei bis fünf Minuten dauern. Bei der Slam Poesie kommt es auf den „Knall"-Effekt (engl. slam) des gesprochenen Wortes an, Slam-Gedichte sind keine Lesegedichte, sondern Vorlesegedichte.

Ein kleiner Lyrikskandal

Im Jahr 2003 hielt die 1927 geborene Elisabeth Borchers ihre Frankfurter Poetikvorlesungen unter dem Titel *Lichtwelten. Abgedunkelte Räume.* Sie erzählt, wie sie 1959 das Wort „drunken" in dem Shanty „What shall we do with the drunken sailor" falsch übersetzte (mit „ertrunken" statt „betrunken") und wie daraus das Gedicht „eia wasser regnet schlaf" wurde. Dieses surrealistische Ritornell in der Weise eines Wiegenliedes löste seinerzeit eine der wenigen größeren Lyrikdebatten nach 1945 aus. Nach dem Abdruck ihres Gedichts in der *FAZ* (20.7.1960) wollten aufgebrachte Leser die Dichterin zum Nervenarzt schicken, andere hielten sie zum Zeitpunkt der Niederschrift für betrunken oder empfahlen ihr, den ertrunkenen Matrosen doch wenigstens anständig zu bestatten. Gegen die Flut protestierender Leserbriefe musste Elisabeth Borchers klarstellen (*FAZ*, 18.8.1960): „Ein Gedicht stellt doch keine Information dar im Sinne von Nachrichtenübermittlung."[12] Heute regt sich keiner mehr öffentlich darüber auf, wenn im Feuilleton der *Zeit* oder der *FAZ* ein surreales Gedicht zu lesen ist.

Insofern verwundert es nicht, dass Lyrikskandale im gesamtdeutschen Literaturbetrieb höchst selten sind. Auch Grass' deutschlandkritischer Sonettenkranz *Novemberland* (1993) hat allenfalls ein Strohfeuer entfacht. Eine Lyrikdebatte wie die in der DDR (1966)[13] hat es in der alten und der neuen Bundesrepublik nicht gegeben. Der geringe Streitwert der Lyrik entspricht ihrem ästhetischen Mehrwert im System der Gattungen. Gedichte wollen schön sein, wie Peter von Matt sagt,[14] und dieser Anspruch, so skandalös er in der Behandlung hässlicher Stoffe auch sein mag, verhindert eine allzu starke Inanspruchnahme der Lyrik für politische oder gesellschaftliche Zwecke.

Lyrik im Literaturbetrieb

So gut Lyrikveranstaltungen beim Publikum ankommen, so klein ist die Schar der Käufer und Leser von Lyrikbüchern. Hans Magnus Enzensberger hat in seinem Essay *Meldungen vom lyrischen Betrieb* (1989) eine statistische Zahl von +/– 1354 Lesern pro Lyrikband ermittelt. Diese „Enzensbergersche Konstante" macht er für jede Sprachgemeinschaft geltend, in Island wie in den USA. „Die Leser von Gedichten sind also, wohin man blickt, gestern wie heute, eine kleine, radikale Minderheit".[15] „Manche mögen Poesie", schreibt die polnische Literaturnobelpreisträgerin Wisława Szymborska:

Manche –
das heißt nicht alle.
Nicht einmal die Mehrheit, sondern die Minderheit.
Abgesehen von Schulen, wo man mögen muß, und von den Dichtern selbst,
gibt's davon etwa zwei pro Tausend.[16]

Lyrik in Büchern

Hinzu kommt, dass Gedichte meist nicht in ihrem ursprünglichen Zusammenhang, sondern „in versprengten Stoßtrupps zum Leser" kommen: in Anthologien.[17] Hier schlägt sich das wachsende Interesse an der Gegenwartslyrik nieder. Neben dem *Lyrikkalender* des Deutschlandfunks, der seit 2006 jeden Tag ein anderes Gedicht vorstellt, sind diese Anthologien wertvolle Fundgruben für alle, die nach anspruchsvollen, innovativen, repräsentativen Gedichten der Gegenwart suchen. Wenn man den Gegenwartszeitraum großzügig nach der Lyrik von Benn und Brecht ansetzt, die beide im Sommer 1956 verstarben, so räumt *Reclams großes Buch der deutschen Gedichte* (2007) dieser Gegenwart mehr als ein Drittel und *Der Neue Conrady* (2008) sogar fast die Hälfte ein. Was davon haltbar ist, können die Herausgeber natürlich nicht wissen.

Lyrik als „Minoritätengattung"

Gedichtbände sind hingegen schwer verkäuflich. Die Druckauflage eines Lyrikbandes ist gering. Selten überschreitet sie 1.000 Exemplare (Biermanns *Drahtharfe* von 1965 und Hilde Domins Gedichtbände sind solche Ausnahmen), noch seltener erreicht sie eine Zweitauflage. Daher ist es verständlich, wenn aus merkantilen Gründen der Lyrik nur ein Nischenplatz im Verlagsprogramm eingeräumt wird, ausgenommen bei den wenigen Verlagen, die sich, wie die *urs engeler edition*, wie *kookbooks* und *aphaia*, auf Lyrik spezialisiert haben. Aus der Verkaufsnot von Lyrikbüchern hat die *Lyrikedition 2000* – begründet von Heinz Ludwig Arnold und Wolfram Göbel – die Tugend des *Books on Demand*-Service gemacht. Gedruckt wird nur, was bestellt wird. Hier kommen vor allem junge Stimmen der Zeit zu Wort.[18]

Lyrik in den Printmedien

Ein Hauptpublikationsort für zeitgenössische Poesie ist die Zeitschrift, gelegentlich auch die Zeitung. Lyrik findet Platz in den Zeitschriften *Neue Rundschau* (wiederbegründet 1945), *Akzente* (seit 1953), *Sprache im technischen Zeitalter* (seit 1961), *Schreibheft* (seit 1982), *Sinn und Form* (seit 1949), *Zwischen den Zeilen* (1992), *edit* (seit 1993), *BELLA triste* (seit 2001); die in Heidelberg gegründete und von Michael Speier herausgegebene Zeitschrift *Park* (seit 1976) bringt ausschließlich lyrische Texte. Zu den interessantesten Neuerscheinungen gehört die Zeitschrift *Das Gedicht* (seit 1992), die Themen-Sonderhefte herausgibt (z. B. „Liebe").

Ein bekanntes Forum auch für Gegenwartslyrik ist die *Frankfurter Anthologie*. 1974 von Marcel Reich-Ranicki in der *FAZ* begründet, stellt diese Rubrik jeden Samstag ein Gedicht der deutschen Lyrik vor, versehen mit einem leserfreundlichen Kommentar. Unter den interpretierten Gedichten zählt mehr als jedes vierte Gedicht zur Lyrik der letzten 40 Jahre. Auch das von Lyrikern herausgegebene *Jahrbuch der Lyrik* (seit 1979) vermittelt einen guten Überblick über die jeweils jahresaktuelle deutschsprachige Lyrikproduktion.

Was verdient man mit Gedichten?

Gottfried Benn hat 1926 die bisherigen Einnahmen aus seiner Autorentätigkeit mit den Gagen anderer Künstler verglichen und ist für sich auf „vier Mark fünfzig“ im Monat gekommen. Sein Resümee ist ernüchternd: „Gedicht ist die unbesoldete Arbeit des Geistes, der Fonds perdu, eine Art Aktion am Sandsack, einseitig, ergebnislos und ohne Partner –: envoë.“[19] Der saarländische Dichter Johannes Kühn schickte 1964 einer Verlegerin ein paar Mundartgedichte und veranschlagte: „Grundsätzlich: 1 DM. Eins wegen Pikanterie: 1,50. Eins wegen Frechheit: 1,20.“[20] Und Peter Rühmkorf (1929–2007) machte in seiner *Strömungslehre* (1978) folgende Rechnung auf:

> „Um ein Gedicht von guter oder auch nur mittlerer Qualität wirklich marktfertig zu machen, das heißt, es aus dem ursprünglichen Rohzustand auf jene Hochform zu bringen, die der Kunde heute verlangt, muß bereits eine Vorinvestition von achthundert bis tausend Mark pro Stück geleistet werden.“[21]

Von fünfhundert Euro für ein Gedicht, was dem mittleren Honorar für eine Autorenlesung entspricht, kann kein Autor seinen monatlichen Unterhalt bestreiten.

Lyrik im Deutschunterricht

Für den Deutschunterricht ist die jüngere Gegenwartslyrik erst seit Mitte der 1990er Jahre erschlossen worden. Zuvor trauten sich viele Lehrer, mangels besserer Empfehlungen, nur an Bachmann, Benn, Brecht, Enzensberger, Kunert, Kirsch, Kunze, Rühmkorf (und wenige andere) heran. Inzwischen sind auch jüngere Lyriker wie Durs Grünbein und die Slam Poetry für den Deutschunterricht erschlossen.[22] Die Berührungsängste gegenüber der Lyrikproduktion der jeweils letzten 10 bis 20 Jahre haben abgenommen. Weil aber vielfach Interpretationshilfen fehlen, bewegt sich die Gegenwartslyrik im Deutschunterricht auf dem schmalen Grat „zwischen didaktischem Experiment und Kanonisierungsprozess“.[23]

Schülern und Studenten, die an einem aktuellen Gedicht interessiert sind, aber vergeblich nach Interpretationen suchen, kann man nur Mut machen, den eigenen Verstand zu gebrauchen und den Text – wie auch andere Gedichte des Autors – wieder und wieder zu lesen. Eine Gedichtinterpretation zu schreiben, die wissenschaftlichen Ansprüchen genügt, bedeutet, genaue und möglichst vollständige Beobachtungen am Text zu machen, diese Aussagen sachlich richtig und als überprüfbare Ergebnisse darzustellen, methodisch auf eine bestimmte Fragestellung oder einen zentralen Aspekt wie den Titel, ein Leitmotiv oder eine Untergattung (Sonett, Liebesgedicht) zuzuschneiden und das Ganze dann verständlich und übersichtlich auszudrücken. Die Gedichtinterpretation liefert keine letztgültige Wahrheit, sie ist eine von vielen Möglichkeiten zu sagen, welche Bedeutung das Gedicht haben kann.[24]

Lyrik als „Einzelrede in Versen"

Wenn man auf dem Cover eines Werkes der Gegenwartsliteratur den Zusatz „Gedichte" liest, muss man damit rechnen, auf überschaubarem Raum (meistens auf weniger als 100 Seiten) kürzere oder längere Texte in Versen darin vorzufinden. Die meisten Gedichte passen auf eine Seite. Verse sind durch ihre schriftliche Gestalt und ihre mündliche Wiedergabe als solche erkennbar: durch den Flattersatz einerseits, durch rhythmische und klangliche Abweichung von der Alltagsrede andererseits. Diese Erfahrung machen schon Kinder, wenn sie Abzählreime und Lieder hersagen. „Das Merkmal Vers markiert den Unterschied zur Prosa".[25] Daran hat sich zunächst auch im 21. Jahrhundert nichts geändert.

Das *Reallexikon der deutschen Literaturwissenschaft* beruft sich auf Dieter Lampings Definition des Gedichts als „Einzelrede in Versen".[26] Diese Erklärung ist nicht unumstritten (sie schließt beispielsweise die Ballade aus) und auch nicht widerspruchsfrei (Uwe Kolbes *Gespräch ohne Ende* wäre demnach keine Lyrik), aber notwendig genau, um zu verstehen, wie der Begriff „Lyrik" heute in Abgrenzung zu den Gattungen der Prosa und der Dramatik gebraucht wird. Das Wort „Gedicht" kommt vom mittelhochdeutschen „getihte", das etwas schriftlich Verfasstes nach mündlicher Angabe meint und von dem lateinischen „dictare" abgeleitet ist. „Lyrik" ist im historischen Sinne eine „Sammelbezeichnung für alle Gedichte", im systematischen Sinne eine „repräsentative Form der Verdichtung", die der Prosa seit etwa 1900 gattungstheoretisch gegenübersteht. So liest man es im *Metzler Lexikon Literatur*.[27] Gedichte sind „eine Art, sich eigensinnig Welt vorzustellen" (so der Übersetzer, Dichter und Direktor der Berliner Festspiele Joachim Sartorius), „die knappste, am stärksten verdichtete Mitteilungsweise menschlicher Erfahrung" (so der russisch-amerikanische Literaturnobelpreisträger Joseph Brodsky), „zwecklos und sinnvoll" (Günter Kunert), „Bankauszüge unserer Seelen" (Peter Maiwald), „hochkomplexe (‚vielzüngige', polylinguale) Sprachsysteme" und eine „Entführung in alte Gefühle … / Stimmenfang, Silbenzauber" (so Thomas Kling und Durs Grünbein).[28]

Lyrische Schreib- und Sprechweise

Aber auch wenn man es einem Gedicht ansieht oder anhört, dass es ein Gedicht ist, so ist damit noch nichts darüber gesagt, was wir meinen, wenn wir beim Umgang mit der Gegenwartslyrik über Gedichte sprechen. Eine Rezitation des pathetischen Prologs zu Uwe Tellkamps Roman *Der Turm* (2008) könnte den Verdacht erwecken, hier handle es sich um etwas Lyrisches. Dieser Verdacht führt auf eine wichtige Spur. Mit „lyrisch" und „poetisch" werden Eigenschaften eines literarischen Textes bezeichnet. Diese Stilmerkmale lenken die Aufmerksamkeit des Hörers oder Lesers weniger auf den Inhalt des Gedichts, sondern vielmehr auf den Modus seiner sprachlichen Darbietung. Dem entspricht die geläufige Vorstellung, Gedichte seien etwas Schwer- oder Nichtverständliches.

Dass sich Lyrik durch eine besondere Sprech- und Schreibweise auszeichnet, zeigt schon das Wort „Lyrik". Es ist von der Lyra abgeleitet, einem griechischen Zupfinstrument, der Leier. Lyrisch war die Verbindung von Text und Musik. Daran erinnert heute noch der mongolische Dichter Galsan Tschinag, der seine Gedichte bei Lesungen zu singen pflegt. Daran erinnern Jan Böttcher und Steffen Popp, die ihre Gedichte mit Gesang und Gitarre auf CD aufgenommen haben. Neben der lautlichen hat auch die graphische Expressivität zugenommen, zum Beispiel in der Konkreten Poesie, die schon Vorbilder in der barocken Emblematik und in Bildgedichten Christian Morgensterns hat.

Eingrenzung der Gegenwart

Der Versuch, ein Beginndatum der Gegenwartslyrik festzulegen, stößt auf die schon beschriebenen Schwierigkeiten (→ Kap. 1.2). Es ist besser, von Einschnitten zu sprechen. Solche Zäsuren sind 1968 und 1989. Sie stehen einerseits für eine Politisierung der Lyrik. Politische Gedichte reagieren auf die Zeitumstände. Andererseits haben die Gedichte ihre eigene Zeit, die nach ästhetischen, nicht chronometrischen Gesetzen abläuft.

Liebesgedichte der Gegenwart sind nicht von politischen Ereignissen bestimmt. Ihr Zeitfaktor hängt vom Wandel der Mentalitäten ab. Insofern kann man für die Liebeslyrik der Gegenwart die Zäsur 1968 geltend machen. Das poetische Sprechen über Liebe änderte sich, als in den 1960er Jahren Fortpflanzungswunsch und Sexualität durch die sogenannte Antibabypille, die Kommune I, die sexuelle Libertinage entkoppelt wurden. Die Neue Subjektivität, eine einflussreiche Tendenz der 1970er Jahre, reagierte darauf mit Gedichten über das kleine Liebesglück und das alltägliche Liebesleid.[29] Im Jahr 2009 müssen Dichter, wenn sie über Liebe schreiben, auf einen Begriff zugreifen, der „bestenfalls Partnerschaft" anzeigt und ansonsten einen „Anwendungsfall für einen Handwerkskasten voller Flirt-Techniken, Kommunikations-Techniken, Sex-Techniken und Deeskalations-Techniken" meint.[30]

Zäsur der politischen Lyrik 1989/90

Für die politischen Gedichte der Gegenwart ist 1989/90 die markanteste Zäsur. Der Wandel des Sozialsystems Literatur hatte Einfluss auf das Symbolsystem. Mit der deutschen Vereinigung ist der Markt für Lyrik größer und zugleich umkämpfter geworden. Neben der relativ überschaubaren Anzahl von Autoren, die mit mehreren Lyrikbänden, Literaturpreisen und Stammplätzen in den Großanthologien im Literaturbetrieb etabliert sind, gibt es eine Vielzahl von Debütanten und relativ unbekannten Lyrikern, bei denen man nicht absehen kann, ob und wie sie sich auf dem Markt entwickeln. Zu bedenken ist dabei, dass die deutsche Lyrik etwas anderes ist als die Lyrik in Deutschland. Jene umfasst auch die Dichter, die nicht in Deutschland leben, aber deutsche Gedichte schreiben, diese die ins Deutsche übersetzten Gedichte aus anderen Sprachen. Deutsche Lyrik war und ist eine europäische und weltoffene Poesie. Das belegen die Übersetzertätigkeiten vieler Dichter und einschlägige Anthologien: *Transit* (1956), *Museum der modernen Poesie* (1960), *Luftfracht. Internationale Poesie 1940–1990* (1991), *Atlas der neuen Poesie* (1995).[31]

In der Forschung ist es üblich, die Geschichte der Gegenwartslyrik in Dezennien zu unterteilen. Hermann Korte hat eine übersichtliche Untersuchung der Lyrik der 1990er Jahre vorgelegt.[32] Walter Hincks Interpretationssammlung *Gegenwart II* (1997) stellt Gedichte der 1980er und 1990er Jahre vor.[33]

Tendenzen der Gegenwartslyrik

Einen auch nur annähernd genauen, geschweige denn vollständigen Überblick über die Lyrik der Gegenwart zu geben, ist ein Ding der Unmöglichkeit. Mehr als hundert Lyriker sind pro Buchsaison auf dem Markt präsent. Tendenzbegriffe wie „Wiederkehr der Form"[34] und „Rhetorisierung"[35] oder Kontrastsysteme wie „Transit-Poesie" und „Bewusstseinspoesie der alten Art"[36] können nur repräsentative Ausschnitte der Lyrikszene wiedergeben, nicht das Ganze. Festzustellen ist allein eine Pluralität an Stimmen, Stilen, Schreibweisen. Wer will, kann diese Pluralität postmodern nennen. Fest steht jedenfalls: Natur- und Liebesgedichte werden ebenso wie politische Gedichte weiterhin geschrieben, eine klassische Form wie das Sonett hat auch in der Parodie überlebt,[37] mit Robert Gernhardt ist der Humor in die Gegenwartslyrik zurückgekehrt, die Rückkehr der Religion ist auch in der Lyrik, z.B. bei Christian Lehnert und Ralf Rothmann, unübersehbar.[38] „Experimentelle Artisten und exzentrische Rapper sind wie gelehrte Poeten und gemäßigtere Traditionalisten in der Lyrik der Gegenwart gleichermaßen vertreten."[39]

Lyrik für Leser

Die Dichter sagen uns häufig, was die Gegenwartslyrik nicht ist. „kein / labyrinth & keine chandoshysterien, nur / wortgeruch & falsche nelken":[40] Der 1963 in Gera geborene Dichter Lutz Seiler zeigt eine Distanz an. Er will weder, dass der Leser sich im Gedicht verläuft, noch dass der Autor an der Sprache des Gedichts verzweifelt. Er setzt auf die sinnliche Erfahrbarkeit des Worts und das Bewusstsein von Schreiber wie Leser, dass diese Erfahrung der Kunst entspringt, Worte für Blumen zu setzen. Und das ist vielleicht ein brauchbares Kriterium für eine Gegenwartslyrik, die nicht zum schnellen Verzehren, sondern zum Interpretieren geeignet ist.

Gegenwartslyrik ist also in erster Linie für den Leser und Hörer da. Sonst wäre ihre Gegenwart nur eine halbierte: die des Autors ohne Publikum. Das Vorlesen von Lyrik gehört zu den Hauptritualen des Literaturbetriebs. Lyriklesen ist etwas anderes. Es weicht vom üblichen Lesemodus ab, weil es sprunghaft-assoziativ, nicht kontinuierlich ist. Wer einen zeitgenössischen Lyrikband oder eine Anthologie zur Hand nimmt, liest die Texte wohl kaum von vorne bis hinten durch. Man blättert, liest sich fest, wiederholt die Lektüre einzelner Texte oder Verse häufiger, was dazu führt, dass sich einige Verse einprägen, vielleicht sogar ganze Gedichte. Diese bleiben dann eher im Gedächtnis als die Titel von einzelnen Lyrikbänden, es sei denn, letztere sind durch eine lectio difficilior, durch kleine semantische Stolpersteine markiert. *Schädelbasislektion* (Durs Grünbein), *Grund zu Schafen* (Marion Poschmann) und *Wörtersee* (Robert Gernhardt) sind solche Titel.

5.2 Deutsche Einheit im Spiegel der Lyrik: das politische Gedicht

Deutschland im politischen Gedicht

Wer heute von politischer Lyrik spricht, darf von dem Goethe-Vers „ein garstig Lied! Pfui! ein politisch Lied“ (*Faust I*, V. 2092) nicht schweigen. Das Verdikt fällt in der Szene Auerbachs Keller, in einem studentischen Zechgelage, und zwar als Reaktion auf ein provozierendes Lied: „Das liebe, heil'ge Röm'sche Reich, / Wie hält's nur noch zusammen?“ Dieses Lied will keiner hören. Die zechlustigen Studenten lieben derbe Witze und guten Wein mehr als das sich auflösende und heillos zersplitterte Heilige Römische Reich deutscher Nation. Wen die deutsche Einheit so wenig kümmert, dem muss ein Deutschlandgedicht „garstig“ vorkommen.

Die Frage, was Deutschland politisch oder kulturell zusammenhält, ist besonders brisant im politischen Gedicht. Das gilt nicht nur für die Lyrik der Gegenwart. Deutschland im Gedicht: das ist ein Thema mit einer langen Geschichte, von dem auf Tacitus zurückgehenden Germania-Mythos und dem im Wotan-Mythos greifbaren „furor teutonicus“ über die „Vaterländischen Gesänge“ im 18. und die Befreiungskriegslyrik im 19. Jahrhundert, den Hurra-Patriotismus nach der Reichsgründung 1870/71 und die Exillyrik bis zu den Gedichten aus dem geteilten Deutschland 1945–1989/90. Viele Deutschland-Gedichte sind sehr populär geworden, etwa die Nationalhymne, das Lied von der Loreley oder die *Wacht am Rhein*. Oft ist der Verfasser in Vergessenheit geraten. Wichtig sind diese politischen Gedichte als „sprachliche Konzentrate des nationalen Selbstverständnisses, nationaler Kommunikation und Selbstauseinandersetzung, aber auch nationaler Verblendung und Verblödung“.[41]

Positionen politischer Lyrik

Der Begriff der politischen Lyrik hat es in Literatur und Wissenschaft oft schwer gehabt.[42] Die Lyrik sei ein untaugliches Mittel für die Politik, so wurde gesagt, weil das Gedicht Ausdruck von Subjektivität und Sache einer Minderheit, die Politik aber Ausdruck von Machtinteressen mit demokratischen Mehrheiten sei.[43] Man hat außerdem behauptet, dass Politik kein geeigneter Inhalt für die Poesie sei, weil die künstlerische Qualität unter einer politischen Botschaft leide. Literatur dürfe sich nicht von außerkünstlerischen Zwecken bestimmen lassen. Dies ist die Position der ästhetischen Autonomie, die auf eine eindrucksvolle Wirkungsgeschichte von Kant bis Adorno zurückblicken kann. Peter Handke ist der jüngste Vertreter dieser Position. *Ich bin ein Bewohner des Elfenbeinturms*, hat er 1966 dekretiert und 1969 in seinen Band *Deutsche Gedichte* Schachpartien, Börsenkurse und die *Lottozahlen vom Samstag, dem 30.11.1968* aufgenommen; darunter steht konsequenterweise „Ohne Gewähr“. Der Dichter bürgt also für nichts, er kann oder will nichts zu Deutschland sagen. Beide Argumentationen, die von der Seite der Politik und die von der Seite der Lyrik, laufen auf das Gleiche hinaus: auf die These von der angeblich sehr deutschen Trennung von Macht und Geist, Poesie und Politik.

Autonomieästhetik und literarisches Engagement

Die Gegenposition zur Autonomieästhetik ist die Position des literarischen Engagements, deren Tradition von Gottsched über die Vormärz-Dichter bis zu Brecht reicht. Erich Fried, dem populärsten und produktivsten politischen Dichter nach 1945, war Deutschland nicht genug. Er bezog Stellung auch zur Politik in Israel und Vietnam. In dem Gedicht *Einbürgerung* aus dem Band *und vietnam und* (1966) evoziert er den Kriegstod eines Soldaten: „weiße Hände / rotes Haar / blaue Augen // Weiße Steine / rotes Blut / blaue Lippen // weiße Knochen / roter Sand / blauer Himmel“.[44] Doch die mit den Farben der Nationalflagge der USA untermalte Kritik an der amerikanischen Kriegspolitik in Vietnam wirkt plakativ. Der politische Gedanke wird poetisch bebildert, die Einbürgerung erscheint als politischer Gewaltakt. Das engagierte Gedicht ist für Fried ein sprachliches Modell der politischen Welterfahrung.

Der Begriff „politischer Dichter“

Günter Grass hat sich in seiner Rede *Vom mangelnden Selbstvertrauen der schreibenden Hofnarren unter Berücksichtigung nicht vorhandener Höfe* (1966) kritisch mit dem Begriff „politischer Dichter“ auseinandergesetzt. Wer sich als Dichter das Prädikat „politisch“, „engagiert“ oder „humanistisch“ zulege oder zulegen lasse, meint Grass, der biedere sich als Berater oder als Hofnarr den Herrschenden an. Doch Hofnarren gibt es nicht mehr, weil die Höfe fehlen, und die Ratschläge der Dichter würden von Politikern ja doch nur in den Wind geschlagen. Deshalb meint Grass, sei der Begriff „politische Lyrik“ so untauglich wie der Begriff „katholischer Radfahrer“.[45]

Das klingt plausibel. Um zu erklären, was ein Radfahrer ist, braucht man nicht zu wissen, ob er katholisch oder hinduistisch oder atheistisch ist. Man kann es ihm auch nicht ansehen, und wenn er eine Soutane trüge, würde man eher von einem „radfahrenden Priester" sprechen. Linguistisch gesprochen, ist das adjektivische Attribut „katholisch" ein abgeleitetes (desubstantivisches) Adjektiv, dessen Basissubstantiv („Katholik") semantisch nichts mit dem Kernsubstantiv („Radfahrer") zu tun hat.[46] Die Satzgrammatik reicht also zur Erklärung der Konstruktion „politische Lyrik" nicht aus. Es kommt auf den Kontext an.

Man muss es dem Gedicht nicht ansehen, dass es politisch ist. Das Politische ist ein außerästhetisches Merkmal des Gedichts. Wenn sich das Gedicht aber auf eine auffällige Weise politisch artikuliert, gerät es in die Nähe zum versifizierten Leitartikel, zur Tendenzpoesie, zur Agitationspropaganda[47] und müsste wohl besser als gedichtete Politik bezeichnet werden. Zu viel Politik schadet dem Gedicht, zu viel Dichtung schwächt die Politik.

Sach-, Sprach- und Gebrauchswert politischer Lyrik

Dennoch sollten wir auf den Begriff der politischen Lyrik nicht verzichten. Die Bedenken von Günter Grass sind ja weniger sprachlicher als vielmehr sachlicher Natur. Wenn er in seinen Deutschlandsonetten von 1993 „Land und Leute" wie ein geschiedenes Ehepaar beschreibt, dann sagt das wenig über Grass' Gedichtkunst aus, mit der es in diesem Falle nicht weit her ist, aber viel über sein Bild von einer vermeintlich unglücklichen Vereinigung. Es empfiehlt sich daher, das politische Gedicht auf seinen politischen Sachbezug, auf seinen sprachlichen Darstellungswert und auf seinen Wirkungsgrad bzw. Gebrauchswert zu befragen:[48]

- Der Sachbezug besteht in einem konkreten, meist zeitpolitisch aktuellen Ereignis, auf das sich das Gedicht bezieht (deskriptive Funktion);
- der sprachliche Darstellungswert ergibt sich aus den poetischen Mitteln, mit denen dieser Sachverhalt dargestellt, umschrieben oder verschlüsselt wird (expressive Funktion);
- der Gebrauchswert besteht darin, wie diese poetische Darstellung vom Leser verstanden wird: als affirmativ, neutral, kritisch, selbstkritisch (appellative Funktion).

Die „Wende" im Gedicht

Nach Mauerfall, Wende und Wiedervereinigung 1989/90 hat Deutschland im politischen Gedicht einen anderen Stellenwert als zuvor. Der neue Sachbezug der politischen Gedichte ist die Einheit, die zum ersten Mal in der deutschen Geschichte friedlich und in freier Ausübung des Selbstbestimmungsrechts hergestellt wurde. Einheitshymnen finden sich aber unter den politischen Gedichten der 1990er Jahren nicht. Diese Gedichte sind, so fasst Walter Erhart zusammen, „weniger feierlich als vielmehr reich an Katastrophen, weniger hoffnungsvoll als vielmehr niederschmetternd, weniger utopisch als vielmehr orientierungslos, weniger stabilisierend als vielmehr ich-gefährdend".[49]

„Wende" und „Wiedervereinigung"

Die Ereignisse, die zwischen dem Fall der Mauer am 9. November 1989 und dem Tag der deutschen Vereinigung am 3. Oktober 1990 liegen, haben viele Namen: Wendezeit, friedliche Revolution, Prozess der deutschen Einheit, deutsche Wiedervereinigung. Es hat sich dabei eingebürgert, zwischen der „Wende" und der „Wiedervereinigung" zu unterscheiden. Der Zeitraum der Wende reicht von den ersten Demonstrationen in Ostberlin, Dresden und Leipzig im Sommer 1989 bis zu den ersten freien Volkskammerwahlen am 18.3.1990, danach beginnt der Prozess der Wiedervereinigung (Wirtschafts-, Währungs- und Sozialunion).[50]

Die „Wende" in Gedichtanthologien

Es besteht kein Zweifel darüber, wie sehr das Thema von „Wende" und „Einheit" die literarische Szene nach 1989 beherrscht hat. Sogar ein Medizinlexikon, das in einer Auflage erscheint, von der Schriftsteller nur träumen können, leistet sich mit der fresslustigen „Steinlaus" einen fiktionalen Beitrag zum Fall der Mauer.[51] Die Zahl der unmittelbaren Reaktionen von Lyrikern auf die politischen Ereignisse 1989/90 ist indessen relativ überschaubar. Die Anthologien *Grenzfallgedichte* (1991), *Von einem Land und vom anderen* (1993) und *Nachkrieg und Unfrieden* (Neuauflage 1995) enthalten über 255 Gedichte aus dem Zeitraum 1989ff., viele davon allerdings von wenig bekannten Dichtern und von ästhetisch nicht überzeugender Qualität. Heinz Czechowskis Gedicht *Die überstandene Wende*, geschrieben im November 1989, fasst die Ratlosigkeit angesichts einer unvorhersehbaren Zukunft in ein harmloses Wortspiel: „Was hinter uns liegt, / Wissen wir. Was vor uns liegt, / Wird uns unbekannt bleiben, / Bis wir es / Hinter uns haben."[52]

In den oben genannten Anthologien gibt es nur acht Gedichte, die „ein deutsches ‚Hauptwort' oder Adjektiv" im Titel führen.[53] Das traditionelle Deutschland-Vokabular fehlt den Gedichten zur deutschen Einheit ebenso wie das patriotische Pathos der Befreiungskriegslyrik aus dem 19. und der Nationalpanegyrik des frühen 20. Jahrhunderts. Die neue deutsche Einheit, die zuvor in weiten Kreisen der deutschen Literatur unter Tabuverdacht stand, hatte vielen Lyrikern offenbar die Sprache verschlagen.

Beispielanalyse: Volker Brauns *Eigentum*

Das berühmteste und repräsentativste Gedicht zur deutschen Einheit ist Volker Brauns *Das Eigentum*:

Da bin ich noch: mein Land geht in den Westen.
KRIEG DEN HÜTTEN FRIEDE DEN PALÄSTEN.
Ich selber habe ihm den Tritt versetzt.
Es wirft sich weg und seine magre Zierde.
Dem Winter folgt der Sommer der Begierde.

Und ich kann *bleiben wo der Pfeffer wächst.*
Und unverständlich wird mein ganzer Text.
Was ich niemals besaß wird mir entrissen.
Was ich nicht lebte, werd ich ewig missen.
Die Hoffnung lag im Weg wie eine Falle.
Mein Eigentum, jetzt habt ihrs auf der Kralle.
Wann sag ich wieder *mein* und meine alle.

Das Gedicht wurde erstmals unter dem Titel „Nachruf" in der sozialistischen Tageszeitung *Neues Deutschland* vom 4./5.8.1990, dann in der Hamburger Wochenzeitung *Die Zeit* vom 10.8.1990, seither in zahlreichen Anthologien gedruckt. Es ist eines der am meisten interpretierten und – auch von Autorenkollegen[54] – zitierten „Wende"-Gedichte. Braun, Jahrgang 1939, gehört zu den im Krieg geborenen, in die DDR hineingewachsenen und dort gebliebenen Autoren, die „den Sozialismus noch als ‚Hoffnung' und noch nicht (vollständig) als ‚deformierte' Realität" erlebten.[55] Seine Erfahrung der „Wende" hat Volker Braun mit gemischten Gefühlen beschrieben: „Öffnung der Grenze und Ausländerhaß, Warenangebot und Abwicklung, Medienfreiheit und Evaluierung".[56]

Zitat-Struktur des Gedichts

Der Text besteht aus zwei Teilen. Im ersten Teil (V. 1–7) stellt sich der Sprecher kritisch und selbstkritisch einer Gegenwart, in der er keinen Ort mehr zu haben glaubt. Seine Pose ist die des trotzigen Melancholikers, der wie auf Dürers berühmtem Stich *Melencolia I* (1514) mit festem, aber verlorenem Blick inmitten von Dingen sitzt, mit denen er augenscheinlich nichts mehr anfangen kann. Auch Braun umringt seinen Sprecher mit Zitaten und Sprichwörtlichkeiten, die für ihn „unverständlich" geworden sind. „*bleiben wo der Pfeffer wächst*" hatte die *Zeit* am 22.6.1990 den „toten Seelen des Realsozialismus" empfohlen, *Mein Eigenthum* heißt ein Hölderlin-Gedicht (1799),[57] und das Zitat im zweiten Vers verdreht die Parole „Friede den Hütten, Krieg den Palästen" aus Büchners Flugschrift *Der hessische Landbote* (1834), die Braun als Inschrift auf einem Spruchband am 1976 eingeweihten Ostberliner Palast der Republik wünschte.[58] Wenn Braun sich mit den „Palästen" einen wohlfeilen Reim auf den „Westen" macht, so sieht er – so kann man den Vers verstehen – nun in der deutschen Vereinigung eine Kriegserklärung an die „Hütten" der Arbeiterklasse. Als Ironie der Geschichte erscheint, dass der Palast, zunächst Sitz des Staatsrats, später der Volkskammer, dann Kulturtempel der DDR, seit 2006 abgerissen wird. An seiner Stelle wird das alte Berliner Stadtschloss neu erbaut.

Verlust des Prinzips Hoffnung

Im zweiten Teil des Gedichts (V. 8–12) beklagt der Sprecher den Raub der Utopie und den Verlust der Hoffnung. „Die Hoffnung lag im

Weg wie eine Falle“: Das klingt rätselhaft. Wir können an das *Prinzip Hoffnung* denken, Ernst Blochs Hauptwerk, in dem die Philosophie einer besseren Zukunftswelt entworfen wird. Diese Vision aber wurde für die Intellektuellen zur Loyalitätsfalle. Wer nicht für das Hoffnungsprinzip war, das zum staatssozialistischen Grundkonsens gehörte, der war dagegen. Man hätte die Hoffnung bekämpfen müssen, um den Sozialismus zu bekämpfen.

Selbstbildnis des melancholischen Dichters

Was bleibt, ist ein grimmiges Bild von der Vereinigung und ein melancholisches Selbstbild des Dichters. Er hat seine repräsentative Rolle als des Volkes Stimme verloren. Für ihn gilt nicht mehr, was Volker Braun 1988 in seinem Arbeitsbuch schreibt: „man sagt ihm die meinung. Er steht im gespräch. Das ist seine autorität.“[59] Diese Rolle wird sentenziös und spruchgewaltig eingekleidet und verliert dadurch an persönlicher Bekenntniskraft. Der Zeilenstil – jeder Satz ein „Punktum“[60] – wirkt dann fragwürdig. Der Dichter kann nicht mehr für „alle“ sprechen, wie er es zuvor gegenüber einer schweigenden oder sprachlosen Mehrheit getan hat. Er zieht sich auf eine Position ästhetischer Autonomie zurück. In den „alt-neuen Widersprüchen der begonnenen und verramschten Revolutionen, auf diesem Feld der Hoffnungen und Täuschungen, der sogenannten Gegenwart“ findet er sich nicht mehr zurecht.[61] Er muss damit klarkommen, dass die DDR nicht nur von der politischen Landkarte, sondern auch aus den Köpfen verschwindet. Mit dem Bezug des Gedichts auf die verlorene ‚Sache‘ DDR gerät auch sein Gebrauchswert in Frage. Wessen „Eigentum“ ist die DDR nach ihrem Verschwinden? Von der selbsternannten Republik der Autoren, dem angeblichen Land der Dichter bleibt nur ein Dichter ohne Land übrig. Er ist eine traurige und trauernde Figur, wenn sein „Land in den Westen“ geht, wie es Braun ausdrückt, wenn seine „Landsleute“, wie Heiner Müller schreibt, mit „Händen und Füßen abstimmen gegen die Wahrheit / Die vor vierzig Jahren [s]ein Besitz war“.[62]

Beispielanalyse: Reiner Kunzes *Die mauer*

Die Gegenwart in Reiner Kunzes *Die mauer* kommt in einem Datum ins Gedicht. Untertitelt ist es nämlich: *„Zum 3. oktober 1990“*.[63] Paul Celan hat auf die Bedeutung solcher Daten hingewiesen. Sie sind dem Gedicht mitgegeben, markieren seine Gegenwart und seine Geschichte. Kunzes Datum ist wie eine Widmung gesetzt. Es bezeichnet den Tag der deutschen Einheit, der am 22./23. August 1990 von der Volkskammer, dem letzten parlamentarischen Gremium der DDR, beschlossen und am 3. Oktober in einem großen Staatsakt gefeiert wurde. Das Datum des 1991 erstabgedruckten Gedichts bedeutet also das Ende der DDR und den Beginn des wiedervereinigten Deutschland.

Als wir sie schleiften, ahnten wir nicht,
wie hoch sie ist
in uns

Wir hatten uns gewöhnt
an ihren horizont

Und an die windstille

In ihrem schatten warfen
alle keinen schatten

Nun stehen wir entblößt
jeder entschuldigung

Mauer als Begründungsmythos der DDR

Der Titel des Gedichts ruft ein anderes Datum auf. Gebaut wurde die Mauer am 13. August 1961 auf Befehl der SED-Führung, um die „Abstimmung mit den Füßen“ zu beenden. 2,6 Millionen Menschen hatten in den Jahren 1949 bis 1961 die DDR verlassen, hinzu kamen 50.000 „Grenzgänger“, die zwischen der DDR und hauptsächlich Westberlin pendelten. Viele Menschen, die nach dem Mauerbau aus der DDR zu fliehen versuchten, verloren an den 156,4 Kilometer langen, streng befestigten und scharf bewachten Grenzanlagen ihr Leben; die geschätzte Zahl liegt bei über 130 Maueropfern.[64] Die DDR-Behörden haben diese eklatanten Menschenrechtsverletzungen verheimlicht. Selbst die Schriftstellerin Anna Seghers verteidigte die Mauer einst als historische Notwendigkeit. Doch in Wirklichkeit diente die Mauer als Legitimationsinstrument. Durch sie wurde die DDR-Bevölkerung eingegrenzt, jeder politische Gegner ausgegrenzt. Die Mauer, offiziell „antifaschistischer Schutzwall“ genannt, gehört zu den Begründungsmythen der DDR.

Reiner Kunzes Gedicht zerrüttet diesen Mythos. Der mittlere Teil (V. 4–8) beschreibt die Wirkungen der Mauer auf die Menschen. Sie hat den „horizont“ begrenzt, für „windstille“ gesorgt und „schatten“ gespendet. Diese Wirkungen sind an sich atmosphärisch harmlos, politisch aber heikel. Von Ausreiseverbot, Fortschrittsfeindlichkeit, Stasibespitzelung kann Reiner Kunze, der im April 1977 mit seiner Familie die DDR verließ, ein Lied singen.[65] Dass im übermächtigen Schatten der Mauer niemand einen Schatten wirft, ist ein überzeugendes Bild. Man kann an die Beschattung der Staatssicherheit und an die literarischen Unglücksmenschen ohne Schatten denken.[66] Was den Menschen zum Menschen macht, hat ihm die schattenschluckende Mauer geraubt. Deswegen ist es gut und richtig, sie zu schleifen.

Mobilisierung des politischen Menschen im Leser

Doch diese Lehre wäre zu einfach. Kunzes Gedicht beginnt mit einem Geständnis. Beim Schleifen der Mauer „ahnten wir nicht, / wie hoch sie ist / in uns“. Die Mauer in den Köpfen fällt nicht über Nacht. Dafür liefert die Realgeschichte der ökonomischen und sozialen Einheit Deutschland genügend Beispiele. Am Ende des Gedichts kommt abermals ein Geständnis, diesmal erstmals im Präsens: „Nun stehen wir entblößt / jeder entschuldigung“. Das kann heißen: Mit der gefallenen Mauer ist jeder Grund entfallen, sich in ihrem Schatten mit den alten Gewohnheiten abzufinden. Als Alibi für ein Arrangement mit der Diktatur hat die Mauer ausgedient. Ohne Entschuldigung zu sein bedeutet zugleich Schuld zu haben. Damit kommt ein anderer Fall ins Spiel, ein Sündenfall der Erkenntnis. Die Sünde besteht in der anfänglichen Ahnungslosigkeit der Mauerschleifer. In ihren Köpfen lebt die DDR auch nach dem 3. Oktober 1990 weiter, bestenfalls als kritische Erinnerung, vielleicht als Ostalgie, schlimmstenfalls als Revisionismus. Kunzes Gedicht mobilisiert diese Erkenntnis und bestätigt damit Hilde Domins Definition, dass das öffentliche Gedicht den politischen Menschen im Leser anspricht.[67]

5.3 Liebe als Passion: Liebeslyrik nach 1968

Luhmanns Seminar „Liebe als Passion“

Im Wintersemester 1968/69, inmitten bestreikter Seminare und demonstrierender Studenten, hielt Niklas Luhmann, der Gründervater der Systemtheorie, eine Übung an der Goethe-Universität Frankfurt ab. Ihr Thema lautete „Liebe als Passion“. Vier Studierende nahmen daran teil.[68] Ein erstaunliches Phänomen: Luhmann hatte seine Liebestheorie in einer Zeit entworfen, die „Make love, not war“ proklamierte, aber wissenschaftlich und poetisch wenig für das Thema Liebe übrig hatte; pikanterweise vertrat Luhmann im Winter 1968/69 den Lehrstuhl seines Antipoden Adorno. Man kann das Manuskript, das Luhmann als Seminarvorlage und als Grundlage für ein gleichnamiges Buch aus dem Jahr 1982 diente, in der kompakten Form von 70 Seiten nachlesen.[69]

Kleine Zeichen für große Gefühle

Mit der Formel „Liebe als Passion“ lässt sich auch eine Grundtendenz der Liebeslyrik seit den späten 1960er Jahren beschreiben. Die Liebe ist Luhmann zufolge ein Kommunikationscode, der „das Lernen des Liebens, die Interpretation der Anzeichen und die Mitteilung kleiner Zeichen für große Gefühle ermöglicht“ und sich über die Differenzen von Klasse, Macht, Geld, Geschlecht hinwegsetzt. Die Form dieses Codes hat sich „vom Ideal über das Paradox zum Problem hin gewandelt“.[70] Liebe als codierte Intimität ist also, kann man vereinfacht sagen, ein Problem der Kommunikation.

Liebe als codierte Intimität

Dieses Problem verschärft sich, je mehr der Gegensatz zwischen einer „vollkommen sexualisierten Medien- und Konsumwelt einerseits und einer freudlosen Organisation des Arbeits- und Familienalltags andererseits“ zunimmt.[71] Die zeitgenössische Liebeslyrik reflektiert, dass „die Wenigsten von uns“ in „unkomplizierten, / dauerhaften, ungestörten Verhältnissen“ leben.[72] Dieses schwierigen Schicksals der Liebe haben sich viele zeitgenössische Dichter angenommen.[73] Liebe ist für sie misslingende Kommunikation, Liebesverrat, Passion zwischen Lust und Lächerlichkeit. Die Liebe als Frage nach dem, was den Menschen zum Menschen macht, muss angesichts des Schreckbildes eines ‚Menschen aus der Gen-Werkstatt‘ neu gestellt werden. Durs Grünbein schreibt:

> „Unbetrauert ist so die Frage nach dem Menschen gestorben. Von nun an wird ein jeder von uns nichts als das Ergebnis des Zusammenspiels von etwa achtzigtausend Genen sein, bestehend aus einer Nukleinsäurestruktur, die ihrerseits eine bloße Kombination ist aus vier verschiedenen Basen, angeordnet nach einem streng algorithmischen Prinzip, das sich als reiner Zahlencode darstellen und folglich auch manipulieren läßt. Das ist das Ende vom Hohenlied.“[74]

„Herzzeit“: Celans neue Sprache für die Liebe

An den Anfang der Liebeslyrik der Gegenwart kann man ein Gedicht von Paul Celan setzen. Es stammt aus dem Band *Fadensonnen* (1968) und ist entstanden am 1. März 1967:

DIE LIEBE, zwangsjackenschön,
hält auf das Kranichpaar zu.

Wen, da er durchs Nichts fährt,
holt das Veratmete hier
in eine der Welten herüber?[75]

Das Erscheinungsdatum 1968 markiert die Grenze zwischen Nachkriegslyrik und Neuer Subjektivität. Mit der wortkargen und pathosfeindlichen Liebeslyrik der ersten Nachkriegsjahre hat Celans Gedicht nichts zu tun. Auch beschreibt es keine sichtbare subjektive Liebeserfahrung. Das macht es schwer verständlich, aber einzigartig.

Einen Hinweis zum Verständnis liefert Celans Biographie.[76] Eine Notfalloperation nach einem Selbstmordversuch, die Auflösung des gewohnten familiären Rahmens, längere Aufenthalte in Psychiatrischen Kliniken bilden den unmittelbaren biographischen Hintergrund. Dahinter stehen das Schicksal des Überlebens der Judenverfolgung, die Erinnerung an die ermordeten Eltern, die Auseinandersetzung mit jüdischer Tradition und europäischer Kultur, die eigenen Liebesbeziehungen (u.a. mit Ingeborg Bachmann). Es ist schwierig, inmitten der Verluste eine neue Sprache für die Liebe zu finden. Diesen Schwierigkeiten weicht das Sprechen über Liebe nicht aus. Celan spricht mit „Düsterste[m] im Gedächtnis, Fragwürdigste[m] um sich her“. Seiner Lyrik fehlen die Worte, „die manches geneigte Ohr immer noch von ihr zu erwarten schien.“ Sie ist „nüchterner, faktischer geworden, sie mißtraut dem ‚Schönen‘, sie versucht, wahr zu sein.“[77]

Desillusion des Liebesglücks

Trotzdem bezieht sich Celan auf die traditionelle Liebeslyrik. Einen ersten Anhaltspunkt liefert das „Kranichpaar“. Es wird von Brecht in einem der Liebes-Songs der *Mahagonny*-Oper verwendet. Bei Brecht, von dem man gesagt hat, dass er die Liebe aus der Liebeslyrik vertrieben habe,[78] sind die Liebenden „einander ganz verfallen“. Ihr Beisammensein ist von kurzer Dauer, scheinbar gehalten durch die Liebe: „So scheint die Liebe Liebenden ein Halt“.[79] Doch das Bild reicht noch tiefer in die literarische Tradition zurück. In Dantes *Inferno* stehen die Kraniche für ein Paar, dessen Liebe als verbrecherisch galt. Francesca und Paolo sind die schicksalhaft Liebenden, die das Schicksal gegen sich haben. Sie „entflogen aus einem Leben in ein anderes“, aus dem irdischen Dasein in die Hölle, wo sie fortan, nebeneinander fliegend, in Liebe und Strafe verbunden sind.

Dialog mit der Tradition

Weniger bei Brecht als vielmehr bei Dante knüpft Celan an. Was bei Brecht den Liebenden Ausgleich und Halt zu versprechen scheint, wird hier aus den Angeln gehoben: der Schein gemeinsamen Glücks, das janusköpfige, „zwangsjackenschön[e]“ Gesicht der Liebe. Das Kranichpaar ist ein klassisches Symbol der flüchtigen und gefährdeten Liebe. Diese Liebe wird in der zweiten Versgruppe in Frage gestellt. Angesprochen wird ein Partner der Liebe. Es gibt ihn, soviel scheint festzustehen, aber wer er ist, das ist die etwas unheimliche Frage. Zwei negativ besetzte Begriffe fallen auf: das „Nichts“ und das „Veratmete“. Damit ist offenbar ein gescheitertes, ein atemloses oder falsches Sprechen über Liebe gemeint. Übertragen gesagt: Eine „Atemwende“ wäre notwendig, um aus dem „Nichts“ des traditionellen Liebesdiskurses einen neuen Kommunikationscode der Liebe zu gewinnen. Celans Gedicht stellt also die Vorbild- und Legitimationsfunktion der großen Liebesmodelle radikal in Frage. In knappster Form entsteht das Psychogramm einer „zerheilt[en]“ Liebe.[80] Liebeslyrik kann kompliziert sein – so kompliziert wie die Liebe.[81]

Beispielanalyse: Ulla Hahns *Bildlich gesprochen*

Liebeslyrik kann auch einfach aussehen. Etwa bei Ulla Hahn. Ihre Gedichte sind in den 1980er Jahren in der Kritik und beim Publikum gleich gut angekommen. „Leidenschaft, temperiert durch Wortspiel und Selbstironie“[82] war das Erfolgsrezept ihres ersten Lyrikbands *Herz über Kopf* (1981), der sich in wenigen Monaten über 40.000 Mal verkaufte.[83] Der Titel spielt auf einen berühmten Vorgänger an. Erich Kästners *Herz auf Taille* (1928), ebenfalls ein Debütband, enthält die berühmte *Sachliche Romanze*, die in saloppem Understatement davon erzählt, wie die Liebe den Liebenden abhanden kommt wie ein „Stock oder Hut“. Doch so einfach kann man es sich mit Hahns Liebesgedichten auch wieder nicht machen. Zwar hat sie die gefühlsbetonte, auf den Alltag gerichtete Sprache der Neuen Subjektivität geerbt. Aber sie hat diese Sprache radikalisiert und parodiert. Alles, was scheinbar einfach klingt, monologisches Sprechen, der Verzicht auf „große Gesten“,[84] die Zweierbeziehung als Psychostress,[85] wird in Bilder von latenter Aggressivität gepackt. Das Gedicht bekommt so einen doppelten Boden:

Bildlich gesprochen

Wär ich ein Baum ich wüchse
dir in die hohle Hand
und wärst du das Meer ich baute
dir weiße Burgen aus Sand.

Wärst du eine Blume ich grübe
dich mit allen Wurzeln aus
wär ich ein Feuer ich legte
in sanfte Asche dein Haus.

Wär ich eine Nixe ich saugte
dich auf den Grund hinab
und wärst du ein Stern ich knallte
dich vom Himmel ab.[86]

Struktur des Gedichts

Wiederholungsfiguren und Parallelismen bestimmen die Struktur des Textes. Den drei Volksliedstrophen entsprechen drei Sätze mit je vier Versen, ‚halbem' Kreuzreim und wechselnden Kadenzen. Die Rollen zwischen Ich und Du sind gleichmäßig verteilt; je dreimal kommen die entsprechenden Pronominalformen in jeder Strophe vor. Die Konditionalsätze „wär ich“ und „wärst du“ wechseln einander ab. Doch das grammatische Gleichgewicht täuscht. Nicht das Du spricht, sondern das Ich, dessen Aktivität durch die Verben am Versende und durch die Enjambements unterstrichen wird. Das marginalisierte Du kommt entweder nur in Nebensätzen oder im Status des Objekts vor. Dadurch wird der monologische Sprechgestus gestützt. Resultat ist eine in Wunschbildern verschlüsselte Innensicht der Figur. Zugleich entsteht eine Spannung zwischen der kalkulierten Gestaltung und der Leidenschaftlichkeit der Äußerungen, die auch das schiefe Bild der beiden Schlussverse in Kauf nimmt.

Disharmonie im Konjunktiv

Die wachsende Disharmonie zwischen Ich und Du schlägt sich in elementaren Naturbildern nieder. Überwiegt in der ersten Strophe noch die Metaphorik von Einheit und Hingabe, so spricht die zweite schon vom Wunsch, den Partner zu besitzen. Das Ausgraben der Blume hat eher etwas Gewaltsames an sich als etwas Idyllisches wie in Goethes Gedicht *Gefunden*, das 1813 entstand, 25 Jahre, nachdem er Christiane Vulpius kennengelernt hatte: „Ich grub's mit allen / Den Würzlein aus, / Zum Garten trug ich's / Am hübschen Haus“.[87] Das nächste Bild, das nach der harten Fügung exakt in der Gedichtmitte steht, wo das verbindende „und“ fehlt, lässt an Deutlichkeit nichts zu wünschen übrig: Auch der Besitz wird dem Partner genommen. So führt der Liebesprozess vom Urvertrauen über eine bedrohlich wirkende Leidenschaft zum finalen Vernichtungswunsch: „und wärst du ein Stern ich knallte / dich vom Himmel ab". Formgebung und Bildgebung korrespondieren im Schlussvers, dem kürzesten des Gedichts, der das gewaltsame Ende der Liebe besiegelt. „Bis ich ganz in dir aufgegangen war: / da spucktest du mich aus mit Haut und Haar", resümiert ein anderes Gedicht.[88]

Poetik des Liebesverrats

Mit dem Titel *Bildlich gesprochen* reklamiert das Gedicht eine kleine Liebespoetik. Diktiert von Herz und Kopf, bedient es sich aus dem traditionellen Form- und Bildervorrat der Liebe, um ihre positiven und negativen Idealbilder zu dekonstruieren. Das Rationale, das mit Martin Opitz' Forderung, das Thema Liebe sei für den Dichter ein „wetzstein" des Verstands,[89] in die deutsche Liebesdichtung einzog, ist auch hier unterschwellig wirksam: als ironisches Zitat im Konjunktiv II, dem Irrealis.

Gernhards zäher Liebesnarr

Eine ironische Variation auf die Leidenschaft ist das Gedicht *Der Zähe* von Robert Gernhardt.[90] Es stammt aus seinem ersten Lyrikband *Körper in Cafés* (1987), mit dem sich der Autor, der 1978/79 mit Eckhard Henscheid die Satire-Zeitschrift *Titanic* begründete, als einer der wenigen deutschen Lyriker mit pointensicherem Sinn für Komik etablierte.

Der Zähe

Wo du auch hingehst –
Ich bin schon da.

Wie weit du auch wegläufst –
Ich bin dir nah.

Wo du auch reinfällst –
Ich hol dich raus.

Nenn du mich nur Ratte -
Ich nenn dich Maus.

In den vier parallel gebauten Doppelversen dieses Rollengedichts geht es um die Liebe als Passion. Luhmann zufolge ist diese Liebe

> „willenloses Ergriffensein und krankheitsähnliche Besessenheit, der man ausgeliefert ist, Zufälligkeit der Begegnung und schicksalhafte Bestimmung füreinander, unerwartbares (und doch sehnlichst erwartetes) Wunder, das einem irgendwann im Leben widerfährt, Unerklärlichkeit des Geschehens, Impulsivität und ewige Dauer, Zwanghaftigkeit und höchste Freiheit der Selbstverwirklichung".[91]

Das Objekt der Begierde im Gedicht

Nicht anders ist der unverwüstliche Optimismus von Gernhardts Liebendem. Er macht nicht viele werbende Worte, weil er sich des Objekts seiner Begierde sicher wähnt. Nichts anderes dringt in sein Blickfeld als die

Geliebte. Botho Strauß hat diesen Typus des Zähen als Liebesnarren bezeichnet, der „sagt: es gibt nur sie. Cafés und Eisenbahnen, Kaufhäuser und Kinofilme, Plätze der Menschen, sie sind alle Du geworden. Das große, runde, leere und zu erfüllende, das weltverschlingende Du."[92]

Gernhardts Spiel mit dem Vergnügen des Lesers am Wiedererkennen literarischer Zitate ist kein artistischer Selbstzweck, sondern ein parodistisches Prinzip. Der erste Vers zitiert das Versprechen Ruths im Alten Testament: „Wo du hingehst, da will auch ich hingehen" (Rut 1,16). Der zweite komplettiert dieses Zitat nicht mit dem Wortlaut der Bibel, sondern mit den bekannten Worten aus dem Märchen vom *Swinegel un sin Frau*, die des Igels listige Frau dem Hasen am Ziel des Wettlaufs zuruft: „Ik bün al [schon] doa". Durch das intertextuelle Spiel der Zitate erhält das Versprechen, immer „schon da" zu sein, einen tragikomischen Unterton. Zuerst erweist sich die vermeintliche Treue als Egoismus, dann schimmert hinter der Anhänglichkeit des „Zähen" auch Zudringlichkeit durch, und ließe nicht die dritte Versgruppe wenigstens eine helfende und rettende Absicht erahnen, so hätte dieser hartnäckige Freier wohl alle unsere Sympathien verscherzt.

Der komische Kipp-Effekt

Gernhardts poetisches Verfahren ist in der Komiktheorie als „Kipp"-Effekt bekannt. Ein kleiner Anstoß genügt, um den Ernst in Unernst umschlagen zu lassen. Der Gedankenstrich in den ungeraden Versen ist das geeignete Mittel, um diesen Kipp-Effekt auszulösen. Dabei stehen Kunstanspruch und Dilettantismus in einem wohlkalkulierten Zusammenhang. „Komik lebt von der Regelverletzung, und Nonsense ist [...] konsequent, also regelmäßig verweigerter Sinn", schreibt Gernhardt im Nachwort zu seiner Sammlung *Reim und Zeit* (1990).[93]

Die Zweizeiler sind nach dem Prinzip der Gegenläufigkeit aufgebaut. Die Du-Sätze, die bis auf den letzten allesamt in der untergeordneten Stellung des Nebensatzes stehen, sind in regelmäßiger Folge auf ungereimte, weiblich-klingend endende Verse verteilt; die Ich-Sätze mit dem kräftigen anaphorischen Einsatz des Subjekts enden allesamt mit einer männlichen Kadenz und einem schlichten, ja lapidaren Reim. Zur Groteske zugespitzt wird die Antithetik im abschließenden Verspaar. Das Schimpfwort „Ratte" ist dem Kosewort „Maus" entgegengesetzt. Daraus ergibt sich, unterstützt durch die rhythmische Verzögerung, die das „nur" im vorletzten Vers bewirkt, wiederum ein parodistischer Kipp-Effekt. Das Ende des zähen Kampfes um die Geliebte nimmt eine tragikomische Dimension an. Der „Zähe" hofft noch auf Liebe, selbst wenn er abgewiesen und verschmäht wird; er ist ein „komischer Sisyphus der Liebe".[94]

Einsamkeit und Gemeinsamkeit

Die Liebe, schreibt Angela Krauß, „entsteht aus unserer Sehnsucht nach Vollkommenheit, Ganzheit, Schönheit. [...] Sobald uns etwas fehlt, suchen wir auszufüllen. Unbewußt arbeiten wir an unserer Ergänzung zur Vollkommenheit, alles was wir unternehmen, zielt heimlich auf ein Ganzes. Wir lieben, was uns ergänzt." Diese „Ergänzungsarbeit" leistet das Liebesgedicht.[95] Es erklärt, was fehlt, was die „Einzelliebe" bedroht und die Liebesgemeinschaft gefährdet. Das ist zum Beispiel der allmähliche Abschied, auf den sich die alternden Partner in Reiner Kunzes Gedicht *Spaziergang zu allen Jahreszeiten* vorbereiten: „Noch arm in arm / entfernen wir uns voneinander / Bis eines wintertags // auf dem ärmel des einen / nur schnee sein wird".[96]

Sarah Kirschs „Königsweg" der Liebe

Auch in Sarah Kirschs Liebesgedichten geht es um die Bedrohung der Einzelliebe, um Gefährdung in der Erfüllung, Sehnsucht trotz enttäuschten Verlangens, um das herzlose Spiel mit Liebe und Vertrauen. Ein Beispiel ist das Gedicht *Königsweg* aus dem Band *Bodenlos* (1996):

Itzt wenn die Gänse ziehen und rufen
Träum ich du bist in mein Traum
Von Süden über den Fluß ohne Brücke
Gekommen auf einem Hengst. Rot
Glühende elektrische Hufe sie sirrten
Wie in der Diele das Fax.
Als ich erwachte sprang der Hund
Über den Zaun. Der Hund ist alt springt
Nur im Traum über den Zaun[97]

Das archaisierende Naturbild führt in einen Traum vom – auch sexuell – erfüllten Liebesglück. Dieser Traum wird abrupt unterbrochen durch den Vergleich der „[g]lühende[n] elektrische[n] Hufe" mit dem sirrenden Fax im Flur. Aber nicht nur das Kommunikationsmedium bewegt sich zwischen Traum und Wirklichkeit. Auch der Adressat, der erotische Reiter, ist buchstäblich auf den Hund gekommen. Doch nicht das ist die letzte Pointe des Gedichts. Selbst die Aufklärung des Traumbilds erweist sich als Wunschdenken der Sprecherin: „Der Hund ist alt springt / Nur im Traum über den Zaun". So ist der Traum nicht nur in guter freudianischer Manier der „Königsweg" zum Unbewussten;[98] er ist auch ein Mittel, von der Mehrbödigkeit, ja Bodenlosigkeit der Liebe in einer gespaltenen Welt zu erzählen, in der es „heut nicht mehr viel" zu preisen gibt.[99]

Beispielanalyse: Erich Frieds *Was es ist*

In den 1970er und 1980er Jahren war Erich Fried „der glücklichste und selbstvergessenste Liebesdichter in deutscher Sprache".[100] Sein Gedicht *Was es ist*, das 1983, wenige Jahre vor seinem Tod, entstand, ist nicht nur sein populärstes Liebesgedicht, das als Aufdruck auf T-Shirts und Leinentaschen ‚unters Volk' gekommen ist. Es ist auch Testament und Vermächtnis eines Dichters, für den das Schreiben von Liebesgedichten weniger literarische Betätigung als vielmehr Ausdruck eines Lebensgefühls war:

Was es ist

Es ist Unsinn
sagt die Vernunft
Es ist was es ist
sagt die Liebe

Es ist Unglück
sagt die Berechnung
Es ist nichts als Schmerz
sagt die Angst
Es ist aussichtlos
sagt die Einsicht
Es ist was es ist
sagt die Liebe

Es ist lächerlich
sagt der Stolz
Es ist leichtsinnig
sagt die Vorsicht
Es ist unmöglich
sagt die Erfahrung
Es ist was es ist
sagt die Liebe[101]

Aufbau des Gedichts

Das Gedicht ist einfach gebaut, eine dreiteilige Wechselrede in ungleichen Teilen. Der Dialog erinnert an die barocken Allegoriegefechte zwischen Liebe und Vernunft. Dieser Disput wird bei Fried mit den rhetorischen Mitteln von Reduktion und Lakonismus, Parallelismus und Antithese ausgetragen. Die Vernunft operiert mit den Tugenden der Aufklärung, mit „Berechnung" und „Erfahrung", „Einsicht" und „Vorsicht". Aber alle Einwände, auch die von „Angst" und „Stolz", werden abgewiesen, selbst die Erfahrung, die es doch eigentlich wissen müsste.

Mit dem Wechsel von prädikativen Substantiven zu Adjektiven, der sich genau in der Mitte des Gedichts vollzieht, wird der Disput um die Liebe „spezifischer, persönlicher, wird sozusagen *ad hominem* zugespitzt".[102] Obwohl die Liebe als „aussichtslos", „lächerlich", „leichtsinnig", „unmöglich" bezeichnet wird, behält sie in allen Versgruppen das letzte Wort. Sie hat sowohl die stärkeren Argumente als auch „eine bessere Übersicht über den Konflikt."[103] Sie erklärt nicht, weil es nichts zu erklären gibt. Ingeborg Bachmanns Imperativ „Erklär mir, Liebe"[104] bleibt ohne Echo. Radikal kapituliert Erich Fried vor jedem Erklärungsversuch. Darin liegt die Pointe des Gedichts. Solange man fragt, was Liebe ist, weiß man es nicht. Der Sinn der Liebe ist eben nicht „Unsinn", ihr Triumph ist es, dass sie sich – tautologisch – von selbst erklärt. „Es ist was es ist / sagt die Liebe" – diese minimalistische Codierung der Liebe ist „ärmer als nötig",[105] wenn man an die reiche Tradition der Liebespoesie und auch an andere Liebesgedichte Frieds denkt, aber kürzer, lakonischer kann man es nicht sagen. So wird aus der poetischen Apologie der Liebe insgeheim eine Hymne auf die Liebe, die über den „Widerstreit“ mit der Vernunft hinaus ist.[106]

Beispielanalyse: Uwe Kolbes *Landpartie mit E.F.*

Landpartie mit E.F. (1995/96 entstanden, 1998 publiziert) ist Referenz und Reverenz an seinen berühmten Vorgänger:

Es ist banal,
sagen die Besitzer der Gärten.
Es ist für dich, sagen die Vögel.

Ist es im Internet?
fragen die Jüngsten.
Es ist das Netz, das mich hält, sage ich.

Ist das ein Gedicht?
mäkeln Gebildete.
Ich weiß, es ist ein schöner Augenblick.

Sie lacht,
die kleine Göttin
an meiner Seite.[107]

Epilog über die dichterische Inspiration

Auch dieses Gedicht ist als Dialog angelegt und richtet drei Anfragen oder Vorwürfe an die Adresse der Liebe. Doch Kolbe ersetzt die Friedschen Anapäste durch unregelmäßige Rhythmen und Verse ungleicher Länge; statt der monotonen Wechselrede herrscht ein munteres Frage-Antwort-Spiel vor, und dem Friedschen Prolog der Vernunft antwortet ein Epilog über die Inspiration. Zudem ist es nun das lyrische Ich selbst, das seinen Widersachern, seien es Gartenbesitzer, Internet-Surfer oder Akademiker, keine Antwort schuldig bleibt. Die Vögel, seit jeher Begleiter und Mitwisser der Liebenden, stehen ihm bei. Erstaunlicherweise aber ergreift der Dichter Partei für die Liebe, ohne dieses Wort – im Gegensatz zu Fried – auch nur einmal auszusprechen. Diese Leerstelle, das „Es“ im Text, das ja grammatisches, nicht personales oder gar aktives Subjekt ist, verdient einige Aufmerksamkeit: Denn worüber eigentlich spricht das Gedicht? Über die Liebe oder über das Liebesgedicht, also über sich selbst? Jedenfalls verkörpert dieses „es“ eine eigentümliche transsubjektive Gewalt. Es ist die Gewalt der Liebe, die den Liebenden so sehr übermannt und überwältigt, dass er oder sie ein Subjekt im Wortsinne wird („subigere“ heißt „unterwerfen“), der Leidenschaft unterworfen.

Fried nimmt diese Ur-Macht der Liebe, trotz aller Anfechtungen ihrer Gegner, noch sehr ernst in Schutz. Uwe Kolbe aber dekonstruiert die traditionellen und aktuellen Liebeskonzeptionen mit spielerischer Leichtigkeit, gleichviel ob die Liebe zur schönen Natur, zum Bildungsgut oder zum globalen Computerspiel erklärt wird. Mit anderen Worten: Er schreibt nicht als Verteidiger der Liebe, sondern als Kronzeuge des Liebesgedichts im Medienzeitalter. Doch immer noch ist es die „kleine Göttin" an des Dichters Seite, die schmunzelnd das letzte Wort über die Liebe behält. Kolbes Gedicht ist amüsierter Musenanruf.

Merkmale zeitgenössischer Liebeslyrik

In der Vielfalt der Liebesgedichte seit 1970 kann man kein eindeutiges Programm ausmachen. Gleichwohl lassen sich einige grundlegende poetologische Merkmale der zeitgenössischen Liebeslyrik zusammenfassen:

1. Gernhardts und Kolbes Gedichte demonstrieren eine Wiederkehr der ‚profanen Linie' der Liebesliteratur, die mit Martials schlüpfrigen Epigrammen beginnt und von den mittelalterlichen Vagantenliedern über Bänkelsang und Moritat bis zu den erotischen Chansons des 20. Jahrhunderts führt. In dieser Tradition des Dichtens über die Liebe sind Satire und Sarkasmus ebenso statthaft wie heitere und frivole Zwischentöne.
2. Gleichzeitig nehmen viele Liebesgedichte klassische Formtraditionen der Anakreontik auf (neben Durs Grünbein ist hier vor allem Sarah Kirsch zu nennen). Besonders beliebt ist das Sonett, das von seiner petrarkistischen Herkunft her Liebesdichtung ist. Seine Grundform wird bewahrt, doch das noch von Rilke und Benn verwendete Reimschema verschwindet, „als sei es zu starr für den Vorgang des Suchens, Abtastens und Ableuchtens der Dinge und ihrer geheimnisvollen Beziehungen".[108] Die Verse passen sich dem natürlichen Sprechton an, der die regelmäßige Alternation metrischer Hebungen und Senkungen ersetzt.
3. Insgesamt gehen die neueren Gedichte über die Liebe sparsam mit ihrem kostbarsten Gut um: dem Wort. Doris Runge hat diesem „schrittmacher / beinern und nüchtern" mit lakonischen Versen das Herz- und Schmerz-Vokabular ausgetrieben.[109] Der Opulenz der Bilder entspricht eine Ökonomie der Mittel. Besonders beliebt in der Lyrik sind der Zeilensprung und das Apokoinu, die geradezu zum Umschwenken, zur überraschenden Assoziation einladen und dadurch eine hohe Bereitschaft zum Standpunkt- und Blickwechsel bekunden.
4. Liebe als Seelenharmonie oder als ungetrübte Lebensgemeinschaft ist ein seltenes Sujet in der zeitgenössischen Liebesdichtung. Im historischen Wandel der Codierungen der Liebe vom Ideal zum Problem lässt sich beobachten, dass die Gedichte eher die Konflikte freier und zeitlich begrenzter Partnerwahl resümieren, eher die Vergänglichkeit und Flüchtigkeit der Gefühle reflektieren, eher Verwundung und

Trennungsschmerz registrieren als dauerhafte Liebesbeziehungen. Die Dichter sind zu nüchternen Chronisten der Liebe geworden, die aber um die „Allmacht des Wortes Sehnsucht" wissen und – wie Elisabeth Borchers – dazu auffordern: „Sammle das Weh / und das Ach".[110]

5.4 Neuro-Romantik: Durs Grünbeins Dialog mit den Naturwissenschaften

Im Jahr 1959 hielt der Physiker, Romanautor und hohe britische Staatsbeamte Charles Peirce Snow einen folgenreichen Vortrag: *The two cultures and a second look*. Er behauptete, das Verhältnis von Naturwissenschaft und Geisteswissenschaft sei von gegenseitiger Ignoranz geprägt, beide Kulturen hätten sich nichts mehr zu sagen. Diese These von der halbierten Kultur, hier der objektiven Welt der Naturwissenschaften, dort der literarischen Welt der Geistes, hat für viele Diskussionen gesorgt. Die einen sahen kein gemeinsames Dach der Kulturen mehr, die anderen hielten die Trennung der Wissenskulturen für einen freundlichen Mythos, mit dem die Disziplinen wechselseitig die eigene Unfähigkeit zu eben jenem Dialog zu bemänteln suchen, den sie doch eigentlich führen müssten.[111]

Dialog der Kulturen

Die Literatur, insbesondere die Lyrik, spielt in diesem Streit der Fakultäten eine Schlüsselrolle. Sie steht an der kulturellen Grenze zwischen den Wissenschaften, an der sich die „Gedankenexperimente"[112] der Poeten und der Wissenschaftler treffen. Nicht nur in Romanen von Dietmar Dath, Daniel Kehlmann, Juli Zeh, Ulrich Woelk geht es um die großen wissenschaftlichen Revolutionen in der Moderne und der Gegenwart.[113] Auch die Gedichte von Ulrike Draesner, Hans Magnus Enzensberger, Durs Grünbein, Raoul Schrott nehmen den Dialog mit den Naturwissenschaften auf. Grünbein hat sogar ein Ursprungsdatum des Konflikts der Kulturen gefunden: den Florenzer Vortrag des 24jährigen Galilei 1587 über Dantes *Göttliche Komödie*. Galileis Versuch, die Dantesche Hölle mit rein physikalisch-geometrischen Mitteln zu vermessen, den Ausgangspunkt der Handlung (in einer Vollmondnacht im heiligen Jahr 1300) und den Ort des Infernos (bei Neapel) zu fixieren, habe, so Grünbein, „die Wege der Naturwissenschaften und der Künste beschleunigt" auseinander laufen lassen; „niemals schneiden sie sich mehr wirklich".[114]

„Den Körper zerbrechen": Grünbeins Büchner

Ein Schlüsseltext für Grünbeins Poetik ist die Rede, die er am 21. Oktober 1995 im Darmstädter Nationaltheater anlässlich der Verleihung des Georg-Büchner-Preises hielt. Grünbein knüpfte nicht an das Ritual seiner Vorgänger an, über den kanonischen Büchner zu sprechen, den Autor von Dramen, Novellen und Flugschriften. Ihm geht es um den Dichter ohne

Vaterland, um den Autor mit der unersättlichen „Neugier auf Katastrophen“,[115] um den 23jährigen Naturwissenschaftler, der 1836 in einem Zürcher Studierzimmer seine Antrittsvorlesung über Schädelnerven vorbereitete. Büchner hatte die Abstinenz der Kunst gegenüber der modernen Wissenschaft überwunden: in der Transformation der Physiologie in Dichtung. Voraussetzung dafür war der Verzicht auf Idealismus und Religion. Er hatte den verletzlichen menschlichen Körper entdeckt und ihn mit „härterer Grammatik“ und „kälterem Ton“ beschrieben.[116]

Somatische Poesie

Der „ungeheure Riß“ in der Schöpfung, an dem Büchners Lenz-Figur leidet, wird bei Grünbein zum Weltriss zwischen Dichtung und Naturkunde. Um diesen Riss zu beschreiben, wählt Grünbein den „dritten Weg einer Suche nach positiver Erkenntnis“. Dieser poetische Weg jenseits des Konflikts der Wissenskulturen führt zum fehleranfälligen menschlichen Körper. In diesem Sinne spricht Grünbein von einer „somatischen Poesie“. Sie rüstet sich mit Quantenmechanik, Astronomie, Hirnphysiologie, Kybernetik, Ethnologie, ist aber keine Naturwissenschaft in Versen, sondern die poetische Beschreibung wissenschaftlicher Ideen. Grünbein entdeckt die „Poesie in der Wissenschaft“.[117] Sie liegt im „Epos des einzelnen Körpers“ (GJ 53), in dem Reiz der wissenschaftlichen Metaphern, in der Kunst, die Wirklichkeit nicht als ein physikalisches, sondern als ein „poetisches Problem“ zu beschreiben.[118]

Das Gehirn im Gedicht

Im Mittelpunkt dieser „somatischen“ Poetik Grünbeins steht das menschliche Gehirn. Es ist das komplexeste und leistungsfähigste Organ, das wir kennen. Es kann sich selbst beobachten und macht nicht immer das, was der Mensch will. *Unter der Hirnschale* gibt es für Enzensberger viel zum Wundern und Bewundern:

Was da unaufhörlich tickt
und feuert, das soll ich sein?
Woher denn. Es ist nur
diese graue Masse da drinnen.
Sie beobachtet mich,
ich beobachte sie.
Wir überraschen einander.[119]

Doch die Leistungssteigerung und Komplexität des Gehirns bezahlt der Mensch mit Zerbrechlichkeit und Sterblichkeit. Wohl deshalb fasziniert das Gehirn die Lyriker in mehrfacher Hinsicht: als Gedächtnisspeicher und anatomisches „Naturwunder“, als „neuronale Metropole bei Nacht“ und als poetisches „Navigationsinstrument, das durch die laufenden Katastrophen steuert“,[120] als Ort des Bewusstseins und der Selbstreflexion, zu der eben auch das Bewusstsein der menschlichen Vergänglichkeit gehört.

Ethik im neurowissenschaftlichen Zeitalter

Grünbeins Dichtung berührt anthropologische und ethische Grundfragen im neurowissenschaftlichen Zeitalter: „Was ist der Mensch?" (EJ 107) „Leben, was ist das?" (EJ 127) Darf der Mensch, wozu ihn die gentechnische Revolution befähigt, in seinen eigenen Schöpfungsprozess eingreifen? Was geschieht, wenn er sich nach dem eigenen Bildnis zu züchten versucht? Ist Forschung mit embryonalen Stammzellen, ist aktive Sterbehilfe erlaubt? Solange ein ethischer Konsens in diesen Fragen der menschlichen Existenz nicht mehr vorhanden ist, kann der einzelne „eine Reihe von existentiellen Entscheidungen an keine verbindliche Instanz mehr delegieren. Weder auf die Politik noch auf die etablierten Religionen kann er sich verlassen, wenn es um seine elementaren Lebensinteressen geht".[121]

In solchen Fällen kann ein Gedicht viele der grundlegenden Fragen formulieren, auf die uns die Naturwissenschaft noch keine Antwort gibt.

Lyrik als „Schädelbasislektion"

Grünbeins Band *Schädelbasislektion* (1990) steht an einer Schnittstelle in Grünbeins lyrischem Werk. Hier beginnt der Weg des Autors, der in der Lyrikszene des Prenzlauer Bergs nur Zaungast war und mit seinem Debütband *Grauzone morgens* (1988) allenfalls in Westdeutschland Achtungserfolge hatte, zu frühem internationalem Ruhm. Erschienen wenige Tage nach der Vereinigung, wurde *Schädelbasislektion* als Zeugnis der Wiedervereinigung der deutsch-deutschen Literatur aufgenommen.[122] Die poetische Geschichtsstunde zur Lage der lange geteilten Nation ist aber nur die eine Seite der Lektion, die Grünbein den Zeitgenossen erteilt: als „Testament und happy necrology" auf die Ära der DDR.

Die andere, stärkere Seite fasst der Titel *Schädelbasislektion* in nuce zusammen. Als besonders präzise Wortkombination demonstriert er das kreative Prinzip der Poesie. Er ist ein Neologismus, ein künstliches Wort und ein Wort für die Kunst, zweifach lesbar als anatomischer wie als ästhetischer Begriff und somit wiederum selbst eine poetische Lektion.

Die Schädelbasis ist der untere Teil des Hirnschädels, die schützende Hülle des Hirns. Wenn sie durch starke Gewalteinwirkung bricht, verliert der Mensch das, was ihn zum Menschen macht: das Bewusstsein. Die Schädelbasis ist also die anatomische Basis des Menschseins. Mit der Basislektion ist eine der essentiellen Aufgaben der Ästhetik benannt. Lektionen zu erteilen, zu dozieren, ist seit Horaz, selbst unter den Vorzeichen der unbelehrbaren Postmoderne, eine Grundtätigkeit des Dichters. Brecht hat noch in diesem Sinne seine Gedichte als „Gebrauchsanweisungen" bezeichnet, als „Lektionen zum Hausgebrauch und für den Klassenkampf" (AD 125). Grünbein geht es um eine doppelte Lektion: Zu lernen ist nicht nur aus den Erfahrungen einer überstandenen Diktatur, sondern auch aus den modernen Naturwissenschaften mit ihren unabsehbaren Risiken. „Allein der Fortschritt der Technologie gebiert so viele Ungeheuer, dass die klugen Elegiker in den nächsten Jahrtausenden mehr als genug zu tun haben werden“ (GJ 33).

Abschied von der Metaphysik

Grünbein untersucht die Form der „kunstförmigen Selbstdarstellung“ des Menschen (GJ 17), zu der die Fehleinschätzung der Fähigkeiten ebenso gehört wie die Überschätzung seiner Möglichkeiten. Wie sein Vorbild, der Berliner Arzt und Dichter Gottfried Benn, will er ein „MonoLogisches Gedicht“ schreiben, „ohne alle meta- // physischen Raffinessen“ und ohne den „Stelzengang der Geschichte“ (G 83). Physiologisches und Pathologisches wandert ein in Gedichte, die *Mensch ohne Großhirn* oder *Biologischer Walzer* heißen. Der Dichter streift durch das *Museum der Missbildungen* wie ehemals Benn durch die Krebsbaracke und sucht nach humaner Substanz in einer wissenschaftlich entzauberten Welt. Viel bleibt nicht. Der Mensch ist für Grünbein das „alphabetisierte Tier, / Das einzige, das lügt“ (G 190). Sprache und Bewusstsein unterscheiden ihn vom Tier. Doch die Lüge ist nicht nur negativ gemeint. Im Sinne von „Augenmaß und Täuschung“ meint sie auch die heilsame Selbsterkenntnis, dass die Sprache nicht Wahrheit garantieren kann. Sokrates wird zitiert, der seine philosophischen Diskurse mit dem an den Höllenhund Zerberus erinnernden Schwur „Beim Hunde“ einleitete, statt mit dem religiös korrekten „Beim Zeus“: „Denk an Sokrates. / Wenn der schwor: ‚Beim Hund!‘ / Fiel eine Welt aus Meinungen in Scherben.“ (G 190) In dieser Paradoxie, dass in der Täuschung ein höllischer Kern Wahrheit steckt, steckt die Schädelbasislektion.

„Neuro-Romantik“

Der Titelzyklus des Bandes *Schädelbasislektion* besteht aus fünf Gedichten. Sie entwerfen in klassischer Form, kreuzgereimt und im anapästischen Dimeter (der Vers hat zwei metrische Einheiten, bestehend aus zwei unbetonten und einer betonten Silbe), ein ganz und gar unklassisches Menschenbild.

Was du bist steht am Rand
Anatomischer Tafeln.
Dem Skelett an der Wand
Was von Seele zu schwafeln
Liegt gerad so verquer
Wie im Rachen der Zeit
(Kleinhirn hin, Stammhirn her)
Diese Scheiß Sterblichkeit. (G 101)

Eine merkwürdige Beobachtung: Jahrhundertlang wurde die Antwort auf die Frage, was der Mensch ist, in seinem Innersten, in Herz und Seele, gesucht. Anatomie und Neurophysiologie haben uns aber eines Besseren belehrt. Die

Naturwissenschaft sieht den Menschen zusammengesetzt aus Knochen, Nerven, Gefäßen, Muskeln. Am Rand anatomischer Lehrtafeln, wie man sie in der Arztpraxis sieht, stehen die dazugehörigen Begriffe. Der Dichter stellt das ohne Entrüstung fest. Das „Skelett an der Wand" gemahnt an die menschliche „Sterblichkeit". Es geht Grünbein aber nicht um ein *Memento mori*, um einen barocken Klageruf angesichts der Endlichkeit des Menschen. Das zeigt schon die drastische Alliteration im letzten Vers. Es geht darum, die Poesie mit der Erkenntnis der Naturwissenschaft zu bereichern, so „verquer" das sein mag. Es geht um die „zerebrale Seite der Kunst" (A 32).

Vom „babylonischen Herzen" zum „babylonischen Hirn"

Nicht das Herz also ist in Grünbeins Dichtung der Mittelpunkt des Menschen. Das Gehirn ist das neue „Steuerorgan", weil Dichtung „Gedankenbewegung auf sinnlicher Basis" ist (AD 279). Grünbeins Formel für diesen Wandel der Lyrik lautet: Vom „*Babylonischen Herzen*" (Baudelaire) zum „Babylonische[n] Hirn" (A 30). Mit dieser ästhetischen Formel ist „kein neuer Naturalismus", sondern eine „Neuro-Romantik" (A 45) gemeint. Dieses Kunstwort ist nicht so neu, wie es scheint. Die Naturalisten sprachen in polemischer Frontstellung gegen die neuromantischen Dichter um 1900 von „Neuro-Mantik". Grünbein wandelt den Begriff ab, um die Poesie in der Neurowissenschaft zu betonen. Vorbild seiner „Neuro-Romantik" ist der verkappte Romantiker Benn, der sich einen „armen Hirnhund, schwer mit Gott behangen" nennt[123] und bei allem Zynismus immer wieder „Sehnsuchtsimpulse aussendet, geradezu Schlager produziert, gewissermaßen zur Kompensation der ungestillten, verwundeten Seele".[124]

Trennung der Wissenskulturen: „Snow von gestern"?

Durs Grünbein hat die poetische Behandlung naturwissenschaftlicher Themen nicht erfunden. Aber er hat sich in den 1980er Jahren in der Sächsischen Landesbibliothek in Dresden und in der Ostberliner Staatsbibliothek „als Laie" in die Fachgebiete der Neurologie eingearbeitet (GJ 69). So konnte er nicht nur die Mauern zwischen den Wissenskulturen überwinden, sondern auch die Mauer, mit der sich die sozialistische Monokultur nach außen und nach innen abschottete.

Zu einem zeitgemäßen Menschenbild gehören für Grünbein das Gehirn und das Ich gleichermaßen, die Chronik öffentlicher Ereignisse und die „Abenteuer der Psyche" (EJ 260). Sein Berlin-Tagebuch *Das erste Jahr* (2001) hält den Wandel des Menschenbildes unter dem Einfluss der modernen Naturwissenschaften fest. Das „erste Jahr" ist das Jahr der großen Debatten um Humangenomprojekt, invasive Gentechnik und nichtinvasive Hirnforschung. Es ist auch das erste Jahr eines Menschen, nämlich seiner Tochter, das Schwangerschaft, Geburt und erste Lebensmonate umfasst; eine Reihe von Gedichten über die Tochter erschien 2002 als eigenes Bändchen, *Una storia vera.*

Auch in Grünbeins Tagebuch geht es um das Problem, die Trennung von Wissenschaft und Poesie aufzuheben. Als *poeta empiricus*, der sich auf Erfahrung statt Autorität stützt und lieber den Körper zerbricht als Ideentürme in den Himmel baut, schlägt Grünbein eine Brücke zwischen den Kulturen. Poesie ist für ihn „Erfahrungskunst" (EJ 279). Was die Dichtung mit der Naturwissenschaft verbindet, ist die Fülle an Einzelbeobachtungen, Spezialdiagnosen, Schock- und Glückserlebnissen, die man machen muss, um das, was am Menschen menschlich ist, zu verstehen. Zwar scheint nicht unbedingt die Literatur dazu berufen, die Zukunft der Naturwissenschaften zu beeinflussen. Aber die Gegenwartslyriker können Snows These von der halbierten Kultur durchaus als „Snow von gestern" widerlegen.[125]

Die Lyrik der Gegenwart ist ein Phänomen, das sich schwer auf einen Nenner bringen lässt. Jahrbücher, Anthologien und Zeitschriften geben Orientierung über die jeweils aktuelle Lyrikproduktion. Auf dem Buchmarkt bildet die Lyrik ein schmales Segment; man kann davon ausgehen, dass nur der kleinere Teil der geschriebenen Lyrik publiziert wird. Hingegen gibt es eine starke Lyrikrezeption im Literaturbetrieb (Nächte der Poesie, Lyrikfestivals, Slam Poetry, Netzpoesie). Ein wesentliches Kennzeichen der Gegenwartslyrik ist ihre Dialogizität. Sie setzt sich mit Natur- und Neurowissenschaft auseinander (Draesner, Enzensberger, Grünbein). Sie spricht den Leser als Zeitgenossen des Autors an und formuliert Modellerfahrungen (Liebeslyrik). Zeitgenossenschaft bezeugt auch das politische Gedicht, wenn es sich auf die Ereignisse von Mauerfall und deutscher Einheit bezieht.

Fragen

1. Wo findet der Dialog über Lyrik im Literaturbetrieb statt?
2. Inwiefern kommt die Gegenwart in Uwe Kolbes Gedicht *Gespräch ohne Ende* zum Ausdruck?
3. Worin besteht der Gebrauchswert des politischen Gedichts?
4. Interpretieren Sie Lutz Rathenows Gedicht *Deutschland*:

   GrüßHeil SiegFront RotGott
   Ich liebe Herren, die Hunde beißen.
   Hammer zerschlug Sichel. Ährenkranz
   Totentanz. Und nun das D-Mark-Leben.
   Ich spiele gern. Neuer Staat neues Gedicht
   – ich zwinge mich zur Zuversicht.[126]

5. Interpretieren Sie Hans Magnus Enzensbergers Gedicht *Welträtsel* (2002)[127] unter der Perspektive des Dialogs zwischen Poesie und Naturwissenschaft:

Die Dunkelziffer, der Eifer, der Krach –
muß das sein?
Warum $h = 6{,}625 \times 10^{-34}$ J . s,
und keinen Deut mehr?
Wie viele Götter, wenn überhaupt?
Woher diese plötzliche gute Laune
in der Badewanne?
Unbezwingliche Dummheit: zu klein
das Primatenhirn, oder zu groß?
Komisch, immer noch hie und da
ein Schmetterling ohne Nutzungsentgelt.
Fortwährendes Auf- und Ableben,
sich Verzehren, und andere,
aber zu welchem Ende?
Warum „ich“, und wozu?
Was, bitte, soll diese ewige Fragerei?
Wozu immer Treu und Redlichkeit,
und warum nicht? Wer ist schuld
an den unaufhaltsamen Fortschritten?
Gab es vor dem Big Bang
auch schon so viele Depressionen?
Was ist mit dem Sport,
dem Haß und dem Geld?
Warum ist nicht vielmehr weniger,
oder mehr? Und warum ist
nicht vielmehr nichts?

6. Was bedeuten die Begriffe „neuro-romantische Poesie“ und „somatische Poesie“?

Ausgewählte kommentierte Literatur

Hans Magnus Enzensberger: *Die Elixiere der Wissenschaft. Seitenblicke in Poesie und Prosa.* Frankfurt a.M. 2002. Entdeckungsfreudige Einblicke in die Poesie der Wissenschaft (Genetik, Teilchenphysik, Mathematik, Chemie, Medizin).

Kristin Felsner, Holger Helbig, Therese Manz: *Arbeitsbuch Lyrik.* Berlin 2009. Vorzügliche Einführung in die Gattung und die Lyrikinterpretation, zahlreiche Beispiele aus der Gegenwartsliteratur.

Wolfgang Frühwald u.a.: *Das Design des Menschen. Vom Wandel des Menschenbildes unter dem Einfluss der modernen Naturwissenschaft.* Köln 2004. Die im Rahmen einer Mainzer Vorlesungsreihe entstandenen Beiträge des Molekularbiologen Konrad Beyreuther, des Dichters Durs Grünbein, des Germanisten Wolfgang Frühwald, des Theologen Karl Lehmann, der Neurologen Johannes Dichgans und Wolf Singer erörtern umsichtig und anregend die Frage, welches Bild sich der Mensch im 21. Jahrhundert von sich selber macht.

Das Gedicht. Zeitschrift für Lyrik, Essay und Kritik. Hrsg. von Anton G. Leitner. Weßling bei München 1993ff. Erstveröffentlichungen, Essays, Interpretationen, Porträts und Interviews zur Gegenwartslyrik, kommentierte Bibliographie von Neuerscheinungen. Angebote von Lektoratsservice und Workshops.

Hiltrud Gnüg (Hrsg.): *Interpretationen. Liebesgedichte der Gegenwart.* Stuttgart 2003. Sammlung von 20 Interpretationen von Liebesgedichten.

Harald Hartung: *Ein Unterton von Glück. Über Dichter und Gedichte.* Göttingen 2007. 15 poetologische Essays, die das Handwerkliche, das Lehrbare und das Lernbare an der Poesie betonen.

Walter Hinck (Hrsg.): *Gedichte und Interpretationen. Gegenwart II.* Stuttgart 1997. Repräsentative Sammlung von Interpretationen zu Gedichten seit Ende der 1980er Jahre mit Raum für Entdeckungen (z. B. Harald Hartung).

Jahrbuch der Lyrik. Hrsg. von Christoph Buchwald und Uljana Wolf. Frankfurt a.M. 2009. Seit 1979 mit Lücken (durch Verlagswechsel bedingt) erscheinende Dokumentation aktueller deutschsprachiger Gedichte, herausgegeben mit einem jeweils wechselnden Autor.

von Matt, Peter: *Wörterleuchten. Kleine Deutungen deutscher Gedichte.* München/Wien 2009. Ein knappes Drittel der geschliffenen Kurzinterpretationen gilt der Lyrik nach 1945.

Albrecht Schöne: *Über politische Lyrik im 20. Jahrhundert.* Göttingen 1969.

Wulf Segebrecht (Hrsg.): *Neues Handbuch der Gedichtinterpretationen.* Hannover 2005. (1. Aufl. Paderborn u. a. 1997). Suchhilfe mit 10.000 Einträgen.

Andreas Thalmayr: *Lyrik nervt. Erste Hilfe für gestresste Leser.* Frankfurt a.M. 2004. Der Autor Hans Magnus Enzensberger stellt unter seinem Pseudonym auf unterhaltsame und lehrreiche Weise das Handwerk der Lyrik vor.

6 Gegenwartsliteratur und Film

Ohne den Film wäre die Gegenwartsliteratur ärmer. Immer stärker orientieren sich Autoren am filmischen Medium und an filmischen Gestaltungsformen. Umgekehrt profitieren Filmemacher und Drehbuchautoren von aktuellen Romanstoffen.

Hinzu kommt, dass bei Schülern die Erstrezeption eines künstlerischen Werkes mehr und mehr durch das Medium des Films erfolgt. Literaturverfilmungen sind ein wichtiger Bestandteil der schulischen Lehrpläne und der Module im literaturwissenschaftlichen Studium. Dabei sind nicht nur Klassikerverfilmungen von Interesse. Auch die intermedialen Bezüge zwischen Gegenwartsliteratur und Film kommen in den Blick.

In diesem Kapitel wird der Medienwechsel von beiden Seiten aus vorgestellt: am Beispiel der Adaption von Patrick Süskinds Erfolgsroman *Das Parfum* durch den gleichnamigen Film von Tom Tykwer und am Beispiel der literarischen Adaption eines Westerns von John Ford durch Patrick Roths Novelle *Johnny Shines*.

6.1 Literatur und Film

Das filmische Überleben von Effi Briest

In der kleinen Szene am Ende des Films Effi Briest von Hermine Huntgeburth, der im Frühjahr 2009 in die Kinos kam, hat die Titelheldin einen großen Auftritt, vielleicht ihren größten. Sie ist am Tiefpunkt ihres Lebens angelangt, gesellschaftlich abgestiegen nach ihrer verhängnisvollen Affäre mit einem Major, geschieden und von ihrer Tochter getrennt. Nun überquert sie die Berliner Prachtstraße Unter den Linden. Zufällig wird sie dabei von ihrem Exmann Innstetten gesehen. Er starrt ihr, neben seiner Kutsche stehend, ebenso sehnsüchtig wie verblüfft nach. Doch Effi würdigt ihn kaum eines Blickes.

Die Kamera hält beide Personen in gestikbetonter halbnaher und mimikbetonter naher Einstellung fest. Aus Innstettens Position beobachten wir, wie Effi die Straßenseite wechselt. Effi selbst wird abwechselnd von hinten, aus Innstettens Perspektive, gezeigt und von vorne, aus der Sicht der Passanten auf der anderen Straßenseite, die auch die Sichtweise von uns, den Zuschauern ist. Dabei lässt die mitfahrende Kamera Effi – genau aus der Bildmitte – auf den Betrachter zukommen. Ihr selbstbewusster Blick ist auf uns gerichtet. Diese Bewegung auf der Kameraachse spricht den Zuschauer direkt an. Schließlich verschwindet Effi, mit langem, wehendem rotem Halstuch, in der Menschenmenge. Das wiederum sehen wir mit Innstettens Augen, von seinem Standpunkt aus: als *point-of-view-shot*. Doch wissen wir heute mehr als der Baron Innstetten aus dem späten 19. Jahrhundert. Effi geht in ein neues Leben und in eine neue Zeit.

In Theodor Fontanes Roman *Effi Briest* aus dem Jahr 1895 stirbt die Titelfigur am Schluss. Auch in den Verfilmungen von Gustaf Gründgens (1939), Rudolf Jugert (1955), Wolfgang Luderer (1969) und Rainer Werner Fassbinder (1972/74) bleibt ihr dieses Ende nicht erspart. Hermine Huntgeburth lässt Effi überleben. Sie hat – das rote Halstuch ist ein Signal – das Zeug zu einer emanzipierten Frau, wenngleich ihr die Sprache fehlt, um ihren Traum von einem auch sexuell emanzipierten Leben zu verwirklichen. Effi wird also zu einer Frau des 20. Jahrhunderts.[1]

Film als Aktualisierung

Fontane ist kein Autor der Gegenwartsliteratur und *Effi Briest* ist kein zeitgenössischer Roman. Aber Huntgeburths Film überträgt den Roman in die Gegenwart. Ihre Effi ist eine gegenwartsnahe Figur. Das können die Zuschauer vom Ende her so sehen und verstehen. In der vorletzten Sequenz zündet sich Effi Briest bei Tisch in einem noblen Café zum Schrecken ihrer Eltern eine Zigarette an. Das wäre bei Fontane undenkbar gewesen. Auf diese Weise ist *Effi Briest* ein aktualisierender Film, ein Film über die Gegenwart eines Romanklassikers.[2] Dass Effi Briest in Huntgeburths Film überlebt, bedeutet auch: Der Film aus dem Jahr 2009 sichert das Überleben dieser Figur.

Werktreue-Debatte

Es wäre unfair, den Film von Hermine Huntgeburth an Fontanes Roman zu messen, der Regisseurin vorzuwerfen, dass sie die üppige Eingangsszene, einen Tanzabend im Hause Briest, hinzuerfunden, dass sie die im Roman nur dezent angedeutete Ehebruchsszene erotisch ausgemalt und zu alledem auch noch – wie ihre Vorgänger – Effis Haarfarbe verändert habe.[3] Ebenso fehlgehend ist die Auffassung, dass der Film ein ‚Schmarotzer' sei und die Literatur ausschlachte. Brecht und Böll haben den Film in diesem Sinne mit Argwohn betrachtet. Auch die Germanistik hat den Film lange Zeit am Maßstab der Literatur gemessen. Entscheidend für viele Interpretationen von Literaturverfilmungen war die Frage, ob der Film dem literarischen Werk gerecht wird. Als filmanalytische Frage ist die Debatte um Treue oder Verrat des Films gegenüber der literarischen Vorlage unergiebig. Meist kommt nicht mehr als ein „Besser als" oder „Schlechter als" dabei heraus. Wichtiger ist die Frage nach der künstlerischen Qualität, die dem Medium eigen ist. So schreiben Werner Kamp und Manfred Rüsel über den *Umgang mit Film*:

Die „Beschäftigung mit der Literaturverfilmung muss die Eigengesetzlichkeit beider Medien berücksichtigen und darf nicht in einem erbsenzählerischen Text-Film-Vergleich bestehen. Nur eine Analyse der Bildgestaltung und der Montage, die dem Film als eigenständiges ästhetisches Kunstwerk mit einer eigenständigen Sprache Rechnung trägt, sowie die Berücksichtigung der unterschiedlichen Produktionsbedingungen ermöglichen die gerechte Beurteilung einer Adaption."[4]

Man kann es auch mit Tom Tykwers Worten sagen, der Patrick Süskinds Roman *Das Parfum* verfilmt hat: „Ich verfilme kein Buch. Ich schaffe ein Werk, auf der Grundlage eines anderen".[5]

Medienwechsel: Literaturverfilmung und *novelization*

Die Adaption ist der Kernbegriff für den Medienwechsel zwischen Literatur und Film bzw. Bild.[6] Dieser Medienwechsel kann in zwei einander entgegengesetzte Richtungen verlaufen. Spricht man bei der filmischen Umsetzung eines literarischen Werkes von „Literaturverfilmung", so heißt die literarische Gestaltung einer filmischen Vorlage *novelization*. Damit ist hier weniger das Buch zum Film gemeint, das als ausgeschmückte Nacherzählung des Drehbuchs von ästhetisch geringem Interesse ist. Eine *Novelization* ist auch kein Abkömmling des Kinos. Sie ist eine intermediale Form filmisch inspirierter Literatur, die Originalität und Autonomie beanspruchen kann.[7] So lag Thomas Brussigs *Am kürzeren Ende der Sonnenallee* (1999) erst als Drehbuch (mit Leander Haußmann), dann als Roman vor.

Horaz: Analogie der Künste

Das Verständnis der Adaption hängt davon ab, wie man die Medien zueinander in Relation setzt. Stehen sie in einem kreativen Wechselspiel oder lässt sich eine klare Grenze zwischen den Künsten ziehen? Die erste Position geht auf den griechischen Dichter Horaz zurück. In seiner Poetik *De arte poetica* (14 v. Chr.) stellte er die Formel *ut pictura poesis* auf: „dass das Bild zur Poesie [werde]". Diese Formel besagt, dass das Bild ein gemalter Text, der Text ein geschriebenes Gemälde sein kann. Ähnlich sind sich die Künste, weil die von ihnen ausgehende Wirkung auf der gleichen Regel beruht: der Regel der ästhetischen Schönheit. Es geht Horaz um ein demokratisches Verhältnis, um eine Analogie der Künste.[8]

Lessing: Autonomie der Künste

Die konträre Position vertritt Gotthold Ephraim Lessing. In seinem Aufsatz *Laokoon: oder über die Grenzen der Malerei und Poesie* (1766) vergleicht er Malerei und Poesie am Beispiel der antiken Laokoon-Statue in den Vatikanischen Museen. Laokoon war der Seher, den die Götter von Schlangen erwürgen ließen, weil er die Trojaner vor der Vernichtung gewarnt hatte. Lessing beschäftigt vor allem die Frage, warum Laokoon in Vergils Erzählung schreit, ihm als Skulptur aber nur ein Seufzen anzusehen ist. Seine Antwort ist am klassischen Kunstverständnis orientiert: Ein Dauerschrei wäre gegen das Gesetz der Schönheit in der Malerei. Die Verbindung von Schrei und Schönheit gelingt nur in der Dichtung. Lessing ist davon überzeugt, dass die Poesie die „weitere Kunst" sei und dass ihr „Schönheiten zu Gebote stehen, welche die Malerei nicht zu erreichen vermag".[9] Ihm geht es also um ein hierarchisches Verhältnis der Künste und um die Autonomie des einzelnen Mediums.

Adaption

Zwischen diesen Positionen gibt es mediengeschichtlich eine Reihe von Adaptionsformen, die von den Drehbuchversuchen von Schriftstellern am Anfang des 20. Jahrhunderts[10] bis zu der Autorenfilm-Theorie der *Nouvelle Vague* im Frankreich der 1950er Jahre reicht. In der Regel geht es bei der Adaption um die Frage der „Übersetzbarkeit des Sprachlichen ins Bild",[11] um die „filmische Kreation von Visualität",[12] um Verschiebungen im Verhältnis von Zeigen und Erzählen. Der Film gibt dem literarischen Stoff eine Sichtweise, der Roman kann mit dem „Auge der Kamera" erzählen.

Jede Adaption hat ihre stoffliche Grundlage oder Inspirationsquelle im jeweils anderen Medium. Zugleich ist jede Adaption ein eigenständiges Medium, das prinzipiell auch ohne die literarische bzw. die filmische Vorlage interpretierbar ist. Thomas Brussig beschreibt das Verhältnis von Literatur und Film als Symbiose, nicht als Konkurrenz: „Was der Roman dem Film geben kann, sind Stoffe. [...] Was der Film dem Roman geben kann, ist Interesse."[13]

Intermedialität

Die Relation zwischen Literatur und Film wird mit dem Begriff der Intermedialität bezeichnet. Der Begriff „Intermedialität" bezeichnet mehreres: die Kombination von Medien (etwa im Fotoroman), den Medienwechsel (etwa bei der Literaturverfilmung) und die intermedialen Bezüge (z.B. des Films in der Literatur).[14] Intermedialität lässt sich in Form von drei Differenzen beschreiben:

1. Ausgangs- und Zielmedium: Das Verhältnis zwischen Literatur und Film ist ein Verhältnis der zeitlichen Nachordnung. Zwischen dem literarischen Ausgangstext und dem filmischen Zielmedium stehen Exposé, Skript, Treatment, Drehbuch, also textuelle Gattungen. In umgekehrter Richtung spielen für einen Schriftsteller, der ein filmisches Werk literarisiert, audiovisuelle Elemente des Films wie Standbilder (*film stills*), Sequenzen, Filmdialoge etc. eine Rolle.
2. Prozess und Produkt: Die Literaturverfilmung ist ein Prozess, bei dem eine schriftsprachlich fixierte Zeichenfolge in eine audiovisuelle Bewegungsbildfolge umgewandelt wird[15] – das Umgekehrte ist der Fall bei der *novelization.* Zugleich geht es um ein Produkt mit eigenen ästhetischen Herstellungsgesetzen: Der Film nach der Literatur ist Film,[16] die Literatur nach dem Film ist Literatur.
3. Technik und Wahrnehmung: Wenn wir von „Medien" sprechen, meinen wir einen technischen Apparat (einen Filmprojektor oder ein

Buch), aber auch das, was wir aufgrund bestimmter Konventionen als eine Gattung bzw. ein Format (einen Roman, einen Western, eine Dokumentation) wahrnehmen. Diese Differenz entspricht der Unterscheidung zwischen den technischen Begriffen „optisch"/„akustisch" und den Wahrnehmungsbegriffen „visuell"/„auditiv".

Medien und Medium

Im technischen Sinne sind Medien „Instrumente", die „eine Botschaft von einem Sender zu einem Empfänger transportieren".[17] Diese Vermittlung geschieht auf eine so markante Weise, dass das Medium selbst zur Botschaft wird. Das Medium ist seine eigene Botschaft, weil es sich im Sinne von Marshall McLuhan nur auf sich selbst bezieht:[18] die Schrift bezieht sich auf die Schrift, das bewegte Bild (das *moving picture*, ein *movie*) bezieht sich auf das bewegte Bild. Der Inhalt dieses Mediums aber ist ein anderes Medium: Der Inhalt des Mediums „Schrift" ist die Sprache, der Inhalt des Mediums „bewegtes Bild" ist der Film. Wir nehmen diesen Inhalt als Sinnerzeugung wahr. Visualität ohne Textualität: Das ist das vielzitierte Kino im Kopf.

Kino im Kopf

So kann es dazu kommen, dass wir Effi Briest in der Schlussszene von Huntgeburths Film einen selbstsicheren Gesichtsausdruck, einen beschwingten Gang und eine überlegene Haltung zuschreiben, weil wir sie eben nicht nur mit den Augen Innstettens sehen, der von seiner Frau nicht das erwartet, was wir längst wissen, sondern mit unseren heutigen Augen. Das Kino im Kopf ist hier Ergebnis einer Assoziationsmontage. Unser Bild von Effi entsteht durch das, was wir zwischen den Schnitten von Innstettens überraschtem Gesicht und Effis Mimik und Gestik assoziieren: Hier geht eine Frau ganz bildlich ihren Weg.

Attraktion des Films bei Kritik und Publikum

Die Intermedialität von Literatur und Film ist ein Phänomen, das die Gegenwartskultur in zunehmendem Maße bestimmt. Die Verfilmungen der *Harry Potter*-Romane haben Millionen von Zuschauern in die Kinos gezogen. Allein drei Verfilmungen (*Der Stein der Weisen* 2001, *Der Orden des Phönix* 2007, *Der Halbblutprinz*, 2009) stehen auf der Liste der zehn erfolgreichsten Filme mit einem eingespielten Ertrag von jeweils über 900 Millionen Dollar.[19]

Neben der Publikumsbeliebtheit sind die Filmpreise ein weiteres Kriterium für den Erfolg eines Films. So wurde Dennis Gansels Verfilmung von Morton Rhues 1981 publiziertem, auf ein reales Faschismusexperiment zurückgehendem Schulbuchklassiker *Die Welle* im Jahr 2008 mit dem Europäischen Filmpreis ausgezeichnet.

Das *Metzler Lexikon Literatur- und Kulturtheorie* nennt weitere Beispiele: „Literaturklassiker werden aufgrund neuer Verfilmungen wiederaufgelegt;

Bestseller-Autoren schreiben ‚drehbuchgerechte' Romane; erfolgreiche Filme werden zu Romanen umgeschrieben."[20] Es gibt Schriftsteller, die Drehbücher schreiben: beispielsweise Jurek Becker (1937–1997), Thomas Brussig (geb. 1965) und Tankred Dorst (geb. 1925). Der Autor Alexander Kluge (geb. 1932) ist Regisseur von zahlreichen Filmen und Fernsehsendungen und hat ein spannendes Buch mit *Geschichten vom Kino* (2007), vom Filmemachen und von Filmemachern geschrieben. Patrick Roth hat intensive Filmstudien in Paris und Hollywood betrieben und eine Erzählung über seine *Reise zu Chaplin* (2002) geschrieben.[21]

Der filmanalytische Dreischritt (Kamp/Rüsel)

Beim Umgang mit diesen filmischen Adaptionen in Schul- und Hochschulunterricht muss zwischen normativen und deskriptiven Kriterien unterschieden werden. Normativen Kriterien folgen die Auswahlbände mit Filmen, die von der Bundeszentrale für politische Bildung, dem Mainzer Institut für Filmwissenschaft, der Art-Collection der Zeitschrift *Der Spiegel* oder der Filmothek der *Süddeutschen Zeitung* empfohlen werden.

Hilfreich für eine deskriptive Filmanalyse ist die Frage der „Verbindung von Inhalt, Technik und Wirkung",[22] der sogenannte filmanalytische Dreischritt:

1. Was zeigt das filmische Bild bzw. die Sequenz (Kostüm/Kleidung, Figurenkonstellation, Ambiente, *plot*)?
2. Mit welchen Mitteln wird das Bild bzw. die Szene filmisch inszeniert (Kameraeinstellungen und Kamerabewegungen, Perspektive, Licht- und Tonregie, Schnitt und Montage)?
3. Welche Absicht wird damit verbunden (Bauformen der Dramaturgie, Konfliktgestaltung, Genre und Formate)?

6.2 Filmische Adaption von Literatur: *Das Parfum*

Der „Goldjunge der deutschen Literatur. Unser Exportschlager. Das Wunderkind. Das große Geheimnis."[23] So wird Patrick Süskind in Volker Weidermanns Gegenwartsliteraturgeschichte *Lichtjahre* (2006) vorgestellt. Der Sohn des seinerzeit bekannten Schriftstellers W.E. Süskind schrieb das erfolgreichste Theaterstück der Spielzeit 1984/1985 (*Der Kontrabass*), verfasste Drehbücher zu beliebten Fernsehserien (*Monaco Franze*, 1983, *Kir Royal*, 1986) und zu der Medienkomödie *Rossini – oder die mörderische Frage, wer mit wem schlief*, die mit über drei Millionen Zuschauern die erfolgreichste Filmproduktion des Jahres 1997 war. Süskinds größter Erfolg war der Roman *Das Parfum* (1985).[24] Das Buch stand neun Jahre lang auf der *Spiegel*-Bestsellerliste. Es gehört mit über 5,5 Millionen verkauften Exemplaren der deutschsprachigen Ausgabe (und 16,5 Millionen Exemplaren der Weltauflage) und mit Übersetzungen in 47 Sprachen zu den Topsellern der deutschen Literatur nach 1945. Zugespitzt kann man sagen: Das Buch ist inzwischen so berühmt wie „Chanel N° 5", das erste synthetisch hergestellte Parfum mit dem Namen der Modeschöpferin Coco Chanel (1883–1971).

Der Buchmarkt hat seine eigenen Gesetze

Dabei tat sich Süskinds Manuskript auf dem Buchmarkt anfangs schwer. Der Autor hatte es über seine Agentin seit Ende der 1970er Jahre verschiedenen Verlagen angeboten – immer erfolglos. Bis der Verleger Daniel Keel das Manuskript annahm und im Februar 1985 im Zürcher Diogenes Verlag druckte.[25] Zuvor waren 1984 Vorabdrucke in der *Frankfurter Allgemeinen Zeitung* und der Wochenzeitschrift *Schweizer Illustrierte* erschienen.

Der Autor: ein Phantom?

Die Frage nach dem Autor ist im Falle von Patrick Süskind problematisch. Süskind lebt zurückgezogen, er gibt keine Interviews, lässt sich nicht photographieren, nimmt keine Literaturpreise entgegen. Informationen über ihn stammen fast nur aus zweiter Hand. Trotz der fehlenden Medienpräsenz des Autors ist *Das Parfum* ein großes Medienereignis. Man könnte mit Marshall McLuhan sagen: Das Medium ist seine eigene Botschaft, inklusive des Autors, der selbst ein Medium ist, weniger Person als vielmehr Phantom. *Das Parfum* ist ein Buch ohne öffentlich wahrnehmbaren Autor.

Das mehrfach codierte Buch

Über die Gründe des Erfolgs von Süskinds *Parfum* ist viel geschrieben worden. Am meisten überzeugt das Argument, dass der Roman Leslie Fiedlers postmoderne Programmatik einlöst, indem er Erzählmuster der Hoch- und der Trivialliteratur verschmilzt. Deshalb ist *Das Parfum* Michaela Kopp-Marx zufolge ein postmoderner Roman:

> „Als anspielungsreiches, stark artifizielles Textkonstrukt zog es gebildete Leser an, und als unterhaltsam erzählte ‚Geschichte eines Mörders' avancierte es zur Lieblingslektüre von Massen – Literatur und Unterhaltung, ästhetischer Anspruch und lustvolles Lesen gehen eine perfekte Liaison ein."[26]

Der Roman ist auf mehrfache Weise codiert: Vordergründig ist das *Parfum* ein Krimi über einen Serienmörder im Frankreich des 18. Jahrhunderts, der aus dem Duft der Haut schöner junger Frauen ein ultimatives Parfum zu destillieren sucht. Hinter dem Krimi stehen weitere Lesarten. *Das Parfum* ein historischer Roman aus der französischen Frühaufklärung, ein Bildungsroman über ein mörderisches Genie, ein Gesellschaftsroman über das bedauernswerte Opfer einer unmoralischen Gesellschaft, eine Parabel über die dunkle Seite der Aufklärung. Geht es bei der kriminalistischen Lesart um die Frage, ob es der Mörder gefasst wird, so kommen die Leser des Bildungs- und Sozialromans auf ihre Kosten, wenn sie die zahlreichen Anspielungen auf die damalige Zeit und auf andere literarische Werke entschlüsseln.

Eine Lesart allein reicht nicht aus. Für eine Detektivgeschichte enthält *Das Parfum* zu wenig Mysteriöses, für einen phantastischen Roman, der ein doppeltes Spiel mit der Angst des Helden vor Nichtselbsterkenntnis und der Angst der Welt vor seinen Taten treibt, enthält er zuviel Historie, für einen historischen Roman bietet er zu viel Landschaftsroman, für einen Unterhaltungsroman enthält er zu viele gebildete Zitate. Schon der Romanbeginn des Parfums zitiert Kleists berühmte Novelle *Michael Kohlhaas*:

„Im achtzehnten Jahrhundert lebte in Frankreich ein Mann, der zu den genialsten und abscheulichsten Gestalten dieser an genialen und abscheulichen Gestalten nicht armen Epoche gehört." (5)

„An den Ufern der Havel lebte, um die Mitte des sechzehnten Jahrhunderts, ein Roßhändler, Namens *Michael Kohlhaas*, einer der rechtschaffensten zugleich und entsetzlichsten Menschen seiner Zeit."[27]

Man kann es sich einfach machen und Süskind von Kleist abschreiben lassen: aus Respekt vor einem großen Novellenautor. Doch Süskind spitzt das Kleist-Zitat zu. Er wiederholt die antithetischen Attribute, er erweitert die Superlative in den Bereich der Ästhetik, er stellt stärker den Bezug zur Epoche her. In der Forschung ist umstritten, ob dieser außergewöhnliche Anspielungsreichtum auf eine „Einflussangst" (Harold Bloom) des Autors zurückgeht oder eben seine Originalität verrät.

Pastiche und Parodie

Judith Ryan zufolge dienen die teilweise nur geringfügig abgewandelten Zitate aus Werken anderer Autoren der schlichten Kopie ebenso wie der Parodie. Der Roman bewegt sich auf diese Weise zwischen Pastiche (der respektvollen Verbeugung vor der Vorlage) und Parodie (der ironischen Infragestellung der Vorlage). Schon die Hauptfigur ist eine zwiespältige Gestalt, die man als tragisches Genie mit einem primär künstlerischen Ziel ernst nehmen, als Mörder und „Frankenstein der Düfte" verabscheuen und zugleich als grotesken Gnom, als Mann ohne Freunde, ohne Gewissen, ohne Familie, ohne Schönheit bemitleiden kann. Die Ambivalenz ist Teil seines Namens: Grenouille bedeutet „der Frosch", der Vorname Jean-Baptiste verweist auf den Vorläufer Christi, der hinkende Fuß auf den Teufel. Phantastik und Fanatismus der Hauptfigur liegen eng zusammen. Auch das Cover des Romans – der erst 1994 in einer Taschenbuchausgabe erschien – illustriert seine Doppelbödigkeit. Es zeigt einen Ausschnitt aus Antoine Watteaus spätbarockem Gemälde (im Louvre) *Jupiter und Antiope*: den durch einen Gott gefährdeten Schlaf eines unschuldigen Mädchens. Unter dem Haupttitel „Das Parfum" steht der Untertitel „Geschichte eines Mörders".

Schicksal des Helden als Erzählmethode

Man kann sogar soweit gehen und dem Autor die Kunst unterstellen, dieses Spiel mit den Mehrfachcodierungen zum Inhalt des Romans gemacht zu haben. Denn die „Methode des Duft-Mörders Grenouille, sich den *odor feminae* zu destillieren, ist auch […] die Methode des Erzählers Süskind. Grenouille plündert tote Häute, Süskind tote Dichter".[28] Der kannibalische Akt der Einverleibung so vieler künstlerischen Stile der Vergangenheit entspricht dem Schicksal des Helden, der „alles fraß", „in sich hinein" saugte (48) und am Ende von Landstreichern verspeist wird.

Vom Buch zum Film

Um die Rechte an der Verfilmung von Süskinds Buch bewarben sich bedeutende Regisseure. Martin Scorcese, Ridley Scott, Volker Schlöndorff und Steven Spielberg werden mit der Filmidee in Verbindung gebracht. Fest steht, dass Süskind lange zögerte, die Filmrechte aus der Hand zu geben. Im Januar 2001 gab die Constantin Film AG bekannt, dass der Produzent Bernd Eichinger die exklusiven Filmrechte vom Diogenes Verlag erworben habe.

Vorproduktion

Die Vorproduktion des Films dauerte insgesamt zweieinhalb Jahre. Eichinger entschied sich dafür, die Regie Tom Tykwer zu geben, der mit Eichinger, dem Koproduzenten Andrew Birkin und der Drehbuchautorin Caroline Thompson das Skript zum Film schrieb. Gedreht wurde der Film von Juli bis Oktober 2005 in den Münchner Bavaria Filmstudios, in der Dalí-Stadt Figueras, in der Provence und in Barcelona, wo das „Bacchanal" (303) und die Szenen in Grasse aufgenommen wurden. Einen Eindruck von dem Aufwand der Dreharbeiten vermitteln die Zahlen: mit 67 Schauspielern, 5.200 Statisten und 350 Crew-Mitgliedern wurde Filmmaterial für fast 30 Stunden gedreht. Die Produktionskosten des Films werden auf ungefähr 60 Millionen Euro geschätzt. Im Startjahr 2006 zog der Film fünfeinhalb Millionen Zuschauer in die Kinos.

Intention des Regisseurs

Ein Film mit einer Handlung im 18. Jahrhundert ist ein Kostümfilm. Das wollten Eichinger und Tykwer vermeiden. Sie legten zwar Wert auf eine möglichst zeitgetreue Darstellung. So wurden alle Knöpfe der historischen upper-class-Kostüme handbemalt, über 1.000 Parfumflakons wurden mit farbigen Flüssigkeiten abgefüllt, für die „dirt-units" mit dem Dreck und Schmutz des 18. Jahrhunderts mussten die Komparsen bis zu 6 Stunden in die Maske. „Der Film spielt zu 90 % in der Kloake", schreibt Tykwer.[29]

Doch dieser Detailrealismus dient nicht dazu, die Historie um der Historie willen darzustellen. Der peniblen Arbeit an der historischen Kulisse steht die digitale Technik entgegen, die dem Zuschauer beispielsweise beim Einsturz der Pont au Change oder bei der rasanten Kamerafahrt zu der davon reitenden Laura vor Augen geführt wird. Diese ungewöhnliche Kamerafahrt steigert die Intensität des Geruchsmotivs: So schnell wie die Kamera fährt, wittert Grenouille sein letztes Opfer. Das Arbeitskonzept des Regisseurs lautete dementsprechend: „Authentizität und Intensität".

Der tragische Filmheld der Einsamkeit

Im Film wird die Psychologie der Charaktere neu arrangiert. Es geht weniger um den Entwicklungsweg eines mörderischen Genies als vielmehr um eine Meister-Schüler-Relation (Baldini und Grenouille) und um eine Vater-Mörder-Konfrontation (Richis versus Grenouille). „Im Kino wird aus der Geschichte des Mörders die Tragödie der einsamen Kreatur". Das zeigt vor allem die Szene des ersten Mordes, den Grenouille begeht. Im Roman geschieht der Mord an dem Mirabellenmädchen vorsätzlich (56), im Film eher unabsichtlich und schreckhaft (Filmbuch 42). Bis auf die ermordeten Mädchen sterben alle Personen, zu denen Grenouille eine menschliche Beziehung aufbauen könnte, ohne sein direktes Zutun. Die Mutter wird erhängt, die Pflegemutter ermordet, der Gerber Grimili stürzt in die Seine, der Meisterparfumeur Baldini wird unter der einfallenden Brücke begraben.

Visualisierung des Geruchs

In einem Interview hat Tykwer seine Faszination für den Roman beschrieben:

„Mir gefiel damals aber am meisten – und auch heute noch –, daß es dem Buch gelingt, ein ausgesprochen plastisches, physisch geradezu alarmierendes Setting für eine in der Tiefe eher zarte und tragische Geschichte zu finden. *Das Parfum* erzählt ja vor allem von der katastrophalen Einsamkeit eines Mannes, der als Heranwachsender keinerlei Liebes- oder Zuneigungserfahrung macht und dadurch unfähig wird, mit den irgendwann in ihm aufkeimenden Gefühlen umzugehen. Er flüchtet sich in ein sinnliches Ersatzsystem, die Welt der Gerüche, und entwickelt aus diesem Kosmos ein idiosynkratisches Lebensmodell, in dem sämtliche sozialen Muster, und ganz generell eine Vorstellung von Moral, außen vor bleiben." (Filmbuch, 19).

Analyse der Exposition

Wie aber kann diese Faszination für die „Welt der Gerüche" filmisch visualisiert werden? Eine Antwort bietet die Exposition. Filmische Expositionen bedürfen besonderer Betrachtung. Sie sprechen einen noch lenkbaren Zuschauer an, können seine Sympathie oder Antipathie steuern. Sie führen in Ort und Zeit der Handlung, in die Konstellation der Figuren und in die Thematik ein. Deduktive Expositionen geben einen Überblick und lenken erst dann zu den Details über, induktive Expositionen enthalten dem Zuschauer diese Orientierung vor und zeigen zunächst nur Details. Tykwers *Parfum* beginnt mit einer induktiven Exposition.

Auf der dunklen Leinwand zeichnet sich die Silhouette einer menschlichen Nase ab. Auf der Tonspur hören wir schnelle Schritte. Das Bild hellt auf, wir sehen das Gesicht Grenouilles mit einer überdimensionierten Nase. Die Kamera fährt in diese Nase hinein. Dann setzt auf der Tonspur im Off die Stimme eines Erzählers ein, der das Geschehen von außen kommentiert und zusammenfasst.

In der Exposition betreten wir das Reich der Düfte durch die leinwandgroßen Nasenlöcher des Protagonisten. Diese Kamerabewegung will dem

Zuschauer vor allem eines zeigen: Grenouille „sieht" mit der Nase. Er sieht mit ihr, was der Zuschauer noch nicht sieht: die nahenden Wachen. Die Nase ist das visuelle Mittel einer Prolepse, einer Handlungsvorwegnahme. Wenn sie immer wieder in *close-ups* und Detaileinstellungen ins Bild gerückt wird, dann will der Regisseur damit offenbar etwas zeigen.

Die Nase als filmischer Erzähler

Die Nase ist das sichtbare Symbol des filmischen Erzählens vom Parfum. Es kommt dem Regisseur nicht darauf an, die Gerüche sichtbar zu machen. Er will vielmehr den Zuschauer glauben lassen, dass Grenouille die Dinge riecht statt sieht. Grenouille – und nicht der Zuschauer – schließt oft die Augen, um die Dinge zu erschnuppern. Das ist auch im Buch der Fall. Beim ersten Mord hält Grenouille „seine Augen fest geschlossen" (56).

Ein Beispiel dafür ist die Verfolgung Laures (TC 1:44:18–48). Grenouille hat Laura und ihren Vater aus den Augen verloren, aber nicht aus seinem Geruchssinn. Wenn sich die Kamera in atemberaubender Flugbahn von seinem Standort aus durch die Hügellandschaft bewegt, bei dem davoneilenden Paar zur Ruhe kommt, ihre Fahrt verlangsamt und dann, als Laura ihren Hut verliert und das rote Haar als Erkennungsgeruchsmerkmal wehen lässt, als Rückschnitt in Groß zu Grenouille zurückkehrt, dann zeigt sie: Der Verfolger hat Witterung aufgenommen. Die Kamerabewegung lässt den Zuschauer sehen, was er erschnuppert.

Der Blick auf den Geruchssinn ist letztlich ein filmischer Blick. Das hat zur Folge, dass der „Film *Das Parfum* selbst wie ein Parfum des Romans" ist,[30] weil er auf diese mediale Qualität, die sinnliche Wahrnehmbarkeit des Films, aufmerksam macht.

6.3 Film in der Literatur: John Fords Western und Patrick Roths *Johnny Shines*

Fords Westernklassiker *The Man Who Shot Liberty Valance* (1962) stiftet den Rahmen und die Namen für Patrick Roths Novelle *Johnny Shines oder Die Wiedererweckung der Toten* (1993).[31] Schon das erste von vier Mottos am Anfang des Buches ist ein Filmzitat: „– I'm here for a funeral. / – Funeral … Who's dead?" [7].[32] Jemand sagt, warum er an einem bestimmten Ort ist: wegen eines Begräbnisses. Ein anderer fragt nach, wer denn der Tote sei. Der Titel der Novelle wird also dahingehend präzisiert, dass es um eine Tote oder um mehrere Tote geht und dass sich die Wiedererweckung „der Toten" im Gespräch vollzieht. Exakt dies ist die Ausgangssituation von Fords Western. Das Motto in Roths Novelle setzt das Kino im Kopf in Gang.[33]

Dass der Autor uns auf die Spur zu dem Film bringt, ist kein Zufall. Roth lebt seit 1976 in der Filmstadt Los Angeles, hat dort Drehbücher geschrieben und mehrere berühmte Filmemacher interviewt. Seine Frankfurter Poetikvorlesungen *Ins Tal der Schatten* führen in die Filmwelten Hollywoods. Sein Film *In My Life – 12 Places I Remember* (2006) beschreibt, wie der Autor durch den Film zur Literatur gekommen ist. Der Film, der ihm auch „Amerika beigebracht hat“,[34] ist eine zentrale Kategorie von Patrick Roths Poetik.[35]

Das Western-Genre und sein Held

Fords *The Man Who Shot Liberty Valance* ist ein Spätwestern. Er rekapituliert die große Tradition dieses Genres, das seinen filmgeschichtlichen Höhepunkt in den 1940er und 1950er Jahren hatte. Inhaltlich lebte das Genre aus dem amerikanischen Mythos von der Kolonisierung des sogenannten wilden Westens im letzten Viertel des 19. Jahrhunderts. Diesen Siegeszug der Zivilisation inszeniert der klassische Western in großzügigen Landschaftsaufnahmen (*outdoor adventures*), in Heldengeschichten von Jägern (*hunters*), Waldläufern (*scouts*) oder Revolvermännern (*gunfighters* oder *Sheriffs*) und in spektakulären Pistolenduellen (*showdowns*). Diese konstituierenden Elemente des Genres werden meist nur geringfügig variiert.[36]

Kritik des Westerns als Legende

Doch in den 1950er und 1960er Jahren kamen diese Grundlagen des klassischen Filmwesterns ins Wanken. Hintergrund war der amerikanische Vietnamkrieg. Die Kritiker des Krieges kritisierten auch den Western, weil Pioniergeist und Freiheitskampf nur die eine Seite des amerikanischen Traums seien, durch welche die negative Seite, die Waffengewalt, verdeckt werde. Der Western wurde als Filmlegende entlarvt, die eine einseitige Geschichte der „gunfighter nation“ Amerikas überliefere[37] und keine historische Wahrheit. Der Western ist insofern ein „Mythos“.[38] Er erzählt erfundene Geschichten aus der Geschichte. Fords Western zeigen, wie diese Legenden entstehen[39] und welchen Preis sie fordern. Auf diese Weise hat der Regisseur den amerikanischen Traum entzaubert.

Fords Spät- und Überwestern

The Man Who Shot Liberty Valance gilt als der persönlichste und typischste Ford-Film, als das filmische Testament des Regisseurs und als der wichtigste amerikanische Film der 1960er Jahre.[40] Er ist ein Spätwestern oder „Über-Western“ (André Bazin) in mehrfacher Hinsicht. Zum einen spielt die Story in der historischen Endphase des Westerns, um 1876, als sich nach der gewaltsamen Landnahme und dem Städteaufbau der Konflikt zwischen Viehzüchtern und Farmern, Zivilisierten und Outlaws zuspitzte. Zum anderen war der Western in jenen Jahren mit „seinen letzten Helden“ gealtert.[41] Fords Darsteller, die den raubeinigen Rancher Tom Doniphon (John Wayne) und den hilflos-linkischen Sheriff Linc Appleyard (Andy Devine) spielen, sind weitaus älter als die dargestellten Figuren.

Die Story des Films

Der Film beginnt mit einer Rahmenhandlung. Um 1910 kommt der Senator Ransom Stoddard (James Stewart) in dem Wüstennest Shinbone an, um an dem Begräbnis des Cowboys Doniphon teilzunehmen. Während sich auf den Senator sogleich die Journalisten stürzen, wird seine Frau Hallie (Vera Miles) vom Sheriff zu Doniphons abgebrannter Ranch kutschiert. Hallie lässt sich eine Kaktusrose pflücken (TC 9:30), die sie später, in einem schäbigen Hinterzimmer, auf Doniphons Sarg legt.

Der tote Cowboy Doniphon steht für den alten Westernhelden. Sogar Stiefel und Colt sind ihm genommen worden. Die auf dem Sarg liegende Kaktusrose, die in einer Detaileinstellung (*close-up*) zu sehen ist, besiegelt das Ende der Blütezeit des Westerns.[42] Kaktusrosen, Grabstätten, Särge sind das, was von der Erinnerung an den „Wilden Westen" bleibt. Der Fortschritt hat ihn überrollt. Für diesen Fortschritt steht das Bild der Eisenbahn. Mit der eintreffenden Eisenbahn beginnt Fords Film, mit einer davonfahrenden Eisenbahn endet er, *Iron Horse* heißt sein erster langer Western aus dem Jahr 1924.

Die Binnenhandlung

Die Binnenhandlung fängt damit an, dass der Senator den Journalisten erklärt, was er Shinbone zu suchen hat: seine Lebensgeschichte, den Anfang seines politischen Erfolgs. In der Binnenhandlung wird diese Lebensepisode erzählt. Den Schnitt von der Rahmen- in die Binnenhandlung bewerkstelligt John Ford auf elegante Weise. Als der alte Senator aus seinem Leben erzählt, steht er vor einer verstaubten Postkutsche. Wir sehen diese Kutsche, dann wird sie langsam durch das Bild einer fahrenden Kutsche überblendet. In dieser Kutsche wurde der junge Anwalt Stoddard seinerzeit auf seiner Reise nach Shinbone von Banditen überfallen.

Dissolve

Man nennt diese Bildüberblendung *Dissolve*. Sie ist auf der Tonspur mit dem Schuss synchronisiert, mit dem der Überfall eingeleitet wird. Auf diese Weise verbindet der *Dissolve* getrennte Zeiten und getrennte Räume. Zugleich zeigt er, dass unter der Gegenwart etwas Vergangenes rumort, das vorher nicht zu sehen war. So wird aus dem „optischen Trick" ein „Mittel erzählerischer Re-velation".[43] Enthüllt und aufgeklärt wird die Geschichte von Stoddard und Shinbone, die ganz anders ist als es im kollektiven Gedächtnis der Stadt überliefert ist.

Stoddard hat sich seinerzeit, nach vergeblichen Versuchen, mit seinen Gesetzbüchern und gutem Willen den Banditen Liberty Valance (Lee Marvin) zur Ordnung zu rufen, dem Duell gestellt. Alle haben bisher geglaubt, dass Stoddard den Gesetzesbrecher erschossen hat. Doch nun enthüllt Stoddard die wahre Geschichte des Mannes, der Liberty Valance erschoss. Es ist die Geschichte des Cowboys Doniphon. Dieser, nicht Stoddard war es, der in das Duell eingegriffen und aus dem Hinterhalt – skandalös für einen posi-

12 Dissolve der Stagecoach aus John Fords Western
The Man Who Shot Liberty Valance

tiven Westernhelden – den tödlichen Schuss auf Valance abgegeben hat. „Ich weiß, dass es Mord war. Aber ich kann damit leben", sagt Doniphon (TC 1:53:9-11) und überlässt „sein Mädchen", Hallie, ebenso wie die Zukunft der Stadt dem Rivalen Stoddard. Doniphons Ranch brennt ab, er verwahrlost, der „wilde Westen" geht mit seinem sozialem Abstieg zuende.

Patrick Roths Erzählung: Rahmen- und Binnenhandlung

Roths Erzählung *Johnny Shines* beginnt da, wo Fords Film endet. Es ist die Geschichte einer Rückkehr und die Geschichte der Enthüllung einer Legende. Anfang der 1990er Jahre, in einer „mörderischen Dezembernacht, sieben Jahre vor der Jahrtausendwende" (12), kehrt der Landstreicher Johnny Shines, der den biblischen Satz von der Auferweckung der Toten (Mt 10,8) schockierend wörtlich nimmt und als Totenruhestörer kriminalisiert wird, zurück in seinen Geburtsort Blade. Er bezichtigt sich selbst des Mordes an einer Frau und wird inhaftiert. Im Gefängnis spricht ihn eine weibliche Stimme an. Der Leser kann diese Stimme zunächst als eine investigative Reporterin verstehen.

Das ist die Rahmenhandlung. Sie wird im letzten (und sinnigerweise 21.) Kapitel von Roths Novelle zu Ende erzählt. Johnny ist – wir schreiben die Jahrtausendwende – seit sieben Jahren spurlos verschwunden. Ein Erdbeben hat die Gräber in Blade aufgerissen; der Sarg seiner Schwester Sharon ist auf wunderbare Weise leer.

Der Befehl „Erinner dich" (127) führt in die Binnenhandlung. Sie ist in mehrere Teilhandlungen verschachtelt, so wie das Gespräch mit der Reporterin zwischen Seelenrede, psychoanalytischer Selbsterforschung und kriminalistischem Verhör schillert. Schritt für Schritt führt dieses Gespräch zurück in Johnnys Vergangenheit: nach Shinbone, wo er kürzlich am offenen Grab einen skandalösen Wiedererweckungsversuch unternommen hat, und in die kalifornische Wüste, in der ihn eine Frau namens Hallie Doniphon aufgelesen hat.

Im Zentrum der Suche nach Johnnys Vergangenheit stehen verdrängte Schuldkomplexe aus seiner Kindheit. Aus Fahrlässigkeit hat Johnny einst in einem religiösen Selbsterfahrungsexperiment die Dorfkirche seines Predigervaters abbrennen lassen. Deshalb wird er von seiner Schwester Sharon, die Mitwisserin ist, erpresst. Wenig später hat Johnny mit der Pistole seines Vaters seine Schwester erschossen, als er sie nachts mit einem Einbrecher verwechselte; die Eltern haben die Tat vertuscht und potenzielle Beweismittel für einen Raubmord, Geld und Silberbesteck, im Sarg der Tochter versteckt. Das Geheimnis der Wiedererweckung der Toten besteht darin, dass Johnny beide Untaten, den Brand und den verdrängten Mord an seiner Schwester, im Gespräch erinnern und nachspielen muss.

Plot und Story

Stoddards Geschichte im Film zu rekonstruieren ist einfach. Die Binnenhandlung des Films folgt ziemlich stringent der Handlung von Dorothy M. Johnsons Kurzgeschichte *The Man Who Shot Liberty Valance*. Johnnys Geschichte aus der erzählten Handlung herauszukristallisieren, ist indessen nicht so einfach. Die Binnenerzählungen sind mit der Rahmenhandlung und mit den Erzählerrollen auf komplexe Weise verschachtelt. Nicht nur Johnny erzählt, sondern auch eine Frau, die Hallie Doniphon, Sharon und die große Unbekannte zugleich ist.

Hier hilft die Unterscheidung zwischen *Plot* und *Story* weiter. Nach Werner Kamp bezeichnet *Story* „die Geschichte, die erzählt werden soll". Sie liegt in Form des Drehbuchs vor. „Unter *Plot* versteht man den konkreten Handlungsverlauf, so wie er im fertigen Film präsentiert wird."[44] Im Film entspricht der *Plot* dem Verlauf der Binnenhandlung, während die *Story* von der Rahmenhandlung und vom Ende des Films aus entschlüsselbar ist. In der Novelle gibt es keine entschlüsselbare *Story*, weil es keinen zuverlässigen Erzähler gibt. Der *Plot* präsentiert sich als fortlaufender Dialog in direkter Rede mit wechselnden Rednern. Wer fragt und wer erzählt, ist dadurch unklar.

Die Legende als Schlüsselhandlung

Im Film wie auch in der Novelle lassen sich die Erzählmodelle auf eine Legende zurückführen. Fords Film erzählt die Legende vom Mann, der Liberty Valance nur scheinbar erschossen hat. Roth erzählt die Legende von Jesus in der Löwengrube: Von dem vierten König entführt und in eine Grube geworfen, sieht sich der dreizehnjährige Jesus dem etwa gleichaltrigen Judas gegenüber, der ihn so aggressiv angreift, dass er ihn, Judas, in Notwehr tötet. Die Könige lassen Jesus aber erst wieder aus der Grube, nachdem er Judas „wieder lebendig" (107) gemacht hat.

Die Legende ist in beiden Fällen der Kern der Binnenhandlung und der Schlüssel zum Verständnis der Gesamthandlung. In der Legende konzentriert sich die *Story* auf gleichnishafte Weise. Das hat in Roths Erzählung noch mit dem religiösen Ursprung der Gattung zu tun. In Fords Film ist die Legende eine profansprachliche Umschreibung für die von den Medien vermittelten Bilder und Botschaften. Schauen wir uns die Gestaltung und die Funktion der jeweiligen Legende genauer an.

Legende in der Erzählung

Patrick Roths schwarze Legende von Jesus in der Löwengrube ist eine Geschichte voller Paradoxien. Jesus muss erst ein Mörder sein, damit er zum Erlöser werden kann. Der Mörder ist „der Erlöser" (159); weil er tötet, kann er auch Tote auferwecken. Der Tod des späteren Verräters Judas ist die Voraussetzung für dessen Auferstehung und für den Tod und die Auferstehung von Jesus. „Jesus muss Judas töten, er muss sein Mörder sein, damit er *auch ihn* erlösen *kann*."[45] Auf Johnny Shines bezogen, dem die Geschichte immer wieder von seinem Predigervater erzählt worden ist, bedeutet das: Shines will wie Jesus sein. Er will seine Schwester, die ihn vielleicht verraten hätte, von den Toten auferwecken. Aber natürlich ist er nicht Jesus. Und Hallie Doniphon ist nicht seine Schwester. Deshalb muss seine Totenerweckung wie in einer Horrorfilmszene als „Lustmord und Leichenverzehr"[46] scheitern.

Und doch scheint Roths Legende einen wahren Kern zu haben. Das Grab von Sharon ist ja nach dem Erdbeben tatsächlich leer. Der letzte Satz von Roths Novelle bekräftigt den legendarischen Kern: „Manche sprachen von einem Wunder. Die schrieben es meinem Bruder zu." Dieser Satz kann nur aus der Perspektive von Johnnys Schwester Sharon gesprochen werden. Sie ist es, die nicht den *plot*, sondern „nur die Story" dahinter will (27). Sie ist es, die sagt, „was gespielt und wie gespielt" wird (126); sie zieht die Fäden der Geschichte und sie ist es deshalb auch, die als „Erinnerin, Muse" (156) diese Story, Johnnys dunkle Vergangenheit, aus dem vergessensbereiten Bruder herauszulocken versteht. Patrick Roth blendet in diesem letzten Satz die drei Frauenfiguren – Hallie Doniphon, Sharon und die Reporterin – ineinander. Man kann diese Figurenüberblendung einen *Dissolve* nennen.[47] Der *Dissolve* verbindet auch die einzelnen Binnenerzählungen. So kann die Geschichte, die *Story*, im Licht der Legende neu und anders gelesen werden.

Legende im Film

Stoddard als Sieger des finalen Duells gegen Valance: Das ist die Legende, die Fords Film erzählt. Doch später wird in einer Kameraperspektive aus einem anderen Winkel enthüllt, dass es Doniphon war, der den Outlaw aus dem Hinterhalt erschossen hat.

13 Das Duell aus der Perspektive Stoddards

14 Das Duell aus der Perspektive Doniphans

Das erste Bild (TC 1:30:37) bedient sich einer für den Western untypischen Einstellung. Aus einer Halbtotalen aus dem Rücken Stoddards aufgenommen, sieht man die Duellanten auf einer Veranda; das Holzgeländer in der Bildmitte, das analog zur Handlungsachse verläuft, bezeichnet die vermeintlich gesehene Schussbahn; die Bildbewegung kommt aus der unteren linken dunklen Ecke.[48] Stoddard trägt, undenkbar für einen Cowboy, eine Küchenschürze; Liberty bricht symbolisch unter dem Plakat „Mass Meeting Elections“ zusammen, mit dem sich die Stadt zum Aufbruch in die demokratische Zukunft Amerikas rüstet.

Das zweite Bild (TC 1:52:39) zeigt die klassische Duellperspektive: amerikanische Einstellung, Handlungsachse gekreuzt mit Blickachse, symmetrische Raumverhältnisse. Doch der Schuss geht nicht parallel zur Handlungsachse, sondern sozusagen nach hinten los, in den dunklen Hintergrund, um dessentwillen Ford den gesamten Film im September und Oktober 1961 in Schwarzweiß (und im Studio) gedreht hat. Diese Privilegierung des Hintergrunds hat einen hintergründigen Sinn. Ständig führt der Regisseur seine Figuren hinter die Bühne (*backstage*), hinter die Kulissen der kleinen Stadt, in die Küche des Steak-Restaurants, in dem Stoddards Aufstieg vom Tellerwäscher zum Senator beginnt, in die Druckerei hinter dem Schulzimmer, in den Nebenraum des Wahllokals. Die Legende wird auf der Hauptbühne erzählt (*frontstage*), im Restaurant, im Wahllokal.[49] Die Wahrheit jenseits der Legende, so suggeriert der Film, ereignet sich hinter der Bühne, sozusagen als Kammerspiel (man hat den Film deshalb einen „chamber-western"[50] genannt), aber sie ist nicht überlieferungswert, weil sie der Entstehungslegende der amerikanischen Nation aus dem Geiste der Freiheit und Unabhängigkeit widerspricht.

Die Legende als literarische und filmische Phantasie

Deshalb weigern sich im Film die Journalisten, die ‚wahre' Version von Stoddards Geschichte zu drucken. Es fällt das seinerseits legendäre Filmzitat: „When the legend becomes fact, print the legend" (TC 1:54:55). Wenn die Legende so stark geworden ist, dass sie als Tatsache verstanden wird, dann ist es gleichgültig, was wirklich passiert ist. Die Legende muss gedruckt werden. Nicht auf Faktentreue kommt es an, sondern darauf, ein vorbildhaftes Leben zu zeigen. Genau das ist die ursprüngliche Absicht der Legende, einer Gattung, die aus dem religiösen Bereich stammt.

In Fords Film kann der Zuschauer mit dem Helden hinter den amerikanischen Traum blicken und trotzdem weiter an ihn glauben. In Roths Novelle gibt es keinen amerikanischen Traum mehr, nur ein leeres Grab und ein „Wunder". Dieses Wunder besteht in der Auferstehung der Toten „in den Herzen der Zuschauer" (97), mit anderen Worten: das wahre Wunder ist das Kino im Kopf. Die Legende zu drucken, die Wahrheit geworden ist, bedeutet auch, jene Geschichten in einem anderen Licht zu sehen und zu lesen, durch die die Legenden entstanden sind. Fords Film und Roths Novelle sind archetypische Geschichten über das Schicksal der visuellen, um nicht zu sagen: der filmischen Phantasie, die den Western und den Westen Amerikas geboren hat.

Vom Film zum Buch

Die Analogien zwischen Roths Erzählung und Fords Western reichen tief: Realität und Symbol, Geschichte und Legende, Gewissen und Gedächtnis strukturieren Text wie Film in einer „kreisgeschlossen[en]" (15) Form; der Sarg ist Symbol einer Vergangenheit, die nach Aufweckung verlangt, er muss wie das verschlossene Herkunftsgeheimnis aufgebrochen werden; die Kaktusrose auf dem Sarg und das „alte Silberbesteck" (163) im Sarg signalisieren die Selbsttäuschung über die wahre Geschichte; das abgebrannte Haus (im Film) und die abgebrannte Kirche (im Buch) stehen für den Anfang der Misere Doniphons bzw. Johnnys; „Shinbone" ist der Ort der scheiternden Erinnerung, „Blade" der Ort des gelingenden Totengedächtnisses; die Zeitung – der *Shinbone Star* wird im Film wie in der Erzählung erwähnt – ist präsent als Auge der legendensüchtigen Öffentlichkeit; das Spiel mit der Vertauschung und Täuschung persönlicher Identitäten – Hallie Doniphon heißt bei Roth so, wie sie im Film geheißen hätte, wäre sie, Hallie, die Frau des Cowboys und nicht die des strebsamen Anwalts geworden – ist auch ein Rollentauschspiel mit der filmischen Fiktion.

Film und Literatur sind klar unterscheidbare Künste. Hinsichtlich ihrer Medialität, ihrer materialen Zeichenverwendung, ihrer Gestaltungsmittel sind sie voneinander getrennt. Zugleich sind Literatur und Film über intermediale Prozesse miteinander verkoppelt. Literatur kann Film werden (Literaturverfilmung), Film kann Literatur werden (*Novelization*). Dabei kommt es nicht auf Werktreue an, sondern auf die Analyse der spezifischen erzählerischen Mittel des Mediums.

Der filmanalytische Dreischritt (Kamp/Rüsel) fragt nach Inhalt, Gestaltungsmitteln und Funktion filmischer Szenen oder Bilder. Für die konkrete Analysearbeit bieten sich kürzere Szenen und Standbilder (*Stills*) an.

Tykwers/Eichingers gleichnamige Verfilmung von Süskinds Bestseller *Das Parfum* ist keine visuelle Nacherzählung des Romans. Sie konzentriert sich auf die Tragödie des genialen Mörders. Die Visualisierung des Geruchs erfolgt durch die Kunst des Regisseurs, den Zuschauer sehen zu lassen, was (und wie) die Hauptfigur riecht.

Patrick Roths Novelle *Johnny Shines* ist kein narratives Drehbuch zu Fords Western. Das Neue an seiner literarischen Filmadaption ist der freie Modus der Adaption. Es geht vor allem um die mediale Interaktion *im* Erzählen. Auf diese Weise steht Roths Novelle im intermedialen Dialog mit dem Film.

Fragen

1. Erläutern Sie den Begriff der Intermedialität!
2. Warum ist es problematisch, an Literaturverfilmungen den Maßstab der Werktreue anzulegen?
3. Was ist der Unterschied zwischen *story* und *plot*?

15 Dissolve der Kaktusrose aus Fords Western

4. Wie funktioniert die Visualisierung des Geruchs in Tom Tykwers Film *Das Parfum*?
5. Wie wird die ethische Dimension des mörderischen Genies in Süskinds *Das Parfum* angedeutet? Erörtern Sie diese Frage mit Hilfe des folgenden Zitats: „Weißt du, was der Unterschied ist zwischen einem Talent und einem Genie? Das Talent lässt sich den Schwefel nicht vom Teufel liefern, sondern von einer Chemikalienhandlung. Anders gesagt: Das Genie ist ruchlos, das Talent anrüchig."[51]
6. Am Schluss von Fords Western *The Man Who Shot Liberty Valance* wird das Gesicht Stoddards, der Shinbone verlässt, mit der Kaktusrose auf Doniphons Sarg überblendet. Erörtern Sie anhand des Standbilds (TC 1:55:46), wie und zu welchem Zweck dieser *Dissolve* filmisch inszeniert wird!

Ausgewählte kommentierte Literatur

Franz-Josef Albersmeier, Volker Roloff (Hrsg.): *Literaturverfilmungen.* Frankfurt a.M. 1989. Obwohl mit älteren Beispielen (der jüngste untersuchte Film ist von 1984) bestückt, enthält der Sammelband anregende Beiträge zu klassischen Adaptionen aus dem deutschsprachigen, anglo-amerikanischen und romanischen Raum.

Anne Bohnenkamp (Hsg.): *Literaturverfilmungen.* Stuttgart 2005 (RUB 17527). Hilfreiche, aber bildlose Handreichung mit Beispielanalysen zu 26 Filmen von Staudtes *Untertan* (1951) bis von Trottas *Jahrestage* (1999), die Literaturverfilmung als „intermediale Herausforderung" (S. 9) verstehen.

Peter Beicken: *Wie interpretiert man einen Film? Für die Sekundarstufe I.* Stuttgart 2004 (RUB 15227). Kompakte Einführung in die Filmanalyse mit Beispielanalysen von Welles' *Der Process* 1962 und Schlöndorffs *Homo faber* (1991).

Michael Braun, Werner Kamp (Hrsg.): *Kontext Film. Beiträge zu Film und Literatur.* Berlin 2006. Elf Beiträge über Adaptionen (Kafka im Film, Stanley Kubricks *Eyes Wide Shut*, Filmversionen von *Emil und die Detektive*).

Der Deutschunterricht 60 (2008) H. 3: Filmdidaktik.

Thomas Elsaesser, Malte Hagener: *Filmtheorie zur Einführung.* Hamburg 2009. Sehr anschauliche Einführung in die Filmtheorie, ausgehend von dem Verhältnis zwischen Kino und Zuschauer, anhand einer Reihe der Grundkonzepte für Realismus und Konstruktivismus/Formalismus („Rahmen" und „Fenster", „Tür" und „Leinwand" etc.).

Werner Kamp: *AV-Mediengestaltung. Grundwissen.* 3. Aufl. Haan-Gruiten 2009. An den Lehrplänen für Mediengestaltung orientierte, übersichtliche und anschaulich bebilderte Einführung in Grundlagen der Bildsprache, Kameraarbeit, der Licht- und Tongestaltung, der Dramaturgie, des Schnitts und der Montage. Parallel mit dem Band W. K., Manfred Rüsel: Vom Umgang mit Film (Berlin 1998) als Einführungslektüre empfehlenswert.

Thomas Koebner (Hrsg.): *Sachlexikon des Films.* Stuttgart 2002. Informiert gründlich in ca. 320 Artikeln über die wichtigsten Gattungen, Formen und historischen Stile des Films.

Engelbert Kötter, Andrea Wagener: *Literaturverfilmung: Adaption oder Kreation?* Berlin 2001 (Kursthemen Deutsch). Didaktisch solide Interpretation der Literaturverfilmungen von *Schlafes Bruder*, *Die Blechtrommel* und *Eyes Wide Shut.*

Joachim Paech: *Literatur und Film.* 2. Aufl. Stuttgart/Weimar 1997 (Sammlung Metzler 235). Eingehende Darstellung der Geschichte der wechselseitigen Beeinflussung von Literatur und Film mit Beispielanalyse des Fassbinder-Films *Die Ehe der Maria Braun* (1978) und dem darauf beruhenden Roman von Gerhard Zwerenz (1979).

Klaus M. Schmidt, Ingrid Schmidt: *Lexikon Literaturverfilmungen. Verzeichnis deutschsprachiger Filme 1945–2000.* 2. Auflage. Stuttgart 2001. Strukturierter Überblick über Literaturverfilmungen, geordnet in die Rubriken Autoren, Buchtitel, Filmtitel, RegisseurInnen.

Rüdiger Steinmetz u. a.: *Filme sehen lernen. Grundlagen der Filmästhetik.* Frankfurt a. M. 2005. Lernbuch mit DVD, das mit meist bekannten Beispielen aus der Filmgeschichte über die *Basics* (Einstellungsgrößen, Kamerabewegungen), über Techniken des Schnitts und Theorien der Montage unterrichtet.

Volker Wehdeking: *Generationenwechsel: Intermedialität in der deutschen Gegenwartsliteratur.* Berlin 2007

Hilfreich bei der Filmrecherche sind:

- Die Datenbank *Internet Movie Database* (www.imdb.com) ist die größte Filmdatenbank ihrer Art. Sie enthält die zentralen Daten zu fast über einer Million internationalen Filmproduktionen und führt über Links zu zahlreichen Filmkritiken.
- Das Filmportal (www.filmportal.de) bietet Film-, Personen- und Themensuchhilfen an, stellt den Inhalt, die *Credits*, einzelne Materialien vor und ermöglicht über eine Suchmaschine die Literaturrecherche zum Film in deutschen Filmbibliotheken.

■ Die Zeitschriften *film-dienst* (seit 1947, erscheint vierzehntägig, hrsg. von Michael Rutz; http://film-dienst.kim-info.de) und *epd filmdienst* (seit 1948, erscheint seit 1984 monatlich, hrsg. vom Evangelischen Pressedienst; www.epd-film.de) rezensieren alle neu in Deutschland anlaufenden Kinofilme.
■ Der *film-dienst* erarbeitet auch das *Lexikon des internationalen Films* (erstmals 1987, erscheint jährlich in Buchform) mit den Filmkritiken des jeweiligen Berichtsjahres.
■ Die Bundeszentrale für politische Bildung (www.bpb.de) führt eine Rubrik „Kino in Europa" und hat im Jahr 2003 einen Filmkanon mit 33 Filmen verabschiedet, darunter auch Literaturverfilmungen wie *Das Dschungelbuch* (R.: Wolfgang Reithermann, 1967).[52] Dieser Filmkanon (als Buch) dient als Diskussionsgrundlage für ein filmschulisches Kerncurriculum. Seit 2004 gibt es eine Reihe von Filmheften, die didaktisch aufbereitete Informationen zu Inhalt, Figuren, Thema und Ästhetik eines Films enthalten und online als pdf-Datei heruntergeladen werden können.
■ Die von Thomas Koebner herausgegebenen Reihen *Filmgenres* (13 Bände, seit 2003) und *Filmklassiker* (5 Bände, 5. Aufl. 2006) enthalten Inhaltsangaben, technische Daten und kritische Kommentare zu 600 klassischen Filmen aus der gesamten Filmgeschichte.
■ Die Bibliothek des Deutschen Filmmuseums Berlin am Potsdamer Platz ist eine der größten Bestandssammlungen mit derzeit 250 laufenden Filmzeitschriften. Hier empfiehlt sich die Recherche vor Ort (www.deutsche-kinemathek.de). Informationen über neue filmwissenschaftliche Publikationen bietet die Homepage des Filminstituts an der Universität Mainz (www.uni-mainz.de/FB/Philologie-I/Film).

7 Wie studiere ich deutsche Gegenwartsliteratur?

Es ist keine Schande, ratlos zu sein angesichts der Vielfalt der deutschen Gegenwartsliteratur und ihres schnellen Wandels einerseits und angesichts der Schwierigkeit, an werkbezogene Sekundärliteratur heranzukommen, andererseits. Den Studierenden kann indes geholfen werden. Hier sind einige Tipps und Ratschläge, die beim Studium und bei der Interpretation deutscher Gegenwartsliteratur helfen können.

Das Wichtigste beim Studium der Gegenwartsliteratur, so könnte man meinen, ist der Computer. Er steht auf dem Schreibtisch, in der Bibliothek, im Büro des Kritikers und des Professors. Mit ihm wird produziert, womit Schüler und Studierende, Lehrende und Forschende sich möglichst professionell beschäftigen: Romane, Gedichte, Sekundärliteratur. Mit ihm werden Fach-, Seminar- und Abschlussarbeiten, vielleicht künftig auch Klausuren geschrieben. Doch wer weiß, woher der Computer kommt?

Die Erfindung des Computers

Friedrich Christian Delius hat die Geschichte seiner Erfindung in dem Roman *Die Frau, für die ich den Computer erfand* (2009) erzählt. Ein alter Mann berichtet einem Journalisten, wie er im Jahr 1941 eine Universalrechenmaschine baute, nur aus Liebe zu einer Frau. Die Frau ist Ada Lovelace, eine Tochter des Romantikdichters Lord Byron, die im 19. Jahrhundert erste Programme für Rechenmaschinen schrieb, weshalb es eine Programmiersprache namens *Ada* gibt. Am Ende hat F.C. Delius, der seinen Vornamen gerne wie ein Fußballclub abkürzt, eine Überraschung parat. Die Erfindung des Computers ist ein faustisches Märchen. Hinter dem alten Mann können wir den tatsächlichen, im Leben mit seiner Erfindung nie glücklich gewordenen und nie belohnten Erfinder des Computers, Konrad Zuse (1910–1995), erkennen. Er ist Faust, der Journalist ist Mephisto. So könnte es sein. Doch am Ende sagt der Erfinder:

> „Sie sollen es niemals wissen, ob Sie auf mich reingefallen sind mit der Ada-Geschichte. [...] Ich weiß nicht, ob ich auf Sie hereingefallen bin, mein lieber Herr Mephisto. [...] Eins zu eins, das ist auch binär eine gerechte Lösung." (284)

Die elektronische Kommunikation hat also eine Geschichte, die spannend erzählt und vielseitig ausgelegt werden kann: als literarische Kommunikation über den Computer. Auf diese Weise zeigt Delius' Buch, wie eng der Computer und die Gegenwartsliteratur zusammenhängen. Und wie aufschlussreich es ist, Hilfsmittel beim Studieren nicht nur zu gebrauchen, sondern auch zu wissen, woher sie kommen und wie sie am besten zu gebrauchen sind. Woher also bekommt man Informationen zu einem Werk und zu einem Autor der Gegenwartsliteratur?

Taschenbücher

Das Taschenbuch hat in den 1950er Jahren seinen Siegeszug auf dem deutschen Buchmarkt angetreten. Jede vierte Erstausgabe erscheint als Taschenbuch. Dieser Buchtyp ist bis heute durch folgende Merkmale charakterisierbar:

> „1. flexibler Umschlag, 2. hohe Auflage, 3. niedriger Ladenpreis in einheitlichen Preiskategorien, 4. einfache Ausstattung, 5. erscheinen im einheitlichen und vergleichweise kleinen Format in einer Reihe, die als Marke fungieren soll. [...]".[1]

Für die Arbeit im Schulunterricht und in der akademischen Lehre ist es praktisch, wenn das zu behandelnde Werk der Gegenwartsliteratur als Taschenbuch erhältlich ist. Das hat zwei Vorteile. Da die Taschenbuchausgabe in der Regel spätestens ein Jahr nach der Hardcover-Ausgabe erscheint, liegen womöglich schon ausführlichere Interpretationen vor. Zudem kommt die Taschenbuchausgabe den Käufer in der Regel nur halb so teuer zu stehen wie die gebundene Erstausgabe.

Informationen über Neuerscheinungen

Die Schaufenster zur Buchproduktion einer Saison sind in erster Linie die Prospekte der Verlage. Ein belletristisches Programm bieten der C.H. Beck Verlag, der Berlin Verlag, der DuMont Verlag, der S. Fischer Verlag, der Hanser Verlag, der Hoffmann&Campe Verlag, der Kiepenheuer&Witsch Verlag, der Klett-Cotta Verlag, die zur Verlagsgruppe Random House gehörenden Verlage Deutsche Verlagsanstalt, Albrecht Knaus und Luchterhand, der Piper Verlag, der Rowohlt Verlag, der Reclam Verlag, der Schöffling Verlag, der Steidl Verlag, die Verlage Suhrkamp und Insel, der Wallstein Verlag. Die Liste ist nicht vollständig. Hinzu kommen kleinere Verlage, etwa kookbooks und Wunderhorn. Alles in allem ist es schwierig, ein Verlagsprogramm allein mit Gegenwartsbelletristik zu bestreiten. Das zeigt das Beispiel des Schweizer Ammann Verlags. Der Verlag, der neben einem so erfolgreichen Autor wie Eric-Emmanuel Schmitt immer wieder junge Talente wie Julia Franck und Katja Oskamp hervorgebracht hat, eröffnete 1981 sein Programm mit Thomas Hürlimanns Novelle *Die Tessinerin* und kündigte im Sommer 2009 an, es im Frühjahr 2010 mit dem Briefwechsel des Verlegers mit seinem ersten Autor zu beschließen.

Verlagsprospekte

Die Verlage kündigen mit zwei bis dreimonatigem Vorlauf die Neuerscheinungen der Frühjahrs- und der Herbstsaison an, die dann auf der jeweiligen Buchmesse präsentiert werden: im März in Leipzig, im Oktober in Frankfurt am Main. Indizien für den Stellenwert, mit dem das Buch in den Literaturbetrieb geschickt wird, sind die Platzierung der Buchanzeige, ihre Größe, die Bedeutung des Autors als Marke, die Aktualität des Themas. So kommt der erste Buchtitel in einem Verlagskatalog meist auf eine Doppelseite (oder mehr), die den Autor mit Foto und kurzem Lebenslauf vorstellt, seine wichtigsten Werke nennt, positive Stimmen der Kritik zitiert und mit Textauszügen, Kurzinhaltsangabe (im Branchenjargon „Waschzettel" genannt) für das neue Buch wirbt. Längere Leseproben werden mitunter als kleines Heft oder als Audio-CD in den Verlagskatalog eingelegt; der Hörfunk mit 1,3 Millionen Hörern am Tag ist ein weiterer wirksamer Werbeträger. Die Edelvariante der Werbung offeriert der Göttinger Steidl Verlag – der die Werke von Günter Grass verlegt – mit einem als Buch gebundenen Katalog.

Es ist auf jeden Fall sinnvoll, die Websites der Verlage zu konsultieren. Auch hier werden in aller Regel Buchcover, Waschzettel, Leseproben und bibliographische Daten dokumentiert. Darüber hinaus empfiehlt es sich, auf die Internetpräsenzen der Germanistik an der jeweiligen Heimatuniversität zu achten. Das Seminar für deutsche Philologie der Universität Göttingen bietet auf seiner Homepage eine kommentierte Liste von wissenschaftlichen Neuerscheinungen an, im Fachbereich Kulturwissenschaften der Universität Bremen wird seit 2005 ein Archiv für die „Digitale Archivierung und Multimedia-Edition deutscher Gegenwartsliteratur" seit 1945 (*DAME*) aufgebaut.

Analyse der Wirkung des Buches

Zwischen Buch und Leser stehen bekanntlich die vermittelnden Instanzen. Gerade neue Titel bedürfen besonderer Wegweiser, um im wachsenden Bücherwald aufzufallen. Solche Wegweiser sind die Bestsellerlisten, die der Buchbranche zur Marktbeobachtung und zum Marketing, dem lesewilligen Publikum zur Orientierung dienen.[2] Die Bestsellerlisten der Nachrichtenmagazine *Der Spiegel* (seit September 1961) und *Focus* (seit 2001) dokumentieren aufgrund von Buchhändlerumfragen die meistverkauften belletristischen Bücher. Davon zu unterscheiden sind die Bestenlisten. Die monatliche SWR-Bestenliste und die jährlichen Listen (Longlist, dann Shortlist) des Deutschen Buchpreises geben die Empfehlungen von Kritikern wieder.

Bestsellerlisten und Bestenlisten

Die Unterscheidung zwischen Bestseller- und Bestenlisten ist wichtig. Das illustriert Dennis Scheck in seiner über *youtube* abrufbaren Fernseh-Büchersendung *Druckfrisch!*, wenn er in einem Countdown die Titel der Bestseller-Liste abzählt und über ein Laufband in einen Postkorb fallen lässt. Was sich bestens verkauft, muss nicht oben in der Gunst der Kritiker rangieren, was diese empfehlen, müssen die Leser nicht unbedingt lieben, und ein Autor, der für Bestseller gut ist, kann auch schon einmal einen *Worstseller* produzieren. Umgekehrt ist die Behauptung, dass kommerzieller Erfolg ein sicheres Zeichen für mangelnde literarische Qualität sei, genau so wenig verallgemeinerbar wie die These, ein Buch gewinne an Qualität, nur weil es nicht gekauft werde. Freilich sind für eine Wirkungsanalyse die Zahlen dieser Listen nur eingeschränkt nutzbar. Nach einer Umfrage aus dem Jahr 2000 hat sich nur jeder siebte Buchkäufer bei seiner Entscheidung an eine Besten- oder Bestsellerliste gehalten.[3]

Laienrezensionen

Neben diesen offiziellen *Rankings* gibt es das wachsende Feld der Laienrezensionen. Jeder Leser kann, klug oder weniger klug, seine Meinung über ein Buch im Netz platzieren. 364 „Kundenrezensionen" (abgefragt am 7.9.2009) verzeichnet die Internetversandhandlung *Amazon* zu Daniel Kehlmanns Roman *Die Vermessung der Welt* (2005). Die Leser der Rezensionen können diese wiederum als hilfreich oder weniger hilfreich bewerten. So entsteht ein geschlossener Wirkungskreis, der letztlich der Optimierung des Verkaufsinteresses gilt. Das ist nicht verwerflich. Wer sich mit der Wirkung von Gegenwartsliteratur befasst, muss allerdings zwischen kritischer Buchbesprechung und ökonomischer Buchwerbung differenzieren, wenn „Massenmarkt und Massenrezensionen ineinander übergehen, als wären Buchbesprechungen so etwas wie Businesspläne".[4]

Wie findet man aktuelle Buchkritiken?

Neuerscheinungen der Gegenwartsliteratur werden in der Tages- und Wochenpresse besprochen. Die maßgeblichen Rezensionen erscheinen in der *Frankfurter Allgemeinen Zeitung* (sie hat immer noch das umfangreichste Feuilleton), der *Frankfurter Rundschau*, im *Freitag* und in der *Furche*, in der *Neuen Zürcher Zeitung*, im *Rheinischen Merkur*, in der *Süddeutschen Zeitung*, im *Tagesspiegel*, in der *Welt* und in der *Zeit* sowie im Nachrichtenmagazin *Der Spiegel* und, in kürzerer Form, im *Focus*. Die größeren Besprechungen werden auf der Website von *perlentaucher.de* kommentiert und auszugsweise dokumentiert (→ Kap. 2), bisweilen als Volltext zugänglich gemacht. Die monatlich erscheinende Zeitschrift *Fachdienst Germanistik* (seit 1983) referiert Rezensionen wichtiger Neuerscheinungen (→ Kap. 2).

Zeitungen im Netz

Die Portale der Zeitungen haben Suchfunktionen, unter denen die Quellen der einzelnen Besprechungen abgerufen werden können. Die Rezensionen der meisten großen Zeitungen sind über das Internet der jeweiligen Universität auch als Volltext einlesbar. Auch die Podcasts der Radiosender gewinnen an Bedeutung. Zeitnah können Rezensionen im aktuellen Zeitungsbestand jeder besseren Universitäts- und Stadtbibliothek eingesehen werden. Auch empfiehlt sich ein Blick in die lokalen Feuilletons. Zwar ist nirgends das Prinzip *copy and paste* so gang und gäbe wie im Rezensionswesen. Aber umsichtige Buchbesprechungen finden sich hier und da auch im Kulturteil einer größeren Stadt- oder Regionalzeitung. Dem zunehmenden Einfluss der digitalen Medien auf die Gegenwartsliteratur trägt der *Reading Room* (seit 2008: *Frankfurter Allgemeine Lesesaal*) der *FAZ* Rechnung. Hier werden Neuerscheinungen der Gegenwartsliteratur, Literaturskandale und kulturelle Tendenzen kommentiert. An diesem multimedialen Diskussionsforum nehmen Wissenschaftler, Kritiker, Leser teil. Die *Zeit*-Kritikerin Iris Radisch stellt in wöchentlichen Webvideos (www.zeit.de) ihre „Lesetipps" vor.

Einen kritischen Querschnitt durch die Gegenwartsliteratur bietet die Besprechungszeitschrift *medienprofile* des katholisch orientierten Borromäusvereins. Sie ist an Bibliotheken und Büchereien gerichtet, stellt aber auch dem interessierten Leser eine sorgfältige Auswahl an zeitgenössischen Romanen und Gedichtbänden der deutschen Literatur vor. Im Durchschnitt werden 2.800 Rezensionen im Jahr gedruckt; ein großer Teil der nicht gedruckten Rezensionen erscheint auf der Website www.medienprofile.de.[5]

Das Innsbrucker Zeitungsarchiv

Das Innsbrucker Zeitungsarchiv zur deutsch- und fremdsprachigen Literatur (IZA) am Institut für deutsche Sprache, Literatur und Literaturkritik der Universität Innsbruck gilt als die größte universitäre Dokumentationsstelle für journalistische Literaturkritik im deutschen Sprachraum. Seit 1960 wertet das Archiv ausgewählte deutschsprachige Tages- und Wochenzeitungen aus und archiviert neben der klassischen Buchkritik Artikel zu allen Bereichen des literarischen Lebens. Der jährliche Zuwachs beträgt ca. 25.000 Zeitungsausschnitte. Die elektronische Suche im Fundus von über einer Million Artikeln ist im Prinzip kostenlos.

- http://www.uibk.ac.at/iza/
  Tel: +43 (0)512 / 507–4145; Fax: +43 (0)512 / 507–2881;
  E-Mail: iza@uibk.ac.at

Die Autorendokumentation der Stadt- und Landesbibliothek Dortmund ist ein Auslaufmodell. Archiviert wird nur der Bestand bis 2008 (mit 18.000 Mappen und ca. zwei Millionen Rezensionen, Essays, Interviews aus 40 Zeitungen zu 25.000 Autoren). Eine elektronische Datenbank existiert nicht, den Bestand kann man vor Ort einsehen oder auch gegen ein geringes Entgelt ausleihen.

- http://www.bibliothek.dortmund.de/template5–19.html
  Tel. +49 231 / 50–23236; Fax +49 231 / 50–26576;
  E-Mail rwill@stadtdo.de

Aufschlussreich sind auch die Buchkritiken, die in Kultursendungen des Rundfunks ausgestrahlt werden (z.B. Deutschlandfunk, WDR, NDR). Literatursendungen im Fernsehen sind für textbezogene Interpretationen selten sonderlich ergiebig. Die Buchbesprechungen und Diskussionen sind recht kurz und reichen über Inhaltsangabe, Kurzwertung und Empfehlung kaum hinaus. Für eine Analyse der Wirkung des Buches können die literarischen Fernsehsendungen jedoch interessante Daten liefern. Die Website des *Literarischen Quartetts* (http://www.dasliterarischequartett.de/) enthält ein Dossier mit sämtlichen Autoren und Büchern, die in dieser Sendung besprochen worden sind.

Forschungsarbeiten zur Gegenwartsliteratur

Besprechungen und Artikel über Themen und Tendenzen erscheinen auch in Zeitschriften. Das Deutsche Literaturarchiv in Marbach am Neckar wertet über 40 Literaturzeitschriften aus (http://www.dla-marbach.de/?id=51856). Dazu gehören u.a. *Akzente, BELLA triste, edit, Jahrbuch der Deutschen Akademie für Sprache und Dichtung, Lettre international, Literaturen, Literatur und Kritik, manuskripte, Merkur, Neue Rundschau, Schreibheft, Sinn und Form, Sprache im technischen Zeitalter, Volltext, Wespennest.* Daneben gibt es eine Fülle von Zeitschriften mit so findigen Namen wie *Laufschrift* (Nürnberg), *Lose Blätter* (Berlin) oder *Zeichen&Wunder* (Frankfurt a.M.). Bei literarisch-politischen Themen (z.B. deutsche Einheit) lohnt sich das Nachschlagen in politischen Magazinen, im *Deutschland Archiv* (seit 1967) oder in *Cicero* (seit 2004).

Germanistische Fachbibliographien

Die Klassiker unter den germanistischen Fachbibliographien sind die *Germanistik* und der *Eppelsheimer/Köttelwesch.* Hier werden wissenschaftliche Arbeiten zur Gegenwartsliteratur in fortlaufenden Bibliographien angezeigt. Die *Germanistik* erscheint im de Gruyter Verlag in zwei Doppelheften jährlich und führt seit 2008 eine eigene Rubrik zur Gegenwartsliteratur (ab 1989/90). In dieser Rubrik werden die jeweils neueren Forschungsarbeiten zu einzelnen Autoren in alphabetischer Folge aufgeführt. Über das Register ist eine sach- und themenbezogene Recherche möglich (z.B. zu „Literatur und Film"). Die *Bibliographie der deutschen Sprach- und Literaturwissenschaft* (*BDSL*) ist nach ihren Gründervätern, dem Direktor der Frankfurter Universitätsbibliothek Hanns W. Eppelsheimer und seinem Nachfolger Clemens Köttelwesch, benannt. Seit 1957 erscheint die *BDSL* im Verlag Vittorio Klostermann, seit 2004 wird sie neben der Buchausgabe auch online im Internet publiziert (der Zeitraum von 1985–1989 ist elektronisch rückerschlossen). Unter der URL http://www.bdsl-online.de sind die Berichtsjahrgänge 1985 bis 1995 frei recherchierbar. Bei der genauen Recherche sollte man beide Bibliographien mit ihren Vorzügen gemeinsam nutzen. Die *Germanistik* enthält Kurzbesprechungen zu wichtigen Büchern, die *BDSL* erfasst auch Rezensionen zur Primärliteratur.

Das Internet als Suchhilfe

Alle kennen *google*. Die größte Suchmaschine im Internet ist zugleich ein berühmtes und weltdominantes Medienunternehmen, gegründet 1998 von zwei kalifornischen Doktoranden.[6] Es ist leicht, die Suchfunktion auch bei der Gegenwartsliteraturrecherche einzusetzen. Man kann Hinweise zu neuen Büchern „googeln" und über http://books.google.de im Web 2.0 Auszüge oder ganze Artikel über zeitgenössische Belletristik aufrufen. Das ist auch als erster Schritt praktikabel und sinnvoll. Doch das Internet will und kann das gedruckte Werk nicht ersetzen. Es ist ein schnell wandelbares Kommunikationssystem, das unsortierte, nur teilweise gesicherte Informationen bietet. Verlässlich, aber nicht Vollständigkeit beanspruchend sind die bibliographischen Datenbanken der Germanistik, z. B. die Aufsatzdatenbanken, die in der Regel über Universitätsbibliotheken oder die jeweilige Institution aufrufbar sind:[7]

- Die Datenbank *OLC-SSG Germanistik* stellt ein sogenanntes Online Contents-Sondersammelgebiet der Germanistik zur Verfügung: http://gso.gbv.de/xslt/DB=2.158/SET=1/TTL=1/ (seit 1993 werden 141 Zeitschriften mit mehr als 150.000 Aufsätzen und Rezensionen ausgewertet).
- Die Zeitschrifteninhalts-Datenbank *IBZ* (Internationale Bibliographie der geistes- und sozialwissenschaftlichen Zeitschriftenliteratur) der Konrad-Adenauer-Stiftung ist eine internationale, interdisziplinäre, vornehmlich die Geistes- und Sozialwissenschaften berücksichtigende Bibliographie und umfasst (ab Erscheinungsjahr 1983) zwei Millionen Nachweise von Zeitschriftenaufsätzen aus 5600 Zeitschriften (http://kasnet.kas.de/upload/bibliothek/virtuelle_bibliothek/ibz/index.html).
- Das Fachportal *Germanistik* der Frankfurter Universitätsbibliothek (www.germanistik-im-netz.de) stellt eine virtuelle Fachbibliothek zur Verfügung, die eine Recherche von Internetquellen ermöglicht, einen Überblick über germanistische Print- und E-Zeitschriften gibt, einen wöchentlichen Neuerscheinungsdienst und einen Zugang zu Volltextdatenbanken anbietet.

Genaue Recherche ist insofern schwer, aber lohnend. Websites, Fachbibliographien, Zeitungen und Zeitschriften sollten sich dabei als Informationsquellen ergänzen. Nur vor dem Anspruch auf Vollständigkeit sollte man sich hüten. Wer eine Dissertation über einen – wie es bei Loriot heißt – „noch lebendigen" Gegenwartsautor schreibt, muss prinzipiell jedes Jahr auf ein neues Werk ‚seines' Autors gefasst sein.

Informationen zum Gedicht

Hans Magnus Enzensberger hat einmal erzählt, wie ihn die Wut des Interpreten traf. Die Tochter seines Metzgers hatte für die Interpretation eines seiner Gedichte eine „fünf“ bekommen. Der Dichter erhielt die Quittung: keine saftigen Steaks mehr. Wäre die Interpretin in eine gut ausgestattete Bibliothek gegangen, ihr hätte geholfen werden können.

Die *Frankfurter Anthologie* ist mit Kommentaren zu fast 2.000 Gedichten die größte Interpretationssammlung ihrer Art. Das *Neue Fundbuch der Gedichtinterpretationen* (2005, 1. Aufl. 1997) enthält – geordnet nach Autoren – Nachweise zu Interpretationen deutscher Gedichte vom 16. Jahrhundert bis zur unmittelbaren Gegenwart. Eine umsichtige Auswahl bietet der Sammelband *Gedichte und ihre Interpretationen. Gegenwart II* (1997). Auch die Suche in den Autoren- und Themenbänden der Reihe *Text + Kritik* und in Sammelbänden renommierter Lyrikinterpreten (Harald Hartung, Walter Hinck, Ruth Klüger, Peter von Matt, Marcel Reich-Ranicki sowie der Preisträger der Frankfurter Anthologie) ist lohnend.

Recherche zu Autoren

Martin Heidegger begann einmal eine Vorlesung über Aristoteles statt mit der üblichen biographischen Einleitung mit den Worten: „Aristoteles wurde geboren, arbeitete und starb.“ In studentischen Referaten und Hausarbeiten ist das Größenverhältnis manches Mal umgekehrt. Es kann zwar manchmal helfen zu wissen, was der Autor studiert hat, was er gerne isst und wie viele Kinder er hat. Aber diese Fragen müssen in einem funktionalen Zusammenhang mit dem Thema des Referats oder der Hausarbeit stehen. Uwe Tellkamps Medizinstudium hat sicherlich auf die Darstellung des Arztpersonals in dem Roman *Der Turm* (2008) abgefärbt, Dirk von Petersdorffs Zwillinge haben ihn zu seiner autobiographischen Geschichte *Lebensanfang* (2007) inspiriert, und Günter Kunerts Schrecken nach der Ankündigung von Günter Grass, bei einer Zusammenkunft ost- und westdeutscher Autoren werde er eine Kuttelsuppe kochen,[8] hat mehr als nur anekdotische Bedeutung, wenn man die Bedeutung von Mahlzeiten und Rezepten in Grass' Werken kennt.

Häufig kommt bei Autorenrecherchen die Frage auf: Was will der Autor damit sagen? Das Studium der Gegenwartsliteratur hat den Vorteil, dass man den Autor selbst fragen kann. Vielleicht unmittelbar und persönlich im Gespräch nach einer Autorenlesung. Oder beim Besuch seiner Homepage, auf der neben biographischen Daten Essays und Interviews zu finden sind.

Einblicke in die literarische Werkstatt

Oder durch die Lektüre der Poetikvorlesungen von Autoren. Hier erfährt, was man immer schon vom Autor wissen wollte: wie er lebt, besonders wenn er nicht schreibt, seit wann und warum er schreibt, was sein Vorbild, was sein Erfolgsrezept, was seine größte Angst ist. Der 1966 geborene John von Düffel beantwortet in seinen Bamberger Vorlesungen *Wovon ich schreibe. Eine kleine Poetik des Lebens* (2009) nicht alle Fragen, gibt aber erhellende Auskünfte über sein Schreibleben. Er beginnt mit Reflexionen über das Modethema Identität („ganz persönlich für sich das Richtige tun"), fährt fort mit einem Bekenntnis zu Motivationstraining, Autorendiät und Realitätsprinzip, schlägt dann mit der „erfundenen Familie" einen Bogen zu seinen früheren Werken (dem Roman *Beste Jahre* von 2007) und vergleicht am Ende dramatische und epische Zeit. Der sportliebende Autor, der während der Arbeit an seinem Körperkultroman *Ego* (2001) sogar vor dem Fernseher Hanteln stemmte, demonstriert viel literarische Willensathletik und lässt keinen Zweifel daran, dass der vielbeschworene „Schaffensrausch" ins Reich des romantischen Mythos gehört.

Das Kritische Lexikon zur deutschsprachigen Gegenwartsliteratur

Unumgänglich bei der Autorenrecherche sind die Lexika zur Gegenwartsliteratur. Am umfangreichsten und verlässlichsten ist das *Kritische Lexikon zur deutschsprachigen Gegenwartsliteratur* (1981ff.), eine beständig aktualisierte Loseblattsammlung mit Biogrammen, Werkartikeln und Bibliographien (→ Kap. 1). Kurze Übersichtsartikel zu zeitgenössischen Autoren finden sich im *Lexikon der deutschsprachigen Gegenwartsliteratur seit 1945* (2003) und im *Killy Literaturlexikon* (2. Aufl. 2008ff.). Im achtzehnbändigen *Kindlers Literatur Lexikon* (3. Aufl. 2009) finden erstaunlicherweise nur dreizehn in Deutschland nach 1960 geborene Autoren Erwähnung. Auch ein Blick in die entsprechenden Kapitel der Gegenwartsliteraturgeschichten von Wilfried Barner und Ralf Schnell kann nicht schaden (→ Kap. 1).

Einen Ratgeber für alle Fälle der Gegenwartsliteraturforschung gibt es nicht. Einen idealtypischen Leitfaden für den, der vorhat, die deutsche Literatur der Gegenwart nicht nur zu lesen, sondern auch zu studieren, schon:

1. Verschaffen Sie sich einen Überblick über die Buchproduktion der aktuellen Saison mit Hilfe von Verlagsprospekten, den Websites der großen Verlage, der Besten- und der Bestsellerlisten!
2. Machen Sie sich klar, ob Sie sich lieber auf ein einzelnes Werk (z. B. eine Neuerscheinung) oder auf ein Thema oder eine Tendenz (z. B. Liebesverrat, das „Fräuleinwunder", ein Autorenœuvre oder einen Werkvergleich) konzentrieren wollen!
3. Lesen Sie das Werk bzw. die Werke mit dem Stift in der Hand: intensiv, wiederholt, nach der *SQ3R*-Regel[9] (*Survey* = Überblick verschaffen, *Question* = Fragen an den Text stellen, *Read* = Gliedern der Textinformationen, *Recite* = Vergegenwärtigen des Inhalts, *Review* = gedankliches Wiederholen der ersten vier Schritte)!

4. Recherchieren Sie Rezensionen, Essays und Interviews in Tageszeitungen, Zeitschriften, Bibliotheken und Archiven (auch online)!
5. Konsultieren Sie die Websites von Literaturprogrammen im Rundfunk und von literarischen Fernsehsendungen!
6. Nehmen Sie am literarischen Leben Ihrer (Universitäts-)Stadt teil, besuchen Sie Autorenlesungen, mischen Sie sich aktiv in die Diskussion ein, schreiben Sie unter Umständen einen Artikel für ein Print- oder online-Medium (Rezension, Kurzkritik, Kolumne, Laudatio, Polemik, Verriss, Homestory, Porträt, Autoreninterview, Chronik, Nachruf, Glosse)!
7. Haben Sie – beim Lesen, beim Schreiben, im Seminargespräch – keine Scheu vor begründetem Widerspruch und sachlicher Kritik. Die Gegenwart der Gegenwartsliteratur kann sich mit Ihrem Urteil wandeln!

Anmerkung zur Einführung

1 Johann Wolfgang Goethe: Sämtliche Werke nach Epochen seines Schaffens. Bd. 10: Zur Farbenlehre. Hrsg. von Peter Schmidt. München 2006 (Münchner Ausgabe), S. 635.

Anmerkungen zu Kapitel 1

1 Maxim Biller: Soviel Sinnlichkeit wie der Stadtplan von Kiel. In: Andrea Köhler, Rainer Moritz (Hrsg.): Maulhelden und Königskinder. Zur Debatte über die deutschsprachige Gegenwartsliteratur. Leipzig 1998, S. 64.

2 Moritz Baßler: Der deutsche Pop-Roman. Die neuen Archivisten. München 2002, S. 9. Vgl. auch Eckhard Schumacher: Gerade eben jetzt. Schreibweisen der Gegenwart. Frankfurt a.M. 2003.

3 Baßler (Anm. 2), S. 76f.

4 Oliver Jahraus: Grundkurs Literaturwissenschaft. Stuttgart 2008, S. 30: „Realdefinitionen sprechen über die Realität, Nominaldefinitionen über die Namen, die man den Sachverhalten gibt."

5 Hans Magnus Enzensberger: Eine erfreuliche Wahl (1999). In: Uwe Neumann (Hrsg.): Trommelwirbel. Fünfzig Jahre „Die Blechtrommel". Göttingen 2009, S. 74.

6 Die Linguistik setzt den *terminus post quem* der Gegenwartssprache 1945 an, als die *Lingua Tertii Imperii* verabschiedet wurde. Die Kunstgeschichte lässt die Gegenwart noch etwas „später" beginnen; vgl. Philip Ursprung: Die Kunst der Gegenwart 1960 bis heute. München 2009. Vgl. auch Katrin Stepath: Gegenwartskonzepte. Eine philosophisch-literaturwissenschaftliche Analyse temporaler Konzepte. Würzburg 2006.

7 Im Jahr 2003 schrieben Goethe-Institut und MDR einen Wettbewerb aus: „Deutschland sucht den Super-Dichter". Der Titel ist angelehnt an eines der erfolgreichsten Medienformate im deutschen Fernsehen, die seit 2002 von Bohlen moderierte Musik-Casting-Show *Deutschland sucht den Superstar* (DSDS). Vgl. Klaus Michael Bogdal: Deutschland sucht den Super-Autor. Über die Chancen der Gegenwartsliteratur in der Mediengesellschaft. In: Clemens Kammler, Torsten Pflugmacher (Hrsg.): Deutschsprachige Gegenwartsliteratur seit 1989. Zwischenbilanz – Analysen – Vermittlungsperspektiven. Heidelberg 2004, S. 85–94.

8 Vgl. Peter J. Brenner: Neue deutsche Literaturgeschichte. Vom „Ackermann" bis Günter Grass. 2., aktualisierte Aufl. Tübingen 2004, S. 333f.

9 In der *Zeit* vom 30.3.2006 unterschied der Kritiker Hubert Winkels zwischen den „Emphatikern", die das „wahre Leben", und den „Gnostikern", die „die wahre Literatur" suchten.

10 Dieter Burdorf, Christoph Fasbender, Burkhard Moenninghoff (Hrsg.): Metzler Lexikon Literatur. 3. Aufl. Stuttgart/Weimar 2007, S. 267. Die germanistischen Fachkompendien der 1990er Jahre beschreiben Grundelemente des Literaturbetriebs (Literaturkritik, Autor und Publikum usw.), ein Beitrag zur Gegenwartsliteratur aber fehlt; vgl. Helmut Brackert, Jörn Stückrath (Hrsg.): Literaturwissen-

schaft. Ein Grundkurs. Reinbek 1992, 6. Aufl. 2000; Heinz Ludwig Arnold, Heinrich Detering (Hrsg.): Grundzüge der Literaturwissenschaft. München 1996.

11 Alo Allkemper, Norbert Otto Eke: Literaturwissenschaft. Paderborn 2004, S. 25.

12 Vgl. Jost Schneider in: Thomas Anz (Hrsg.): Handbuch Literaturwissenschaft. Bd. 1. Stuttgart/Weimar 2007, S. 2–7.

13 Vgl. Gerhard Lauer: Grundkurs Literaturgeschichte. Stuttgart 2008, S. 5 und 18.

14 Gerhard Augst: Wortfamilienwörterbuch der deutschen Gegenwartssprache. Tübingen 1998, S. 452.

15 Vgl. Johann Christoph Adelung: Grammatisch-kritisches Wörterbuch der hochdeutschen Mundart. Zweyter Theil. Wien 1811, Sp. 488.

16 Darauf weist auch der ausführliche Artikel im *Deutschen Wörterbuch* der Brüder Grimm (Bd. 5, 1897, Sp. 2289) hin. Der Begriff „Gegenwartsliteratur" ist jedoch in den Wörterbüchern des 19. Jahrhunderts nicht belegt.

17 Christoph Ransmayr: Die Letzte Welt. Frankfurt a. M. 1991, S. 128.

18 G. W. F. Hegel: Phänomenologie des Geistes. Hrsg. von Eva Moldenhauer und Karl Markus Michel. Frankfurt a. M. 1986, Kap. A II (Hinweis von S. Porombka).

19 Das ist die Grundidee von Hilde Domins Band *Doppelinterpretationen* (1966), in dem zeitgenössische Gedichte jeweils vom Autor selbst und einem fachkundigen Leser interpretiert werden.

20 Goethe: Sämtliche Werke nach Epochen seines Schaffens. Bd. 18.2. Hrsg. von Johannes John u. a. München 2006 (Münchner Ausgabe), S. 59.

21 Vgl. Hanns-Josef Ortheil: Lesehunger. Ein Bücher-Menu in 12 Gängen. München 2009, S. 55f.

22 Arno Schmidt: Julianische Tage (1961). In: ders.: Werke. Bd. III/4. Hrsg. von der Arno Schmidt Stiftung. Bargfeld 1986, S. 91f.

23 Thomas Glavinic: Das bin doch ich. Roman. München 2007, S. 12.

24 Joseph Freiherr von Eichendorff: Geschichte der poetischen Literatur Deutschlands. In: ders.: Werke und Schriften. Bd. 4. Hrsg. von Gerhart Baumann. Stuttgart 1958, S. 409.

25 Peter Bürger: Aktualität und Geschichtlichkeit Stendhals. Ein Nachwort. In: Stendhal: Rot und Schwarz. Roman. München 1983, S. 670.

26 Walter Benjamin: Angelus novus. Ausgewählte Schriften Bd. 2. Frankfurt a. M. 1988, S. 455.

27 Walter Benjamin: Zweierlei Volkstümlichkeit (1932). In: ders.: Gesammelte Schriften. Bd. IV,2. Hrsg. von Rolf Tiedemann und Hermann Schweppenhäuser. Frankfurt a. M. 1991, S. 643.

28 Der Philologe Konrad Burdach korrespondierte mit dem Dichter Hugo von Hofmannsthal, der Neugermanist Ernst Bertram mit Thomas Mann. Im George-Kreis versammelten sich um den Dichter junge Germanisten wie Friedrich Gundolf und Max Kommerell.

29 Roland Barthes: Kritik und Wahrheit. Aus dem Französischen übersetzt von Helmut Scheffel. Frankfurt a. M. 1967, S. 71.

30 Briefwechsel Ernst Jünger – Martin Heidegger. Hrsg. von Günter Figal. Stuttgart/Frankfurt a. M. 2008, S. 68 (Brief vom 20.11.2968).

31 Dem Vorläufer *Basis. Jahrbuch für deutsche Gegenwartsliteratur* (hrsg. von Jost Hermand und Reinhold Grimm, 1970ff.) war nur ein kurzes Leben beschieden; im ersten Band (1970) stehen Aufsätze über Hesse und die Pop-Kultur nebeneinander.
32 „Die Literaturwissenschaft überlässt die *Baustelle Gegenwartsliteratur* großzügig der Literaturkritik", heißt es programmatisch in: Reto Sorg u. a. (Hrsg.): Zukunft der Literatur – Literatur der Zukunft. Gegenwartsliteratur und Literaturwissenschaft. München 2003, S. 7; vgl. auch Corina Caduff, Ulrike Vedder (Hrsg.): Chiffre 2000. Neue Paradigmen der Gegenwartsliteratur. München 2005; Mariatta Denmann u. a. (Hrsg.): Was bleibt – von der deutschen Gegenwartsliteratur? Stuttgart 2001 (LiLi, Nr. 124).
33 Thomas Anz: Gegenwartsliteratur. In: Das Fischer Lexikon. Hrsg. von Ulfert Ricklefs. Frankfurt 1996, Bd. 2, S. 705.
34 So Fotis Jannidis im *Handbuch Literaturwissenschaft* (Anm. 12). Bd. 3, S. 345.
35 Hanns-Joseph Ortheil hat erst 1992 seinen Roman *Abschied von den Kriegsteilnehmern* geschrieben. – Auch in Begleitbuch und Materialienband zur Ausstellung *Doppelleben. Literarische Szenen aus Nachkriegsdeutschland* (Göttingen 2009) bleibt das Ende der Nachkriegszeit in der Schwebe.
36 Hans Magnus Enzensberger: Die Clique (1962). In: ders.: Einzelheiten. Frankfurt a. M. 1962, S. 183.
37 Helmuth Kiesel: Literatur um 1968. Politischer Protest und postmoderner Impuls. In: Protest! Literatur um 1968. Eine Ausstellung des Deutschen Literaturarchivs in Verbindung mit dem Germanistischen Seminar der Universität Heidelberg und den Deutschen Rundfunkarchiv im Schiller-Nationalmuseum Marbach am Neckar. Marbach 1998, S. 629.
38 Postmoderne und Popliteratur gleichzuschalten, ist jedoch problematisch; vgl. Stefan Neuhaus: Grundriss der Literaturwissenschaft. 3., überarb. Aufl. Tübingen 2009, S. 181–187.
39 Einen vielleicht letzten Versuch mit dem Beginndatum 1945 unternimmt Jürgen Egyptien (Einführung in die deutschsprachige Literatur seit 1945. Darmstadt 2006, S. 11f.), der die literarhistorische Strecke großzügig mit thematischen Kontinuitäten („Inversion", d. h. Verkehrung traditioneller Stoffe, und Remythologisierung) absteckt. – Helmut Peitsch (Nachkriegsliteratur 1945–1989. Göttingen 2009) schlägt als Binnenzäsuren 1949, 1961 und 1976 vor.
40 Leslie A. Fiedler: Überquert die Grenze, schließt den Graben! Über die Postmoderne. In: Uwe Wittstock (Hrsg.): Roman oder Leben. Postmoderne in der deutschen Literatur. Leipzig 1994, S. 14–39. Zitate im Folgenden mit Seitenzahl.
41 Vgl. Ralf Schnell: Geschichte der deutschsprachigen Literatur nach 1945. 2., überarb. und erw. Aufl. Stuttgart 2003.
42 Frank Schirrmacher: Abschied von der Literatur der Bundesrepublik. In: FAZ, 2.10.1990.
43 Frank Thomas Grub: ‚Wende' und „Einheit' im Spiegel der deutschsprachigen Literatur. Bd. 1: Untersuchungen. Berlin u. a. 2003, S. 466–528.
44 Reiner Kunze: auf eigene hoffnung. gedichte. Frankfurt a. M. 1981, S. 99.
45 Vgl. Holger Helbig: Weiterschreiben. Zum literarischen Weiterleben der DDR. In: ders. (Hrsg.): Weiterschreiben. DDR-Literatur nach dem Ende der DDR. Berlin 2007, S. 1–8 und die Artikel von Michael Opitz („DDR in der Literatur

nach 1989“ und „DDR-Literatur“) in: ders., Michael Hofmann (Hrsg.): Metzler Lexikon DDR-Literatur. Autoren, Institutionen, Debatten. Stuttgart/Weimar 2009, S. 69–73.

46 Wolfgang Hilbig: Zeit ohne Wirklichkeit. Ein Gespräch mit Harro Zimmermann. In: Heinz Ludwig Arnold (Hrsg.): Wolfgang Hilbig. München 1994, S. 12.

47 Vgl. David E. Wellbery (Hrsg.): A New History of German Literature. Cambridge 2004. Deutsche Ausgabe: Eine neue Geschichte der deutschen Literatur. Berlin 2007.

48 Vgl. www.literaturatlas.eu (Abfrage am 15.7.2009) und Fred Oberhauser, Axel Kahrs: Literarischer Führer Deutschland. Frankfurt a. M. 2008.

49 Auch die bibliographische Zeitschrift *Germanistik* bringt seit 2008 eine eigene Rubrik „Gegenwartsliteratur“, die der Rubrik „Literatur von 1945 bis 1989“ folgt. Wulf Segebrechts „Vorschlag“ *Was sollen Germanisten lesen?* zählt in der zweiten Auflage (Berlin 2000, S. 81f.) 50 Titel der „Literatur nach 1989“ auf.

Anmerkungen zu Kapitel 2

1 Nachdruck: Hans Magnus Enzensberger: Verunstaltung durch Veranstaltung. Eine Glosse über das Entbehrliche. In: ders.: Zickzack. Aufsätze. Frankfurt a. M. 1997, S. 162.

2 Seit seinen frühen Untersuchungen über die Funktionsweisen der Medien der „Bewußtseinsindustrie“ (Einzelheiten. Frankfurt a. M. 1962) über die Sprache des Nachrichtenmagazins *Der Spiegel*, über die *Frankfurter Allgemeine Zeitung*, die „Gruppe 47“, das Mäzenatentum) hat Enzensberger unser Bild des Kulturbetriebs maßgeblich mitgeprägt.

3 Nicholas Boyle: Kleine deutsche Literaturgeschichte. Aus dem Englischen von Martin Pfeiffer. München 2009, S. 8.

4 Goethe: Sämtliche Werke nach Epochen seines Schaffens. Bd. 4,1. Hrsg. von Reiner Wild. München 2006 (Münchner Ausgabe), S. 689.

5 Enzensberger: Rezensenten-Dämmerung (1986). In: ders.: Mittelmaß und Wahn. Gesammelte Zerstreuungen. Frankfurt a. M. 1988, S. 55.

6 Reinhard Baumgart: Boulevard – was sonst? (1998). In: Andrea Köhler, Rainer Moritz (Hrsg.): Maulhelden und Königskinder. Zur Debatte über die deutschsprachige Gegenwartsliteratur. Leipzig 1998, S. 59.

7 Richard Wagner: Gute Literatur wird schlecht gelesen. In: FAZ, 19.5.2008.

8 Erhard Schütz (Hrsg.): Das BuchMarktBuch. Der Literaturbetrieb in Grundbegriffen. Reinbek 2005, S. 181. Ähnlich definiert das *Reallexikon der deutschen Literaturwissenschaft* (Bd. 2. Berlin/Weimar 2003, S. 438) „literarisches Leben“ als „Gesamtheit des Zusammenwirkens zwischen Produktion, Distribution und Rezeption von Literatur“.

9 Jürgen Roth: Kultur? Betrieb! Essays und Polemiken zu Literatur und Geistesleben. München 1999, S. 11.

10 Enzensberger: Einzelheiten (Anm. 2), S. 15.

11 Wolfgang Hilbig: Abriß der Kritik. Frankfurter Poetikvorlesungen. Frankfurt a. M. 1995, S. 7f.

12 Reallexikon. Bd. 2 (Anm. 8), S. 739.

13 Das ist, vereinfacht gesagt, die These von Jürgen Habermas: Strukturwandel der Öffentlichkeit. Neuwied 1962 (vgl. §17: Polarisierung von Sozial- und Intimsphäre, §18: Vom kulturräsonierenden zum kulturkonsumierenden Publikum).

14 Jürgen Fohrmann: Der Gemeinsinn, die Politik der Ökonomie und die neue Ökonomie der Politik. Gesammelte Gedanken zu den „zerstreuten Öffentlichkeiten". In: ders., Anna Orzessek (Hrsg.): Zerstreute Öffentlichkeiten. Zur Programmierung des Gemeinsinns. München 2002, S. 211.

15 Vgl. Katrin Lange: Die Schulen des Schreibens. In: Eric Zemanek, Susanne Kronos (Hrsg.): Literatur der Jahrtausendwende: Themen, Schreibverfahren und Buchmarkt um 2000. Bielefeld 2008, S. 389–399 und Norbert Hummelt: Schreiben lernen. Der Leipziger Weg. In: Heinz Ludwig Arnold, Matthias Beilein (Hrsg.): Literaturbetrieb in Deutschland. 3. Aufl. Neufassung. München 2009, S. 59–71.

16 Hubert Winkels: Gute Zeichen. Deutsche Literatur 1995–2005. Köln 2005, S. 372.

17 Carolin Holzmeier: Die Netzwerker im Literaturbetrieb. In: Arnold, Beilein: Literaturbetrieb (Anm. 15), S. 47–56. Vgl. auch Momo Evers: Handwerk, Geld und Leidenschaft. In: Gunther Nickel (Hrsg.): Krise des Lektorats. Göttingen 2006, S. 78–92 und Martin Bruch, Johannes Schneider (Hrsg.): In der Werkstatt der Lektoren: 10 Gespräche. Hildesheim 2007.

18 BuchMarktBuch (Anm. 8), S. 257.

19 Reinhard Koselleck hat für diese Umstellung in der gesellschaftlichen Selbstbeschreibung den Begriff „Sattelzeit" erfunden.

20 Vgl. Karl Eibl: Textkörper und Textbedeutung. Über die Aggregatszustände von Literatur, mit einigen Beispielen aus der Geschichte des Faust-Stoffes. In: Renate von Heydebrandt (Hrsg.): Kanon Macht Kultur. Theoretische, historische und soziale Aspekte ästhetischer Kanonbildungen. Stuttgart/Weimar 1989 (Germanistische Symposien Bd. XIX), S. 60–77.

21 Walter Benjamin: Gesammelte Schriften. Bd. IV,2. Hrsg. von Rolf Tiedemann und Hermann Schweppenhäuser. Frankfurt a. M. 1991, S. 643.

22 http://www.derkanon.de/index2/ranicki_kanon.html (abgefragt am 17.7.2009).

23 Goethe: Sämtliche Werke. Bd. 1,2. Hrsg. von Gerhard Sauder. München 2006, S. 215.

24 Volker Neuhaus: Schreiben gegen die verstreichende Zeit. Zu Leben und Werk von Günter Grass. München 1997. Der Text ist auch auf der vierten Umschlagseite abgedruckt.

25 Vgl. Wolfgang Braungart: Ritual und Literatur. Tübingen 1996.

26 BuchMarktBuch (Anm. 8), S. 236.

27 Vgl. Judith S. Ulmer: Geschichte des Georg-Büchner-Preises. Soziologie eines Rituals. Berlin/New York 2006.

28 Thomas Bernhard: Meine Preise. Frankfurt a. M. 2009. Vgl. auch Michael Braun: Der Preisverfall [?]. In: Rheinischer Merkur, 11.12.2009.

29 Vgl. die Reclam-Sammlungen *Büchner-Preisreden 1951–1971* (1981), *1972–1983* (1984), *1984–1994* (1994). Die Reden der Folgejahre sind abgedruckt in den Jahrbüchern der Deutschen Akademie für Sprache und Dichtung.

30 Das Rezept ist schulbildend: Das Haus der Kulturen der Welt und die Stiftung Elementarteilchen vergeben 2009 erstmals den „Internationalen Literaturpreis – Haus der Kulturen der Welt" für zeitgenössische Erzählliteratur in deutscher

Erstübersetzung. Aus 131 Titeln von Autoren aus 53 Ursprungsländern und übersetzt aus 33 Sprachen hat die Jury aus Literaturkritikern und Literaturexperten eine Shortlist ermittelt.

31 Die preisgekrönten Bücher und Tonträger sind auch im Internet abrufbar: www.claudio.de/ausgezeichnet und www.focus-mall.de/ausgezeichnet.

32 Vgl. www.boersenverein.de und die vom Börsenverein hrsg. Broschüre: Die Zukunft der Bücher. Frankfurt a. M. 2008.

33 Das erste deutschsprachige Literaturbüro wurde 1980 in Düsseldorf eröffnet.

34 http://www.literaturhaus-muenchen.de/haus/ (abgefragt am 22.5.2009).

35 Vgl. Hans Martin Gauger: Unsere frühen Jahre. In: Michael Assmann (Hrsg.): Wie sie sich selber sehen. Antrittsreden der Mitglieder vor dem Kollegium der Deutschen Akademie. Göttingen 1999, S. 38; vgl. auch Begleitbuch und Materialienband zur Ausstellung Doppelleben. Literarische Szenen aus Nachkriegsdeutschland. Göttingen 2009.

36 www.deutscheakademie.de (abgefragt am 27.7.2009).

37 Vgl. Assmann: Antrittsreden (Anm. 35).

38 Weitere Informationen liefert der einschlägige Art. von Sonja Vandenrath im BuchMarktBuch (Anm. 8), S. 332–334. – Zur Autorenwerkstatt vgl. Heinz Ludwig Arnold (Hrsg.): Werkstatt. Göttingen 1999; Horst Bienek: Werkstattgespräche mit Schriftstellern. München 1962; Bernhard Vogel (Hrsg.): Cadenabbia als literarischer Ort. Schriftsteller am Comer See. Berlin 2007.

39 Julia Stein: „Germans and humor in the same book". Der internationale Erfolg der *Vermessung der Welt.* In: Gunther Nickel (Hrsg.): Daniel Kehlmanns *Die Vermessung der Welt.* Materialien, Dokumente, Interpretationen. Reinbek 2008, S. 137 und – allerdings fehlerhaft – Dirk Schümer: Wie die Welt auf *Die Vermessung der Welt* reagiert. In: FAZ, 30.3.2007.

40 Heinz Ludwig Arnold (Hrsg.): Daniel Kehlmann. München 2008. (Text+Kritik Heft 177); Claudia Müller-Völkl, Michael Völkl: Daniel Kehlmann: Die Vermessung der Welt. Frankfurt a. M. 2007; Nickel (Anm. 39); Wolfgang Pütz: Daniel Kehlmann: Die Vermessung der Welt. München 2008 (Oldenbourg Interpretationen Bd. 110).

41 Verkauft wurden (Stand Mai 2009) im Hardcover und Taschenbuch 1,8 Millionen Exemplare (mehr als 2.000 Exemplare pro Tag), hinzu kommen 90.000 Buchclub-Exemplare. Das Buch ist in 41 Sprachen übersetzt (bislang 300.000 verkaufte Exemplare). Freundliche Auskunft von Ursula Steffens, Rowohlt Verlag, Mail an den Verf., 25.5.2008.

42 Stand: 18.5.2009.

43 Felicitas von Lovenberg: „Ich wollte schreiben wie ein verrückt gewordener Historiker". Gespräch mit Daniel Kehlmann. In: FAZ, 9.2.2006. Vgl. die Laudatio des Mathematikers Roland Z. Bulirsch auf Daniel Kehlmann in: Literaturpreis der Konrad-Adenauer-Stiftung 2006. Dokumentation der Feierstunde. Hrsg. von Günther Rüther. St. Augustin 2006, S. 13–22.

44 Daniel Kehlmann: „Die Vermessung der Welt" ist mein Hauptgewinn. Dankrede aus Anlass der Verleihung des Welt-Literaturpreises. In: Die Welt, 10.11.2007 (http://www.welt.de/kultur/article1344786/Die_Vermessung_der_Welt_ist_mein_Hauptgewinn.html) (abgefragt am 28.12.2009).

45 Daniel Kehlmann: Wo ist Carlos Montúfar? Über Bücher. Reinbek 2005, S. 142.

46 Daniel Kehlmann: Diese sehr ernsten Scherze. Poetikvorlesungen. Göttingen 2007, S. 20.
47 Walter Hinderer: Auch eine Ornithologie der Kritik. Geflügelte Variationen auf ein altes Thema. In: Walter Jens (Hrsg.): Literatur und Kritik. Stuttgart 1980, S. 202.
48 Hans Magnus Enzensberger: Rezensentendämmerung (Anm. 5), S. 57f. Vgl. die Rezensionen über Romane von Andersch, Böll, Koeppen, Canetti, Grass, Johnson u. a. in: Enzensberger: Scharmützel und Scholien. Über Literatur. Hrsg. von Rainer Barbey. Frankfurt a. M. 2009.
49 Thomas Anz: Literatur und Lust. Glück und Unglück beim Lesen. München 2002, S. 229, 144, 125.
50 Walter Hinck: Germanistik als Literaturkritik. Frankfurt a. M. 1983, S. 27. Vgl. ders.: Kommunikationsweisen gegenwärtiger Literaturkritik. In: Wilfried Barner (Hrsg.): Literaturkritik – Anspruch und Wirklichkeit. DFG-Symposion 1989. Stuttgart 1990, S. 98–107.
51 Roland Barthes: Wahrheit und Kritik. Aus dem Französischen übersetzt von Helmut Scheffel. Frankfurt a. M. 1967, S. 77.
52 Vgl. Der Reißwolf der Literatur. Marcel Reich-Ranicki: Seine Sprüche. Seine Verrisse. Seine Weisheiten. Ausgewählt von Matthias Ohnsmann. Hamburg 2002, S. 5f., 74f.; Volker Hage und Mathias Schreiber: Marcel Reich-Ranicki. Ein biographisches Portrait. München 1997, S. 104.
53 Oskar Negt (Hrsg.): Der Fall Fonty. *Ein weites Feld* von Günter Grass im Spiegel der Kritik. Göttingen 1996, S. 115, 215; vor dem Verlagsgebäude des *Spiegel* wurde mit einem Transparent „Spiegel-Titel in Stürmer-Manier“ (219) protestiert.
54 Marcel Reich-Ranicki: Die Anwälte der Literatur. München 1996.
55 Thomas Anz: Theorien und Analysen zur Literaturkritik und zur Wertung. In: Thomas Anz und Rainer Baasner (Hrsg.): Literaturkritik. Geschichte, Theorie, Praxis. München 2004, S. 196.
56 Hilbig: Abriß der Kritik (Anm. 11), S. 44 nennt als Vorbild den Kritiker Karl Kraus (1874–1936).
57 Enzensberger: Rezensentendämmerung (Anm. 5), S. 55.
58 Die Entstehung der modernen Literaturkritik lässt sich am besten in der Lessingzeit studieren, wenngleich frühere Ansätze in der späthumanistischen Gelehrtenkultur zu finden sind; vgl. Herbert Jaumann: Das Modell der Literaturkritik in der frühen Neuzeit: Zu seiner Etablierung und Legitimation. In: Barner: Literaturkritik (Anm. 50), S. 8–23.
59 Stephan Porombka: Lessing. In: ders., Erhard Schütz (Hrsg.): 55 Klassiker des Kulturjournalismus. Berlin 2008, S. 27–30.
60 Goethe: Sämtliche Werke. Bd. 1,1. Hrsg. von Gerhard Sauder. München 2006, S. 224.
61 Schnitzler: Aphorismen, Betrachtungen. Frankfurt a. M. 1967 (Gesammelte Werke), S. 426.
62 Christoph Wilhelm Aigner: Engel der Dichtung. Eine Lesereise. Stuttgart/München 2000, S. 147.
63 Goethe: Graf Carmagnola noch einmal (1821). In: Goethe: Sämtliche Werke. Bd. 13,1. Hrsg. von Gisela Henckmann und Irmela Schneider. München 2006, S. 373. Der kleine Aufsatz, eine Verteidigung des italienischen Schriftstellerkollegen

Manzoni gegen seine Kritiker, entwirft das Modell einer „zerstörende[n] Kritik und einer produktive[n]".

64 Kurt Tucholsky: Kritik als Berufsstörung (1931). In: ders.: Gesammelte Werke. Bd. 9. Hrsg. von Mary Gerold-Tucholsky und Fritz J. Raddatz. Reinbek 1975, S. 315.

65 Vgl. Volker Hage: Kritik für Leser. Vom Schreiben über Literatur. Frankfurt a. M. 2009.

66 Marcel Reich-Ranicki: Nicht nur in eigener Sache. Bemerkungen über Literaturkritik in Deutschland (1970). In: ders.: Lauter Verrisse. München 1992, S. 11–45, bes. S. 24.

67 Johann Christoph Gottsched: Schriften zur Literatur. Stuttgart 1972, S. 71.

68 Winkels: Gute Zeichen (Anm. 16), S. 363.

69 Botho Strauß: Anschwellender Bocksgesang (1933). In: Heimo Schwilk und Ulrich Schacht (Hrsg.): Die selbstbewußte Nation. „Anschwellender Bocksgesang" und weitere Beiträge zu einer deutschen Debatte. Frankfurt a. M./Berlin 1994, S. 31.

70 Ein ähnliches Talkshowformat hat der ca. neunmal jährlich ausgestrahlte *Literaturclub* des Schweizer Fernsehens (wiederholt auf 3sat), in dem seit 1990 (seit 2006 moderiert von Iris Radisch) vier Neuerscheinungen diskutiert werden.

71 Vgl. die Website: http://www.literaturkritik.de/reich-ranicki/index.php?content= http://www.literaturkritik.de/reich-ranicki/content_themen_litQuartett.html (abgerufen am 26.5.2009).

72 Marcel Reich-Ranicki: Mein Leben. Stuttgart 1999, S. 538.

73 Vgl. Jürgen Wilke: Präludium und Folgen des „Literarischen Quartetts". In: Gutenberg-Jahrbuch 76 (2001), S. 301–313.

74 Helmut Böttiger: Schlegel, Benjamin und der Pausenclown. In: Arnold, Beilein: Literaturbetrieb (Anm. 15), S. 106.

75 Vgl. Erich Kleinschmidt: Art. „Autor" und „Dichter". In: Reallexikon der deutschen Literaturwissenschaft. Bd. 1 (Anm. 8), 176–180 und S. 357–360

76 Karla Fohrbeck, Andreas J. Wiesand: Der Autorenreport. Reinbek 1972, S. 31.

77 Fotis Jannidis u. a.: Autor und Interpretation. In: Texte zur Theorie der Autorschaft. Stuttgart 2000, S. 7.

78 Platon: Politeia 382 E4 und Ion 533D-534C. Vgl. Hans-Gerd Schmitz, Jürgen Egyptien, Monika Neukirchen: Hat Literatur die Kritik nötig? Frankfurt a. M. 1989, S. 20f.

79 Vgl. Peter von Matt: Die verdächtige Pracht. Über Dichter und Gedichte. München/Wien 1998, S. 31.

80 Vgl. Torsten Hoffmann und Daniela Langer: Autor. In: Thomas Anz (Hrsg.): Handbuch Literaturwissenschaft. Bd. 1: Gegenstände und Grundbegriffe. Stuttgart/Weimar 2007, S. 148.

81 Robert Musil: Der Mann ohne Eigenschaften. Hrsg. von Adolf Frisé. Hamburg 1952, S. 429.

82 Vgl. Harold Bloom: The Western Canon. The Book and the School of the Ages. New York 1994; Sabine Winko: Autor-Funktionen. Zur argumentativen Verwendung von Autorkonzepten in der gegenwärtigen literaturwissenschaftlichen Praxis. In: Heinrich Detering (Hrsg.): Autorschaft. Positionen und Revisionen. DFG-Symposium 2001. Stuttgart/Weimar 2002, S. 334–354.

83 Vgl. z.B. Hanns-Josef Ortheil, Klaus Siblewski: Wie Romane entstehen. München 2009; Ulrike Draesner: Zauber im Zoo. Vier Reden von Herkunft und Literatur. Göttingen 2007; John von Düffel: Wovon ich schreibe. Eine kleine Poetik des Lebens. Köln 2009. Vgl. zu den Poetikvorlesungen die Aufsätze in: Paul Michael Lützeler (Hrsg.): Poetik der Autoren. Beiträge zur deutschsprachigen Gegenwartsliteratur. Frankfurt a.M. 1994.

84 Benjamin von Stuckrad-Barre hat sein Buch *Deutsches Theater* (2002) in der Harald-Schmidt-Show angekündigt, seine Performances in der Zeitschrift *Rolling Stone* inmitten von Tourneedaten bekannter Popgruppen ausgeschrieben, TV-Sendungen moderiert und im Berliner Hotel „Adlon" einen medienwirksamen Gruppenauftritt als „popkulturelles Quintett" absolviert (*Tristesse Royale*, 1999). Vgl. Moritz Baßler: „Das Zeitalter der neuen Literatur". Popkultur als literarisches Paradigma. In: Corina Caduff, Ulrike Vedder (Hrsg.): Chiffre 2000. Neue Paradigmen der Gegenwartsliteratur. München 2005, S. 185–199.

85 Judith Hermann: Sommerhaus, später. Frankfurt a.M. 1998, S. 158.

86 Michel Foucault: Was ist ein Autor? In: Texte zur Theorie der Autorschaft. (Anm. 77), S. 198–229.

87 „Enthypisierung" nennt Steffen Martus die Strategie des Buches von Andreas Maier (Ich. Frankfurt a.M. 2006), das zum Beweis des Gegenteils dessen antritt, was der Titel verspricht: Der Autor ist ein nachlässig arbeitender, ganz und gar nicht so literaturbetriebssicherer Vertreter seiner Zunft.

88 Ralf Schnell: Geschichte der deutschsprachigen Literatur seit 1945. 2. überarb. u. erw. Aufl. Stuttgart/Weimar 2003, S. 7.

89 Gotthold Ephraim Lessing: Werke. Bd. 5. Hrsg. von Herbert G. Göpfert u.a. München 1973, S. 781–783.

90 Uwe Johnson: Begleitumstände. Frankfurter Vorlesungen. Frankfurt a.M. 1980, S. 439.

91 Vgl. Thomas Böhm (Hrsg.): Auf kurze Distanz. Die Autorenlesung. O-Töne, Geschichten, Ideen. Köln 2003; Gunter E. Grimm: „Nichts ist widerlicher als eine sogenannte Dichterlesung." Deutsche Autorenlesungen zwischen Marketing und Selbstpräsentation. In: ders., Christian Schärf (Hrsg.): Schriftsteller-Inszenierungen. Bielefeld 2008, S. 141–167.

92 Buch und Buchhandel in Zahlen 2008. Frankfurt a.M. 2008, S. 17.

93 Das Buch im Medienportfolio. Mediennutzungstypen unter Berücksichtigung des Buches in Deutschland, Österreich und der Schweiz. DACH-Studie, hrsg. vom Börsenverein des Deutschen Buchhandels, dem Schweizer Buchhändler- und Verlegerverband und dem Hauptverband des Österreichischen Buchhandels 2009. Vgl. die entsprechende Pressemeldung auf der Website http://www.buchhandelsverband.de (abgefragt am 29.7.2009). Den Hinweis verdanke ich Harald Liehr.

94 Hans Magnus Enzensberger: Lob des Analphabetentums (1985). In: ders.: Nomaden im Regal. Essays. Frankfurt a.M. 2003, S. 45.

95 Erich Schön: Lesen. In: Handbuch Literaturwissenschaft. Bd. 1 (Anm. 80), S. 192.

96 Werner Graf, zit. nach Schön, ebd., S. 192.

97 Aigner: Engel der Dichtung (Anm. 62), S. 40.

98 Felicitas Hoppe: Sieben Schätze. Augsburger Vorlesungen. Frankfurt a.M. 2009, S. 44.
99 Michael Lentz: Windstille im Dunkelland. In: FAZ, 3.1.2005.

Anmerkungen zu Kap. 3

1 Metzler Literatur Lexikon. Hrsg. von Dieter Burdorf u.a. 3. Aufl. Stuttgart/Weimar 2007, S. 453.
2 Vgl. Dieter Lamping: Das „sogenannte Persönliche" und die „geistigen Erscheinungen". Zur Problematik der literarischen Kontroverse am Beispiel des Streits zwischen Heine und Börne. In: Zeitschrift für deutsche Philologie 109 (1990), S. 199–217.
3 Friedrich Nietzsche: Der Fall Wagner (Epilog). In: Nietzsche: Werke. Bd. 2. Hrsg. von Ivo Frenzel. 3. Aufl. München/Wien 1981, S. 319.
4 Gotthold Ephraim Lessing: Briefe, antiquarischen Inhalts (1769). In: ders.: Werke. Bd. 6. Hrsg. von Herbert Göpfert u.a. Darmstadt 1996, S. 397.
5 Jürgen Stenzel: Rhetorischer Manichäismus. Vorschläge zu einer Theorie der Polemik. In: Albrecht Schöne (Hrsg.): Kontroversen, alte und neue. Tübingen 1986, S. 5.
6 Stefan Neuhaus und Johann Holzner (Hrsg.): Literatur als Skandal. Fälle, Funktionen, Formen. Göttingen 2007.
7 Navid Kermani, Schriftsteller und Mitglied der Deutschen Islamkonferenz, wurde im Gefolge seiner Deutung der Kreuzesdarstellung von Guido Reni in der römischen Basilika San Lorenzo in Lucina der Hessische Kulturpreis aberkannt. Vgl. Lorenz Jäger: Kreuz in Krähwinkel. In: FAZ, 14.5.2009.
8 Jacob und Wilhelm Grimm: Deutsches Wörterbuch. Bd. 16 (1905). München 1984, S. 1306.
9 Vgl. Michael Braun: „J'accuse". Literarische Skandalisierung in Offenen Briefen am Beispiel der Grass- und der Walser-Debatte. In: Neuhaus, Holzner: Literatur als Skandal (Anm. 6), S. 588–597.
10 Louis Begley: Der Fall Dreyfus: Teufelsinsel, Guantánamo, Alptraum der Geschichte. Übersetzt von Christa Krüger. Frankfurt a.M. 2009, S. 146. Der in der heutigen Ukraine geborene amerikanische Schriftsteller und pensionierte Rechtsanwalt Begley hat den „Fall Dreyfus" in einer minutiösen Studie mit den Verstößen gegen die Rechtsstaatlichkeit und die Menschenrechte verglichen, die die US-amerikanische Regierung Bush in ihrem „Kampf gegen den Terror" begangen hat, vor allem im Gefangenenlager in Guantánamo und den geheimen CIA-Gefängnissen.
11 Wilfried Barner: Was sind Literaturstreite? Über einige Merkmale. In: Mitteilungen des Deutschen Germanistenverbandes 47 (2000), S. 374–380. Vgl. auch ders.: Literaturstreite in Westdeutschland. Ernst von Salomons *Der Fragebogen* und Wolfgang Koeppens *Das Treibhaus*. In: Bernd Busch, Thomas Combrink (Hrsg.): Doppelleben. Literarische Szenen aus Nachkriegsdeutschland. Göttingen 2009, S. 366; Lothar Bluhm: Standortbestimmungen. Anmerkungen zu den Literaturstreits der 1990er Jahre in Deutschland. Eine kulturwissenschaftliche Skizze. In: Clemens Kammler, Torsten Pflugmacher (Hrsg.): Deutschsprachige Gegenwartsliteratur seit 1989. Zwischenbilanzen, Analysen, Vermittlungs-

perspektiven. Heidelberg 2004, S. 61–73; Frank Bösch: Öffentliche Geheimnisse. Skandale, Politik und Medien in Deutschland und Großbritannien 1800–1914. München 2009.

12 Rüdiger Görner: Tugend und Elend der Provokation. Der deutsche Literaturstreit nach der Wende. In: Mut 38 (2003) H. 5, S. 78.

13 Barner: Was sind Literaturstreite? (Anm. 11), S. 378.

14 Volker Ladenthin: Literatur als Skandal. In: Neuhaus, Holzner: Literatur als Skandal (Anm. 6), S. 19–28.

15 Peter Handke: Ich bin ein Bewohner des Elfenbeinturms. In: ders.: Prosa Gedichte Theaterstücke Hörspiel Aufsätze. Frankfurt a.M. 1969, S. 264.

16 Arnold Stadler: Über religiöse Schriften in der Gegenwartsliteratur. In: Literaturen 2002, Heft 11, S. 24.

17 Ladenthin: Literatur als Skandal (Anm. 14), S. 25.

18 Als Video auf http://de.sevenload.com/videos/58kqJZG-Rainald-Goetz-ritzt-sich-die-Stirn-auf (abgefragt am 29.7.2009).

19 Stefan Neuhaus: Skandal im Sperrbezirk? Grenzen und Begrenzungen der Wirkungen von Kunst- und Literaturskandalen. In: Neuhaus, Holzner: Literatur als Skandal (Anm. 6), S. 45

20 Ebd., S. 41.

21 Der Zürcher Literaturpreis wurde im Andenken an Salomon Gessner gestiftet und 1932 erstmals an C.G. Jung verliehen; 1958 hatte ihn Max Frisch erhalten. – Zitate aus der Rede hinfort mit Seitenzahl aus der Dokumentation der Debatte in der Zeitschrift *Sprache im technischen Zeitalter. Der Zürcher Literaturstreit. Eine Dokumentation* 1966, H. 22; vgl. auch *Sprache im technischen Zeitalter. Der Beginn einer Krise. Zum Zürcher Literaturstreit* 1968, H. 26.

22 Peter von Matt: Hingerissen und erbittert. Vor hundert Jahren wurde der Germanist Emil Staiger geboren. In: NZZ, 8.2.2008.

23 Michael Böhler: Der ‚neue' Zürcher Literaturstreit. In: Schöne: Kontroversen (Anm. 5), S. 250–262; Gerhard Kaiser: „... ein männliches, aus tiefer Not gesungenes Kirchenlied": Emil Staiger und der Zürcher Literaturstreit. In: Mitteilungen des Deutschen Germanistenverbandes 47 (2000) H. 4, S. 382–394.

24 Max Frisch: Öffentlichkeit als Partner. Frankfurt a.M. 1967, S. 59.

25 Emil Staiger: Kunst der Interpretation. Zürich 1951, S. 10.

26 Robert Weninger: Streitbare Literaten. Kontroversen und Eklats in der deutschen Literatur von Adorno bis Walser. München 2004, S. 133.

27 Zitate aus den Debattenbeiträgen hinfort mit Seitenzahl aus der vorzüglichen Dokumentation von Thomas Anz (Hrsg.): „Es geht nicht um Christa Wolf". Der Literaturstreit im vereinten Deutschland. Frankfurt a.M. 1995. Vgl. auch Karl Deiritz, Hannes Krauss (Hrsg.): Der deutsch-deutsche Literaturstreit oder „Freunde, es spricht sich schlecht mit gebundener Zunge". Analysen und Materialien. Hamburg/Zürich 1991.

28 Barner: Was sind Literaturstreite? (Anm. 11), S. 376f.

29 Wolfram Mauser: Vorwort. In: ders. (Hrsg.): Erinnerte Zukunft: 11 Studien zum Werk von Christa Wolf. Würzburg 1985, S. 10.

30 Jörg Magenau: Christa Wolf. Eine Biographie. München 2002, S. 13.

31 Peter Böthig (Hrsg.): Christa Wolf. Eine Biographie in Bildern und Texten. München 2004, S. 7.

32 Christa Wolf: Laudatio für Thomas Brasch. In: dies.: Ansprachen. Darmstadt 1988, S. 53–70.
33 In: Wolf: Ansprachen (Anm. 32), S. 75.
34 Wolf Biermann: Der Sturz des Dädalus, oder: Eizes für die Eingeborenen der Fidschi-Inseln. Köln 1992, XXIV.
35 Vgl. die Differenzierung von Norbert Küpper: Lehrerfiguren in der erzählenden Literatur der DDR. Phil. Diss. Essen 1992.
36 Es empfiehlt sich, von „deutscher Vereinigung“ zu sprechen, nicht von einer Wiedervereinigung, weil ein deutscher Staat in der 1990 vereinigten Territorialform früher so nie existiert hat, und auch nicht von einer Vereinigung Deutschlands, weil Deutschland vor 1945 größer war als der 1990 vereinigte Staat. Vgl. Andreas Rödder: Deutschland, einig Vaterland. Die Geschichte der Wiedervereinigung. München 2009.
37 Friedrich Hölderlin: Werke und Briefe. Bd. 1: Gedichte, Hyperion. Hrsg. von Friedrich Beißner und Jochen Schmidt. Frankfurt a.M. 1969, S. 196.
38 Wolfgang Emmerich: Kleine Literaturgeschichte der DDR. Neuauflage. Köln 1996, S. 435.
39 Vgl. Michael Braun: „kein Deutschland gekannt zeit meines Lebens“. Die Intellektuellen und die nationale Frage. In: Universitas 50 (1995) H. 11, S. 1090–1101.
40 Karl-Heinz Bohrer: Kulturschutzgebiet DDR und ders.: Die Ästhetik am Ausgang ihrer Unmündigkeit. In: Merkur 1990. Nr. 500, S. 1015–1018 und S. 851–865.
41 Vgl. Joachim Walther u.a.: Protokoll eines Tribunals. Die Ausschlüsse aus dem DDR-Schriftstellerverband 1979. Reinbek 1991.
42 Vgl. Stefan Neuhaus: Literaturkritik. Göttingen 2004, S. 114.
43 Zitate hinfort mit der Sigle WB aus: Christa Wolf: Was bleibt. Erzählung. Frankfurt a.M. 1990.
44 Vgl. Wolfgang Emmerich: Status melancholicus. Zur Transformation der Utopie in der DDR-Literatur. In: Heinz Ludwig Arnold, Frauke Meyer-Gosau (Hrsg.): Literatur in der DDR. Rückblicke. München 1991, S. 232–246.
45 Christa Wolf: Kassandra. Erzählung. Darmstadt 1983, S. 112 und 100.
46 Christa Wolf: Kassandra. Voraussetzungen einer Erzählung. Darmstadt 1983, S. 97.
47 Frank Schirrmacher: Fälle. Müller und Wolf. In: FAZ, 22.1.1993.
48 Christa Wolf: Ein Tag im Jahr 1960–2000. Berlin 2003, S. 464.
49 Vgl. Wolfs Gedicht *Prinzip Hoffnung* (1992). In: dies.: Mit anderem Blick. Erzählungen. Frankfurt a.M. 2005, S. 18; Helmut Böttger: Nach den Utopien. Eine Geschichte der deutschsprachigen Gegenwartsliteratur. Wien 2004, S. 28–36 und Markus Joch: „Es geht um Christa Wolf“? Die Logik des deutsch-deutschen Literaturstreits. In: Inge Stephan, Alexandra Tacke (Hrsg.): NachBilder der Wende. Köln/Weimar/Wien 2008, S. 17–32.
50 Zitate aus Walsers Roman hinfort mit Seitenzahl. – Den Streit um das Buch haben Torsten Gellner (*Ein antisemitischer Affektsturm? Walser, Schirrmacher, Reich-Ranicki und der Tod eines Kritikers,* 2004), Daniel Hofer (*Ein Literaturskandal, wie er im Buche steht: Zu Vorgeschichte, Missverständnissen und medialem Antisemitismusdiskurs rund um Martin Walsers Roman „Tod eines Kritikers“,* 2007) und Frank Hinkerohe (*Martin Walsers Roman „Tod eines Kritikers“ in der Diskussion der deutschen*

Literaturkritik, 2006) untersucht. Den besten Überblick bieten: Dieter Borchmeyer, Helmuth Kiesel (Hrsg.): Der Ernstfall. Martin Walsers *Tod eines Kritikers*. Hamburg 2003. Eine feldtheoretisch anregende Analyse liefert die Dissertation von Stefanie Heinen: Kampf um Aufmerksamkeit: Die deutschsprachige Literaturkritik zu Joanne K. Rowlings *Harry Potter*-Reihe und Martin Walsers *Tod eines Kritikers*. Münster 2007.

51 Zit. nach: Dieter Lamping: Zur Rhetorik des Verrisses. In: Schöne: Kontroversen, alte und neue (Anm. 5), S. 36f.

52 Martin Walser: Die Sprache verwaltet das Nichts. In: Süddeutsche Zeitung, 19./20.9.1998.

53 So kommen die *Frankfurter Allgemeine* und die *Bild*-Zeitung im Klartext vor, die Handlung spielt aber nicht in Frankfurt, sondern in München, Ehrl-Königs Vorfahren stammen aus Frankreich, nicht aus Polen etc.

54 Vgl. Walter Killy: Deutscher Kitsch. Göttingen 1961; Wolfgang Braungart (Hrsg.): Kitsch. Faszination und Herausforderung des Banalen und Trivialen. Tübingen 2002.

55 Dieter Borchmeyer weist Grundzüge einer „Literaturkomödie“, Manfred Fuhrmann Elemente einer „Personalsatire“ nach; in: Borchmeyer, Kiesel: Der Ernstfall (Anm. 50), S. 56 und 86.

56 Die gelbfarbene Taschenbuchausgabe des List Verlags wirbt allerdings wieder mit Testimonials auf der Umschlagrückseite. So kurzlebig ist der Skandal in der Gegenwartsliteratur.

57 *FAZ*-Mitherausgeber Frank Schirrmacher über seine Ablehnung des Walser-Textes. In: Der Spiegel, 23/2002, S. 185.

58 Frank Schirrmacher: Tod eines Kritikers. Der neue Roman von Martin Walser: kein Vorabdruck in der FAZ. In: FAZ, 29.5.2002.

59 Elke Schmitter: Skandale sind hilfreich. In: Der Spiegel, 31.6.2002.

60 Nur 38% der Berichte gingen auf Konzeption und Stil des Romans ein; vgl. Heinen: Kampf um Aufmerksamkeit (Anm. 50), S. 283.

61 Matthias N. Lorenz: Möglichkeiten einer literaturwissenschaftlichen Antisemitismusforschung. In: Jan Badewien, Hansgeorg Schmidt-Bergmann (Hrsg.): Martin Walser. Lebens- und Romanwelten. Karlsruhe 2008, S. 109. Der Aufsatz (S. 104–122) fasst die Thesen des Autors aus seiner Großstudie *„Auschwitz drängt uns auf einen Fleck“. Judendarstellung und Auschwitzdiskurs bei Martin Walser* (Stuttgart/Weimar 2005) zusammen.

62 Stefan Neuhaus: Martin Walsers Roman *Tod eines Kritikers* und seine Vorgeschichte(n). Oldenburg 2004, S. 45.

63 Vgl. Frank Schirrmacher (Hrsg.): Die Walser-Bubis-Debatte. Frankfurt a.M. 1998.

64 Vgl. Michael Braun: Zur Rezeption von Martin Walsers Roman *Tod eines Kritikers*. In: Volker Wehdeking, Anne-Marie Corbin (Hrsg.): Deutschsprachige Erzählprosa seit 1990 im europäischen Kontext. Interpretationen, Intertextualität, Rezeption. Trier 2003, S. 107–118.

65 Ian Kershew: Hitler. Bd. 2: 1936–1945. Aus dem Englischen von Klaus Kochmann. 3. Aufl. Stuttgart 2000, S. 313.

66 Matthias N. Lorenz: Martin Walser: *Tod eines Kritikers*. In: Torben Fischer und ders. (Hrsg.): Lexikon der ‚Vergangenheitsbewältigung‘ in Deutschland. Debat-

ten- und Diskursgeschichte des Nationalsozialismus nach 1945. Berlin 2007, S. 312.

67 Thomas Mann: Gesammelte Werke. Bd. 11. Frankfurt a.M. 1990, S. 724.

68 Vgl. Sander L. Gilman: Jüdischer Selbsthaß. Antisemitismus und die verborgene Sprache der Juden. Aus dem Amerikanischen von Isabella König. Frankfurt a.M. 1993, S. 19.

69 Ruth Klüger: „Siehe doch Deutschland". Martin Walsers *Tod eines Kritikers*. In: FAZ, 27.6.2002.

70 Diese Differenz überschlägt der streitlustige Beitrag von Jochen Hörisch: „der biedere deutsche Dichter, der sich dem Studium der Schriften Seuses und Nietzsches gewidmet hat, wird vom internationalen Judentum fertig gemacht"; ders.: Literatur und Literaturkritik. Worum geht es eigentlich im Streit zwischen Martin Walser und Marcel Reich-Ranicki? In: Harald Hillgärtner, Thomas Küpper (Hrsg.): Medien und Ästhetik. Festschrift für Burkhardt Lindner. Bielefeld 2003, S. 164.

71 Martin Walser: Kinderspielplatz. Zwei öffentliche Reden über Kritik, Zustimmung, Zeitgeist. Mit einem Anhang Tagebuchstellen 1957–2004. Berlin 2009, S. 19.

72 Vgl. die Interviews mit Walser in der *Frankfurter Rundschau* (31.5.2002) und im *Rheinischen Merkur* (6.6.2002).

73 Hans-Jürgen Gerigk in: Borchmeyer/Kiesel: Der Ernstfall (Anm. 50), S. 83.

74 Borchmeyer/Kiesel: Der Ernstfall (Anm. 50), S. 14.

75 Christa Wolf: Auf dem Weg nach Tabou. Texte 1990–1994. Köln 1994, S. 169. Vgl. auch den vorhergehenden Katalog-Text „Nagelprobe" (1992), ebd., S. 156–168.

Anmerkungen zu Kapitel 4

1 Alle diese Bücher sind empfehlenswert als Oberstufen- und Seminarlektüre. Vgl. außerdem Wibke Bruhns' autobiographisches Buch *Meines Vaters Land. Geschichte einer deutschen Familie* (2004), Hans Magnus Enzensbergers Geschichtscollage *Hammerstein oder Der Eigensinn. Eine deutsche Geschichte* (2008), Thomas Medicus' *In den Augen meines Großvaters* (2004), Klaus Modicks Roman *Der kretische Gast* (2003), Hans Ulrichs Treichels autobiographische Trilogie *Der Verlorene* (1998), *Menschenflug* (2005) und *Anatolin* (2008). Ulla Hahns *Unscharfe Bilder* (2003) wandelt auf dem schmalen Grat des Thesenromans. Vgl. Michael Braun: Krieg und Literatur. Zu den neuen Romanen von Ulla Hahn, Klaus Modick und Uwe Timm. In: Der Deutschunterricht 56 (2004) H. 3, S. 84–86. – Aus der neueren DDR-Erinnerungsliteratur ragen Thomas Brussigs im gleichen Jahr verfilmter Roman *Am kürzeren Ende der Sonnenallee* (1999), Günter de Bruyns Autobiographie *Vierzig Jahre* (1996) und Christoph Heins Roman *Landnahme* (2004), aus der europäischen Erinnerungsliteratur die in Deutschland vielbeachteten Romane von György Konrád, Imre Kertész, Jorge Semprún und Herta Müllers rumäniendeutscher Deportationsroman *Atemschaukel* (2009) heraus.

2 Uwe Timm: Am Beispiel meines Bruders. Köln 2003, S. 79.

3 Julia Franck: Die Überwindung der Grenze liegt im Erzählen. In: dies. (Hrsg.): Grenzübergänge. Autoren aus Ost und West erinnern sich. Frankfurt a. M. 2009, S. 21f.
4 Vgl. Harald Welzer: Gedächtnis und Erinnerung. In: Friedrich Jaeger und Jörn Rüsen (Hrsg.): Handbuch der Kulturwissenschaften. Bd. 3. Themen und Tendenzen. Stuttgart/Weimar 2004, S. 155–174.
5 Vgl. vor allem Jan Assmann: Das kulturelle Gedächtnis. Schrift, Erinnerung und politische Identität in frühen Hochkulturen. 5. Aufl. München 2005 und Aleida Assmann: Erinnerungsräume. Formen und Wandlungen des kulturellen Gedächtnisses. München 1999; dies.: Der lange Schatten der Vergangenheit. Erinnerungskultur und Geschichtspolitik. München 2006; dies.: Geschichte im Gedächtnis. Von der individuellen Erfahrung zur öffentlichen Inszenierung. München 2007. Gute Überblicke und Differenzierungsmodelle bieten: Elena Agazzi: Erinnerte und rekonstruierte Geschichte. Drei Generationen deutscher Schriftsteller und die Fragen der Vergangenheit. Aus dem Italienischen von Gunhild Schneider und Holm Steinert. Göttingen 2005; Alo Allkemper, Norbert Otto Eke (Hrsg.): Das Gedächtnis der Literatur. Sonderheft der Zeitschrift für deutsche Philologie. Berlin 2006; Anne Fuchs: Phantoms of War in Contemporary German Literature, Films, and Discourse. The Politics of Memory. Houndsmill, New York 2008; Carsten Gansel, Pawel Zimniak (Hrsg.): Das „Prinzip Erinnerung" in der deutschsprachigen Gegenwartsliteratur nach 1989. Göttingen 2010; Erhard Schütz: Zwischen Heimsuchung und Heimkehr: Gegenwartsromane und Zeitgeschichte des Nationalsozialismus. In: Frank Bösch, Constantin Goschler (Hrsg.): Public History. Öffentliche Darstellungen des Nationalsozialismus jenseits der Geschichtswissenschaft. Frankfurt a. M./New York 2009, S. 252–280; Inge Stephan, Alexandra Tacke (Hrsg.): NachBilder des Holocaust. Köln u. a. 2007 (Literatur, Kultur, Geschlecht Bd. 23).
6 Astrid Erll: Kollektives Gedächtnis und Erinnerungskulturen. Eine Einführung. Stuttgart/Weimar 2005, S. 3f.
7 Jorge Semprún: Laudatio auf Norbert Gstrein. In: Günther Rüther (Hrsg.): Literaturpreis der Konrad-Adenauer-Stiftung 2001: Norbert Gstrein. St. Augustin 2001, S. 10.
8 Harald Weinrich: Lethe. Kunst und Kritik des Vergessens. München 1997.
9 Assmann: Das kulturelle Gedächtnis (Anm. 5), S. 75.
10 Dagmar Leupold: Poetischer Stoffwechsel: Vergessen, Erinnern, Korrespondieren. Oder: Wie die Poesie entsteht (Kieler Poetik-Vorlesung 2002). In: dies.: Alphabet zu Fuß. Essays zur Literatur. München 2005, S. 85.
11 Günter Grass: Ich erinnere mich … Rede in Vilnius, 2.10.2000. In: ders., Czesław Miłosz, Wisława Szymborska: Die Zukunft der Erinnerung. Hrsg. von Martin Wälde. Göttingen 2000, S. 29.
12 Katharina Hacker: Mnemon. In: dies.: Morpheus oder Der Schnabelschuh. Frankfurt a. M. 1998, S. 103–124. Zitate aus der Erzählung hinfort mit Seitenzahlen.
13 Katharina Hacker: Überlandleitung. Prosagedichte. Frankfurt a. M. 2007, S. 97.
14 Ulrich Baer: Einleitung. In: ders. (Hrsg.): „Niemand zeugt für den Zeugen". Erinnerungskultur und historische Verantwortung nach der Shoah. Frankfurt a. M. 2000, S. 19.

15 Vgl. Assmann: Der lange Schatten (Anm. 5), S. 85–92 und Cornelia Blasberg: Zeugenschaft. Metamorphosen eines Diskurses und literarischen Dispositivs. In: Barbara Beßlich u.a. (Hrsg.): Wende des Erinnerns? Geschichtskonstruktionen in der deutschen Literatur nach 1989. Berlin 2006 (Philologische Studien und Quellen 198), S. 21–34.
16 Das hat Martin Walser im Dezember 1964 als Gerichtszuschauer bei den Auschwitz-Prozessen in seinem Tagebuch vermerkt – mit dem Zusatz, dass sich auch die Angeklagten, also die Täter als „Zuschauer" gebärden wollten (M. W.: Leben und Schreiben. Tagebücher 1963–1973. Reinbek 2007, S. 134f.).
17 Wolfgang Hilbig: „Ich". Roman. Frankfurt a.M. 1993, S. 372.
18 Günter Grass: Die Blechtrommel. Roman. Reprint der Erstausgabe. Göttingen 2009, S. 693.
19 Petra Morsbach: Warum Fräulein Laura freundlich war. Über die Wahrheit des Erzählens. München/Zürich 2006, S. 163.
20 Vgl. Marianne Hirsch: Family Frames: Photography, Narrative, and Postmemory. Cambridge 1997 und dies.: Surviving Images: Holocaust Photographs and the Work of Postmemory. In: The Yale Journal of Criticism 14 (2001) No. 1, S. 5–37.
21 Marcel Beyer: Spione. Roman. Köln 2000, S. 7.
22 Günter Grass: Im Krebsgang. Novelle. Göttingen 2002, S. 8. Zitate aus der Novelle im Folgenden mit der Sigle IK.
23 Walter Kempowski: Vorwort. In: ders.: Das Echolot. Bd. I. München 1999, [S. 7] spricht vom „Krebsgang der Menschheit".
24 Norbert Gstrein: Wem gehört eine Geschichte? Frankfurt a.M. 2004, S. 31.
25 Vgl. dazu Carsten Gansel: Rhetorik der Erinnerung – Zu Literatur und Gedächtnis in den ‚geschlossenen Gesellschaften' des Real-Sozialismus zwischen 1945 und 1989. In: ders. (Hrsg.): Rhetorik der Erinnerung. Literatur und Gedächtnis in den ‚geschlossenen Gesellschaften' des Real-Sozialismus. Göttingen 2009 (Deutschsprachige Gegenwartsliteratur und Medien Bd. 1), S. 9–16.
26 Ruth Klüger: Katastrophen. Über deutsche Literatur. Göttingen 1994, S. 13.
27 Thomas Brussig: Am kürzeren Ende der Sonnenallee. Roman. Berlin 1999, S. 157. Vgl. dazu den informativen Aufsatz von Eva Banchelli: Ostalgie: eine vorläufige Bilanz. In: Fabrizio Cambi (Hrsg.): Gedächtnis und Identität. Die deutsche Literatur nach der Vereinigung. Würzburg 2008, S. 57–68.
28 Bernhard Schlink: Der Vorleser. Roman. Zürich 1995, S. 151f.
29 Jeremy Adler, zit. nach: Manfred Heigenmoser: Bernhard Schlink: Der Vorleser. Erläuterungen und Dokumente. Stuttgart 2005, S. 125. Zu Schlinks Buch gibt es eine umfangreiche Forschungsliteratur. Als erster Einstieg für Schulen bietet sich Juliane Kösters Interpretationsband (2000) in der Reihe der Oldenbourg-Interpretationen an. Zudem gibt es Unterrichtshilfen der Verlage Cornelsen, Klett, Reclam.
30 Pierre Nora: Zwischen Geschichte und Gedächtnis. Aus dem Französischen von Wolfgang Kaiser. Frankfurt a.M. 1998, S. 19.
31 Wolfgang Frühwald: Laudatio auf Saul Friedländer. In: Friedenspreis des Deutschen Buchhandels 2007: Saul Friedländer. Frankfurt a.M. 2007, S. 37.
32 Heinrich Vormweg. Zit. nach Volker Neuhaus: Schreiben gegen die verstreichende Zeit. Zu Leben und Werk von Günter Grass. München 1997, S. 82.
33 Neuhaus (Anm. 32), S. 224.

34 Ein Zitat für viele: „Als 14jähriger war ich ein Hitlerjunge; als 16jähriger wurde ich Soldat, und mit 17 Jahren war ich ein amerikanischer Kriegsgefangener" (Günter Grass: Werkausgabe in 10 Bänden. Hrsg. von Volker Neuhaus. Darmstadt/Neuwied 1987, Bd. 9, S. 204).

35 Erwähnt seien nur Hans Erich Nossacks Erzählung *Untergang* (1948), Gert Ledigs Romane *Die Stalinorgel* (1955) und *Vergeltung* (1956), Arno Schmidts *Die Umsiedler* (1953); später kommen Dieter Fortes autobiographischer Roman *In der Erinnerung* (1998), Walter Kempowskis Flüchtlingsroman *Alles umsonst* (2006) u. a. hinzu. Vgl. Anne Fuchs, Mary Crosgrove: Germany's Memory Contests and the Management of the Past. In: dies., Georg Grote (Hrsg.): German Memory Contests. The Quest for Identity in Literature, Film, and Discourse since 1990. Rochester, NY 2006, S. 1–21.

36 W.G. Sebald: Luftkrieg und Literatur. München/Wien 1999, S. 112. Zuerst in: Neue Zürcher Zeitung, 22./23.11.1997. Vgl. dazu Volker Hage: Zeugen der Zerstörung. Die Literaten und der Luftkrieg. Essays und Gespräche. Frankfurt a. M. 2003 und Jörg Arnold, Dietmar Süß, Malte Theißen (Hrsg.): Luftkrieg. Erinnerungen in Deutschland und Europa. Göttingen 2009.

37 Grass: Rede in Vilnius (Anm. 11), S. 31.

38 Ulrich Raulff: Untergang mit Maus und Muse. Günter Grass will den Leidschatz der Vertreibung aus der Ostsee heben: Heute erscheint seine Novelle *Im Krebsgang*. In: Süddeutsche Zeitung, 5.2.2006.

39 Die Literatur zu *Im Krebsgang* ist umfangreich. Eine brauchbare didaktische Hinführung bietet der Lektüreschlüssel von Theodor Pelster (Stuttgart 2004). Zur Erinnerungsthematik vgl. vor allem Helmuth Kiesel: Am Elend vorbeigeschrieben. Zur Debatte um die Novelle *Im Krebsgang* von Günter Grass. In: Die Politische Meinung 47 (2002) Nr. 390, S. 85–91; Wulf Segebrecht: Günter Grass' Novelle *Im Krebsgang* oder: Aus der Geschichte lernen. In: Michael Braun u. a. (Hrsg.): Europa im Wandel. Literatur, Werte und Europäische Identität. Danzig 2004, S. 235–249; Jill E. Twark: Landscape, Seascape, Cyberscape: Narrative Strategies to Dredge up the Past in Günter Grass's Novella *Im Krebsgang*. In: Gegenwartsliteratur 3 (2004), S. 143–168.

40 Günter Grass: Beim Häuten der Zwiebel. Göttingen 2006, S. 422.

41 Grass: Werkausgabe (Anm. 34), Bd. 4, S. 271.

42 Tulla Pokriefke ist eine der Nebenfiguren in Grass' Figurenkosmos; als „verhinderte Schwester" Oskars (Werkausgabe. Bd. 9, S. 629) kommt sie in den *Hundejahren* (1961) und in *Katz und Maus* (1963) vor; in dem Roman *Die Rättin* (1986), einer Menschheitsvernichtungsphantasie, heißt es dann über sie: „Sie soll mit der ‚Gustloff' von Danzig weg und draufgegangen sein" (Werkausgabe. Bd. 7, S. 83).

43 Zum Affekt-Gedächtnis vgl. Assmann: Erinnerungsräume (Anm. 5), S. 251–255.

44 Assmann: Der lange Schatten (Anm. 5), S. 197.

45 Ebd., S. 244f.

46 Vgl. Kristin Veel: Virtual memory in Günter Grass' *Im Krebsgang*. In. German Life & Letters 57 (2004) H. 2, S. 206–218.

47 Vgl. Walter Schmitz: Der Ostseeraum – Die Entwicklung der deutschsprachigen Literatur im traumatischen Raum. Vom 18. Jahrhundert bis zur Gegenwart (unveröff. Studienbrief der Fernuniversität Hagen 2000), S. 155f. Zit. mit freundlicher Genehmigung des Autors.

48 Günter Grass: Mein Jahrhundert. Göttingen 1999, S. 162.
49 Walter Kempowski: Das Echolot. Fuga furiosa. Ein kollektives Tagebuch Winter 1945. Bd. III. München 1999, S. 216.
50 Günter Grass: Schreiben nach Auschwitz. Frankfurter Poetikvorlesung. Frankfurt a.M. 1990, S. 18.
51 Im Internet führt sie zu Grass' Büchern (Abfrage am 16.9.2009).
52 Grass: Schreiben nach Auschwitz (Anm. 50), S. 42.
53 Vgl. Hilary Mimpriss: „Ohne Hoffnung können wir nicht leben". Christoph Hein's Use of Religious Motifs as an Expression of Resignation and Hope. In: Graham Jackman (Hrsg.): Christoph Hein in Perspective. Amsterdam 2000 (German Monitor No. 51), S. 95–114.
54 Christoph Hein: Der Dialog reicht nicht aus. In: ders.: Die fünfte Grundrechenart. Aufsätze und Reden 1987–1990. Frankfurt a.M. 2000, S. 184–188.
55 Christoph Dieckmann: Der Chronist wird König. Christoph Hein – der neue PEN-Präsident. In: Die Zeit, 5.1.1998.
56 Carsten Gansel: Zwischen offiziellem Gedächtnis und Gegen-Erinnerung – Literatur und kollektives Gedächtnis in der DDR. In: Gansel: Rhetorik der Erinnerung (Anm. 25), S. S. 21. Vgl. auch Michael Braun: Das Gedächtnis des „Chronisten". Christoph Heins Erzählungen von Erinnerung und Religion. In: ebd., S. 151–164.
57 Carsten Gansel: Die „Grenzen des Sagbaren überschreiten". Zu Formen der Erinnerung' in der Literatur in der DDR. In: ders.: Rhetorik der Erinnerung (Anm. 25), S. 21.
58 Wolfgang Frühwald: Das Gedächtnis der Frömmigkeit. Religion und Literatur in Deutschland vom Barock bis zur Gegenwart. Frankfurt a.M. 2008, S. 22.
59 Heins Werke werden im Folgenden mit Siglen zitiert: AA = Von allem Anfang an. Berlin 1997; EK = Exekution eines Kalbes und andere Erzählungen. Berlin/Weimar 1994; OJ = Der Ort. Das Jahrhundert. Essais. Frankfurt a.M. 2003.
60 Vgl. Gustav Seibt: Krach in der Mastrinderbrigade. Und doch kein Anlaß zum Literaturstreit: Christoph Hein erzählt. In: FAZ, 19.4.1994.
61 In: Christoph Hein: Die Stücke. Frankfurt a.M. 2005, S. 527–548.
62 Vgl. Jan Assmann: Gedächtnis (Anm. 5), S. 212–222.
63 Vgl. Klaus Hammer (Hrsg.): Chronist ohne Botschaft. Christoph Hein. Ein Arbeitsbuch: Materialien, Auskünfte, Bibliographie. Berlin/Weimar 1992.
64 Vgl. Martin Dibelius: Der erste christliche Historiker. In: ders.: Aufsätze zur Apostelgeschichte. Hrsg. von Heinrich Greeven. 4. Aufl. Göttingen 1961, S. 108–119.
65 Vgl. dazu: George Jonas: Schwarzer September. Der Mossad im Einsatz. Die Folgen des Geiseldramas während der Olympischen Spiele in München 1972. München 2006; Aaron J. Klein: Die Rächer. Wie der israelische Geheimdienst die Olympia-Mörder von München jagte. Stuttgart 2005. Die historischen Hauptquellen sind Simon Reeves Monographie *One Day in September. The full story of the 1972 Munich Olympic massacre and the Israeli operation „Wrath of God"* (New York 2000) und Kevin Macdonalds Dokumentarfilm *Ein Tag im September* (2000).
66 Monika Schmitz-Emans: Was wird denn hier gespielt? Zum Konzept des Spiels bei Ulrike Draesner. In: Stephanie Catani, Friedhelm Marx (Hrsg.): Familien,

Geschlechter, Macht. Beziehungen im Werk Ulrike Draesners. Göttingen 2008 (Poeisis. Standpunkte der Gegenwartsliteratur), S. 131.

67 Ulrike Draesner: Live, in Echtzeit, weltweit. Über die globale Verschaltung von Sport, Medien und Terrorismus. In: Literaturen 2006, Heft 6, S. 29. Vgl. auch Michael Braun: Von Bildern des Terrors und dem Terror der Bilder. Ulrike Draesners Roman *Spiele*. In: Lothar Bluhm, Christine Schmitt (Hrsg.): Kopf-Kino. Gegenwartsliteratur und Medien. Trier 2006, S. 209–219.

68 Vgl. Oliver Jahraus: Liebe und Terror und Literatur als ihr Medium. Zu Ulrike Draesners Medienroman Spiele. In: Catani, Marx: Familien, Geschlechter, Macht (Anm. 66), S. 109–125.

69 Ulrike Draesner: Zauber im Zoo. Vier Reden von Herkunft und Literatur. Göttingen 2007, S. 100.

70 Vgl. Weinrich: Lethe (Anm. 8), S. 14.

71 Vgl. Assmann: Erinnerungsräume (Anm. 5), S. 114ff. und 345ff.

72 Ebd., S. 239f.

73 Ernst Bloch: Das Prinzip Hoffnung. Frankfurt a.M. 1959 (Gesamtausgabe, Bd. 5), S. 1628.

74 Draesner: Zauber im Zoo (Anm. 69), S. 81.

75 Ebd., S. 103.

76 Jorge Semprún: Ohne die Literatur stirbt die Erinnerung. Gespräch. In: FAZ, 8.2.2008.

77 Marcel Beyer: Nachwort. In: ders.: Flughunde. Roman. Frankfurt a.M. 2007, S. 307.

Anmerkungen zu Kapitel 5

1 Uwe Kolbe: Bornholm II. Gedichte. Frankfurt a.M. 1987, S. 24f.

2 Die politische Lesart praktiziert Uwe Wittstocks Rezension (Parnaß am Prenzlauer Berg. In: FAZ, 14.3.1987). Vgl. Michael Braun: Uwe Kolbe. In: Ursula Heukenkamp, Peter Geist (Hrsg.): Deutschsprachige Lyriker des 20. Jahrhunderts. Berlin 2007, S. 696–703.

3 Hilde Domin: Das Gedicht als Augenblick von Freiheit. Frankfurter Poetikvorlesungen 1987/88. Frankfurt a.M. 1988. – Ernst Pöppel hat herausgefunden, dass als neurologisches Maß der Wahrnehmung von dem, was gegenwärtig ist, ein Dreisekundenfenster angenommen werden kann (vgl. E. P.: Grenzen des Bewusstseins. Wie kommen wir zur Zeit, und wie entsteht Wirklichkeit? Frankfurt a.M. 2000, S. 81–92). Diese Zeiteinheit gilt auch für das Sprechen (nicht aber für das Schreiben!) eines Verses. Der Drei-Sekunden-Vers ist ein universelles Phänomen, er konstituiert Gegenwart im Sprechen und Hören. Somit füllt der Vers unser Jetzt optimal aus, er ist das Fenster zur Gegenwart, das „Gegenwartsfenster". Lyrik produziert Gegenwart. „Zwei, drei Takte nur, und du bist / Passé", heißt es in Durs Grünbeins 2002 erschienenem Gedichtband *Erklärte Nacht* (S. 11).

4 Uwe Kolbe: Vineta. Gedichte. Frankfurt a.M. 1998, S. 11. Vgl. Rüdiger Görner: Überlegungen zu lyrischer Zeiterfahrung (heute). In: Joanna Ławnikowska-Koper, Jacek Rzeszotnik (Hrsg.): Literarische Koordinaten der Zeiterfahrung. Wroclaw u.a. 2008, S. 25–32.

5 Peter Rühmkorf: Haltbar bis Ende 1999. Gedichte. Reinbek 1979, S. 17.

6 Paul Celan: Ansprache anlässlich der Entgegennahme des Literaturpreises der Freien Hansestadt Bremen (1958). In: ders.: Gesammelte Werke. Bd. 3. Hrsg. von Beda Allemann und Stefan Reichert. Frankfurt a.M. 2000, S. 186.

7 Vgl. Helmut Lethen: Der Sound der Väter. Gottfried Benn und seine Zeit. Berlin 2006.

8 Vgl. Das Gedicht. Zeitschrift für Lyrik, Essay und Kritik, Nr. 7, Herbst 1999 bis Sommer 2000 (http://www.dasgedicht.de/hits.htm, abgefragt am 17.9.2009). Den Hinweis verdanke ich Michael Speier. Vgl. auch Hermann Korte: Säulenheilige und Portalfiguren? Benn und Celan im Poetik-Dialog mit der jüngeren deutschsprachigen Lyrik seit den 1990er Jahren. In: Karen Leeder (Hrsg.): Schaltstelle. Neue deutsche Lyrik im Dialog. Amsterdam/New York 2007 (German Monitor 69), S. 109–137 und Ulrike Draesners Gedicht *u (gerumpftes gespräch mit benn)* (in: dies.: Kugelblitz. Gedichte. München 2005, S. 51).

9 Paul Celan: Der Meridian (1960). In: ders.: Gesammelte Werke. Bd. 3 (Anm. 6), S. 198f., 190.

10 Barbara Köhler: Blue Box. Gedichte. Frankfurt a.M. 1995, S. 9.

11 Vgl. www.wdr.de/tv/Poetryslam (abgefragt am 24.8.2009); weitere Hinweise bei Reto Sorg: Grand Slam – literarisch. In: Deutsches Jahrbuch für Autoren/Autorinnen 2007/2008. Berlin 2007, S. 59–62 und bei Petra Anders: Slam Poetry. Stuttgart 2008.

12 Elisabeth Borchers: Lichtwelten. Abgedunkelte Räume. Frankfurter Poetikvorlesungen. Frankfurt a.M. 2003, S. 47.

13 Vgl. Anthonya Visser: Blumen ins Eis. Literarische und literaturkritische Innovationen in der DDR. Zum kommunikativen Spannungsfeld ab Mitte der 60er Jahre. Amsterdam 1994.

14 Vgl. Peter von Matt: Die verdächtige Pracht. Über Dichter und Gedichte. München/Wien 1998, S. 7–84.

15 Hans Magnus Enzensberger: Meldungen vom lyrischen Betrieb. Drei Metaphrasen. In: ders.: Zickzack. Aufsätze. Frankfurt a.M. 1997, S. 184.

16 Wisława Szymborska: Die Gedichte. Hrsg. und übertragen von Karl Dedecius. Frankfurt a.M. 1997, S. 271.

17 Steffen Jacobs: Der Lyrik-TÜV. Ein Jahrhundert deutscher Dichtung wird geprüft. Frankfurt a.M. 2007, S. 12.

18 Vgl. die Anthologien junger deutscher Lyrik: *Das verlorene Alphabet. Deutschsprachige Lyrik der neunziger Jahre* (1998), *Lagebesprechung* (2001), *Lyrik von jetzt* (2003), *BELLA triste. Sonderausgabe zur deutschen Gegenwartslyrik* (2007), *Neubuch* (2008) und *Laute Verse* (2009).

19 Gottfried Benn: *Summa summarum* (1926). In: ders.: Das Hauptwerk. Bd. 4. Hrsg. von Marguerite Schlüter. Wiesbaden/München 1961, S. 16. Der bacchische Jubelruf am Ende ist reine Ironie.

20 Den Hinweis und die Quellenangabe verdanke ich Benno Rech.

21 Zit. nach Klaus Schuhmann (Hrsg.): Lyrik des 20. Jahrhunderts. Materialien zu einer Poetik. Reinbek 1995, S. 319.

22 Vgl. Deutschunterricht Heft 6/2007: Gegenwartslyrik; Der Deutschunterricht Heft 2/2006: Magische Orte: Lyrik und Erinnerung; Hermann Korte: Deutschsprachige Lyrik seit 1945. 2., völlig neu bearb. Aufl. Stuttgart/Weimar 2004 (Sammlung Metzler 250).

23 Sabine Pfäfflin: Auswahlkriterien für Gegenwartsliteratur im Deutschunterricht. Baltmannsweiler 2007, S. 1.
24 Vgl. Kristin Felsner, Holger Helbig, Therese Manz: Arbeitsbuch Lyrik. Berlin 2009, S. 249–260.
25 Ebd., S. 12.
26 Dieter Lamping: Das lyrische Gedicht. Göttingen 1989, S. 63.
27 Metzler Lexikon Literatur. 3. Aufl. Stuttgart/Weimar 2007, S. 462.
28 Zitiert nach: Minima poetica. Für eine Poetik des zeitgenössischen Gedichts. Hrsg. von Joachim Sartorius. Neuausgabe. Frankfurt a.M. 2003.
29 Das Stichwort „Neue Sensibilität", ursprünglich ein soziologischer Terminus aus Herbert Marcuses *Versuch über die Befreiung* (1969), gab einer Bewegung den Namen, die sich am Stilideal der Verständlichkeit und an Entfremdungserfahrungen, Beziehungskrisen, Partnerschaftsproblemen orientierte, die sich aber bald in der Wiederholung der immergleichen Trivialmythen des Alltags erschöpfte und nur noch „Werbung für die eigene Hochempfindlichkeit" (Botho Strauß: Paare Passanten. München 1984, S. 164) betrieb.
30 Juli Zeh: Zukunft in Eile. In: Gesine Schwan, dies.: Zukunft in Eile. Frankfurt a.M. 2009, S. 21 (Dankrede zur Verleihung des Carl-Amery-Literaturpreises am 21.4.2009).
31 Transit. Lyrikbuch der Jahrhundertmitte. Hrsg. von Walter Höllerer. Frankfurt a.M. 1956; Museum der modernen Poesie. Hrsg. von Hans Magnus Enzensberger. Frankfurt a.M. 1960; Luftfracht. Internationale Poesie 1940–1990. Hrsg. von Harald Hartung. Frankfurt a.M. 1991; Atlas der neuen Poesie. Hrsg. von Joachim Sartorius. Reinbek 1995.
32 Hermann Korte: Ein neues Jahrzehnt des Gedichts? Deutschsprachige Lyrik der neunziger Jahre. In: Der Deutschunterricht 51 (1999) H. 4, S. 21–36.
33 Walter Hinck (Hrsg.): Gedichte und Interpretationen. Bd. 7. Gegenwart II. Stuttgart 1997.
34 Vgl. Korte: Geschichte der deutschen Lyrik (Anm. 22).
35 Wilfried Barner u.a.: Geschichte der deutschen Literatur von 1945 bis zur Gegenwart. 2., erw. Aufl. München 2006, S. 849.
36 Theo Elm: Lyrik heute. In: Walter Hinderer (Hrsg.): Geschichte der deutschen Lyrik vom Mittelalter bis zur Gegenwart. 2., erw. Aufl. Würzburg 2001, S. 605–620.
37 Vgl. Andreas Böhn: Das zeitgenössische deutschsprachige Sonett. Vielfalt und Aktualität einer literarischen Form. Stuttgart/Weimar 1990.
38 Der 1969 in Dresden geborene und in Sachsen als Pfarrer tätige Christian Lehnert hat sich mit mehreren Lyrikbänden einen Namen als religiös „hochmusikalischer" Dichter gemacht: *Der gefesselte Sänger* (1997), *Der Augen Aufgang* (2000), *Ich werde sehen, schweigen und hören* (2004) und *Auf Moränen* (2008). – Vgl. auch Ralf Rothmanns Band *Gebet in Ruinen* (2000) und Arnold Stadlers Übertragung der biblischen Psalmen: *Die Menschen lügen. Alle* (2005). – Einen vorzüglichen Überblick bietet der Sammelband von Albrecht Grözinger u.a. (Hrsg.): Religion und Gegenwartsliteratur. Spielarten einer Liaison. Würzburg 2009.
39 Felsner, Helbig, Manz: Arbeitsbuch Lyrik (Anm. 24), S. 37.
40 Lutz Seiler: *das neue reich*. In: Leeder: Schaltstelle (Anm. 8), S. 263.
41 Jürgen Schröder: Deutschland im Gedicht. Freiburg i.B. 2000, S. 21.

42 Immer noch grundlegend: Walter Hinderer: Probleme politischer Lyrik heute. In: Wolfgang Kuttenkeuler (Hrsg.): Poesie und Politik. Zur Situation der Literatur in Deutschland. Stuttgart u. a. 1973, S. 91–136.

43 Max Weber: Politik als Beruf (1919). Stuttgart 2002, S. 82.

44 Erich Fried: Gesammelte Werke. Bd. 1. Hrsg. von Volker Kaukoreit und Klaus Wagenbach. Berlin 1993, S. 380.

45 Günter Grass: Werkausgabe. Bd. 14. Hrsg. von Volker Neuhaus und Daniela Hermes. Göttingen 1997, S. 169.

46 Vgl. Peter Eisenberg: Grundriß der deutschen Grammatik. Bd. 2: Der Satz. 2. Aufl. Stuttgart/Weimar 2004, S. 243f. Für Hinweise danke ich meiner Kollegin Lotte Weinrich (Köln).

47 Vgl. Günter Grass' Gedichte *Gesamtdeutscher März* („Ich rat Euch, ES-PE-DE zu wählen") und *Frommes Wahllied für Katholiken, Schildbürger und Unentschiedene*. In: ders.: Werkausgabe. Bd. 1 (Anm. 45), S. 198 u. 252f.

48 Vgl. Dieter Lamping in: Hinderer: Geschichte der deutschen Lyrik (Anm. 35), S. 327–362.

49 Walter Erhart: Gedichte, 1989. Die deutsche Einheit und die Poesie. In: ders., Dirk Niefanger (Hrsg.): Zwei Wendezeiten. Blicke auf die deutsche Literatur 1945 und 1989. Tübingen 1997, S. 165.

50 Vgl. Frank Thomas Grub: ‚Wende' und ‚Einheit' im Spiegel der deutschsprachigen Literatur. Bd. 1: Untersuchungen. Berlin/New York 2003, S. 8. Eine kompakte Darstellung der politischen Ereignisse 1989/90 gibt Ehrhart Neubert: Die friedliche Revolution. Vom Herbst 1989 bis zur Deutschen Einheit. Sankt Augustin/Berlin 2009. Vgl. auch Andreas Rödder: Deutschland einig Vaterland. Die Geschichte der Wiedervereinigung. München 2009, bes. S. 366.

51 Pschyrembel. Klinisches Wörterbuch. 258. Auflage. Berlin/New York 1998, S. 1500. Als Verfasser des Artikels „Steinlaus (Petrophaga lorioti)" gilt Loriot alias Victor von Bülow.

52 In: Karl Otto Conrady (Hrsg.): Von einem Land und vom anderen. Gedichte zur deutschen Wende 1989/1990. Frankfurt a. M. 1993, S. 7.

53 Schröder: Deutschland im Gedicht (Anm. 41), S. 343.

54 Vgl. Dirk von Petersdorff: *Die Dichter über dem Alexanderplatz*. In: ders.: Wie es weitergeht. Gedichte. Frankfurt a. M. 1992, 2. Aufl. 1998, S. 33 und Günter Kunert: Nachtvorstellung. Gedichte. München 1999, S. 20.

55 Wolfgang Emmerich: solidaire – solitaire. Volker Braun. Drei Gedichte. In: Karl Deiritz, Hannes Krauss (Hrsg.): Verrat an der Kunst? Rückblicke auf die DDR-Literatur. Berlin 1993, S. 195.

56 Volker Braun: Ist das unser Himmel? Ist das unsere Hölle? In: Sinn und Form 45 (1993) H. 1, S. 166.

57 Ein Vorgänger des Gedichts *Das Eigentum* ist Brauns Walther von der Vogelweide zitierendes Gedicht *Das Lehen* (1980): „Ich bleib im Lande und nähre mich im Osten. / Mit meinen Sprüchen, die mich den Kragen kosten / In anderer Zeit: noch bin ich auf dem Posten." In: Volker Braun: Lustgarten. Preußen. Ausgewählte Gedichte. Frankfurt a. M. 1996, S. 74.

58 Vgl. Brigitte Burmeister: Volker Braun: Das Eigentum. In: Marburger Forum 6 (2005) H. 6 (abgerufen am 8.7.2009 auf: http://philosophia-online.de/mafo/heft2005-6/Bur_Braun.html).

59 Volker Braun: Werktage 1. Arbeitsbuch 1977–1989. Frankfurt a.M. 2009, S. 892.

60 Vgl. Sibylle Wirsing: Im Todesjahr. In: Marcel Reich-Ranicki (Hrsg.): Frankfurter Anthologie. Bd. 15. Frankfurt a.M. 1992, S. 265–266.

61 Volker Braun: Eröffnung des außerordentlichen Schriftstellerkongresses am 1. März 1990. In: ders.: Wir befinden uns soweit wohl. Wir sind erst einmal am Ende. Äußerungen. Frankfurt a.M. 1998, S. 53.

62 Heiner Müller: Selbstkritik. In: Hilde Domin, Clemens Greve (Hrsg.): Nachkrieg und Unfrieden. Gedichte als Index 1945–1995. Neuausgabe. Frankfurt a.M. 1995, S. 169.

63 In: Conrady: Von einem Land (Anm. 52), S. 31.

64 Udo Baron: Das Sterben an der Berliner Mauer. In: Die Politische Meinung 53 (2008) H. 8, S. 56.

65 Vgl. Kunzes Tagebuch *Am Sonnenhang* (1993) und sein Buch *Deckname „Lyrik“* (1990), das Auszüge aus seiner Stasiopfer-Akte dokumentiert.

66 Vgl. Adelbert von Chamisso: *Peter Schlehmils wunderbare Geschichte* (1813) und Hugo von Hofmannsthals Libretto für die Strauss-Oper *Die Frau ohne Schatten* (1919).

67 Hilde Domin: Das politische Gedicht und die Öffentlichkeit. In: Domin, Greve: Nachkrieg (Anm. 62), S. 217.

68 Vgl. Thomas Anz: Niklas Luhmanns rätselhaftes Gastspiel im Zentrum der Kritischen Theorie. In: literaturkritik, Juni 2009 (http://www.literaturkritik.de/public/rezension.php?rez_id=13166, abgefragt am 12.7.2009); Alexander Kluge: Das Labyrinth der zärtlichen Kraft – 166 Liebesgeschichten. Frankfurt a.M. 2009, S. 497–517 („Küche des Glücks“); Christoph David Precht: Liebe: ein unordentliches Gefühl. München 2009.

69 Niklas Luhmann: Liebe. Eine Übung. Hrsg. von André Kieserling. Frankfurt a.M. 2008.

70 Niklas Luhmann: Liebe als Passion. Die Codierung von Intimität. Frankfurt a.M. 1982, S. 24 u. 197.

71 Dirk Schümer: Bericht zur Lage der Liebe. In: Büchertagebuch 2000. Buchbesprechungen aus der Frankfurter Allgemeinen Zeitung. Frankfurt a.M. 2000, S. 784.

72 Jürgen Becker: Die Gedichte. Frankfurt a.M. 1995, S. 151.

73 Vgl. die Anthologie von Hiltrud Gnüg (Hrsg.): Nichts ist versprochen. Liebesgedichte der Gegenwart. Stuttgart 2000, S. 273; die von ihr hrsg. Sammlung *Interpretationen. Liebesgedichte der Gegenwart* (2003); Michael Braun: „Allein zu zweit / sind sie im Einen“. Liebe in der Gegenwartslyrik. In: Gegenwartsliteratur 2 (2003), S. 103–127; Gerhard Härle: Lyrik. Liebe. Leidenschaft. Streifzug durch die Liebesylrik von Sappho bis Sarah Kirsch. Göttingen 2007; Liebeslyrik. Themenschwerpunkt in: Mitteilungen des Deutschen Germanistenverbandes 50 (2003) H. 1; Liebeslyrik im Unterricht. In: Mitteilungen des Deutschen Germanistenverbandes 56 (2009) H. 1, S. 110–138.

74 Durs Grünbein: Das erste Jahr. Berliner Aufzeichnungen. Frankfurt a.M. 2001, S. 119.

75 Celan: Gesammelte Werke. Bd. 2 (Anm. 6), S. 165.

76 Vgl. Theo Buck: Celan in Frankreich. Celan-Studien V. Aachen 2002, S. 63–76; John Felstiner: Paul Celan. Eine Biographie. Übersetzt von Holger Fliessbach.

München 2000, S. 294–302. Zu Bachmann und Celan vgl. den Briefwechsel der Dichter *Herzzeit* (2008) und Michael Braun: „Gestundete ‚Herzzeit'". Poetische Korrespondenzen zwischen Ingeborg Bachmann und Paul Celan. In: Orientierung 73 (2009) Nr. 20, S. 215–218.

77 Celan: Gesammelte Werke. Bd. 3 (Anm. 6), S. 167. Vgl. Hans-Michael Speier: „Petrarca ist wieder in Sicht". Eros und Sexualität im Spätwerk Celans. In: Carolin Fischer, Carola Veit (Hrsg.): Abkehr von Schönheit und Ideal der Liebeslyrik. Stuttgart/Weimar 2000, S. 372–389.

78 Vgl. John Fuegi: Brecht & Co. Biographie. Autorisierte erw. u. berichtigte dt. Fassung von Sebastian Wohlfeil. Hamburg 1997.

79 Bertolt Brecht: Ausgewählte Werke in sechs Bänden. Bd. 4. Frankfurt a. M. 1997, S. 143. Vgl. Carl Pietzcker: Von aufgehobener Sehnsucht. In: Jan Knopf (Hrsg.): Gedichte von Bertolt Brecht. Interpretationen. Stuttgart 1995, S. 69–81; Christine Ivanovič: Die Metamorphosen des Kranichs. Beobachtungen zu einem poetischen Verfahren im Gedicht Celans. In: Jahrbuch der deutschen Schillergesellschaft 38 (1994), S. 311–337.

80 Celan: Brief an Ilana Shmueli (Februar 1970). Zit. nach Felstiner: Celan (Anm. 76), S. 421.

81 Vgl. Gerhard Neumann: Lektüren der Liebe. In: Heinrich Meier, G. N.: Über die Liebe. Ein Symposion. München 2001, S. 9–80.

82 Domin: Das Gedicht (Anm. 3), S. 50.

83 Vgl. Marcel Reich-Ranicki: Die Lust am Gedicht ist die Kehrseite des Schreckens. In: FAZ, 13.10.1981. Ulla Hahn hatte „die Form und die Formel für ein aktuelles Bedürfnis gefunden [...]: das aufgeklärte Liebesgedicht" (Harald Hartung: Halbzeit für Ulla Hahn. In: FAZ, 16.4.1988).

84 Ulla Hahn: Spielende. Gedichte. Stuttgart 1983, S. 53.

85 Vgl. Hiltrud Gnüg: Schlechte Zeit für Liebe – Zeit für bessere Liebe? Das Thema Partnerbeziehungen in der gegenwärtigen Lyrik. In: Michael Zeller (Hrsg.): Aufbrüche: Abschiede. Studien zur deutschen Literatur seit 1968. Stuttgart 1979, S. 26–39.

86 Ulla Hahn: Herz über Kopf. Gedichte. Stuttgart 1981, S. 48.

87 Goethe: Sämtliche Werke nach Epochen seines Schaffens. Bd. 9. Hrsg. von Christoph Siegrist u. a. München 2006, S. 84.

88 Hahn: Herz über Kopf (Anm. 86), S. 7.

89 Martin Opitz: Buch von der deutschen Poeterey. Hrsg. von Cornelius Sommer. Stuttgart 1970, S. 19.

90 Robert Gernhardt: Körper in Cafés. Gedichte. Zürich 1987, S. 121.

91 Luhmann: Liebe. Eine Übung (Anm. 69), S. 31.

92 Botho Strauß: Niemand anderes. München/Wien 1987, S. 47.

93 Robert Gernhardt: Reim und Zeit. Gedichte. Stuttgart 1990, S. 79.

94 Walter Hinck: „Närrische Vernunft". Zu Robert Gernhardts Gedicht *Der Zähe.* In: W. H.: Gedichte und Interpretationen (Anm. 32), S. 190.

95 Angela Krauß: Die Gesamtliebe und die Einzelliebe. Frankfurter Poetikvorlesungen. Frankfurt a. M. 2004, S. 41.

96 Reiner Kunze: ein tag auf dieser erde. Gedichte. Frankfurt a. M. 1998, S. 29.

97 Sarah Kirsch: Werke in fünf Bänden. Bd. 3. Hrsg. von Franz-Heinrich Hackel. Stuttgart 1999, S. 161.

98 „Die Traumdeutung aber ist die Via regia zur Kenntnis des Unbewußten im Seelenleben" (Sigmund Freud: Studienausgabe. Bd. 2: Die Traumdeutung. Hrsg. von Alexander Mitscherlich u. a. Frankfurt a. M. 2000, S. 577).
99 Kirsch: Werke. Bd. 3 (Anm. 97), S. 135.
100 Domin: Das Gedicht (Anm. 3), S. 54.
101 Fried: Gesammelte Werke. Bd. 1 (Anm. 44), S. 35.
102 Alexander von Bormann: Von der Humanität der Tautologie. In: Volker Kaukoreit (Hrsg.): Gedichte von Erich Fried. Interpretationen. Stuttgart 1999, S. 56.
103 Luhmann: Liebe als Passion (Anm. 68), S. 121.
104 Ingeborg Bachmann: Sämtliche Gedichte. München/Zürich 1978, S. 119.
105 von Bormann: Von der Humanität (Anm. 102), S. 56.
106 Ebd., S. 58.
107 Uwe Kolbe: Diese Frau. Liebesgedichte. Frankfurt a. M./Leipzig 2007, S. 14.
108 Marie Luise Kaschnitz: Liebeslyrik heute. In: Universitas 18 (1963), S. 1281.
109 Doris Runge: grund genug. Gedichte. Stuttgart 1995, S. 54.
110 Elisabeth Borchers: Eine Geschichte auf Erden. Gedichte. Frankfurt a. M. 2002, S. 65 u. 16
111 Die Rede ist abgedruckt in Helmut Kreuzer (Hrsg.): Literarische und naturwissenschaftliche Intelligenz. Dialog über die ‚zwei Kulturen'. Stuttgart 1969, S. 11–25. Vgl. Wolfgang Frühwald u. a.: Geisteswissenschaften heute. Eine Denkschrift. Frankfurt a. M. 1991, S. 23–26; Wolfgang Frühwald u. a.: Das Design des Menschen. Vom Wandel des Menschenbildes unter dem Einfluss der modernen Naturwissenschaften. Köln 2004.
112 Thomas Macho, Annette Wunschel: Science & Fiction. Über Gedankenexperimente in Wissenschaft, Philosophie und Literatur. Frankfurt a. M. 2004.
113 Vgl. Dietmar Dath: *Die Abschaffung der Arten* (2008), Daniel Kehlmann: *Mahlers Zeit* (1999), Ulrich Woelk: *Die Einsamkeit des Astronomen* (2005) und *Schrödingers Schlafzimmer* (2006), Juli Zeh: *Corpus Delicti. Ein Prozess* (2009).
114 Durs Grünbein: Gedicht und Geheimnis. Aufsätze 1990–2006. Frankfurt a. M. 2007, S. 91.
115 Heiner Müller: Portrait des Künstlers als junger Grenzhund. In: Durs Grünbein: Den Körper zerbrechen. Frankfurt a. M. 1995, S. 27 u. 29.
116 Grünbein: Gedicht und Geheimnis (Anm. 114), S. 76.
117 Hans Magnus Enzensberger: Die Poesie der Wissenschaft. In: ders.: Elixiere der Wissenschaft. Seitenblicke in Poesie und Prosa. Frankfurt a. M. 2002, S. 261–276.
118 Raoul Schrott: Die Erde ist blau wie eine Orange. Polemisches, Poetisches, Privates. München 1999, S. 72. Vgl. dazu Daniel Rothenbühler: Raoul Schrotts Dialog mit den Naturwissenschaften. In: Heinz Ludwig Arnold (Hrsg.): Raoul Schrott. München 2007, S. 43–52.
119 In: Hans Magnus Enzensberger: Rebus. Gedichte. Frankfurt a. M. 2009, S. 16.
120 Grünbein: Das erste Jahr (Anm. 74), S. 120, 232, 80. Zitate fortan mit der Sigle EJ. Zitate aus weiteren Werken Grünbeins mit den Siglen: A = Galilei vermißt Dantes Hölle und bleibt an den Maßen hängen. Aufsätze 1989–1995. Frankfurt a. M. 1996; AD = Antike Dispositionen. Aufsätze. Frankfurt a. M. 2005; G = Gedichte. Bücher I-III. Frankfurt a. M. 2006; T = Den Teuren Toten. 33 Epitaphe. Frankfurt a. M. 1994.

121 Hans Magnus Enzensberger: Putschisten im Labor. Über die neueste Revolution in den Wissenschaften. In: ders.: Elixiere (Anm. 117), S. 167f.
122 Vgl. Gustav Seibt: Mit besseren Nerven als jedes Tier. In: FAZ, 15.3.1994.
123 Gottfried Benn: *Untergrundbahn*. In: ders.: Das Hauptwerk. Bd. 1 (Anm. 19), S. 31.
124 Helmut Böttiger und Durs Grünbein: Benn schmort in der Hölle. Ein Gespräch über dialogische und monologische Lyrik. In: Heinz Ludwig Arnold (Hrsg.): Durs Grünbein. München 2001, S. 81.
125 Odo Marquard in: Ernst-Robert-Curtius-Preis 1996. Dokumente und Ansprachen. Bonn 1996, S. 56.
126 In: Anna Chiarloni, Helga Pankoke (Hrsg.): Grenzfallgedichte. Eine deutsche Anthologie. Berlin 1991, S. 128.
127 In: Enzensberger: Elixiere (Anm. 117), S. 254. Die Formel im dritten Vers bezeichnet das Plancksche Wirkungsquantum, die das Verhältnis von Energie und Zeitfrequenz bestimmt. Die Schlussverse variieren eine Grundfrage der abendländischen Metaphysik: „Warum ist überhaupt etwas und nicht vielmehr nichts?"

Anmerkungen zu Kapitel 6

1 Toni Buddenbrook in Thomas Manns Roman *Buddenbrooks* (1901) bleibt indes ganz eine Frau des 19. Jahrhunderts, die trotz zweier Scheidungen nicht aus dem Familienkorsett hinaus kommt; so auch in Heinrich Breloers Verfilmung (2009).
2 Schon Günter Grass hat in seinem Roman *Ein weites Feld* (1995) einen Wiedergänger von Fontane und den berühmten Satz des alten Briest „Das ist ein weites Feld" in die Gegenwart versetzt.
3 Vgl. Eva M. J. Schmid: War Effi Briest blond? Bildbeschreibungen und kritische Gedanken zu vier *Effi Briest*-Verfilmungen. In: Franz-Josef Albersmeier, Volker Roloff (Hrsg.): Literaturverfilmungen. Frankfurt a. M. 1989, S. 122–154. Fontanes Roman lässt sich der Hinweis auf Effis brünettes Haar entnehmen. Blond ist ein semantisch vielfach besetztes Bild („blonde Bestie", „blondes Dummchen", platonische Lichtgestalt); vgl. Günter Butzer, Joachim Jacob (Hrsg.): Metzler Lexikon Lexikon literarischer Symbole. Stuttgart/Weimar 2009, S. 143.
4 Werner Kamp, Manfred Rüsel: Vom Umgang mit Film. Berlin 1998, S. 127.
5 Tom Tykwer, zit. in: Das Parfum. Das Buch zu Film. Zürich 2006, S. 10. Künftig zitiert als Filmbuch.
6 „Adaption" ist ein Alternativbegriff zu „Literaturverfilmung", der mehr den Aspekt der Transformation betont. Er steht im Zusammenhang mit den Begriffen „Intertextualität", „Intermedialität" und „Übersetzung"; vgl. Reallexikon der deutschen Literaturwissenschaft. Hrsg. von Klaus Weimar. Berlin/New York 2003, Bd. 1, S. 10 und Bd. 2, S. 165; sowie den Art. „Intermedialität" im *Metzler Lexikon Literatur- und Kulturtheorie* (Hrsg. von Ansgar Nünning. Stuttgart/Weimar 1998, S. 238f.).
7 Deborah Allison: Film/Print: Novelisations and *Capricorn One*. In: M/C Journal 10 (2007) No. 2. Abgerufen am 29.10.2009 auf http://journal.media-culture.org.au/0705/07-allison.php: „novelisations are not, by their very nature, merely impoverished derivations of the cinema. Instead they constitute a medium capable

of original and intrinsic value and which fully deserves more detailed critical appreciation than its current".

8 Horaz: Ars Poetica, 361 (Übers. von Eckart Schäfer. Stuttgart 1972, S. 27).

9 Gotthold Ephraim Lessing: Laokoon: oder über die Grenzen der Malerei und Poesie. In: ders.: Werke. Bd. 6. Hrsg. von Herbert G. Göpfert. Darmstadt 1996, S. 68.

10 Vgl. Kurt Pinthus (Hrsg.): Das Kinobuch [Erstausgabe 1913]. Reinbek 1983.

11 Sigrid Lange: Einführung in die Filmwissenschaft. Darmstadt 2007, S. 63.

12 Sandra Poppe: Visualität in Literatur und Film. Eine medienkomparatistische Untersuchung moderner Erzähltexte und ihrer Verfilmungen. Göttingen 2007 (Palaestra Bd. 327), S. 14.

13 Thomas Brussig: Bücher sind das andere. In: Neue Rundschau 119 (2008) H. 4 (Themenheft: Film und Erzählen), S. 192.

14 Vgl. Sandra Poppe: Literarische Medienreflexionen. Eine Einführung. In: dies., Sascha Seiler (Hrsg.): Literarische Medienreflexionen. Künste und Medien im Fokus moderner und postmoderner Literatur. Berlin 2008 (Philologische Studien und Quellen, Heft 206), S. 13.

15 Vgl. Oliver Jahraus: Verfilmung. In: Reallexikon (Anm. 6), Bd. 3, S. 751.

16 Vgl. Knut Hickethier: Der Film nach der Literatur ist Film. Volker Schlöndorffs *Die Blechtrommel* (1979) nach dem gleichnamigen Roman von Günter Grass (1959). In: Franz-Josef Albersmeier, Volker Roloff (Hsg.): Literaturverfilmungen. Frankfurt a.M. 1989, S. 183–198.

17 Oliver Jahraus: Grundkurs Literaturwissenschaft. Stuttgart 2008, S. 168.

18 Marshall McLuhan: Die magischen Kanäle. Düsseldorf/Wien 1968, S. 13. Die Originalausgabe erschien 1964 unter dem Titel *Understanding Media.*

19 http://www.imdb.com/boxoffice/alltimegross?region=world-wide (abgefragt am 29.10.2009).

20 Metzler Lexikon Kulturtheorie (Anm. 6), S. 151.

21 Werke namhafter Autoren der deutschsprachigen Gegenwartsliteratur sind verfilmt, von Grass' *Die Blechtrommel* (Regisseur: Volker Schlöndorff, 1979) über Robert Schneiders *Schlafes Bruder* (R.: Joseph Vilsmaier, 1995), Josef Haslingers *Opernball* (R.: Urs Egger, 1998), Uwe Johnsons *Jahrestage* (R.: Margarethe von Trotta, 2000), Helmut Kraussers *Der große Bagarozy* (R.: Bernd Eichinger, 2000) und Elfriede Jelineks *Die Klavierspielerin* (R.: Michael Haneke, 2001) bis zu Sven Regeners *Herr Lehmann* (R.: Leander Haußmann, 2003), Patrick Süskinds *Das Parfum* (R.: Tom Tykwer, 2006), Dieter Wellershoffs *Der Liebeswunsch* (R.: Thorsten C. Fischer, 2007), Judith Hermanns *Nichts als Gespenster* (R.: Martin Gypkens, 2007), Wolf Haas' *Silentium* (R.: Wolfgang Murnberger, 2008), Uwe Timms *Die Entdeckung der Currywurst* (R.: Ulla Wagner, 2008), Bernhard Schlinks *Der Vorleser* (R.: Stephen Daldry, 2009). Seltener ist der Titel des Films nicht identisch mit dem Romantitel. Hermine Huntgeburths Verfilmung von Ulla Hahns Kindheitsroman *Das verborgene Wort* (2001) heißt *Teufelsbraten* (2007).

22 Werner Kamp: AV-Mediengestaltung. Grundwissen. 3. Aufl. Haan-Gruiten 2009, S. 3.

23 Volker Weidermann: Lichtjahre. Eine kurze Geschichte der deutschen Literatur von 1945 bis heute. Köln 2006, S. 193.

24 Zitate hinfort nach der Hardcoverausgabe: Patrick Süskind: Das Parfum. Geschichte eines Mörders. Zürich 1985.
25 Vgl. Das Parfum. Die Geschichte eines Welterfolgs. In: Diogenes Magazin 3 (2010), S. 38–40.
26 Michaela Kopp-Marx: Zwischen Petrarca und Madonna. Der Roman der Postmoderne. München 2005, S. 110.
27 Heinrich von Kleist: Sämtliche Erzählungen, Anekdoten, Gedichte, Schriften. Hrsg. von Klaus Müller-Salget. Frankfurt a. M. 2005, S. 13.
28 Gerhard Stadelmeier: Lebens-Riechlauf eines Duftmörders. In: FAZ, 22.3.1985.
29 Alexander Kissler, Carsten S. Leimbach: Alles über Patrick Süskinds *Das Parfum*. München 2006, S. 156.
30 Lothar van Laak: Literarische und filmische Anthropologie. Süskinds *Parfum* in der Verfilmung durch Tykwer/Eichinger. In: Gegenwartsliteratur 7 (2008), S. 62.
31 John Ford: The Man Who Shot Liberty Valance. USA 1962 (= Die John Wayne Collection; DVD, 118 Min.). Zitate und *Stills* aus dem Film fortan mit Timecode.
32 Zitate künftig aus der Paperback-Ausgabe: Patrick Roth: Johnny Shines oder Die Wiedererweckung der Toten. Seelenrede. Frankfurt a. M. 1997. Zu dem Buch vgl. den Kommentar von Grete Lübbe-Grothues: Patrick Roth: Riverside. Text und Kommentar. Frankfurt a. M. 2005.
33 „I have to be able to see what I write. My stories are told through ‚scenes' and the storyteller's eye often moves through the scene's landscape the way a moving camera would," sagt Patrick Roth im Interview mit John Kluempers: Gather at the River. In: Focus on Literature 2 (1995) No. 1, S. 116.
34 Peter Handke: Der kurze Brief zum langen Abschied. Frankfurt a. M. 1974, S. 137.
35 Vgl. Roths Frankfurter Poetikvorlesungen *Ins Tal der Schatten* (Frankfurt a. M. 2002) und die Heidelberger Poetikvorlesungen *Zur Stadt am Meer* (Frankfurt a. M. 2006).
36 Norbert Grob und Bernd Kiefer: Einleitung. In: dies. (Hrsg.): Filmgenres: Western. Stuttgart 2003, S. 22–30. Vgl. Bernd Kiefer: Art. „Western". In: Thomas Koebner (Hrsg.): Sachlexikon des Films. Stuttgart 2002, S. 664–669.
37 „Der Western ist amerikanische Geschichte", summiert Richard Slotkin: Gunfighter Nation. The Myth of Frontier in Twentieth-Century America. New York 1992, S. 278.
38 André Bazin: Der Western oder: Das amerikanische Kino par excellence. In: ders.: Was ist Film? Hrsg. von Robert Fischer. Aus dem Französischen von R. F. und Anna Düpee. Berlin 2004, S. 265.
39 Vgl. Frieda Grafe: Es war einmal ein Ford. In: dies., Enno Patalas: Im Off. München 1974, S. 219.
40 Vgl. Joseph MacBride, Michael Wilmington: John Ford. London 1974, S. 176 und Joseph MacBride: Searching for John Ford, New York 2001, S. 623 u. 626. Zu dem Film vgl. Kurt Scheel: Die Wahrheit der Legende: John Ford und der Abschied vom Western. In: Merkur 45 (1991) H. 510/511, S. 855–861; Barry Langford: Revisiting the „revisionist" Western. In: Film & History 33 (2003) No. 2, S.

26–35; D.F. Coursen: John Ford's wilderness in *The Man Who Shot Liberty Valance*. In: Sight & Sound 47 (1978) No. 4, S. 237–241.
41 Grob/Kiefer (Anm. 36), S. 37.
42 Eine ironische Kommentierung der Liebe in Zeiten des Spätwesterns ist Doniphons „Kompliment", als er Hallie eine Kaktusrose überreicht: „Any more colour and you'd be prettier than that cactus rose" (TC 37:43).
43 Patrick Roth: Ins Tal der Schatten. Frankfurter Poetikvorlesungen. Frankfurt a.M. 2002, S. 49.
44 Kamp: AV Mediengestaltung (Anm. 22), S. 124.
45 Gerhard Kaiser: Resurrection. Die Christus-Trilogie von Patrick Roth. Der Mörder wird der Erlöser sein. Tübingen/Basel 2008, S. 26.
46 Ebd., S. 41.
47 Darauf deutet auch der sprechende Name „Doniphon" hin. In ihm stecken das lateinische Wort für Geschenk (*donum*) und das griechische Wort für Erscheinung (*phainestai*). Hallie ist eine geschenkte Erscheinung der Schwester. Vgl. ebd., S. 50.
48 Ein Stilprinzip der filmischen Raumgestaltung bei Ford; vgl. das fiktive Interview von Patrick Roth mit John Ford: Silhouette des Reiters. In: P. R.: Riding with Mary. 10mal Sehnsucht. Frankfurt a.M. 2003, S. 59–78, hier S. 73f.
49 Vgl. MacBride/Wilmington: John Ford (Anm. 40), S. 181.
50 Langford (Anm. 40), S. 30.
51 Robert Menasse: Selige Zeiten, brüchige Welt. Roman. Frankfurt a.M. 1994, S. 171.
52 Vgl. Alfred Holighaus (Hrsg.): Der Filmkanon. 35 Filme, die Sie sehen müssen. Bonn 2005.

Anmerkungen zu Kapitel 7

1 Elisabeth Kampmann: Stillschweigend integriert? Das Experimentierfeld Taschenbuchmarkt heute. In: Heinz Ludwig Arnold, Matthias Beilein (Hrsg.): Literaturbetrieb in Deutschland. 3. Aufl. Neufassung. München 2009, S. 181.
2 Vgl. Ernst Fischer: Marktinformation und Lektüreimpuls. Zur Funktion von Büchercharts im Literatursystem. In: Arnold, Beilein: Literaturbetrieb (Anm. 1), S. 200–218.
3 Vgl. ebd., S. 210.
4 Gerhard Lauer: Glänzende Geschäfte im Internet. In: FAZ, 11.1.2008.
5 Für Hinweise danke ich Christoph Holzapfel, Bonn.
6 S.B.: Der Triumph der großen Zahl. Zehn Jahre Google. In: NZZ, 25.4.2008.
7 Vgl. Frank-Simon Ritz: Germanistik im Internet. Eine Orientierungshilfe. Berlin 1998; online unter: http://www.bsz-bw.de/depot/media/7400000/7426000/7426829/inhalt.htm (abgerufen am 31.8.2009).
8 Günter Kunert: Erwachsenenspiele. Erinnerungen. München/Wien 1997, S. 380.
9 Ursula Kocher, Carolin Krehl: Literaturwissenschaft. Studium – Wissenschaft – Beruf. Berlin 2008, S. 108.

Personenregister

Erfasst wurden nicht die biblischen und mythologischen Namen. Die kapitelbezogenen Seitenverweise sind fett gedruckt. – Für tatkräftige Mithilfe bei der Registererstellung danke ich meinem Sohn Andreas.

Sachregister

Das Sachregister beschränkt sich auf die für die Gegenwartsliteratur spezifischen Grundbegriffe (orientiert auch an den Marginaltiteln dieses Buches); Begriffe aus der Rhetorik und allgemeinen Ästhetik sind in der Regel nicht aufgenommen. Weiterführende Definitionen finden sich im *BuchMarktBuch* (→ Kap. 2).